Das Zerwürfnis

Richard Tomlinson

Das Zerwürfnis
Ein ehemaliger MI 6-Agent packt aus

Aus dem Englischen von Werner Roller,
Anja Hansen-Schmidt und Heike Schlatterer

WILHELM HEYNE VERLAG
MÜNCHEN

Die Originalausgabe erschien 2001 unter dem Titel
The Big Breach
bei Narodny Variant Publishers, Moskau.

Lektorat: Judith Schulte

Satz: Leingärtner, Nabburg
Druck und Bindung: Pustet, Regensburg
Printed in Germany 2001

ISBN 3-453-19703-8

INHALT

VORWORT

Der Fall der Berliner Mauer und das Ende des Kalten Krieges markieren den Beginn einer Epoche, in der sich beim britischen Geheimdienst als auch bei dessen verschiedenen ausländischen Äquivalenten systematisch zuvor unbekannte Krisensymptome zeigten. Diese Ereignisse wurden weder vom MI 6 noch von der CIA vorhergesagt und nahmen dem MI 6 wie auch dem MI 5, seinem innenpolitischen Gegenstück, viel von ihrer Daseinsberechtigung. Organisationen, die einst gegründet und ausgerüstet worden waren, um in erster Linie auf die vermuteten und tatsächlichen Bedrohungen durch den Ostblock zu reagieren, fanden sich unter den neuen politischen Begleitumständen nur mühsam zurecht. Was sollten die Hunderte von Sowjetunion-Spezialisten jetzt tun, Leute, die über ein umfassendes Fachwissen zu jedem neuen Winkelzug des Kreml verfügten? Was sollten die Leute tun, die Jahre damit verbracht hatten, Akten über Umstürzler und ihre Gesinnungsgenossen zusammenzutragen? Neue Bedingungen verlangen nach neuen Lösungen. Aber während sich die Welt um uns herum verändert und einer sehr viel weniger vorhersagbaren Zukunft entgegengeht, haben es die britischen Geheimdienste auf bemerkenswerte Weise versäumt, ihre Rolle neu zu bestimmen.

Obwohl sich die Geheimdienste neuer Aufgaben angenommen haben, etwa der Arbeit gegen die Weiterverbreitung von Waffensystemen und der Verbrechensbekämpfung – bei Letzterem geht es vor allem um Geldwäsche und Drogenschmuggel –, sieht es doch so aus, als ob diese Tätigkeiten dort mit einem gewissen Widerwillen ausgeübt würden, vergleichbar etwa der Reaktion einer einst wohlhabenden Dame, die sich jetzt mit Wäschewaschen beschäftigen muss. Aber die Welt hat sich gründlich verändert. Die alte Ordnung besteht nicht mehr. Geheimhaltung ist im Zeitalter der Menschenrechte und freier, allgemein zugänglicher Informationen kein unanfechtbarer Wert mehr. Es kann deshalb kaum überraschen, dass MI5, MI6 und ihre weniger bekannten Schwesterorganisationen in den vergangenen drei bis fünf Jahren zunehmend genauer unter die Lupe genommen wurden. Als Journalist kann ich mich kaum an eine Zeit erinnern, in der in Zeitungen und Büchern so viel über die Geheimdienste zu lesen war.

Reformwillige Kräfte in Whitehall waren noch bis vor kurzem einsame Rufer in der Wüste. Die Geheimdienst-Szene hat zur Genüge bewiesen, dass sie die Hebel der Macht nach wie vor fest in der Hand hält. Die britische Regierung hat ungeachtet ihrer politischen Provenienz frühere Geheimdienstangehörige wie auch Journalisten wegen ihrer Veröffentlichungen gerichtlich verfolgt, im vergeblichen Bemühen, eine breite öffentliche Information zu verhindern. Richard Tomlinson ist nicht der Einzige, der von den Geheimdiensten und vom Special Branch gejagt und schikaniert worden ist. Auch David Shayler und Annie Machon, »Martin Ingrams«, Liam Clarke, Nigel Wylde, Martin Bright, Tony Geraghty, Ed Moloney, Julie-Ann Davies und James Steen haben gerichtliche Verfügungen, Wohnungsdurchsuchungen und die Androhung einer Verhaftung erlebt. Diese Liste ist keineswegs vollständig. In Gerichtsverhandlungen, die der *Sunday Times* das Recht sicherten, Auszüge aus diesem Buch abzudrucken, sobald es ohne Copyrightbeschränkungen frei verfügbar war, fand ich mich in der unangenehmen Rolle des Beschuldigten wieder. Die Beschuldigungen beruhten auf der schriftlichen Zeugenaussage eines hochrangigen MI6-Beamten, der aber anonym geblieben war. Dieser Mann hatte als einzigen Beweis für seine Behauptungen nur vorzubringen, die Informationen stammten aus »geheimen Quellen«. Lord Phillips, der Richter am Berufungsgericht, wies diese Behauptungen zurück und sprach nur abschätzig von »Spekulationen, die im Bereich des Möglichen liegen«.

8

Es ist klar, dass die britischen Gesetze veraltet sind. Weltweit haben sich die meisten demokratisch verfassten Gesellschaften auf international akzeptierte Standards der freien Meinungsäußerung und des freien Zugangs zu Informationen verständigt. In Großbritannien sind die Geheimdienste der Öffentlichkeit nach wie vor keinerlei Rechenschaft schuldig. Richard Tomlinson hat es in diesem Buch wie folgt festgehalten: »Niemand kann dem Chef sagen, was er zu tun hat.« Der Parlamentsausschuss für den Geheimdienst und die nationale Sicherheit, der lediglich dem Premierminister berichtet, ist nur ein ganz kleines Feigenblatt für diesen Mangel an Kontrolle. Man vergleiche dies mit der Situation in den USA, wo ich vor einigen Jahren die öffentliche Anhörung eines Kandidaten für den CIA-Chefposten durch Senatoren miterlebte. Die Praktizierung solcher Verfahren hat, soweit ich weiß, die Demokratie nicht geschwächt.

Richard Tomlinson ist bereits wegen der Andeutung kritisiert worden, er könne Staatsgeheimnisse öffentlich machen. Hierzu sind zwei Bemerkungen zu machen. Erstens hatte der MI 6 sechs Jahre Zeit für die allergründlichste Überprüfung von Tomlinsons gesamter Tätigkeit. Es ist unwahrscheinlich, dass hier irgendeine Frage offen geblieben ist. Zweitens besteht der wirkliche Vorbehalt des MI 6 gegen dieses Buch nicht in der Möglichkeit, dass Geheimnisse preisgegeben werden. Der Bericht des Autors über die Zeit seit seinem Ausscheiden beim MI 6 schadet dem Ansehen des Geheimdienstes nämlich sehr viel mehr als jeder mögliche Geheimnisverrat durch dieses Buch. Es mag interessant sein, etwas über die neueste Erfindung zu lesen, die von »Qs« Gegenstück im wirklichen Leben entwickelt wurde, oder von verwegenen Taten in fernen Ländern zu hören. Was den inneren Zustand des MI 6 betrifft, ist es allerdings sehr viel aufschlussreicher, sich bewusst zu machen, dass diese Institution innerhalb von fünf Jahren nicht in der Lage war, einen Konflikt beizulegen, der eigentlich eine reine Personalangelegenheit war. Die rachsüchtige Verfolgung eines in Ungnade gefallenen ehemaligen Überfliegers durch Gerichte in der ganzen Welt, die die Steuerzahler einige Millionen Pfund gekostet hat, zeigt den wirklichen Zustand einer Organisation, die Wichtiges nicht von Unwichtigem unterscheiden kann.

Richard Tomlinson hat bittere Erfahrungen machen müssen und ist dennoch bemerkenswert menschlich geblieben. Er hat große Widerstandskraft bewiesen, trotz zahlreicher Verhaftungen, wiederholter Beschlagnahmung seines Eigentums und trotz inoffizieller Informationsgespräche seines ehemaligen Arbeitgebers mit leichtgläubigen Journalisten, die aus solchen »Informationen« extravagante Geschichten über ihn gestrickt haben, ohne die Fakten zu recherchieren.

Eine aufschlussreiche Information, die dieses Buch liefert, ist, dass der MI 6 seine Beamten regelmäßig unter journalistischer Tarnung ins jeweilige Einsatzgebiet schickt. Diese Praxis ist in vielen Ländern verboten, unter anderem auch in den USA. Das ungute Verhältnis zwischen dem MI 6 und der Berufsgruppe der Journalisten ist einer der vielen Punkte, die *Das Zerwürfnis* zur Diskussion stellt.

Nach der Veröffentlichung dieses Buches wäre der MI 6 schlecht beraten, sollte er seine Kampagne gegen Richard Tomlinson fortsetzen. Sehr viel sinnvoller wäre es jetzt, endlich die Reformen einzuleiten, die sicherstellen, dass sich ein solches Debakel niemals wiederholt. Dass eine Geheimorganisation Jahr für Jahr ohne jede Kontrolle und ohne sich ihrer Pflichten gegenüber der Allgemeinheit bewusst zu sein mehrere hundert Millionen Pfund ausgibt, kann keine moderne Demokratie zulassen.

Nick Fielding
Sunday Times
Februar 2001

PROLOG

Ich habe die Namen aller aktiven MI 6-Beamten geändert, um ihre Identität zu schützen, mit Ausnahme der Chefs, deren Namen vom MI 6 selbst öffentlich gemacht worden sind. Auch die Namen von Privatpersonen wurden geändert, sofern sie nicht durch Presseberichte bereits allgemein bekannt waren oder aber die betroffenen Personen der Nennung ihres Namens ausdrücklich zustimmten. Einzelheiten der beschriebenen MI 6-Operationen wurden ebenfalls abgewandelt.

1

DAS ZIEL SUCHEN

Durch das Oberlicht drang gerade noch so viel Helligkeit, dass ich arbeiten konnte. Es war ruhig. Die Tauben gurrten leise. Ab und zu flatterten Schwalben aus ihren Nestern unter dem Dach, um in der frühen Abenddämmerung auf Insektenjagd zu gehen. Ich beugte mich über die abgenutzte alte Werkbank. Ganz vorsichtig zerrieb ich die Körner des Unkrautvernichtungsmittels zu einem feinen weißen Pulver. Ein alter Glasaschenbecher und ein Sechs-Zoll-Bolzen dienten mir als Mörser und Stößel. Am Vortag hatte ich mir bei einem kurzen Besuch in der Stadtbibliothek das Fachwissen zur explosiven Reaktion zwischen Natriumchlorat und Rohrzucker angeeignet. Mit einer rostigen Küchenwaage wog ich die passende Menge Zucker ab und zermahlte sie ebenfalls. Mit dem Schraubstock hatte ich ein altes, etwa einen Zoll langes Kupferrohr an einem Ende aufgebogen, dann in die Mitte ein bleistiftgroßes Loch gebohrt und mit Kreppband zugeklebt. Jetzt musste ich nur noch die beiden weißen Puder mischen, ein paar Gramm in das Rohr einfüllen und mit einem Holzdübel feststopfen. Als das Rohr voll war, bog ich das offene Ende vorsichtig mit dem Schraubstock zusammen. Rohe Gewalt hätte die Mischung vorzeitig explodieren lassen können. Ich legte ein ordentliches Stück des Kreppbandes aus, mit der klebrigen Seite nach oben. Dann streute ich mit dem restlichen Pulver vorsichtig eine dünne Spur auf das Band und rollte es wie eine lange Zigarette zusammen. Wenn die Zündschnur dünn und locker gewickelt war, würde sie so lange brennen, dass mir genug Zeit blieb, in Deckung zu gehen. Ich befestigte die Bombe mit ein paar Streifen Klebeband am Schienbein, stopfte die Zündschnur in eine Socke und schlüpfte aus der Scheune.

Die Dämmerung brach herein. Fast alle Dorfbewohner saßen jetzt beim Abendessen. Die Hauptstraße war bis auf ein paar parkende alte Autos wie leergefegt, das Gras auf den Seitenstreifen nach drei regenlosen Monaten völlig ausgedörrt. Ich huschte am kleinen Postamt vorbei und behielt die Fenster im zweiten Stock genau im Auge. Die Vorhänge bewegten sich nicht. Der misstrauische alte Postamtsvorsteher lag heute wohl nicht auf der Lauer.

In der Kneipe an der Ecke saßen ein paar Zecher um die Vierzig, ihren rotwangigen Gesichtern und ihrer Arbeitskleidung nach waren es Farmer. Sie sahen nicht von ihren Gläsern auf, als ich an dem schmutzigen Wirtshausfenster vorbeiwitschte. Ich bog um die Ecke und rannte den kleinen Hügel hinunter, bis zur roten Sandsteinbrücke. Ein Spaziergänger kam mir mit seinem Hund entgegen, aber die beiden beachteten mich nicht. Ich schaute über die Brüstung und auf den Fluss. Das tiefe, reißende Wasser war zu einem Rinnsal geschrumpft, das eine Reihe von Tümpeln verband. Da und dort sah man noch eine Forelle nach Fliegen schnappen.

Noch einmal vergewisserte ich mich, dass ich nicht beobachtet wurde, dann kletterte ich über das Geländer und verschwand unter der Brücke. Sie hatte drei Bögen, und unter dem ersten lag ein breiter, von vielen winterlichen Fluten stark ausgewaschener Vorsprung. Ich kletterte über den Stacheldraht, der die gleich nebenan weidenden Schafe von unerwünschten Ausflügen abhielt, ließ mich auf alle Viere nieder und lauschte ein paar Minuten. Immer noch konnte ich das Experiment abbrechen. Ein Auto fuhr über die Brücke, aber das war auch das einzige menschliche Lebenszeichen.

Ich zog das Hosenbein hoch und löste die improvisierte Bombe. Mit einem Stück Treibholz grub ich im Kies direkt am Fundament des Brückenbogens eine Mulde, die gerade groß genug war, um sie aufzunehmen. Dann zog ich mit einem Ruck das Klebeband ab, mit dem das Loch im Rohr verschlossen war. Die Zündschnur passte genau hinein. Noch einmal vergewisserte ich mich, dass niemand in der Nähe war.

Die Zündschnur brannte schon beim ersten Schnippen des Feuerzeugs. Ich wartete einen Augenblick, bis ich sicher war, dass sie nicht mehr ausgehen würde, dann machte ich mich aus dem Staub. Ich war gerade hinter einer umgestürzten Ulme in Deckung gegangen, als die Bombe mit einem gewaltigen Knall explodierte. Das war ein viel lauterer Knall, als ich erwartet hatte. Aus dem Schilf am schlammigen Flussufer flatterte eine Entenfamilie auf, das Gurren der Tauben im Wald verstummte schlagartig.

Das Echo der Explosion hallte von den Talhängen wider, und ich tauchte ganz vorsichtig aus meiner Deckung auf, um den Schaden zu begutachten. Der Staub hatte sich noch nicht gesenkt, aber die Brücke stand noch, so viel war sicher. Ich musste vor lauter Aufregung grinsen. Das war ganz bestimmt die beste Bombe dieses Sommers gewesen. Ein Heidenspaß für einen 13-jährigen Jungen. Ich machte mich eilig auf den Heimweg, in der Hoffnung, dass mich der mürrische Postamtsvorsteher nicht am Schlafittchen packen würde, wenn ich an seinem Haus vorbeikam.

* * *

Mein Vater kam aus einer Bauernfamilie in Lancashire. Meine Mutter lernte er während seines Landwirtschafts-Studiums an der Universität von Newcastle kennen. 1962 wanderten die beiden nach Neuseeland aus, ihr Sohn Matthew war damals noch kein Jahr alt. Vater arbeitete als Berater für landwirtschaftliche Betriebe im Staatsdienst. Wir wohnten in Hamilton auf der Nordinsel. Ich wurde 1963 geboren, kurz nach der Ankunft meiner Eltern. 1964 folgte dann Jonathan, mein jüngerer Bruder. Neuseeland war ein idyllischer Ort für eine junge Familie, mit einem angenehmen Klima, Ruhe und Frieden und viel Platz. Vater wollte in Neuseeland bleiben, aber meine Mutter legte großen Wert darauf, dass wir in England zur Schule gingen.

Bei unserer Rückkehr 1968 fand mein Vater eine Anstellung als landwirtschaftlicher Berater in der damaligen Grafschaft Cumberland. Meine Eltern suchten nach einem Haus und fanden schließlich eine alte Poststation in einem Dorf einige Meilen nördlich von Penrith. Das Haus war nicht sehr groß und ziemlich heruntergekommen, aber zu dem Anwesen gehörten ein großer Garten und mehrere geräumige Nebengebäude. Meiner Mutter gefiel dieser Garten, ein großer Spielplatz für ihre drei Söhne. Mein Vater war ein eifriger Handwerker und sah, dass es hier für ihn genug zu tun gab. Sie kratzten alles Geld zusammen, das sie hatten, verschuldeten sich bis über beide Ohren, und kurz nach meinem fünften Geburtstag zogen wir ein. Meine Mutter war jetzt auch berufstätig. Sie unterrichtete Biologie an einer Gesamtschule in Penrith.

Zunächst gingen meine Brüder und ich in die Grundschule am Ort, aber meine Eltern wollten uns eine bessere Ausbildung ermöglichen, als die weiterführenden Schulen in dieser Gegend zu bieten hatten. Matthew, der Älteste, machte die Aufnahmeprüfung für die Privatschulen in der näheren Umgebung und erhielt ein Stipendium für Barnard Castle, ein privates Internat in der Nähe von Durham im Nordosten Englands. Dort ging er ab 1972 zur Schule. Ich folgte ihm ein Jahr später, ebenfalls mit einem Stipendium. Zwei Jahre später kam auch noch Jonathan. Trotz des Stipendiums waren noch Schulgebühren zu bezahlen, was für meine Eltern ein großes finanzielles Opfer darstellte. Es muss für sie alles andere als einfach gewesen sein, denn wir alle hassten diesen Ort.

In Barnard Castle ging es sehr sportlich zu und im Mittelpunkt des Interesses stand Rugby. In der Unterstufe schaffte ich es im Rugby und im Schwimmen ein paar Mal bis in die Schulmannschaft, später aber verlor ich das Interesse am Sport. Die strenge Disziplin an diesem Internat war schwer zu ertragen. Glockenschläge diktierten unseren Alltag. Unterrichtsstunden, Mahlzeiten, Hausaufgaben, Gottesdienst, Zubettgehen, Lichtlöschen: Ständig erklang die Glocke. Es gab natürlich auch gute Momente an diesem Ort, doch meine stärksten Erinnerungen sind das Frieren, der Hunger und die ständige Langeweile. Am ödsten waren die täglichen Gottesdienste, sonntags mussten wir sogar zweimal in die Kirche.

Nur die Ferien machten die Schule erträglich, am schönsten waren die langen Sommerferien. Mit den Jungen aus dem Dorf trafen wir uns an der Brücke über den Eden. Dort meißelten wir unsere Namen in das Brückengeländer und übten akrobatische Fahrradkunststücke. Wir verbrachten ganze Nachmittage im Fluss, schwammen und befuhren die kleinen Stromschnellen mit alten Gummischläuchen. Ich interessierte mich für alles Mechanische und verbrachte viele glückliche Stunden mit Basteleien in der Werkstatt meines Vaters. Sie war in der großen Scheune gleich neben dem Wohnhaus untergebracht. Am schönsten war es, wenn ich mich so richtig schmutzig machen konnte. Zusammen mit meinem Vater baute ich ein Gokart aus Schrottteilen und einem ausrangierten Förderband vom benachbarten Bauernhof, und damit ruinierten wir den Rasen meiner Mutter. Zum Gokart gesellte sich ein alter Motorroller. Auch den zerlegten wir sofort in seine Einzelteile und bauten ihn wieder zusammen. Im Garten schafften wir es damit nur bis in den dritten Gang, doch eines Tages kam meine Chance: Die Eltern waren nicht zu Hause und ich testete auf der Dorfstraße die Höchstgeschwindigkeit des Motorrollers. Fast hätte ich dabei das Auto des mürrischen Postamtsvorstehers gerammt, weshalb er jahrelang einen heimlichen Groll gegen mich hegte.

Die Rückkehr ins Internat nach den Sommerferien war jedes Mal hart. Anders als meine Brüder, die Barnard Castle nach der Mittleren Reife verließen und an eine Gesamtschule in der Nähe unseres Wohnortes wechselten, blieb ich im Internat, um dort mein Abitur zu machen, wenngleich die Schule mir für meine besonderen Interessen nicht viel bieten konnte. Nicht selten bekam ich Ärger, weil ich verbotene Dinge tat. Doch ich erinnere mich an einen wunderbar verantwortungslosen Chemielehrer, Mr. Chadwick, den wir in der Oberstufe hatten und dessen Unterrichtsmethode meinen Neigungen sehr entgegenkam. Einmal demonstrierte er die erstaunliche Wirkung von Äther, indem er Villiers, einen meiner Klassenkameraden, ausgiebig daran schnuppern ließ. So lange, bis dieser bewusstlos zu Boden ging. Chadwick sah auch nicht hin, als wir später Ätherflaschen aus dem Chemiesaal stahlen. Wir schnüffelten an dem Zeug und wurden richtig high davon. Er brachte uns auch bei, wie man Sprengstoff herstellt und demonstrierte uns mit Vergnügen dessen Wirkung, als er die Bomben hinter dem Biologiesaal hochgehen ließ. Nach dieser fachkundigen Anleitung stahlen Villiers und ich die Zutaten, um unsere eigenen Bomben zu basteln. Einmal stellten wir Knallquecksilber her, eine chemisch instabile, hochexplosive Substanz. Dafür musste man Quecksilber und Zyanid, zwei tödlich giftige Substanzen, miteinander reagieren lassen. Wir kochten sie in den Küchenräumen für die Sechstklässler in einer alten Bratpfanne auf, in der sich später zu unserer Erheiterung die Sportskanone der Schule Spiegeleier briet. Viele Jahre später lief mir der Ahnungslose in London über den Weg, also hatte er wohl keinen ernsthaften Schaden davongetragen.

Trotz dieser kleinen Begebenheiten ging es in Barnard Castle keineswegs immer lustig zu und ich arbeitete hart und bekam ein Stipendium für ein Maschinenbaustudium in Cambridge. Das Jahr zwischen Schulabschluss und Studienbeginn verbrachte ich in Südafrika und arbeitete für De Beers. Mein Onkel, ein Wissenschaftler in Diensten von De Beers Consolidated Mines, dem weltgrößten Diamantenproduzenten und -händler, hatte mir diese Arbeit vermittelt. Der strahlend blaue Himmel, die Weite des Buschlands, das gute Essen und der Wein bildeten einen erfrischenden Kontrast zur düsteren Atmosphäre meiner ehemaligen Schule. Eine der Grundvoraussetzungen für ein Maschinenbaustudium in Cambridge war praktische Werkstatterfahrung. In den ersten Monaten bei De Beers lernte ich deshalb, wie man eine Drehbank bedient, fräst und schweißt. Dann gab man mir eine Aufgabe, die meiner Freude am Experimentieren sehr entsprach.

Diamanten entstehen tief unter der Erdoberfläche durch enormen Druck und hohe Temperaturen, die den rohen Kohlenstoff in das härteste natürliche Mineral verwandeln. Bei De Beers hatte man darüber nachgedacht, ob Diamanten nicht auch durch Explosionen entstehen könnten, bei denen einen Augenblick lang ebenfalls hoher Druck und hohe Temperaturen herrschten. Ich sollte das erforschen. Einige glückliche

Monate verbrachte ich damit, stetig größer werdende Plastik-bomben zu entwerfen und herzustellen, die einen Kern aus gemahlenem Kohlenstoff enthielten. In Zusammenarbeit mit Sprengstoffexperten der südafrikanischen Armee ließen wir die Bomben auf einem Versuchsgelände bei Johannesburg hochgehen. Wer weiß, vielleicht haben wir bei diesen gewalti-gen Explosionen sogar ein paar Diamanten produziert, in den riesigen Bombenkratern haben wir aber nie etwas gefunden.

Der Abschied von dieser Arbeit im Sommer 1981 war schmerzlich, aber ich freute mich auch auf mein Studium in Cambridge, das nun beginnen sollte.

2

DEN BODEN BEREITEN

Freitag, 8. Juni 1984
GONVILLE & CAIUS COLLEGE, CAMBRIDGE

Ein weiteres Semester neigte sich dem Ende zu. Nach dem feuchtfröhlichen Partytrubel, mit dem die Examenskandidaten das Ende ihrer Prüfungen gefeiert hatten, wurde es jetzt wieder etwas ruhiger. Eben erst, bei der Gartenparty des Caius College, hatte ich von meinem Tutor erfahren, dass ich in Luftfahrttechnik, meinem Spezialgebiet, mit einer glatten Eins abgeschlossen hatte. Auf diese Auskunft folgten zu viele Gin-Cocktails und zu viel heiße Abendsonne im Gonville Court. Mir war schläfrig zumute, als ich nach Hause kam.

»Tomlinson?«, rief jemand hinter mir. Ich kannte diese Stimme nicht, wandte mich um und sah Dr. Christopher Pilchard, einen Tutor für Rechtswissenschaft, der sich aus dem Fenster seines Büros im Erdgeschoss lehnte. Ich kannte sein Gesicht, hatte ihn aber nie persönlich kennen gelernt. Deshalb war ich überrascht, dass er meinen Namen kannte. Im College war er wegen seiner rotbraunen Perücke bekannt, die er sich zugelegt hatte, als ihm nach einem Fahrradunfall vor vielen Jahren sämtliche Haare ausgefallen waren. Ich war angeheitert und die Verlockung war zu groß: Wenn Pilchard etwas sagte, suchte ich unwillkürlich immer wieder nach seinem Haaransatz. »Tomlinson, haben Sie sich schon überlegt, was Sie nach Ihrem Examen anfangen wollen?«

»Ja, Sir«, antwortete ich vorsichtig. Ich fragte mich, warum dieser Mann sich für meine Zukunft interessierte.

»Ich gehe zur Marine, zur Marineluftwaffe.«

Pilchard schnaubte verächtlich, als ob er etwas gegen das Militär hätte. »Hören Sie, Tomlinson, sollten Sie je Ihre Meinung ändern und sich für einen anderen Bereich des öffentlichen Dienstes interessieren, dann lassen Sie es mich wissen.« Mit diesen Worten zog er sich wieder in sein Arbeitszimmer zurück. Dabei bückte er sich, damit die Perücke nicht am Fensterrahmen hängen blieb.

Auf dem Weg zu meinem Zimmer fühlte ich mich sehr geschmeichelt, weil ich ein Angebot bekommen hatte. Ich wusste, dass das eine diskrete Einladung gewesen war, sich dem britischen Auslandsgeheimdienst anzuschließen. Allgemein bekannt war er immer noch unter dem Namen aus Kriegszeiten: MI6. An jedem College in Oxford und Cambridge und an allen führenden britischen Universitäten gab es einen »Talentsucher« wie Pilchard, einen Hochschullehrer mit Geheimdienstkontakten, der nach geeigneten Rekruten Ausschau hielt. Solche Talentsucher haben über viele Generationen auf diskrete und effiziente Art junge, loyale Talente für den MI6 angeworben, auch wenn dieses System nie ganz narrensicher sein konnte: Kim Philby, Donald MacLean und Guy Burgess kamen auf dieselbe Art zum MI6.*

Pilchards dezenter Hinweis war in der Tat schmeichelhaft. Während ich die knarrende Holztreppe zu meiner Dachkammer hinaufstieg, beschloss ich aber, nicht auf das Angebot einzugehen, zumindest nicht in der nächsten Zeit. Ich hatte einige Romane von John Le Carré gelesen und für mich roch die Geheimdienstarbeit nach Büromief und Schreibtischroutine. Auch distanzierte ich mich von den anderen Examenskandidaten, bei denen es Pilchard versucht hatte. Das waren lauter konservative Geisteswissenschaftler aus dem Establish-

---

* Harold »Kim« Philby, Donald MacLean und Guy Burgess gehören zu den berühmten »Cambridge Five«, die für einen der größten Spionageskandale in der Geschichte des britischen Geheimdienstes stehen. Als Mitglieder einer Gruppe von frisch graduierten Studenten aus der britischen Oberschicht gelangten sie in den Dreißigerjahren in die Schaltzentralen der Macht – Burgess war MI5-Agent, MacLean Diplomat und Philby stellvertretender Geheimdienstchef – und spionierten von dort als Doppelagenten für den russischen KGB. In den frühen Sechzigerjahren enttarnt, konnten sie sich mehrheitlich nach Moskau absetzen.

ment, die fast täglich in der Collegebar herumhingen und sich voll laufen ließen. Für diese Leute war es so etwas wie ein Initiationsritus, wenn Pilchard ihnen auf die Schulter tippte. Es war das Zeichen dafür, dass sie im College Eindruck gemacht hatten. Wenn das die Typen waren, die der MI 6 brauchte, dann war diese Arbeit nichts für mich.

Ich hatte noch die Bücher im Kopf, die ich in meiner Freizeit in Cambridge gelesen hatte. Deshalb stellte ich mir eine Laufbahn voller Reisen und Abenteuer vor. Meine Vorbilder waren Menschen wie Wilfred Thesiger, der Wüstenforscher, der, kaum zwanzig Jahre alt, die Rub al-Chali durchquert hatte, die große Sandwüste im Südosten der Arabischen Halbinsel. Oder Sir Francis Chichester, der alleine um die Welt gesegelt war und dem danach mit einem Leichtflugzeug beinahe eine weitere Reise um die Welt glückte. Dann war da noch Antoine de Saint-Exupéry, der französische Flugpionier, dessen im Argentinien der Vorkriegszeit spielender, halb autobiografischer Roman *Nachtflug* mir so gut gefallen hatte. Und Hauptmann Lawrence Oates, ein früherer Student des Colleges, der bei Scotts gescheiterter Antarktis-Expedition 1914 selbstlos sein Leben geopfert hatte. Oates' Flagge war im Speisesaal des Colleges ausgestellt und erinnerte uns jeden Abend an seine großen Taten. Ich glaubte, dass der beste Weg zu einem abenteuerlichen Leben, wie es diese Vorbilder geführt hatten, und zu einer gut geplanten und sicheren Laufbahn, wie ich sie mir gleichzeitig wünschte, über die Streitkräfte führte. Die Marine zog mich ganz besonders an.

Pilchards Vorschlag war dennoch verlockend. Ich lag auf dem schmalen Bett in meiner Dachkammer, das Abendlicht fiel durch das offene Fenster, und ich fragte mich, was mich von den anderen Examenskandidaten unterschieden hatte. Bei der Immatrikulation 1981 hatte ich mir fest vorgenommen, mehr zu tun als nur zu studieren. Mein Onkel in Südafrika war Mitglied der Cambridge University Air Squadron gewesen, eines Fliegerklubs, der von der Royal Air Force finanziert wurde. Er hatte mich ermuntert, dort ebenfalls Mitglied zu werden. Die Chance, fliegen zu lernen, das hohe Niveau bei der Luftwaffe und die Aussicht auf eine kleine finanzielle

Zuwendung: Das konnte ich mir nicht entgehen lassen. Die Air Squadron wurde zum Mittelpunkt meines sozialen Lebens außerhalb der Unterrichtszeit. Wir lernten das Fliegen auf der Bulldog, einem robusten, zweisitzigen Übungsflugzeug. Mein Fluglehrer war Hauptmann Stan Witchall, damals einer der ältesten und erfahrensten aktiven Offiziere der Royal Air Force. Bei der Luftschlacht um England hatte er als junger Pilot eine Hurricane geflogen. Für den Flugunterricht schwänzte ich zweimal wöchentlich die Maschinenbauvorlesung und radelte die sieben Kilometer zum Marshall-Flugplatz hinaus.

Sporttauchen war eine andere Sache, die mich begeisterte. Dazu hatten mich die Filme von Jacques Cousteau angeregt. Nach dem Grundkurs im Tauchklub der Universität verbrachte ich die Osterferien an der Küste von Cornwall. Wir erkundeten die kalten und trüben Gewässer des Ärmelkanals, die zahllosen Riffe und Wracks. Abends betranken wir uns in den Kneipen der alten Fischer- und Schmugglerdörfer mit dem einheimischen Starkbier. Das hatte nichts mit den Paradiesen zu tun, die Cousteau in seinen Filmen beschrieb, und war doch eine aufregende Sache.

Im Sommer 1982 reiste ich mit einem Interrail-Zugticket quer durch Europa. Ich hatte nur sehr wenig Geld, deshalb schlief ich in den Nachtzügen und schaute mir bei Tag die Städte an, in denen wir Station machten. Tausende von Reisekilometern verschlief ich und kam doch bis nach Marokko und in die Türkei. Diese Erfahrungen hatten meine Reiselust erst richtig geweckt. Jetzt wollte ich zu noch ferneren Zielen aufbrechen.

Im Jahr darauf warf ein Ferienjob in einer Bäckerei so viel ab, dass es für einen zweimonatigen Rucksacktrip in Fernost reichte. Mit einem äußerst schmalen Budget reiste ich durch Thailand und Malaysia. Auf dem Heimweg flog ich mit einer Aeroflot-Maschine. Das war die billigste Fluglinie auf dieser Route. Zum Auftanken war ein kurzer Zwischenstopp in Moskau eingeplant. Aber dies war just am 2. September 1983, einen Tag nach dem Abschuss des Fluges 007 der Korean Airlines durch eine sowjetische MiG 23 über der sibirischen Insel

Sachalin. Dabei waren alle 269 Menschen an Bord des südkoreanischen Jumbos vom Typ Boeing 747 ums Leben gekommen.

Als Antwort darauf sperrten die Westmächte kurz nach der Landung unseres Flugzeugs auf dem Moskauer Flughafen Scheremetjewo ihren Luftraum für sämtliche Aeroflot-Maschinen. Mit zweihundert Leidensgenossen saß ich zwei Tage lang in Moskau fest. Wir warteten auf eine Maschine der British Airways, die aus London kommen sollte, um uns abzuholen. Die Aeroflot brachte uns in einem billigen Hotel in der Nähe des Flughafens unter, verweigerte aber die Herausgabe des Gepäcks aus dem Laderaum. Uns blieb nur die Kleidung, die wir seit unserer Abreise aus dem tropisch heißen Bangkok am Leibe trugen. Aber unpassende Kleidung konnte mich in meinem Forscherdrang nicht bremsen. Ich wollte die unerwartete Gelegenheit nutzen und etwas von Moskau sehen. Mit einem Australier, den ich im Flugzeug kennen gelernt hatte, zog ich durch die Innenstadt. Es war ein kalter, regnerischer, nebliger Herbsttag, und wir liefen in T-Shirts und Flip-Flops herum, sehr zur Verwunderung der mürrisch dreinblickenden Moskowiter.

Während der drei Studienjahre in Cambridge hatte ich konsequent gearbeitet. Vielleicht hatten mein Fleiß, meine Umtriebigkeit und meine Reisen Pilchard veranlasst, mich anzusprechen. Einige Jahre später sollte ich erfahren, dass der MI 6 zu wenig Mitarbeiter hatte, die über ein fundiertes technisches Wissen verfügten. Und technische und naturwissenschaftliche Kenntnisse waren für diese Art von Arbeit immer wichtiger geworden. Pilchard hatte wie alle anderen Talentsucher an den Universitäten die Anweisung erhalten, nach Kandidaten aus diesen Bereichen Ausschau zu halten, was vielleicht ein weiterer Grund für seinen Annäherungsversuch war. Seine Einladung war interessant, aber ich schob diese Sache erst einmal weit von mir. Es gab Wichtigeres zu tun. In zwei Wochen wollte ich mit fünf meiner Freunde auf die Philippinen fliegen. Wir nahmen teil an einer von der Universität finanzierten Forschungsexpedition, die die Auswirkungen der Umweltverschmutzung auf die sensiblen Korallenriffe des philippinischen Archipels untersuchen sollte. Das war ein echter Trip auf Cousteaus Spuren: Tauchen in kristallklaren tropischen Gewässern.

* * *

Drei Monate später war ich aus Fernost zurück. Die nächste Reise führte von meiner Heimat Cumbria nach Portsmouth, zum Eignungstest für die Marinelaufbahn. Die theoretischen und praktischen Prüfungen bestand ich mühelos, und deshalb nahm ich an, dass es auch bei der ärztlichen Untersuchung am folgenden Tag keine Schwierigkeiten geben würde. Aber das war ein Irrtum. Die Prüfung meiner medizinischen Unterlagen hatte einen Hinweis auf leichtes Asthma im Alter von sieben Jahren ergeben. Das genügte, um mich durchfallen zu lassen. Ein Oberstabsarzt erklärte mir, die Ausbildungskosten für einen Marinepiloten seien so hoch, dass man nichts riskieren wolle. Und eine eventuell wieder auftretende frühere Krankheit könnte schließlich die Einsatzfähigkeit gefährden. Das war eine niederschmetternde Nachricht, die auch das Ende meiner Ambitionen bei der Marine bedeutete.

Einige Tage nach diesem Tiefschlag trieb ich mich in London herum. Im U-Bahnhof Kensington fiel mir ein Plakat auf. Es zeigte eine junge Frau, die durch einen tropischen Sumpf watete, dessen Wasser ihr bis zu den Hüften reichte: Werbung für die »Operation Raleigh«, eine Abenteuerexpedition für junge Leute. Das sah nach einer Unternehmung aus, bei der ich die Enttäuschung über meine Ablehnung durch die Marine überwinden konnte. Ich bewarb mich und einige Monate später war ich auf dem Weg in die Karibik. Dort ging ich an Bord des Expeditionsschiffes *Zebu*, einer voll getakelten Brigg. Auf diesem Schiff sollten wir alle die schwierige Kunst erlernen, einen Rahsegler zu fahren.

Nach einem Vierteljahr war ich wieder in Großbritannien und konnte mich immer noch nicht für eine bestimmte Berufslaufbahn entscheiden. Also beschloss ich, an die Universität zurückzukehren. Ich bewarb mich um ein Kennedy-Gedächtnis-Stipendium für ein Magister-Studium am Massachusetts Institute of Technology (MIT) und wurde angenommen. Das war eine fantastische Auszeichnung, vor allem, weil zu diesem Stipendium auch eine Atlantikpassage mit der *Queen Elizabeth II.* nach New York gehörte. Mein Studium am MIT begann ich im September 1985 und erlebte einen gehörigen Schock. Im Vergleich zu meinen sorglosen und gemütlichen Studien in Cambridge/England bedeutete das Zusatzstudium am MIT in Cambridge/Massachusetts harte Arbeit. Aber mein Einsatz wurde im Herbst 1986 mit dem Magistertitel belohnt. Kurz vor der Examensfeier teilte mir die Rotary-Stiftung mit, dass ich ein Zusatzstipendium für ein weiteres Studienjahr in einem Land meiner Wahl erhalten würde. Mein einziges Problem war: Wohin sollte ich gehen? Argentinische Freunde am MIT hatten mir vom Peronismus erzählt, von politischem Extremismus, Militärputschen und der Falkland-Frage. Also entschloss ich mich, mir ein eigenes Bild von diesem Land zu machen. Ein paar Monate später, im Januar 1987, flog ich nach Buenos Aires.

* * *

Die Tasche fest zwischen die Knie geklemmt, wartete ich darauf, dass es krachte. Zum dritten Mal manövrierte der Taxifahrer den zerbeulten Renault mit quietschenden Reifen auf die Überholspur, diesmal um einen stinkenden Mercedes-Bus herum. Aber er schaffte es auch in diese winzige Lücke. Die Autobahnfahrt vom Flughafen in die Innenstadt von Buenos Aires erwies sich als äußerst ungemütliche Einführung in den argentinischen Alltag. Am Straßenrand sah ich eine riesige beleuchtete Plakatwand in den Nationalfarben blau und weiß: »Die Malvinen gehören zu Argentinien.« Der Fahrer, der mich schon eine ganze Weile im Rückspiegel beobachtet hatte, nahm einen tiefen Zug aus seiner Zigarette und schnippte sie aus dem Fenster. »De dónde es Usted?«, fragte er, Misstrauen in der Stimme.

Einen Augenblick lang wollte ich lügen. Der Falkland-Krieg lag noch keine fünf Jahre zurück, und ich war mir nicht sicher, wie die Argentinier einen britischen Besucher empfangen würden. Aber die Neugier auf seine Reaktion siegte und so antwortete ich vorsichtig: »Soy Británico.« Der Fahrer sah wieder in den Rückspiegel, als ob er mich nicht gehört hätte. »Británico ..., Inglaterra«, sagte ich, diesmal etwas lauter.

Er fixierte mich erneut und ich fragte mich, ob meine Antwort undiplomatisch gewesen war. »Señora Thatcher«, antwortete er in holprigem Englisch, und in seinen Augen blitzte es, »sie ist gute Frau. Sollte hierher kommen, alles besser machen.« Er machte eine weit ausladende Geste und entblößte sein Goldkronengebiss.

Im Laufe des folgenden Jahres sollte ich noch häufig Ähnliches erleben. Es war eine typische Reaktion vieler Argentinier. Die bitteren Erinnerungen an den Falkland-Krieg waren noch lebendig, aber ihre Antipathie wurde durch die lange Tradition kultureller und wirtschaftlicher Verbindungen mit Großbritannien abgemildert.

Ich mietete ein Zimmer in einem preiswerten Hotel und traf mich zum Abendessen mit Andy Schuyler, einem amerikanischen Studenten, der ebenfalls ein Rotary-Stipendium erhalten hatte. Er hatte in Stanford seinen Magister in lateinamerikanischen Studien gemacht und war ein amüsanter und zugleich entspannter Gesprächspartner. Am nächsten Tag mieteten wir zusammen eine Wohnung in der Stadtmitte.

Der Hauptzweck des Rotary-Preises war, eine fremde Kultur durch Reisen und persönliche Bekanntschaften kennen zu lernen, aber es wurden auch ernsthafte Studien erwartet. Schuyler und ich schrieben uns an der Universität von Buenos Aires für ein Aufbaustudium in Politikwissenschaft ein. Alle Veranstaltungen fanden abends statt, und unsere Kommilitonen waren ein Mikrokosmos der widerstreitenden Strömungen in der argentinischen Gesellschaft: höhere Armeeoffiziere, linke Journalisten, ambitionierte Politiker, ein peronistischer Priester. Raul Alfonsíns Radikale Partei war an der Regierung und die Demokratie steckte nach den langen Jahren unter einer tyrannischen Militärjunta noch in den Kinderschuhen. In den Seminaren gab es lebhafte, gelegentlich auch scharfe Debatten. Als Repräsentanten der imperialistischen »Yanquis« und »Británicos« wurden wir von unseren Kommilitonen nicht geschont. Schuyler stürzte sich bald in politische Aktivitäten, er besuchte Kundgebungen, nahm an Demonstrationen und studentischen Versammlungen teil. Am Ostersonntag 1987, dem Tag des Militärputsches, der Alfonsíns Regierung bedrohte, gingen wir zum Präsidentenpalast, der Casa Rosada, und sahen, wie die Argentinier leidenschaftlich für den Erhalt der Demokratie demonstrierten.

Meist gingen Schuyler und ich aber unserer eigenen Wege. Ich wollte wieder fliegen, und einer der Luftwaffenoffiziere aus unserem Kurs vermittelte mir den Kontakt zum Fluglehrer Rodolfo Sieger, der auf dem Flugplatz San Fernando tätig war. Die Fahrt dorthin dauerte mit dem Stadtbus ab dem Zentrum von Buenos Aires mehrere Stunden. Sieger war ein deutscher Einwanderer. Im Zweiten Weltkrieg war er Kampfflieger bei der Luftwaffe gewesen und hatte in der Luftschlacht um England eine Messerschmitt Me 109 geflogen. Seine Familie wurde bei der Bombardierung Dresdens im Februar 1945 ausgelöscht. Sieger emigrierte nach Argentinien, wurde Zivilpilot, arbeitete lange Jahre bei den Aerolíneas Argentinas und ging schließlich in den Ruhestand. Um seine Pension aufzubessern, kaufte er sich eine alte Luscombe Silvaire aus den Dreißigerjahren, eine Art Citroën 2CV der Lüfte, und arbeitete als Fluglehrer. Das war nicht gerade die sicherste Maschine für den Erwerb des argentinischen Pilotenscheins, aber die Flugstunden waren billig und außerdem hatte es einen gewissen Reiz, bei einem Mann zu lernen, der möglicherweise einer der Luftkampfgegner von Hauptmann Witchall gewesen war.

In den nächsten Wochen, während der Vorbereitung auf die praktische und theoretische Pilotenprüfung, erfuhr ich noch von einem anderen Geschäftszweig Rodolfos. Zu dieser Zeit waren in Argentinien alle Arten von Unterhaltungselektronik mit hohen Einfuhrzöllen belegt. Im nur wenige hundert Kilometer entfernten Paraguay waren diese Artikel zollfrei. Der Anreiz für Schmuggler war beträchtlich, aber der argentinische Zoll tat sein Bestes, um diese Geschäfte zu unterbinden. Einmal in der Woche flog Rodolfo über den Río de la Plata, landete auf einer Graspiste in Paraguay und stopfte die Lus-

combe mit Videorekordern und Fernsehgeräten voll. Rodolfo
flog erst in der Nacht zurück. Das untermotorisierte Flugzeug
hob nur mit großer Mühe vom Boden ab, und Rodolfo hielt
sich dicht über der Wasseroberfläche, um dem argentinischen
Marineradar zu entgehen.

Eines Tages flogen wir nach Mendoza, einer Stadt am Fuße
der Anden. Rodolfo hatte ein dringend benötigtes und schwer
zu bekommendes Ersatzteil für das alte Flugzeug aufgespürt,
abzuholen in Chile, an einem unmittelbar hinter der Grenze
gelegenen Ort. Die winzige Luscombe war für einen Flug über
die Anden ungeeignet, deshalb waren wir für diesen Abschnitt
der Reise auf den Bus angewiesen. Bei der Ankunft an der
abgelegenen Grenzstation im Schatten des Aconcagua dämmerte mir, dass ich ein Problem hatte. Mein neuseeländischer
Pass war für die Ein- und Ausreise in Argentinien die bessere
Lösung, da Neuseeländer im Gegensatz zu Briten kein Visum
benötigten. In Chile war es umgekehrt. Dort verlangte man
von Neuseeländern ein Visum, von Briten aber nicht. Beim
eiligen Aufbruch zu dieser Reise hatte ich nur meinen britischen Pass eingesteckt.

Die zwei mürrischen argentinischen Grenzpolizisten, die
zur Kontrolle in den Bus stiegen, würden es ja vielleicht nicht
bemerken. Nachdem mir bewusst geworden war, dass mein
neuseeländischer Pass mit den argentinischen Einreisestem-
peln in meiner Nachttischschublade in Buenos Aires lag, blieb
mir nichts anderes übrig als zu bluffen, wenn ich über die
Grenze wollte. Ich behauptete, mein neuseeländischer Pass sei
mir gestohlen worden und ich sei auf dem Weg nach Santiago,
um mir Ersatz zu besorgen. Dort befand sich die einzige neuseeländische Botschaft im südlichen Teil des Subkontinents.
Der ältere der beiden Polizisten nahm mir die Geschichte ab,
aber der jüngere wurde misstrauisch und holte mich aus dem
Bus, um mich zu durchsuchen. Im Rucksack fand er sofort
meinen ungestempelten britischen Pass und verhaftete mich
unter dem Verdacht der illegalen Einreise.

Sie brachten mich nach Mendoza zurück. Auf der Polizeiwache musste ich zuerst eine Leibesvisitation über mich ergehen lassen. Dann wurde ich in eine schmutzige Zelle gesteckt,

deren Einrichtung aus einer feuchten Matratze und einem Eimer für die Notdurft bestand. Nach einigen Stunden, die mir wie eine Ewigkeit vorkamen, brachte man mich in ein Büro, wo mich zwei finster dreinblickende Polizisten an einem Metallschreibtisch erwarteten. Zu meiner grenzenlosen Verwirrung verdächtigten mich die beiden der Spionage und begannen ein entsprechendes Verhör. Einzelheiten meines argentinischen Alltags, meine Adresse, die Namen meiner Freunde, alles wurde mit ernster Miene in kleinen schwarzen Notizbüchern festgehalten. Nach einer Stunde Verhörzeit wirkten die Fragen nur noch absurd. »Wie heißt Ihr Hund?«, fragte einer der beiden.

»Jesse«, antwortete ich, mühsam meinen Unmut unterdrückend.

Diese Nacht musste ich in der schmutzigen Zelle verbringen. Am folgenden Morgen reiste aus Buenos Aires ein Oberst der argentinischen Luftwaffe an, um mich erneut zu verhören. »Wie heißt Ihr Hund?«, fragte er mit drohendem Unterton.

»Ich habe das gestern Abend schon dem anderen Typen erzählt«, erwiderte ich mit Unschuldsmiene und fragte mich, wie ein junger Terrier aus dem Lake District den argentinischen Skyhawks gefährlich werden konnte. Später wurde mir klar, dass er meine Tarnung überprüfte. Wenn ich wirklich ein harmloser Gaststudent war, dann würde ich mich an unbedeutende Einzelheiten wie den Namen meines Hundes ganz bestimmt erinnern. Wenn ich aber ein Spion mit einer Tarnexistenz war, dann würde es mir bedeutend schwerer fallen, banale Fragen auch noch am nächsten Tag spontan und korrekt zu beantworten. Für meine spätere Laufbahn als Spion war das eine hilfreiche Lektion.

Am Nachmittag wurde ich dann freigelassen, nicht ohne vorher noch zu einem improvisierten Rugby-Match genötigt worden zu sein. Meine »Gastgeber« gingen davon aus, dass jeder echte Neuseeländer einen erstklassigen Flügelstürmer abgeben müsste, und meine Proteste stießen auf taube Ohren. Mendoza ist eines der Zentren des argentinischen Rugbys und ich bekam es mit einigen wirklich guten Spielern zu tun. Sie gaben mir ordentlich Saures, und als ich am nächsten Tag nach Buenos Aires zurückkehrte, schillerte mein rechtes Auge in allen Farben. »Du bist wohl ein paar von meinen Gestapo-Freunden begegnet«, witzelte Rodolfo. Ich war mir nicht sicher, ob das ein Scherz war.

Einige Wochen später lud mich ein Schweizer Diplomat zu einer Grillparty in die Schweizer Botschaft ein. Die nach dem Falkland-Krieg abgebrochenen diplomatischen Beziehungen zwischen Großbritannien und Argentinien waren noch nicht offiziell wieder aufgenommen worden. Einige britische Diplomaten, die in der Schweizer Botschaft ihre Büros hatten, nahmen zu dieser Zeit die britischen Interessen wahr. Mein Schweizer Freund stellte mich einem dieser Männer vor, einem großen, hoch aufgeschossenen Burschen. Er war einige Jahre älter als ich und im Rang eines stellvertretenden Botschaftsrats. Dieser Mann war fasziniert, als ich von meiner Fliegerei erzählte, und fragte ganz neugierig nach der Reichweite und der Tragfähigkeit der Luscombe. Und er machte einen etwas enttäuschten Eindruck, als er erfuhr, dass sie schwer schnaufen musste, wenn sie mehr als ein Fernsehgerät und einen Videorekorder geladen hatte.

Nachdem ich beim MI6 angefangen hatte, entdeckte ich, dass Mark Freeman, der hoch aufgeschossene Bursche von der Grillparty, für den Geheimdienst tätig war. In Buenos Aires arbeitete er an einem Auftrag, der sich später als größerer Coup des MI6 zu Ungunsten der argentinischen Marine erweisen sollte.

Der MI6 hatte es versäumt, vor der argentinischen Invasion auf den Falkland-Inseln zu warnen. In der Folge war das Ansehen des Geheimdienstes in Whitehall nach dem April 1982 auf den Nullpunkt gesunken, und so setzte man beim MI6 alles daran, eine zweite Pleite dieser Art zu vermeiden. Die Präsenz in der Region wurde verstärkt, der Stützpunkt in Buenos Aires auf die doppelte Kapazität ausgebaut. In den chilenischen Anden entstand eine Kette von Horchposten als Frühwarnsystem gegen argentinische Flugbewegungen, in Uruguay nahm eine neue Ein-Mann-Dependance die Arbeit auf. Schon bald wurden diese Anstrengungen durch einen stetigen Informationsfluss belohnt.

Eine Information interessierte die Abteilung für Militärspionage (Defence Intelligence Staff, DIS) in Whitehall ganz besonders. Die Argentinier entwickelten unter höchster Geheimhaltung eine neue Seemine. Sie war aus Plastik und deshalb mit herkömmlicher Minenräumtechnik nur sehr schwer zu orten. Zudem konnte sie mit ihrer modernen Elektronik die Schiffsgeräusche britischer und argentinischer Einheiten unterscheiden. Die DIS stufte die neue Mine als große Bedrohung ein und verlangte nach weiteren technischen Einzelheiten. Der MI6 erfuhr von einem französischen Waffentechniker, der im Marinestützpunkt Río Gallegos an diesem Projekt arbeitete. Dieser Mann wurde für den MI6 angeworben und erhielt den Codenamen FORFEIT.

FORFEIT genoss bei den argentinischen Wachen absolutes Vertrauen. Deshalb war es für ihn kein großes Problem, die Mine aus Río Gallegos herauszuschmuggeln. Er lud sie einfach in seinen Kofferraum und passierte die Kontrollen mit der Behauptung, er bringe sie zu Versuchen auf hoher See zum Marinestützpunkt Commodore Rivadavia. Der schwierigere Teil der Operation war, die Mine aus Argentinien herauszuschleusen.

Die Möglichkeiten waren begrenzt, denn die Operation durfte zu keinem Zeitpunkt bekannt werden. Diplomatische Verwicklungen waren zu vermeiden. Der MI6 wagte es deshalb auch nicht, an Argentiniens langer, unbesiedelter Küste ein U-Boot einzusetzen. Man hatte daran gedacht, einen Piloten zu engagieren, der die Mine mit einem kleinen Flugzeug über den Río de la Plata nach Uruguay brachte. Deshalb hatte Freeman so enttäuscht reagiert, als er von der bescheidenen Ladekapazität der Luscombe hörte. Schließlich traf sich ein MI6-Beamter, der als dänischer Chemieingenieur getarnt war, in einer gemieteten Garage mit FORFEIT und übernahm die Mine. Im Kofferraum seines Mietwagens brachte er sie dann bis zur uruguayischen Grenze. Frühere Erfahrungen hatten gezeigt, dass die Grenzpolizei Autos nur selten durchsuchte. Für den Fall der Fälle hatte sich der angebliche Geschäftsmann aber eine Geschichte zurechtgelegt, in der das merkwürdige Stück Plastik im Kofferraum, das wie ein Fass aussah, nur ein harmloses Ausrüstungsstück eines Chemieingenieurs war. Er brauchte die Geschichte nicht, kam unbehelligt über die Grenze und brachte das Objekt ohne Zwischenfälle nach Montevideo. Dort wurde es heimlich auf ein britisches Kriegsschiff verladen, das nach einer Fahrt zu den Falkland-Inseln seine Vorräte ergänzte, und nach Großbritannien gebracht.

Am Ende eines interessanten Jahres in Buenos Aires ging ich im Dezember 1987 an Bord einer Swissair-Maschine, die mich nach London zurückbringen sollte. Beim Einsteigen griff ich mir ein Exemplar von *La Nación*, Argentiniens führender Tageszeitung. Ganz unten auf Seite fünf entdeckte ich einen Artikel über einen Flugzeugabsturz: Eine kleine Maschine war bei einer Nachtlandung auf einer Graspiste am Stadtrand von Buenos Aires zerschellt. Der Pilot war dabei ums Leben gekommen. Die polizeiliche Untersuchung des Wracks war noch im Gang, begleitet von Gerüchten, dass es sich um ein Schmugglerflugzeug gehandelt hatte. Der Name des Piloten wurde nicht genannt, aber ich war mir sicher: Das konnte nur Rodolfo sein.

* * *

Ich war wieder in London, hatte kein Geld und brauchte einen Job. Am liebsten einen Job, der meine Abenteuer- und Reiselust befriedigte. Ich schrieb an Pilchard und fragte ihn, ob sein Angebot von 1984 immer noch gelte. Er antwortete mir nicht direkt, aber nach einigen Wochen erhielt ich ein Schreiben mit dem Briefkopf des Außenministeriums. Ein Mr. M. A. Halliday lud mich zu einem Vorstellungsgespräch in 3 Carlton Gardens, London SW1 ein.

Dort saß ich dann auf einem niedrigen Ledersofa in der Eingangshalle eines eleganten Hauses im John-Nash-Stil mit Blick auf den St. James's Park im Herzen Londons. Ich war eher neugierig als nervös. Die Parkuhr neben meinem zerbeulten alten BMW, den ich in der Nähe abgestellt hatte, bereitete mir größere Sorgen als das bevorstehende Gespräch. Ich sah auf die Uhr und hoffte, dass die Sache nicht so lange dauern würde. Auf einem niedrigen Glastischchen lagen die

aktuellen Ausgaben des *Economist* und der *Financial Times*.
Zum Zeitvertreib nahm ich mir eines der Blätter.

Ich hörte sanfte Schritte auf der Treppe vom Mezzanin
herab. Augenblicke später erschien eine hübsche junge Frau.
Sie war groß und ihre hohen Absätze klapperten auf dem Marmorboden, als sie auf mich zukam. Ich legte den *Economist*
weg und erhob mich. »Mr. Tomlinson?«, fragte sie lächelnd.
Ich nickte. »Mr. Halliday wird Sie jetzt empfangen. Übrigens,
ich bin Kathleen.« Wir gaben uns die Hand und sie begleitete
mich die Treppe hinauf ins Mezzanin. Dort führte sie mich in
eines der Büros.

Hinter dem Schreibtisch saß ein kleiner, schmächtiger
Mann. Er trug einen braunen Anzug mit breitem Revers,
unter dem Nylonhemd zeichnete sich ein Netzhemd ab. Wir
begrüßten uns und gaben uns die Hand. Er bat mich, in einem
niedrigen Sessel Platz zu nehmen und setzte sich mir gegenüber. Zwischen uns stand ein niedriger Tisch. Er lächelte.
»Wissen Sie, warum Sie hier sind?«

»Ich habe keine Ahnung«, antwortete ich vorsichtig.

»Darf ich Sie zuerst bitten, dies hier zu lesen und zu unterschreiben?« Er reichte mir einen Vordruck und einen Kugelschreiber. Es handelte sich um einen Auszug aus dem Official
Secrets Act (OSA) von 1989, dem Gesetz zur Wahrung von
Staatsgeheimnissen. Ganz oben stand, mit roter Tinte geschrieben, »TOP SECRET«. Halliday ging zum Fenster und
schaute über den St. James's Park, während ich das Dokument
las. Ich unterschrieb mit kräftiger Hand, um zu zeigen, dass
ich soweit war, und mein Gesprächspartner kehrte mit einer
kleinen Akte zurück. »Jetzt lesen Sie bitte dies hier«, befahl er
und gab mir das grüne Ringbuch.

Halliday ging wieder zum Fenster hinüber und ließ mich bei
der Lektüre der rund dreißig laminierten Seiten allein. Hier
erfuhr ich, dass der MI6 der britische Auslandsgeheimdienst
war und unter der Verwaltungshoheit des Außenministeriums
stand. Die Aufgabe des MI6 war, mithilfe von Geheimagen-
ten Informationen über Politik, Militär, Wirtschaft und Handel
rivalisierender fremder Mächte zu sammeln. Einige Passagen
erklärten die Auswahlkriterien für neue Mitarbeiter. Diese

Kriterien waren fast identisch mit denen des Außenministeriums, mit Ausnahme einer Extrarunde von Gesprächen. Eine positiv verlaufene Sicherheitsüberprüfung – die genaue Durchleuchtung des Privatlebens eines Kandidaten – wurde beschrieben, dann folgte ein allgemeiner Überblick zur Laufbahn beim MI 6. Sechs Monate Ausbildung, eine erste Stationierung in Übersee im Anschluss an einige Jahre Schreibtischarbeit in London, dann abwechselnd dreijährige Tätigkeiten in der Heimat und auf Überseeposten, bis zum vorgeschriebenen Ruhestandsalter von 55 Jahren. Auf der Rückseite waren die Gehaltsstufen abgedruckt. Sie waren im Vergleich zu den in der Privatwirtschaft gängigen Gehältern nicht gerade üppig, aber immer noch akzeptabel.

Ich klappte den Ordner zu und legte ihn auf den niedrigen Tisch. Halliday stand von seinem Schreibtisch auf und setzte sich wieder zu mir. »Was sagen Sie nun?«, wollte er wissen. Als ob ich mir gerade einen Gebrauchtwagen angesehen hätte, den er mir verkaufen wollte.

»Ich wüsste gerne ein bisschen mehr«, antwortete ich abermals vorsichtig.

Halliday stellte die bei Vorstellungsgesprächen üblichen Fragen, hatte aber eine unübliche Bitte. »Eine der häufigsten Aufgaben beim MI 6 ist die prägnante Beschreibung einer Kontaktperson. Können Sie einen Menschen, dem Sie in Ihrem Leben begegnet sind, prägnant beschreiben?«, wollte er wissen. Ich dachte kurz nach und beschrieb dann Rodolfo. Eine schillernde Persönlichkeit, es fiel mir nicht schwer. Halliday sagte mir klipp und klar, er suche Leute für eine langfristige Tätigkeit. Dafür biete er einen äußerst sicheren Arbeitsplatz.

»Das klingt gut«, antwortete ich. »Genau so etwas suche ich.« Das Gespräch endete mit Hallidays Versicherung, er werde mir bald schreiben. Die Parkuhr war in wenigen Minuten abgelaufen.

Zwei Wochen später kam ein Brief mit einer Einladung zu einem zweiten Gespräch. Das schmeichelte mir, aber am allerwichtigsten war mir, schnell in die Welt hinaus zu kommen. Die Aussicht, zuerst zwei oder drei Jahre hinter einem

Londoner Schreibtisch absitzen zu müssen, behagte mir überhaupt nicht. Ich knüllte den Brief zusammen und warf ihn weg.

Ich wollte unbedingt reisen, aber meine Schulden zwangen mich zum Geldverdienen. Die meisten meiner Studienfreunde hatten bereits eine solide Laufbahn bei Banken oder Unternehmensberatungen begonnen. Ihr Lebensstil war für mich unattraktiv, bot aber, praktisch gesehen, die beste Methode, um etwas Geld zu sparen. Großbritannien stand am Anfang des Wirtschaftsaufschwungs unter der Thatcher-Regierung und man kam sehr leicht zu einem sehr gut bezahlten Job. Booz Allen & Hamilton, eine Unternehmensberatung in Mayfair, zahlte mir dreimal so viel wie der MI6 geboten hatte. Aber trotz der fetten Gehaltsschecks war mir nach wenigen Wochen klar, dass das keine Karriere für mich war. Es war ein Fehler und außerdem auch unhöflich gewesen, auf Hallidays Brief nicht zu antworten. Jetzt schrieb ich ihm und erklärte, dass ich inzwischen eine andere Arbeit begonnen hätte und es für besser hielte, dort zumindest ein Jahr lang zu bleiben. Aber ich sei an weiteren Kontakten interessiert. Halliday schrieb mir einen höflichen und verständnisvollen Antwortbrief.

In einer Zeitung entdeckte ich eine Anzeige der Territorial Army, des aus Freiwilligen bestehenden Heeres-Reservekorps, das um neue Mitglieder warb. So etwas schien mir ein ideales Betätigungsfeld für meine überschüssigen Energien zu sein. Verlangt wurde lediglich die Teilnahme an Wochenendkursen und an einer zweiwöchigen jährlichen Übung. Ein Engagement dieser Art würde also nicht bedeuten, dass ich meinen Broterwerb aufgeben müsste. Nur wenige Tage nach meiner Anfrage lag eine Hochglanzbroschüre im Briefkasten. Beim Durchblättern verglich ich die Beschreibungen der verschiedenen Reserveeinheiten, aber meine Entscheidung stand fest: das Special Air Service Freiwilligenregiment. Ich wählte die angegebene Nummer und eine schottische Reibeisenstimme knurrte Anweisungen durchs Telefon: Ich sollte mich am kommenden Samstag in der Duke-of-York-Kaserne in der King's Road mitten in London einfinden und Laufschuhe und Sportkleidung für den Fitnesstest mitbringen.

Dieser erste Test war für einen gut trainierten jungen Mann relativ leicht: ein Lauf von acht Kilometern auf dem Sportplatz der Kaserne in weniger als vierzig Minuten. Aber das war nur der Anfang in einem harten Auswahlverfahren, das uns von nun an an jedem zweiten Wochenende des Jahres erwarten sollte.

Bald schon wurde das Bestehen der einzelnen Phasen dieses Selektionsprozesses mein einziges Lebensziel. Die Arbeit bei Booz Allen & Hamilton war unwichtig. Das war nur etwas, was ich zwischen den Wochenenden bei der Territorial Army hinter mich bringen musste, um meine Miete bezahlen zu können. Über einen Zeitraum von fünf Monaten meldete ich mich jeden zweiten Freitagabend mit den anderen stetig weniger werdenden Bewerbern am Tor der Duke-of-York-Kaserne. Wir erhielten Verpflegungsrationen und die Ausbilder überprüften unsere Ausrüstung. So stellten sie sicher, dass wir nur die zuvor ausgegebene Originalausrüstung benutzten. Jeder Kandidat, der sich das Leben durch selbst gekauftes besseres Schuhwerk oder Goretex-Material etwas leichter machen wollte, kam sofort »in die Tonne«: Er flog aus dem Kurs. Gegen 21.30 Uhr zwängten wir uns auf die Ladefläche eines Viertonners, nur durch eine löchrige Plane vor dem Regen geschützt. Dann fuhren wir die King's Road hinunter, an den überquellenden Pubs vorbei, aus London hinaus und auf der Autobahn M 4 in Richtung Wales.

In den frühen Morgenstunden kamen wir dann in einem entlegenen Waldgebiet an, irgendwo in den öden Brecon-Beacon-Bergen in Südwales, oft vom Regen bereits durchnässt. Mit unserem Armeeschlafsack und unserem Poncho bereiteten wir uns ein Biwak und schliefen ein paar Stunden im Unterholz oder neben einem moskitoverseuchten Stausee. Wecken war um sechs Uhr, und die Ausbilder gaben uns eine Stunde Zeit, um zu frühstücken: Haferbrei, Büchsenfleisch, Candyriegel und einen Becher Tee; dann verstauten wir die ganze Ausrüstung in unseren Rucksäcken. Um sieben Uhr gaben uns die Ausbilder ein Ziel auf der Karte vor, meist war das eine sechs oder sieben Kilometer entfernte Hügelkuppe. Die ganze Gruppe legte sofort ein hohes Tempo vor.

Wir orientierten uns mithilfe eines wasserfesten Messtisch-blattes und mit dem kostbaren Kompass. Das Feld zog sich schnell auseinander, die Ausdauerndsten und die besten Kartenleser setzten sich an die Spitze. Am Kontrollpunkt erwartete uns bereits ein Ausbilder, der uns ein neues Ziel vorgab. Es war etwa zehn Kilometer entfernt, schwieriges Gelände war zu durchqueren. Dort angekommen, bekamen wir abermals ein neues Ziel genannt, dann noch eines, und so ging es immer weiter. Wir wussten nie, wo und wann der Marsch enden würde.

Die schnellsten Marschierer erreichten gegen 18 Uhr den letzten Kontrollpunkt, die übrigen Teilnehmer des Orientierungsmarsches schleppten sich in den nächsten Stunden nach und nach ins Ziel. Die ganz langsamen Kandidaten und diejenigen, die den Marsch vor Erschöpfung oder wegen einer Verletzung nicht beendeten, kamen in die Tonne. Um 21 Uhr gaben uns die Ausbilder die Anweisungen für den Nachtmarsch, den wir jeweils zu zweit absolvieren sollten. Das Risiko bei Nachtmärschen in den zerklüfteten Bergen war für Einzelwanderer zu groß: Bei früheren Kursen hatte es Todesfälle durch Unterkühlung gegeben, einige Kandidaten hatten sich auch verlaufen und waren abgestürzt.

Dieser kürzere Marsch dauerte im Regelfall bis vier Uhr morgens, dann schliefen wir noch zwei Stunden bis zum Wecken und anschließenden Frühstück. Es folgte eine Stunde harten körperlichen Trainings, das wir »Beasting« nannten, und dessen Auftakt ein vier Kilometer langes »Warmlaufen« in unseren Militärstiefeln war, gefolgt von einer mörderischen Gymnastik mit Liegestützen und Klappmessern. Gegen elf Uhr waren die Qualen beendet. Wir ließen uns auf die Ladefläche des Lastwagens fallen für die Fünf-Stunden-Fahrt zurück nach London.

An jedem Übungswochenende wurde die Schraube ein bisschen fester angezogen und die Reihen der Bewerber lichteten sich. Die Märsche wurden immer länger, die Rucksäcke schwerer, die Orientierung wurde schwieriger. Die letzte und von allen Beteiligten am meisten gefürchtete Auswahlprozedur war der berüchtigte »Lange Marsch«. Wir hatten die gesamten Brecon Beacons erkundet und kannten sie inzwischen viel zu gut. Also wurde diese Übung in unbekanntem Gelände abgehalten, im Peak District im Norden Englands. Wir mussten einen 65 Kilometer langen Geländemarsch in weniger als zwanzig Stunden absolvieren, in voller Montur und inklusive eines alten FN-Gewehrs ohne Schlaufe sowie mit einem fast 25 Kilo schweren Rucksack, der unsere komplette Ausrüstung und Verpflegung enthielt. Am Ende dieser Prüfung waren von 125 Bewerbern nur 19 übrig geblieben. Und ich war stolz darauf, zu diesen 19 zu gehören.

Der Ausdauertest beim »Langen Marsch« war eine hohe Hürde gewesen, und dennoch sollte es noch ein weiteres halbes Jahr bis zur offiziellen Aufnahme in das Special Air Service Freiwilligenregiment dauern, denn nun folgte das »Aufbautraining«. Man drillte uns in den grundlegenden Fähigkeiten, die von jedem SAS-Soldaten verlangt wurden, und immer noch wurde stark gesiebt. Jeder Rekrut, bei dem die Ausbilder die richtige Einstellung vermissten oder den sie aus anderen Gründen für ungeeignet hielten, kam in die Tonne. Weil mir jede militärische Erfahrung fehlte, musste ich auch noch die infanteristische Grundausbildung nachholen: Deckung suchen, Gefahren entkommen und aus dem Weg gehen, Spähtrupps auch über lange Strecken führen, Hunden ausweichen, mich von Hubschraubern abseilen und mit ausländischen Waffen vertraut machen. Die letzte zweiwöchige Auswahlprüfung absolvierten wir im Lager Sennybridge in Wales. Dort wurden unsere Fähigkeiten in einer langen und äußerst harten Gefechtsübung geprüft.

Am Ende dieser Übung nahm uns der Feind – Fallschirmjäger übernahmen dieses Rollenspiel – »gefangen«, verband uns die Augen und zerzauste uns ein bisschen. Dann wurden wir auf einen Viehlaster verladen und zu einer verlassenen Farm im Bergland von Wales gebracht. Dort zog man uns die Kleider aus – unsere Augen waren immer noch verbunden – und nötigte uns in »Stresspositionen«: die ausgebreiteten Arme gegen die Wand, die weit gespreizten Beine einen Meter von der Wand entfernt; oder wir mussten uns auf den Boden kauern, den Rücken gekrümmt, die Hände auf den Kopf gelegt. Schon nach wenigen Minuten wurde jede dieser Körperhaltungen unbequem, nach zwanzig Minuten bekam man Krämpfe und Zuckungen. Erleichterung gab es nur alle paar Stunden, wenn wir zum »Verhör« mussten. Diese Aufgabe hatten Offiziere übernommen, Verhörspezialisten der regulären Streitkräfte. Wir durften nur ein Minimum an Informationen preisgeben, eben die »großen Vier«, die in der Genfer Konvention stehen: Name, Dienstgrad, Geburtsdatum und Erkennungsnummer. Die Vernehmer zogen alle Register, um mehr aus uns herauszubekommen. Wer auch nur die kleinste Einzelheit verriet, zu der er nicht verpflichtet war, landete sofort in der Tonne, auch wenn er nur zugab, dass er durstig war. Nach zwanzig Minuten brachte man uns in den Viehstall zurück und zwang uns in eine andere verkrampfte Haltung. Wer diese Behandlung überstand, kam nach zwanzig Stunden schließlich frei.

Letzte Hürde war, weil wir bald auch noch das Fallschirmspringen lernen sollten, ein brutaler Fitness- und Eignungstest beim Fallschirmjägerregiment. Dabei waren vor allem Kraft und Schnellkraft gefragt, die Ausdauer, die bei den SAS-Tests so wichtig gewesen war, trat in den Hintergrund. Die Handvoll von uns, die diese Prozedur überstand, erhielt ihre Insignien in einer schlichten Zeremonie aus der Hand des Kommandeurs, eines Obersten des SAS-Regiments 22, und wurde so in das Freiwilligenregiment, das den berühmten Wahlspruch »Wer wagt, gewinnt« am Barett trägt, aufgenommen. Für mich war das ein stolzer Augenblick, aber man musste ihn relativieren. Im Vergleich zu den wesentlich härteren und längeren Tests für das SAS-Regiment 22 der regulären Armee war unser Auswahlverfahren ein Sonntagsspaziergang. Unser militärisches Niveau war deutlich geringer. Wir erhielten zwar das gleiche Barett, aber das war auch die einzige Gemeinsamkeit zwischen beiden Regimentern.

Während des Auswahlverfahrens trainierte ich zwischen den Übungswochenenden eifrig, und hatte, wenn ich morgens bei Booz Allen & Hamilton zur Arbeit erschien, meist schon zwei Runden im Hyde Park gedreht. Den ganzen Tag über sah ich auf die Uhr. Ich konnte es kaum erwarten, der Schreibtischarbeit zu entkommen. Abends schwamm ich dann im ganz in der Nähe gelegenen Lansdowne Sportklub noch ein paar Kilometer. Mein Lebensstil unterschied sich gründlich von dem meiner Kollegen, die in ihrer Freizeit gerne gut aßen und tranken. Ich empfand nur wenig Gemeinsamkeiten mit ihnen, und das verschärfte sich noch durch meinen Ehrgeiz, das begehrte Barett zu erwerben. An meinem Schreibtisch fragte ich mich jeden Morgen, was sie immer wieder aufs Neue antrieb in ihrem Bestreben, auf der Karriereleiter nach oben zu klettern.

Ernst Goldstein war mir ein ganz besonderes Rätsel. Er musste nur noch ein paar Jahre warten, bis er an seinem dreißigsten Geburtstag aus einem Treuhandvermögen einen Haufen Geld bekam. Obwohl er als Unternehmensberater ein dickes Gehalt verdiente, lebte er schon jetzt im Stil eines reichen Erben. Er lieh sich sehr viel Geld und pflegte einen verschwenderischen und extravaganten Lebensstil. Stundenlang plauderte er am Telefon, meist mit Freunden, die teure Partys organisierten, manchmal auch mit Kunden, die er devot mit »Sir« anredete. Wenn sein schickes Hightechtelefon läutete, schnellte seine Hand zum Hörer wie eine zupackende Kobra. Er schnappte sich den Hörer, noch bevor das erste Läuten verklungen war, und meldete sich mit einem übereifrigen »Goldstein am Apparat«. Eines Abends, als die ganze Firma noch bis spät an einem »äußerst wichtigen« Projekt arbeitete, schlich ich mich in Goldsteins Ecke und fixierte seinen Hörer mit einigen Tropfen Sekundenkleber. Einige Minuten später kam er mit dem Geschäftsführer zurück, die beiden waren in ein eifriges Gespräch über eine Cashflow-Tabelle vertieft. Ich wählte Goldsteins Nummer, und wie üblich zuckte seine Hand blitzschnell zum Hörer, aber diesmal kam das ganze Telefon mit und knallte gegen seine Schläfe. Und weil der Hörer noch auf der Gabel lag, läutete das Telefon munter weiter. Goldstein drehte völlig durch und fuchtelte mit dem immer noch läutenden Telefon herum, als wollte er einen tollwütigen Hund abschütteln, der sich in seinen Arm verbissen hatte. Mit einem letzten verzweifelten Ruck schaffte er es schließlich, den Hörer von der Gabel zu reißen, aber gleichzeitig riss er auch das halbe Gehäuse ab und verstreute die Einzelteile des Geräts auf seinem Schreibtisch. Im Büro herrschte inzwischen ein mittlerer Aufruhr, aber Goldstein nahm das gar nicht wahr. Er führte den Hörer ans Ohr und meldete sich so kriecherisch wie eh und je mit seinem »Goldstein am Apparat«. Der Geschäftsführer stolzierte davon und gab sich alle Mühe, Haltung zu bewahren und nicht laut loszulachen.

Wenig später verließ ich Booz Allen & Hamilton. Das Menetekel war schon vor der Geschichte mit dem Telefon zu sehen. Dem Geschäftsführer war aufgefallen, dass ich kein Interesse an meiner Arbeit hatte, und er begann mich zu schikanieren. Eines Abends verpasste er mir einen Termin um 7.30 Uhr am nächsten Morgen und zwang mich so, ungewöhnlich früh im Büro zu erscheinen. Morgens rief er dann an und erzählte mir, sein Zug sei »verspätet«. Es war für mich eine Erleichterung, aus diesem Unternehmen auszusteigen, dessen ich schon lange überdrüssig war, und außerdem gab mir das mehr Zeit für die Übungen bei der Territorial Army.

* * *

Fallschirmspringen war Pflicht beim SAS-Freiwilligenregiment und so trug ich mich für einen Grundkurs in der Luftwaffenbasis Brize Norton ein. Zwei Wochen und zwölf Absprünge danach erhielt ich von der Royal Air Force die begehrten SAS-Fallschirmflügel. Dann absolvierte ich noch einen Kurs in Fernmeldetechnik, lernte mit den für verschlüsselte Botschaften benutzten PRC319-Radios umzugehen und belegte einen Anfängerkurs in Deutsch.

Außerdem hatte ich gerade meinen Motorradführerschein gemacht und mir eine zerbeulte alte 800er BMW, eine geländegängige Maschine, gekauft. Immer noch von Thesigers Abenteuern inspiriert, wollte ich die unendliche Leere der Wüste mit eigenen Augen sehen. Ich befestigte ein paar Benzinkanister an meinem Motorrad, packte die allernötigste Campingausrüstung zusammen, besorgte mir eine Sahara-Karte und brach an einem eiskalten Aprilmorgen nach Afrika auf.

Alles ging glatt, bis zum Ende der geteerten Piste in Taman-
rasset mitten in Algerien. Der weiche Sand deckte all meine
Schwächen auf: Das Motorrad war überladen, die Bereifung
stimmte nicht, dem Fahrer fehlte es an Erfahrungen mit unbe-
festigten Straßen. Am ersten Tag schaffte ich nur etwa acht
Kilometer. Ich versank immer wieder in dem weichen Sand
oder war damit beschäftigt, das infolge meiner vielen Stürze in
Mitleidenschaft gezogene Motorrad notdürftig zu reparieren.

Unmittelbar südlich von In-Guezzam, einem staubigen,
halb verfallenen algerischen Dorf, erreichte ich die Grenze zu
Niger. Zu erkennen war sie an einer windschiefen Holzhütte,
die eine kleine Armeeabteilung beherbergte und über der eine
ausgefranste Fahne des Staates Niger wehte. Vor der Hütte
warteten ein paar Tuareghändler in safrangelben Gewändern
auf Kundschaft. Ihre Kamele lagerten auf einem kleinen
schattigen Fleckchen unter dem von der Sonne ausgebleichten
Vordach. Die nigrischen Grenzwachen wühlten in den Bün-
deln der Tuaregs herum. Das Kommando hatte ein beleibter
Hauptmann mit Sonnenbrille. Er trug eine Khakiuniform.
Auf der anderen Seite der Hütte parkten in Reih und Glied
drei blitzblanke BMW-Motorräder mit deutschen Nummern-
schildern. Die Besitzer hockten gleich daneben unter einem
Sonnensegel, lasen in Büchern und Zeitschriften und bereiteten eine Mahlzeit zu. Sie wirkten gelangweilt, als ob sie schon
einige Zeit da wären, und zeigten nicht viel Interesse, als ich
näherkam, um sie zu begrüßen. »Wie lange seid ihr schon
hier?«, fragte ich.

»Drei Tage«, antwortete ein großer, arisch aussehender Typ
mit Bürstenschnitt, der in einer teuren Motorradkluft steckte.
»Der Bastard dort«, schimpfte er und nickte dabei in die Richtung des fetten Hauptmanns, »lässt uns nicht rüber.«

Ich versuchte seine Stimmung mit ein bisschen Geplauder
zu heben. »War die Fahrt gut?«, fragte ich freundlich.

Der Deutsche sah zuerst mich an, dann fiel sein prüfender
Blick auf mein beschädigtes Motorrad. »Ja.« Er machte eine be-
deutungsschwere Pause. »Wir sind kein einziges Mal gestürzt.«
Ich überließ die Drei ihrer Zeitschriftenlektüre und ging zum
Grenzposten, um mich dem fetten Hauptmann vorzustellen.

Als ich näherkam, musterte er mich durch seine dunkle Sonnenbrille. Die Feindseligkeit war spürbar. Er hatte mit den Deutschen wohl ein paar wüste Auseinandersetzungen gehabt und erwartete auch von mir nur Ärger. »Attendez-là«, schnauzte er mich an und zeigte in Richtung der anderen Motorradfahrer.

Ich protestierte nicht, fragte aber in meinem bescheidenen Französisch, wie lange das Warten wohl dauern würde. Sein Ärger ließ nach, als er bemerkte, dass ich nicht auf Streit aus war. Ich kam ein bisschen näher und sah, dass er auf der Brusttasche seines Hemdes ein französisches Fallschirmjägerabzeichen trug. »Oh, Sie sind Fallschirmjäger«, sagte ich betont respektvoll.

Sein Ärger verschwand wie der Zorn eines Kindes, das einen Lutscher geschenkt bekommt. Er warf sich in Pose, streckte die Brust heraus und verkündete voller Stolz: »Ich bin der erfahrenste Fallschirmjäger in der ganzen nigrischen Armee.« Und dann erzählte er mir die spannende Geschichte seiner acht Absprünge.

Dieses kleine bisschen plumper Schmeichelei genügte schon. Eine halbe Stunde später stempelte der Hauptmann meinen Pass ab und winkte mich durch. Im einzigen intakten Rückspiegel sah ich noch, wie die Deutschen heftig mit ihm stritten, weil er mich zuerst durchgelassen hatte.

* * *

Zurück aus der Sahara, bewarb ich mich erneut bei »Mr. Halliday« für den MI6. Die Übungen bei der Territorial Army machten viel Spaß, aber das war kein Brotberuf, und mit 27 Jahren war ich für die reguläre Armee zu alt. Der MI6 hatte den Vorteil, zum öffentlichen Dienst zu gehören. Er bot eine geregelte und sichere Laufbahn, viel Abwechslung, gute Bezahlung und eine Reihe von Vergünstigungen. Und er versprach ein faszinierendes Leben. Einige Tage, nachdem ich den Brief abgeschickt hatte, kam schon Hallidays Antwort: die Einladung zu einem zweiten Gespräch in Carlton Gardens.

Als ich dort zum zweiten Mal klingelte, fragte ich mich, ob sich Halliday wohl an mein Gesicht erinnern würde. Wie beim ersten Termin geleitete mich Kathleen zum Mezzanin hinauf. Halliday hatte sich seit unserem ersten Treffen stark verändert. Er war etwa 15 Zentimeter gewachsen, hatte seinen Bart abrasiert und war deutlich besser gekleidet. »Nehmen Sie bitte Platz.« Er wies auf den gleichen niedrigen Stuhl, auf dem ich schon beim ersten Gespräch gesessen hatte. »Sie haben vermutlich schon bemerkt«, begann er, »dass ich nicht der Halliday bin, mit dem Sie sich das letzte Mal hier unterhalten haben. Halliday ist ein Deckname, den wir beim Anwerben neuer Mitarbeiter benutzen.«

»O ja, das war mir natürlich klar«, prahlte ich.

Halliday lächelte wissend. Natürlich durchschaute er meinen plumpen Bluff. Das weitere Gespräch verlief fast wie gehabt – dasselbe Papier zu den Geheimhaltungsvorschriften, das zu unterschreiben war, dieselbe kleine Akte mit allgemeinen Informationen. Aber der neue Halliday fragte genauer nach als der erste. »Beim MI 6 braucht man häufig Charme, List und Einfallsreichtum, um jemand dazu zu bringen, etwas zu tun, was er eigentlich gar nicht tun will. Oder um ihn dazu zu bringen, Informationen preiszugeben, die er eigentlich für sich behalten will. Können Sie mir eine Episode aus Ihrem Leben erzählen, bei der Sie solche Fähigkeiten benötigt haben?« Ich dachte kurz nach, dann erzählte ich ihm, wie ich bei meiner Saharatour den Armeehauptmann an der Grenze zu Niger mit Schmeicheleien dazu gebracht hatte, mich ins Land zu lassen. Dann schilderte ich ihm noch den Hergang eines Verstellungskunststücks, das mir im Rahmen einer erst kurz zuvor absolvierten, von der NATO organisierten Fernspähtrupp-Übung gelungen war: Abkommandiert, um neue Verpflegung für meine Freiwilligeneinheit zu besorgen, waren in einer Bar belgische Soldaten, die in dieser Übung die Rolle des Feindes übernommen hatten, meiner Schauspielerei auf den Leim gegangen, und hatten mir wertvolle Informationen preisgegeben, die meinem Trupp einen Platz unter den zehn besten Absolventen sicherte. Halliday schienen beide Geschichten zu gefallen.

Einige Wochen später erhielt ich von Halliday einen Brief mit der Einladung zu einer weiteren Runde von Tests und Auswahlgesprächen in Whitehall. Der MI6 ist ein Teil des öffentlichen Dienstes. Wer sich für den Geheimdienst bewirbt, muss deshalb zunächst einmal dieselben Prüfungen ablegen wie die anderen Kandidaten für weniger sensible Bereiche, ob sie nun beim Außen-, Finanz- oder beim Handels- und Industrieministerium arbeiten wollen. Die MI6-Kandidaten legen die Prüfungen allerdings von den anderen Bewerbern getrennt ab, denn bereits in diesem frühen Stadium des Auswahlvorgangs wird ihre Identität geheim gehalten.

Vor der ersten Prüfung saßen fünf andere Kandidaten mit mir im Wartezimmer. Einer war der Sohn eines aktiven MI6-Beamten, einer gehörte dem Special Branch der Londoner Polizei an, der Spezialabteilung für politische Delikte, einer war zuvor bei der Militärspionage tätig gewesen, einer kam von einer Handelsbank und der fünfte arbeitete für eine politische Beratungsfirma in Oxford. Die Multiple-Choice-Tests sahen aus, als hätte man sie einem »Prüfen Sie Ihren IQ«-Buch aus den Sechzigerjahren entnommen. Sie bestanden aus einer Menge seltsamer Formen, wobei man aus den einzelnen Aufgaben die jeweils unpassende Form benennen musste, oder aus Dominoserien, die wir fortsetzen sollten. Darauf folgte ein simpler Rechentest, dem sich eine längere, aber unkomplizierte Schreibaufgabe anschloss, bei der einige kurze Essays zu verfassen waren. Am Nachmittag stand ein Gespräch zu aktuellen gesellschaftlichen Themen auf dem Prüfungsplan. Das waren Einzelgespräche mit einem der MI6-Beamten, die die Tests beaufsichtigen. Zum Abschluss gab es dann eine Diskussion mit der ganzen Gruppe. Die Aufgabe war, ein Beratungsgespräch mit einer fiktiven britischen Hightech-Firma vorzubereiten, die einige chinesische Ingenieure aus einem Austauschprogramm beim Spionieren erwischt hatte. Der Polizist wurde laut und nahm kein Blatt vor den Mund. Er bestand darauf, dass die chinesischen Spione sofort verhaftet werden müssten. Den Vorschlag des politischen Beraters, die Sache pfleglich anzugehen, um die britisch-chinesischen Beziehungen nicht zu gefährden, verwarf er als »viel zu lasch«. Die Diskussionsübung endete in erbittertem Streit, trotz der diplomatischen Intervention des Handelsbankers.

Einige Tage nach diesen Tests folgte die letzte Phase des Auswahlverfahrens. Sie bestand in einem längeren Gespräch mit drei aktiven MI6-Offizieren in dem Haus in Carlton Gardens. »Halliday« sah sich die Sache aus dem Hintergrund an. Das Trio nahm mich gründlich in die Mangel, stellte mir Fragen zum aktuellen politischen Geschehen, zu meinen Beweggründen für die Bewerbung beim MI6 und zu meinen langfristigen Zielen. Man wollte auch wissen, ob ich wirklich eine lebenslange Verpflichtung anstrebte. Wenn ich keine Antwort wusste, gab ich meine Unwissenheit zu und verzichtete auf Bluff. Eine Stunde später verließ ich Carlton Gardens mit der Gewissheit, sie würden mich durchfallen lassen.

Zu meiner Freude erhielt ich einige Wochen später aber einen Brief mit einem positiven Bescheid. Unter dem Vorbehalt einer für mich günstigen Sicherheitsüberprüfung hatte ich jetzt also einen Job beim MI6.

Die Sicherheitsüberprüfung war also die letzte Hürde. Viele Regierungsangestellte werden »positiv überprüft«. Dieser Begriff steht für eine oberflächliche Untersuchung einfacher Eventualitäten: Hat diese Person irgendwelche Vorstrafen, extreme politische Ansichten, Probleme mit Drogen, Alkohol oder Geld? Bewerber für den MI6 werden gründlicher durchleuchtet und erhalten, wenn diese Prozedur zu ihren Gunsten ausgeht, einen EPV-Vermerk (Enhanced Positive Vetted, was soviel bedeutet wie: gründliche Überprüfung mit für den Kandidaten positivem Ergebnis). Hinter einem solchen Vermerk steckt eine Menge Arbeit. In der Prüfabteilung des MI6 arbeiten etwa ein Dutzend Beamte. Zuerst suchten sie in der Datenbank des MI6 nach meinem Namen. Dabei fand sich eine Notiz von Freeman zu unserer kurzen Begegnung in Buenos Aires. In der Datenbank des Inlandsgeheimdienstes MI5 und beim Special Branch fanden sie nichts. Auch meine finanziellen Verhältnisse wurden unter die Lupe genommen. Meine kleinen Schulden waren akzeptabel, weil ich mein Studium erst kurz zuvor abgeschlossen hatte. Aber Erkenntnisse über hohe Schulden oder Versäumnisse beim Begleichen von Schulden hätten mich aus dem Rennen geworfen. Nach dem ersten Durchgang gab es also grünes Licht für mich. Dann lud mich der zuständige Beamte zu einem persönlichen Gespräch ein. Es handelte sich um den gönnerhaft auftretenden früheren Leiter der Osteuropa-Abteilung des MI6, der gründlich in meinem Privatleben herumschnüffelte. Er wollte etwas über meine politischen Ansichten erfahren und fragte nach Kontakten zu links- oder rechtsextremen Organisationen. Auch Freundschaften mit Ausländern und eventuelle Alkohol- oder Drogenprobleme interessierten ihn.

Der MI6 hat die Zügel in den letzten Jahren etwas gelockert. Vor nicht allzu langer Zeit hätte eine frühere Mitgliedschaft bei der Kampagne für nukleare Abrüstung (Campaign for Nuclear Disarmament, CND) einen Kandidaten noch disqualifiziert. Heute ist so etwas akzeptabel und flüchtige Erfahrungen mit Drogen werden geflissentlich ignoriert. Der Prüfer glaubte mir meine Auskünfte aber keineswegs unbesehen. Er bat mich, ihm acht Referenzen zu nennen, acht Menschen, die mich gut kannten und über mein Leben seit dem Schulabschluss Auskunft geben konnten. Und er sprach mit allen acht, um die Richtigkeit meiner Angaben zu überprüfen. Ehrlich währt am längsten: Wenn sich herausstellt, dass jemand versucht hat, irgendeine Missetat zu verschweigen, hat er oder sie kaum eine Chance, doch noch den EPV-Vermerk zu bekommen. Aber ich hatte keine Leichen im Keller. Nach zwei Monaten erhielt ich im neutralen Umschlag einen fotokopierten Brief mit der Mitteilung, der EPV-Vermerk sei erteilt worden. Die Einstellungszusage war jetzt bestätigt, aber das Schreiben auf Briefpapier des Außenministeriums enthielt keinerlei Aufschluss darüber, wie meine neue Laufbahn beginnen sollte, nur den schlichten Hinweis, »pünktlich am Montag, dem 2. September 1991, um 10 Uhr morgens im Century House, 100 Westminster Bridge Road, zu erscheinen. Bitte bringen Sie Ihren Pass mit.«

3

REKRUTIERUNG

In meiner Aufregung hatte ich vor dem ersten Tag beim MI6 sehr schlecht geschlafen und trank zu viel Kaffee, um die Müdigkeit zu bekämpfen. Ich schwitzte in den Handflächen, von der Anspannung wie auch vom Koffein, als ich die paar Kilometer von meiner Unterkunft im Süden Londons zum Century House ging. Es lag im heruntergekommenen Stadtteil Lambeth, ebenfalls im Londoner Süden. Der zwanzigstöckige Büroklotz wirkte schmuddelig, Taubendreck und Abgase hatten die Fassade eingefärbt. Aber dies war ein diskreter und anonymer Ort, alles andere als ein glamouröser Arbeitsplatz, und im Vergleich zu den protzigen Büros von Booz Allen & Hamilton in Mayfair war man hier in einer ganz anderen Welt. Ich sah zu den Spiegelglasfenstern hinauf und versuchte mir vorzustellen, was dahinter wohl vor sich ging. Was wurde dort entschieden, worüber wurde diskutiert? Welche Geheimnisse verbarg man dort vor der Außenwelt? Bald zu diesem Zirkel dazuzugehören, war ein aufregender Gedanke.

Rings um das Gebäude war von besonderen Sicherheitsmaßnahmen wenig zu sehen. Einige Überwachungskameras behielten die Passanten im Auge, hinter den Fenstern im ersten Stock waren Spezialstores gegen Bombenattentate zu erkennen. Sonst gab es aber kaum etwas, was das Century House von einem gewöhnlichen Londoner Bürogebäude unterschied. Die unterschiedlichsten Leute gingen hinein. Einige von ihnen hatten Regenschirme dabei und trugen ihre Zeitung unter dem Arm geklemmt, andere wirkten sehr salopp, hatten die Hände in den Hosentaschen und eine Sporttasche über die Schulter gehängt.

Ich stieß die erste schwere Glastür auf und putzte in der Vorhalle die Schuhe ab. Dann öffnete ich die zweite schwere Tür und stand in einer düsteren Eingangshalle. Die champignonfarbenen Wände und der grüne Linoleumboden erinnerten mich an das schäbige Aeroflothotel, in dem ich bei meinem kurzen Aufenthalt in Moskau übernachtet hatte. Dem Eingang direkt gegenüber lag ein Empfangshäuschen, bis zur Decke hinauf verglast. Der Schalter öffnete sich zur Tür hin. Hinter diesem Schalter saßen zwei Wachmänner, die mit altmodischen Bakelittelefonen hantierten. Auf beiden Seiten des Häuschens gab es Aufzüge. Dort sammelte sich das eintreffende Personal und drückte ungeduldig auf die Bedienknöpfe. Eine große Plastikpflanze mit staubbedeckten Blättern hellte die düstere Atmosphäre nur geringfügig auf.

Ein rundlicher Wachmann im blauen Anzug kam hinter dem Empfangsschalter hervor. Er sah gutmütig aus und hatte eine freundliche Ausstrahlung. »Ihren Pass bitte, Sir«, sagte er forsch. Ich zögerte, der Wachmann bemerkte meine Unentschlossenheit. »Sie kommen wohl zum IONEC, Sir?«, fragte er.

»IONEC? Was ist das?«

Der Wachmann lächelte wissend. »So heißt der Einführungskurs, mit dem Sie die nächsten sechs Monate verbringen werden: Intelligence Officer's New Entry Course«, antwortete er geduldig. »Wie heißen Sie?«

»Tomlinson«, antwortete ich. »Das schreibt man T, O…«

»Ja, ja«, fiel er mir ins Wort, als ob er mich in einer auswendig gelernten Liste abhaken würde. »Haben Sie Ihren Pass mitgebracht?« Ich gab ihm das gute Stück, einen der altmodischen blauen Pässe mit Pappumschlag, leicht zerschlissen und mit Eselsohren versehen. Er klappte ihn auf, prüfte meinen Namen und das Bild, dann gab er ihn mir zurück. »Willkommen beim Dienst, Sir.« Er zeigte nach rechts, zum Warteraum, wo auf einem niedrigen Tisch einige Zeitungen lagen.

Im Warteraum saßen bereits zwei junge Männer in Anzügen. Sie unterhielten sich höflich und in ruhigem Ton. Ich nahm an, dass es sich ebenfalls um Neulinge handelte. Sie musterten mich freundlich und neugierig. Der Jüngere trat entschlossen vor und lächelte mich an. »Hallo, ich heiße Markham, Andrew Markham.«

Markham stellte mir den anderen vor, den ich bereits kannte. Terry Forton war der politische Berater, den ich bei der Eignungsprüfung für den öffentlichen Dienst getroffen hatte. »Ich habe mir gedacht, dass du es schaffst«, sagte Terry und grinste dabei. »Erinnerst du dich an den Typen, der beim Special Branch war und gleich alle Welt verhaften wollte?«, fragte er. »Das war ein Faschistenschwein. Gott sei Dank ist der nicht hier.« Er lachte.

Markham mischte sich jetzt wieder ein: »Das ist wohl der erste Lehrgang seit Jahren, in dem keine Frau sitzt«, flötete er. »Wir sind zu neunt. Mit einem davon habe ich in Oxford studiert. Er hat ein Einser-Examen in Physik gemacht, aber ich konnte es nicht glauben, als ich hörte, dass er bei diesem Laden hier anfängt.« Ich hatte den Eindruck, dass sich die beiden nicht leiden konnten. »Zwei sind ehemalige Armeeoffiziere, einer davon war bei den Scots Guards*.« Markham schien sehr beeindruckt von der Tatsache, dass einer der beiden Offiziere von einer so angesehenen und schneidigen Truppe kam.

Der nächste Neuling, der eintraf, sah aus, als wäre er der ehemalige Scots Guard. Sehr selbstbewusst ging er in unsere Richtung: kerzengerade Haltung, tadellose Frisur mit reichlich Pomade, Nadelstreifenanzug, teures Hemd, auf Hochglanz polierte Budapester. Er stellte sich als Ian Castle vor. Wenige Minuten später kam ein weiterer junger Mann. Er trug einen auffälligen Anzug und eine ebensolche Krawatte, beides in der Art, die die Geldhändler in der City bevorzugten. Castle musterte ihn geringschätzig. Markham gab dem Neuankömmling, Chris Bart war sein Name, zögernd die Hand und brummte eine Begrüßungsfloskel. Die anderen Neulinge trafen innerhalb der nächsten zehn Minuten ein und es entwickelte sich ein freundlicher Smalltalk.

---

* Bei den Scots Guards handelt es sich um eines der ältesten britischen Infanterieregimenter, das 1660 in Schottland gegründet wurde. (Anm. d. Übers.)

Die Uhr an der Wand über dem Empfangsschalter zeigte bereits 10.05 Uhr. Die im Einstellungsschreiben angegebene Frist war überschritten. Markham schaute ungeduldig auf die Uhr. »Einer fehlt noch. Was ist das für ein Mensch, der gleich an seinem ersten Tag beim MI6 zu spät kommt?«, sagte er, besorgt und missbilligend zugleich.

In diesem Augenblick schlurfte eine große, vornübergebeugte Gestalt zur Tür herein und warf uns einen flüchtigen Blick zu. Der Wachmann fasste ihn am Arm: »Ihr Name bitte, Sir?«

»Spencer«, antworte der Neue misstrauisch.

»Kann ich bitte Ihren Pass sehen?«

Spencer wirkte überrascht und zögerte. »Warum? Wir sind doch hier immer noch in England.«

Der Wachmann musterte ihn skeptisch. »Ich würde gerne Ihre Identität überprüfen, Sir.«

Spencer trat von einem Fuß auf den anderen. »Na ja, ich hab' ihn wohl vergessen«, gab er schuldbewusst zurück. Nach etwa zehn Minuten durfte sich Spencer schließlich zu uns gesellen. So lange dauerte es, bis der Wachmann seine Angaben zur Person anhand der Unterlagen überprüft hatte.

Kurz darauf erschienen zwei Männer. Es sah aus, als ob sie das Ganze aus der Kulisse beobachtet hätten. Ihr selbstbewusstes Auftreten legte uns nahe, dass sie hier das Sagen hatten. »Willkommen zum IONEC 89, dem neunundachtzigsten Einführungslehrgang für Geheimdienstbeamte seit dem Zweiten Weltkrieg«, verkündete der Ältere der beiden. Jonathan Ball war ein Ketten rauchender Veteran des Kalten Krieges. In den folgenden sechs Monaten sollte er unser wichtigster Lehrer sein. Im Sprachgebrauch des MI6 lief er unter der Bezeichnung TD7. Er war ein Endvierziger und dem geröteten Gesicht nach auch ein starker Trinker. Mit eben diesem rundlichen, pausbäckigen Gesicht und seinem wackligen Gang wirkte er auf mich wie ein überdimensionales Kleinkind. Der zweite Mann des Duos, Nick Long, stellte sich mit einem leichten Lispeln vor. Er war etwa Mitte dreißig, trug einen eleganten Anzug mit dicken Schulterpolstern und voluminösem Einstecktuch. Long war Balls eifriger Assistent mit dem

Kurznamen TD8. Ball verkündete, wir würden vom Chef persönlich im Dienst begrüßt, in seinem geräumigen Büro im 18. Stock, und wies uns den Weg zum Aufzug.

Es dauerte eine Ewigkeit, bis der Aufzug kam, und als es endlich so weit war, passten wir nicht alle hinein. Long nahm freiwillig die Treppe, während wir anderen uns in die enge Aufzugkabine quetschten. Die 18. Etage von Century House war genauso trist wie die Eingangshalle. Die Wände waren wohl seit Jahren nicht mehr gestrichen worden und das schmuddelige Linoleum war an manchen Stellen schon durchgescheuert. Wir gingen den Korridor zum Besprechungszimmer hinunter und sahen in einem der kleinen Büros einen alten Mann. Er trug einen zerknitterten Anzug im gleichen Blau wie die Uniform der Wachmänner, aber mit schiefem Kragen und schiefer Krawatte. Er duckte sich hinter einen Schreibtisch, als sei es ihm peinlich, von uns gesehen zu werden. Vermutlich einer der Büroboten, die kurz zuvor den Tee und die Kekse gebracht hatten, die wir auf den Resopaltischen im Besprechungszimmer vorfanden. Long traf ebenfalls ein, als wir unsere Plätze am Konferenztisch einnahmen. Sein Gesicht war vom Lauf durch das Treppenhaus leicht gerötet.

Bevor wir uns niederließen, begutachtete Bart noch das Sortiment auf dem Tablett in der Tischmitte und griff sich rasch ein paar Kekse mit Vanillefüllung. »Mag jemand einen Keks?«, fragte Long rasch. Bart mampfte ungeniert weiter und achtete nicht auf Longs betonte Höflichkeit. Forton grinste süffisant.

Wir nippten Tee aus dem amtlichen Einheitsheitsgeschirr und Ball erzählte uns etwas über den Chef. »Colin McColl hat Basisarbeit geleistet, er war im aktiven Einsatz an vorderster Front. Im Gegensatz zu einigen seiner Vorgänger«, Ball rümpfte die Nase, »ist er keiner von diesen Bonzen aus Whitehall. Wir alle respektieren ihn sehr.« McColl war der Sohn eines Arztes aus der Grafschaft Shropshire in Mittelengland. Seit 1989 war er Geheimdienstchef, dem Dienst gehörte er seit 1950 an. Seine beiden ersten Stationen im Ausland waren Laos und Kambodscha, wo er sich einen gewissen Ruf als Amateurdramatiker und -musiker erwarb. Mitte der Sechzigerjahre war er in Warschau, und dort galt er als kompetenter und weitsichtiger Beamter. Sein letzter Auslandsposten war Genf. Diesen Stützpunkt leitete er ab 1973. Long erzählte uns, wie McColl während seiner Zeit in Laos bei einem Besuch der königlichen Familie das Eis brach: Er improvisierte ein Solo auf seiner Flöte. Und Ball fügte hinzu: »Bei uns geht es im Allgemeinen nicht sehr förmlich zu, aber wir sollten dem Chef stets gebührenden Respekt erweisen. Wenn er den Raum betritt, stehen wir alle auf.«

Nach dem Genuss von Tee und Keksen ging es lockerer zu. Wir unterhielten uns in Grüppchen, als der ungepflegt wirkende alte Mann aus dem Büro auf dem Korridor auftauchte. Niemand beachtete ihn, alle nahmen an, er sei gekommen, um den Tisch abzuräumen. Long hüstelte diskret, und Castle sprang auf und nahm eine kerzengerade Haltung an, als wäre er auf dem Exerzierplatz. Schneller als die meisten von uns begriff er, dass der schmuddelige alte Mann im zerknitterten Anzug kein Bürobote war, sondern Sir Colin McColl höchstpersönlich. Wir anderen standen ebenfalls hastig auf, und es gab ein Gepolter, weil Bart in der Hektik seinen Stuhl umwarf.

»Bitte«, murmelte der Chef. Mit einer knappen Handbewegung bedeutete er uns, wieder Platz zu nehmen. McColl musterte uns kurz und blinzelte wie eine Eule bei hellem Licht, aber es war offensichtlich, dass sich hinter diesem starren Blick ein messerscharfer Verstand verbarg. »Ich gratuliere Ihnen zu Ihrem Erfolg beim Auswahlverfahren für diesen Dienst. Sie stehen vor dem ersten Schritt auf einem Berufsweg, der für Sie, so hoffe ich, zu einer langen und erfolgreichen Laufbahn werden wird.« Auch in seiner volltönenden Stimme lag eine gewisse Autorität, er hätte ein kräftiger Bariton im Kirchenchor sein können. »Wir sind nach wie vor einer der besten Geheimdienste der Welt und spielen eine wichtige Rolle bei der Sicherung der führenden Stellung Großbritanniens in der internationalen Gemeinschaft. Ich kann Ihnen versichern, dass der MI6 trotz aller gegenwärtigen politischen Veränderungen – Zerfall des Eisernen Vorhangs, wachsende Nähe Großbritanniens zu den europäischen Partnern, die Probleme im Nahen Osten – eine gute, sichere und spannende Zukunft hat.« Mir kam es merkwürdig vor, dass McColl die sichere Zukunft des MI6 betonen musste. Dass dies eventuell anders sein könnte, war mir noch nie in den Sinn gekommen. Vielleicht wusste McColl Dinge, von denen wir keine Ahnung hatten. »Das Engagement der Regierung für den MI6 zeigt sich unter anderem in der Tatsache, dass wir bald in ein vorzügliches neues Hauptquartier umziehen werden, in ein Gebäude, das eigens für diesen Zweck gebaut wurde. Es wird dieses nicht mehr ganz neue Haus hier ersetzen, das uns so ans Herz gewachsen ist. Anders als das Century House wird der Neubau zu einem markanten Teil der Londoner Skyline werden. Ich sehe ihn als ein Symbol an, als ein Symbol für die Veränderung des MI6: weg von der schattenhaften, geheimen Organisation, hin zu einer Körperschaft, die größere Rechenschaftspflichten gegenüber Öffentlichkeit und Parlament hat.« McColl fuhr fort und skizzierte eine Gesetzesvorlage, die nach seinen Worten gegenwärtig für die parlamentarische Debatte formuliert werde und die Existenz des MI6 offiziell bestätigen solle. »Aus diesem Grunde werden Sie während Ihrer Zeit hier in diesem Haus weitreichende Veränderungen in der Verwaltung und in der täglichen Praxis des Dienstes erleben.« Ich hatte zu diesem Zeitpunkt noch keine Ahnung davon, dass die angesprochenen Veränderungen nur vier Jahre später für mich so dramatische Konsequenzen haben sollten.

McColl breitete seine Vision zu den neuen Prioritäten des Dienstes vor uns aus. »Der Kalte Krieg ist vorbei und die ehemalige Sowjetunion zerfällt in chaotische Einzelrepubliken. Das bedeutet aber keineswegs, dass wir in unserer Wachsamkeit auch nur einen Augenblick nachlassen könnten. Russland ist immer noch eine große militärische Bedrohung und das wird auch so bleiben.« McColl blinzelte und machte eine Pause, um die Worte wirken zu lassen. »Sie mögen keine kriegerischen Absichten mehr haben, aber die Fähigkeit, Krieg zu führen, haben sie nach wie vor. Die Unberechenbarkeit und Instabilität des neuen Regimes könnten die Russen noch gefährlicher machen als zuvor. Der MI6 wird noch viele Jahre lang eine wichtige Rolle spielen, wenn es um Gefahrensignale auf dem langen Weg Russlands zur Demokratie geht.« McColl klang überzeugend und kompetent, als er uns die Bedeutung unserer zukünftigen Aufgaben vor Augen führte. »Die amerikanischen Vettern bleiben unsere wichtigsten Verbündeten«, fuhr er fort. »Das Verhältnis zwischen dem MI6 und der CIA gehört zum Kernbestand der besonderen Beziehungen zwischen den beiden Ländern. Wenn wir dieses Verhältnis gefährden, bringen wir uns selbst in Gefahr.«

McColl erklärte uns die Wirkungsweise dieses Verhältnisses wie auch das Ausmaß der Zusammenarbeit zwischen den beiden Diensten. »Die Amerikaner haben fantastische technische Möglichkeiten, mit denen wir es nicht aufnehmen können. Um diese Möglichkeiten anzapfen zu können, müssen wir für sie ein wertvoller Partner sein. In dieser Rolle spielen wir unsere alten Tugenden aus: Listigkeit und Gerissenheit. Damit bekommen wir auch die allerwichtigsten Informationen aus erster Hand.« Bei diesen Worten strahlte McColl, und ich dachte mir, dass dieser unscheinbare Mann ein faszinierendes Leben gehabt haben musste. »In einigen Regionen nehmen die Anforderungen deutlich zu, wenn man an gute Informationen gelangen will. Wir haben traditionelle Interessen im Nahen Osten, aber zu den üblichen Sorgen wegen politischer Instabilität und staatlich gefördertem Terrorismus kommt jetzt eine dritte Bedrohung. Das sind die international geächteten Staaten, die atomare, chemische und biologische Waffen haben wollen. Es besteht die ernste Gefahr, dass Länder wie der Iran und der Irak aus der Konkursmasse der ehemaligen Sowjetunion die nötige Technologie, die Materialien und auch die Fachleute für Massenvernichtungswaffen einkaufen. Das hätte tödliche Konsequenzen, und wir müssen alles tun, was in unserer Macht steht, um so etwas zu verhindern.« McColl machte abermals eine Pause, um seine Worte richtig wirken zu lassen. »Außerdem wird die Wirtschaftsspionage immer wichtiger. Wir stehen gegenüber dem Finanzministerium unter Erfolgsdruck und müssen unseren Etat rechtfertigen. Wirtschaftsspionage ist eine Möglichkeit, unserem Land einen unmittelbaren finanziellen Nutzen zu verschaffen.«

McColl schob die Hände in die Hosentaschen, lehnte sich in seinem Stuhl zurück und gab so zu erkennen, dass die Ansprache beendet war. Ball stand auf und übernahm. »Ich danke Ihnen, Sir, für diesen faszinierenden und erhellenden Vortrag. Ich bin mir sicher, dass unsere neuen Mitarbeiter darauf brennen, Ihnen Fragen zu stellen.« Erwartungsvoll wandte er sich jetzt uns zu. Sein Blick sagte uns, dass jetzt niemand nach mehr Keksen fragen durfte.

Forton hampelte verlegen herum, Spencer starrte gedankenverloren an die Decke. Der redselige und ehrgeizige Markham ergriff als Erster das Wort. »Sir, wenn sich Großbritannien enger an Europa bindet, wird dies das besondere Verhältnis zwischen MI6 und CIA beeinträchtigen?«

»Nein«, antwortete McColl entschlossen. »Unsere Beziehungen zu den Amerikanern werden auf jeden Fall wichtiger sein als die zu den verschiedenen europäischen Geheimdiensten.«

Jetzt bewies Castle seinen Scharfsinn, mit dem wir bald besser vertraut werden sollten. Er erkannte, dass hinter dieser Antwort mehr steckte. »Sir, bedeutet das, dass wir in anderen europäischen Ländern spionieren?«

McColl stutzte, war einen Augenblick lang sprachlos und entschied sich dann für eine ehrliche Antwort. »Ja, das tun wir. Es gibt immer wieder dringenden Bedarf an Informationen über die wirtschaftlichen Absichten unserer europäischen Partner, besonders in Bezug auf ihre Verhandlungspositionen zum Maastrichter Vertrag.«

Forton rückte seine Brille zurecht und stellte, mit einem Anflug nervösen Stotterns, eine gewagte Frage: »Sir, wozu haben wir überhaupt einen Geheimdienst?« Der Rest der Gruppe schaute nervös auf Forton, als dieser in seiner Kühnheit fortfuhr: »Es gibt wichtigere Länder auf der Weltbühne, mit größerer Wirtschaftskraft, die nur einen kleinen oder gar keinen Auslandsgeheimdienst haben, Japan oder Deutschland zum Beispiel. Könnte das Geld für den MI6 nicht anderswo sinnvoller ausgegeben werden, zum Beispiel für Krankenhäuser und Schulen?«

Ein kurzes Lächeln zuckte über McColls Mund. »Nun, junger Mann, Sie übersehen die Tatsache, dass wir, im Gegensatz zu Deutschland und Japan, immer noch ein ständiges Mitglied im Sicherheitsrat der Vereinten Nationen sind. Großbritannien hat internationale Verpflichtungen, die weitaus umfangreicher sind, als seine wirtschaftliche Leistung auf den ersten Blick nahe legen mag.« McColl strahlte uns gönnerhaft an, bedankte sich für die Aufmerksamkeit und wünschte uns für die berufliche Zukunft alles Gute. Wir standen bereits, als er sich erhob und den Raum verließ.

Ball und Long wirkten außerordentlich erleichtert. Wir hatten unsere Sache beim ersten Auftritt vor dem Chef gut gemacht. Niemand hatte eine dumme Frage gestellt. Die Vorgesetzten überprüften die Fortschritte eines Einführungslehrganges sehr genau und der Erfolg oder Misserfolg eines Kurses spiegelte sich auch in der weiteren Laufbahn der Ausbilder. Ball und Long wussten, dass sie hier eine gute Gruppe vor sich hatten. Ball nahm den Faden wieder auf: »Im nächsten halben Jahr werden Sie reichlich Zeit haben, um sowohl uns wie auch die anderen Mitglieder Ihrer Gruppe kennen zu lernen. Und dabei werden sich dauerhafte Beziehungen entwickeln, die Sie durch Ihr ganzes Berufsleben begleiten.« Er lächelte und verlagerte seinen Schwerpunkt ständig von einem Fuß auf den anderen. »Aber um das Eis zu brechen und den Ball ins Spiel zu bringen möchten wir Sie bitten, einmal um den Tisch zu gehen und dabei nur Ihren Namen und ein paar Worte zu Ihrem bisherigen Werdegang zu sagen.« Er musterte uns, und ich hoffte, dass er mich nicht als Ersten wählen würde. »Würden Sie bitte beginnen, Terry?«, sagte er schließlich und zeigte auf Forton.

Der 24-jährige Forton war das nachdenklichste Mitglied dieser Gruppe. Er kam aus einer liberalen Akademikerfamilie und zeigte ein ausgeprägtes Interesse an Politik. Er hatte in Oxford Politik, Philosophie und Wirtschaftswissenschaften studiert und hätte vielleicht ein Einser-Examen geschafft, wenn er weniger Zeit in der Collegebar verbracht hätte. Nach dem Examen arbeitete er einige Jahre bei Oxford Analytica, einer Beratungsfirma für politische Fragen, bevor er sich beim Außenministerium bewarb. Während des Auswahlverfahrens schlug ihm einer der Werber des Außenministeriums vor, es beim MI 6 zu versuchen. Forton nahm die Einladung an, sehr zum Unwillen seines Vaters, eines vehementen Gegners jeder Art von Heimlichkeit bei Staatsgeschäften.

Andrew Markham war mit 23 Jahren der Jüngste im Lehrgang. Er studierte in Oxford Französisch und Spanisch. Er war ein äußerst aktiver Student, spielte Theater und war auch so etwas wie ein Sportstar.

Andy Hare war 34 Jahre alt. Nach dem Studium in Durham ging er zur Armee und wurde Nachrichtenoffizier. Er kam mir bekannt vor, als ich ihn reden hörte. »Zum Schluss meiner Armeelaufbahn war ich als Adjutant zu einem Special Air Service-Regiment der Territorial Army abkommandiert. Einer meiner Leute dort war der junge Mann«, er nickte in meine Richtung, »der mir gegenüber sitzt.« Jetzt erinnerte ich mich an ihn. In einer regnerischen Winternacht in den Brecon Beacons hatte er mir einen Anschiss verpasst, weil ich während des Appells geredet hatte. Er erzählte, wie ihn ein Armeeoffizier in der Militärakademie Sandhurst mit dem Dienst in Berührung gebracht hatte. Der MI 6 hat einen Vollzeit-»Talentspäher« bei der Armee, mit Dienstsitz in der Königlichen Militärakademie Sandhurst. Der Deckname dieses Mannes ist ASSUMPTION. Ein zweiter Talentspäher mit dem Decknamen PACKET hat ein Auge auf die ausländischen Kadetten und liefert dem MI 6 Hinweise, welcher dieser Studenten zum nützlichen Informanten werden könnte. Berühmt ist ein Fall aus dem Jahr 1960: Der damalige PACKET versuchte einen jungen libyschen Kadetten namens Muamar el Gaddafi anzuwerben.

James Barking war 26. Er studierte Jura in Oxford und schloss mit einer Zwei ab. Barking lernte und arbeitete einige Jahre in einer Londoner Rechtsanwaltskanzlei, fand die Arbeit aber nicht sonderlich aufregend. Zu seiner Anwerbung kam es in Folge einer durchzechten Nacht, als ihn einer der dabei Anwesenden, ein pensionierter MI 6-Beamter, ansprach.

Bart war als Nächster an der Reihe. Er hatte eben erst in Oxford ein Einser-Examen in Physik abgelegt und sonst noch nicht viel erlebt, aber er erzählte in aller Ausführlichkeit von sich selbst. Für ihn galt dasselbe wie für mich: Er war angeworben worden, weil der MI6 bestrebt war, mehr Leute mit wissenschaftlich-technischen Hochschulabschlüssen zu gewinnen, die in Projekten gegen die Weiterverbreitung von Waffensystemen arbeiten sollten.

Martin Richards war Mitte vierzig und der Älteste im Kurs. Seine Geheimdiensttauglichkeit hatte man schon erkannt, als er noch in Oxford studierte, aber er hatte keine Lust, sich gleich anwerben zu lassen. Stattdessen ging er zu Shell und verbrachte die meiste Zeit seiner Karriere im Nahen Osten. Wie viele andere Shell-Angestellte blieb Richards im Kontakt mit dem MI6, und 22 Jahre nachdem er das erste Mal angesprochen worden war, nahm er das Angebot an, eine zweite Karriere zu starten. Wegen seines Alters hatte er nicht die gleichen Möglichkeiten wie wir. Es stand schon vorab fest, dass er zum Spezialisten für die Ölindustrie im Nahen Osten werden sollte.

Jetzt war Castle dran. Kurz und prägnant berichtete er in seinem Upper-Class-Akzent von der Schulzeit in Eton, dann vom Magdalen College in Oxford. Castle war 28 Jahre alt und frisch verheiratet. Er hatte einige Jahre lang mit großem Erfolg bei einer Handelsbank gearbeitet. Die Arbeit beim MI6 bedeutete für ihn eine kräftige Gehaltseinbuße. Er machte später auch keinen Hehl aus seiner Absicht, nur ein paar Jahre beim Geheimdienst zu bleiben, weil er die Bezahlung nicht als angemessen empfand. Mit seinem zackigen militärischen Gebaren und dem tadellosen Nadelstreifenanzug wirkte er wie ein ehemaliger Scots Guard. Castle erwähnte aber nichts von militärischen Vorerfahrungen. Ich ging davon aus, dass er zu bescheiden war, um darüber zu sprechen.

Jetzt schauten wir alle erwartungsvoll zu Spencer hinüber. Er sah verträumt zum Fenster hinaus und achtete kaum auf das, was sich um ihn herum abspielte. »Entschuldigung, wo waren wir nochmal stehen geblieben?« Er lachte, es schien ihm nicht besonders peinlich, dass er beim Träumen ertappt worden war. Dann stand er auf und erzählte uns aus seinem Leben. »Ich drückte mich an der Universität von St. Andrews in Schottland herum. Weil ich mich nicht so recht für ein Studienfach entscheiden konnte, brauchte ich ziemlich lange bis zum Examen. Danach wusste ich immer noch nicht, was ich tun sollte. So landete ich schließlich bei der Armee, in der Hoffnung, dort Boden unter die Füße zu bekommen. Das hat nicht ganz geklappt und deshalb bin ich hier gelandet.« Wir lachten über diese Selbstdemontage.

Hare wollte nicht glauben, dass Spencer bei der Armee gewesen war, und fragte skeptisch nach: »Bei welchem Regiment haben Sie gedient?«

»Oh, ich war ein paar Jahre bei den Scots Guards.« Spencer war ein ziemlich abenteuerlustiger Bursche, auch wenn er so konfus und verträumt wirkte. Er war ein erfahrener Kletterer und Bergsteiger und hatte eine Zeit lang in Afghanistan für eine Wohltätigkeitsorganisation namens Halo Trust gearbeitet. Seine Aufgabe war gewesen, die von den Russen hinterlassenen Minenfelder zu räumen. Ein MI6-Beamter in Kabul mit Kontakten zum Halo Trust hatte ihn angeworben.

Schließlich war die Reihe an mir und ich erzählte der Runde kurz von den wichtigsten Stationen meiner akademischen Ausbildung in Cambridge und am MIT sowie von dem aufregenden Jahr, das ich in Argentinien verbracht hatte.

Zuletzt gewährten uns auch die beiden Ausbilder Einblicke in ihre berufliche Laufbahn. Ball war in den Siebzigerjahren in der Tschechoslowakei und in der DDR stationiert gewesen. Anfang der Achtziger verließ er desillusioniert den MI6 und arbeitete einige Jahre lang bei Control Risks, einer privaten Sicherheitsfirma. Dort stockte seine Karriere. Deshalb kehrte er Mitte der Achtzigerjahre zum MI6 zurück. In jenen Tagen gab es keine Stellenstreichungen oder Entlassungen beim MI6, deshalb war es weder schwierig noch ungewöhnlich, nach einem längeren Intermezzo bei einem anderen Arbeitgeber zum MI6 zurückzukehren.

Long berichtete, wie er gleich nach seinem Examen in Oxford zum MI6 gegangen war. Kurz nach dem Ausbruch des Falkland-Krieges im April 1982 war er in Uruguay stationiert worden. Später ging er dann nach New York und arbeitete in der britischen Vertretung bei den Vereinten Nationen.

Ich sah mich am Tisch um, und mir wurde klar, dass wir alle sehr viel gemeinsam hatten. Alle waren weiß, männlich, bürgerlich-konventionell und kamen aus der Mittelschicht. Alle hatten einen Universitätsabschluss, die meisten davon in Oxford und Cambridge erworben. Und das traf auf fast alle MI6-Beamten zu. Die Anwerbepraxis des Dienstes widerlegt die Behauptung vom Arbeitgeber, der allen Kandidaten gleiche Chancen bietet. Nur etwa zehn Prozent der Beschäftigten waren Frauen. Es gab keinen einzigen schwarzen Beamten, nur einen mit asiatischen Eltern, und man traf auch keine Behinderten beim MI6, obwohl es nicht an passenden Arbeitsplätzen fehlte. Damals dachte ich über solche Dinge aber noch gar nicht nach. Ich war voller Enthusiasmus über meine neuen Karriereperspektiven und konnte es kaum erwarten, dass die Ausbildung endlich begann.

4

INDOKTRINATION

Wir saßen zu neunt dicht gedrängt in einem Bedford-Minibus. Alle schwiegen und waren voller Anspannung, als wir uns in der Dunkelheit und bei heftigem Regen dem Stadtzentrum von Portsmouth näherten. Es war halb neun am Abend und die Straßen waren fast menschenleer. Nur ein paar Kneipengänger hasteten, unter ihre Regenschirme geduckt, in Richtung Pub. Ball saß am Steuer, Long war ein schweigsamer Beifahrer. Die beiden ließen uns einen nach dem anderen aussteigen, in dunklen Seitenstraßen oder auf einsamen Parkplätzen, wo jeder schnell in der Finsternis verschwand. Castle ging als Erster, selbstbewusst steuerte er sein Ziel an. Er trug einen Anzug und eine Barbour-Jacke, die ihn vor dem Regen schützte. Es folgte Spencer, verlegen huschte er unter einem Regenschirm in die Dunkelheit hinaus. Dann war ich dran. Markham wünschte mir alles Gute, als ich aus dem Minibus stieg und versuchte, mich neu zu orientieren.

Der Einführungslehrgang hatte das Ziel, die MI6-Rekruten für eine untergeordnete Schreibtischtätigkeit zu qualifizieren. Etwa die Hälfte des Kurses verbrachten wir im Unterrichtsraum. Wir lernten, wie der Dienst verwaltet wird, wie man sich Agenten heranzieht, sie rekrutiert, führt und auch abschöpft. Wir lernten, wie man sich Fallgeschichten anhört und wie Präsentationen der verschiedenen Abteilungen des Dienstes ablaufen. Den Rest der Zeit verbrachten wir mit Übungen, und diese hier hieß PERFECT STRANGER. Es war der erste in einer Reihe zunehmend anspruchsvoller Tests, die das Rückgrat des Lehrgangs bilden sollten.

Unsere Aufgabe war einfach, aber für Neulinge in Sachen Spionage durchaus ein kleiner Nervenkitzel. Jeder von uns sollte in einem Pub im Stadtzentrum von Portsmouth einen Gast ansprechen und durch irgendeine List Namen, Adresse, Geburtsdatum, Beruf und die Passnummer dieser Person herausbekommen. Wir erhielten einen Decknamen, aber den Rest unserer erfundenen Identität mussten wir uns selber ausdenken.

Ball erklärte uns, dass diese Übung drei Ziele verfolgte. Zunächst war das eine sanfte Einführung in das Problem, wie man eine falsche Identität benutzt und aufrechterhält: eine Grundqualifikation für einen Geheimdienstmann. Zweitens sollten unsere Eigeninitiative und Geschicklichkeit geprüft werden, wenn es darum ging, sich eine glaubwürdige Geschichte für das Erreichen eines Zieles auszudenken. Der dritte Aspekt waren die Funktionsweise und der enorme Umfang des zentralen Datenspeichers des MI6, des CCI (Central Computer Index). Hinter dieser Bezeichnung verbirgt sich eine gigantische Datenbank, in der Aufzeichungen zu jeder Person gespeichert sind, mit der irgendein Angehöriger des MI6 bei seiner Arbeit zu tun hatte. Diese Aufzeichnungen reichen zurück bis zum Beginn systematischer Archivierung im Jahr 1945. Der Computer sollte mit den Informationen über unsere zufälligen Opfer gefüttert werden. Dann würde man sehen, ob dabei etwas ans Tageslicht kam. Ball sagte, diese Datenbank sei so umfangreich, dass fast jede Kursgruppe bei einem willkürlichen Fischzug in den Pubs von Portsmouth auf mindestens einen Menschen stieß, der dort verzeichnet war.

Mein Auftrag führte mich zum *Hole In The Wall*, einem Pub in der Great Southsea Street. Ich stieß die schwere Tür auf, das Imitat einer viktorianischen Tür, und spürte meine Nervosität. Die Aufgabe war zwar einfach, aber es war unser erster Test, und ich wollte einen guten Einstieg haben. Unser Vorschuss betrug genau acht Pfund und fünfzig Pence. Das sollte reichen, um für uns und unsere Opfer ein paar Drinks zu kaufen. Ich ging zum Tresen und war entschlossen, mein Bestes zu geben. Ein kurzer Rundblick genügte, um mich zu beunruhigen: Das Pub war leer. Ich bestellte ein Guinness und strich den Barkeeper aus der Liste der möglichen Opfer. Er war alt, fett und wirkte äußerst mürrisch. Kaum anzunehmen, dass er reden würde. Ich setzte mich in eine mit rotem Samt gepolsterte Ecke, aus der ich den Eingang beobachten konnte, und wartete auf meine Chance.

Ich nippte am Guinness und die Zeit verrann. Gerade hatte ich mit der zweiten Pint begonnen, als sich die ersten Gäste einfanden, ein knutschendes Pärchen. Die beiden wollten sich bestimmt nicht mit einem Fremden unterhalten. Dann kam ein Haufen junger Rowdys zum Poolbillardspiel. Es war bestimmt nicht einfach, sich unter diese Leute zu mischen und dann einen davon auszufragen. Ein kurzer Blick auf die Uhr zeigte mir: In zwanzig Minuten kam der Minibus, um mich aufzulesen. Die Übung wurde langsam unangenehm.

Doch ich hatte Glück. Zwei junge Frauen trafen ein, holten sich am Tresen etwas zu trinken und setzten sich in eine Nische. Sie waren Anfang zwanzig und lässig gekleidet. Die eine war sehr hübsch, auf die andere traf das weniger zu, außerdem war sie etwas übergewichtig. Vielleicht wohnten sie zusammen und wollten einfach in Ruhe etwas trinken. Ich musste schnell sein, nicht nur, weil die Zeit knapp wurde. Die Poolspieler hatten auch schon ein Auge auf die beiden geworfen und zogen sich gegenseitig auf, wer sie denn jetzt ansprechen sollte.

Ich schwor mir, so etwas nie wieder zu tun, nahm mein Guinness, ging zu den beiden Frauen hinüber und fragte, ob ich mich zu ihnen setzen dürfe. Zu meiner Erleichterung sagten sie ja. »Sie sind nicht von hier, oder?«, fragte die Dicke, kaum dass ich mich gesetzt hatte.

»Wie kommen Sie darauf?«, fragte ich zurück.

»Ihr Akzent. Sie kommen aus dem Norden. Was machen Sie hier?«

Ihre Neugier ermutigte mich. Das war die Chance, meinen Plan zu verwirklichen. »Ich bin Jachtkapitän und bringe eine Contessa von Schottland nach Cherbourg.« Die Frauen hörten dieser unverschämten Lügengeschichte interessiert zu. »Aber mein Maat ist unterwegs krank geworden und nach Hause gefahren. Ich habe hier in Portsmouth angelegt, um einen Ersatzmann zu finden und die Vorräte aufzufüllen.«

Wir redeten über das Boot, die Reise, mein imaginäres Besatzungsmitglied, auch darüber, wie ich zu diesem Job gekommen war. Ich improvisierte die ganze Geschichte und zehrte dabei von meinem bescheidenen Wissen über das Segeln. Wie schon bei dem Gespräch mit den belgischen Soldaten empfand ich es als wirklich beunruhigend, wie leicht mir diese Täuschung fiel – und war überrascht, wie leichtgläubig fremde Menschen sein konnten. Die beiden erzählten, sie seien Krankenschwestern und erst vor kurzem nach Portsmouth gezogen. Mein Vorteil war, dass sie schon etwas Segelerfahrung hatten und unbedingt wieder auf ein Schiff wollten, jetzt, wo sie an der Küste wohnten.

»Kennen Sie jemand, der Interesse an einem Wochenendjob hätte?«, fragte ich. Die Frauen schauten sich an, prüften kurz, ob sie denselben Gedanken hatten. Und ich brachte die Sache zu Ende: »Sie selbst vielleicht?«

»Na klar«, antwortete die Hübsche mit einem leichten Zögern. Dabei drehte sie sich zu ihrer Freundin hin, als ob sie für beide spräche. »Klar, wir haben an diesem Wochenende nichts anderes vor.«

Es war ganz einfach, jetzt, wo ich sie am Haken hatte. Ich fragte nach den Namen, Adressen und Telefonnummern, die sie in Schönschrift in mein Notizbuch schrieben. Unter dem Vorwand, ich müsse mit dem Zoll schon vor der Abreise ihre Identität abklären, fragte ich nach Pass und Passnummer. Auch das war kein Problem. Die Hübsche stand auf, rief bei einer weiteren Mitbewohnerin an und bat sie, die Nummern durchzugeben. Mir blieben noch ein paar Minuten bis zum Treffpunkt, und ich hatte alle Informationen, die bei Ball und Long abzuliefern waren, in meinem Notizbuch stehen. Meine Aufgabe war gelöst. Ich verabschiedete mich von dem bedauernswerten Duo und versprach, mich bald zu melden.

Wenige Minuten später stieg ich wieder in den Minibus. Dort war eine lebhafte Unterhaltung im Gang. Die anderen, einige waren inzwischen leicht angeheitert, schilderten voller Stolz, wie sie ihre unschuldigen Opfer dazu gebracht hatten, ihnen ihre Personalien anzuvertrauen. Markham hatte es mit einem albernen französischen Akzent versucht und einen

Studenten aus Paris gespielt. Er gab vor, seine Mutter arbeite bei der französischen Passbehörde und habe ihm erzählt, alle englischen Passnummern endeten mit den Ziffern »666«. Das ungläubige Opfer erklärte dies rundheraus für Quatsch, aber Markham setzte fünf Pfund darauf, dass die Geschichte stimmte. Der Wettpartner eilte nach Hause, um seinen Pass zu holen, hocherfreut über dieses leicht verdiente Geld, das er einem dummen Franzosen abnehmen konnte. Markham notierte sich alles und freute sich nicht minder.

Castle besann sich auf seine Zeit bei der Handelsbank in London und gab sich als Marktforscher aus. Er gab jedem Gast einen Fragebogen, den er schon vorbereitet hatte. Darin fragte er, angeblich im Namen einer großen Brauerei, nach den Trinkgewohnheiten der Pubbesucher. Ganz unten waren dann noch die Felder für Namen, Adresse und Passnummer auszufüllen. Castle saß eine Stunde lang für sich allein, nippte an seinem Orangensaft und freute sich, dass er den Vorschuss behalten konnte. Dann sammelte er die ausgefüllten Fragebogen ein.

Hare traf auf einen alten, einsamen Trinker, einen Kriegsveteranen, der das kastanienbraune Barett des Fallschirmjägerregiments trug. Der einsame Alte freute sich, dass sich jemand für seine Armeelaufbahn interessierte, und nannte Hare gerne seine frühere Erkennungsnummer. Für die MI6-Datenbank war das genauso gut wie eine Passnummer. Als weiteren Hinweis auf seine Identität lieferte er Hare ebenso bereitwillig seine Adresse.

»Haben sich alle zurückgemeldet?«, rief Ball vom Fahrersitz aus. Er wandte sich um und sah sich den Pöbelhaufen an, den er da beisammen hatte. Long las die Namensliste vor, was bei dem munteren Geplauder nicht einfach war. Barts Manieren hatten durch das Trinken erheblich gelitten: Er antwortete mit einem lauten Rülpser. Bis auf Spencer waren alle zurück. Wir warteten ein paar Minuten, dann beschloss Ball, nach ihm zu suchen. Er fuhr zu Spencers Anlaufpunkt, dem *Coach & Horses* an der London Road, einem ziemlich wilden Pub. Spencer wartete nicht vor der Tür, also ging Long hinein, um ihn zu suchen. Der Auszubildende des MI6 war der Mittelpunkt einer lebhaften Party und in keinem besonders guten Zustand. Spencer hatte keinen Plan entwickelt, nicht so recht gewusst, was er anfangen sollte, und sich dann dem Spielautomaten zugewandt. Bei seinem dritten Versuch hatte das Gerät unter lautem Glockenklang den gesamten Geldbestand ausgespuckt. Angesichts dieses seltenen Glücksfalles gab es sofort einen kleinen Menschenauflauf und der unbekümmerte Spencer schmiss eine Runde. Seine Gäste ließen sich ebenfalls nicht lumpen, dann kam eins zum andern, eine spontane Party entwickelte sich. Spencer war sternhagelvoll und hatte die langweilige Aufgabe, anderen Menschen Angaben zur Person zu entlocken, vollkommen vergessen. Bis Long auftauchte und ihn zum Minibus zurückschleppte.

An diesem Abend waren alle in bester Stimmung, als wir ins Schulungszentrum zurückkehrten. Zwischen uns hatte sich bereits ein starkes Gefühl der Kameradschaft entwickelt, ein Gefühl, gegen einen gemeinsamen Feind zu stehen. Ich saß still ganz hinten im Bus und dachte einen Moment lang über die moralische Qualität meiner Handlungsweise nach. Die beiden Frauen könnten sich zum Beispiel die ganze Woche lang auf einen Segeltörn freuen, aus dem niemals etwas wurde. War es richtig, seine Mitmenschen so beiläufig zu täuschen? Ich verwarf diese Bedenken, als wir unter dem Fallgitter hindurch in das »Fort« einfuhren, das diskrete Schulungszentrum des MI6 in Portsmouth, gleichzeitig unser wichtigster Stützpunkt während des ganzen Lehrgangs. Wir logen für Großbritannien und das genügte als Rechtfertigung. Ohne es selbst zu bemerken, tat ich den ersten Schritt auf dem langen Weg zur Indoktrination, den ein angehender MI6-Beamter zu beschreiten hat.

Fort Monckton ist das größte und am besten erhaltene der vier Küstenforts, die Heinrich VIII. im Jahr 1545 zum Schutz des strategisch bedeutenden Hafens Portsmouth gegen die französische Marine bauen ließ. Schon ein Blick auf die Landkarte zeigte uns: Der MI6 hatte gut gewählt. Das Fort ist ein Ort mit einer ganz besonderen Atmosphäre. Es liegt auf der Südspitze der kargen und vom Wind zerzausten Halbinsel Gosport. Ein schmales, kurviges Sträßchen führt dorthin, vorbei am Abschlag des ersten Loches auf dem Golfplatz Gosport und Stokes Bay. Unter der offiziellen Bezeichnung »Militärische Schulungseinrichtung Nr. 1« war Fort Monckton bis zum Jahr 1956 eine Ausbildungsstätte für das Royal Engineer Regiment, das 1717 gegründete Pionierkorps der Armee. Der MI6 übernahm das Fort in aller Stille, als es die Royal Engineers nicht mehr brauchten. Diese Übernahme lief so diskret ab, dass die Versorgungsabteilung des Verteidigungsministeriums weiterhin für den Unterhalt der Anlage aufkam, ohne zu bemerken, dass sie in andere Hände übergegangen war.

Der einzige Weg durch die dicken grauen Mauern führt über eine Zugbrücke, vorbei an einem bewachten Pförtnerhaus und in den großen Hof, das Zentrum des Forts. Direkt über dem Pförtnerhaus liegt eine luxuriöse Suite, die für den Chef reserviert ist. Er ist häufig vor Ort. Rings um den Hof sind drei Gebäudeblocks angeordnet, der Ost-, der Haupt- und der Westflügel. Diese drei Blocks sind voneinander unabhängig, jeder einzelne verfügt über Wohn- und Schlafräume, Küchen, Speisesäle und Bars. Und in jedem Block befanden sich auch die übrigen Ausbildungsräume, die für die Schulung künftiger MI6-Mitarbeiter gebraucht wurden: eine Sporthalle, ein Schießstand für Pistolen, Fotostudios, technische Werkstätten, Laboratorien und Hörsäle. Es gibt sogar ein kleines Museum mit veraltetem Spionagegerät aus der Zeit des Kalten Krieges sowie Erinnerungsstücken an die Special Operations Executive (SOE), die Abteilung für Sonderoperationen des britischen Geheimdienstes im Zweiten Weltkrieg, zuständig für die subversive Kriegführung im Ausland. Am äußeren Ende des Ostflügels liegen der Hubschrauberlandeplatz und der offene Schießstand für Pistolen und Maschinenpistolen. Auch an Erholung und Freizeit hat man gedacht: Auf der Westseite gibt es einen Tennisplatz und eine Krocketanlage, direkt unter der äußeren Mauer auch noch einen überdachten Squashcourt.

Während des Einführungslehrgangs wohnten wir im Hauptflügel, dem Eingang direkt gegenüber gelegen. Wir zwängten uns aus dem Minibus und gingen gleich in die Hausbar, um noch etwas zu trinken. Alkohol spielt im Alltag des MI6 eine

69

wichtige Rolle, und Ball und Long ermunterten uns, jeden Abend zu trinken. Die Bar im Hauptflügel, geschmückt mit militärischen Emblemen und Erinnerungen an SOE-Operationen im Zweiten Weltkrieg, wurde schnell zum Mittelpunkt der Geselligkeit während des Lehrgangs.

An diesem Abend gaben Ball und Long unsere Arbeitsergebnisse in die zentrale Datenbank ein. Zu drei Personen lagen Aufzeichnungen vor. Hares alter Fallschirmjäger war ein Mann namens Walter Mitty, der gar nicht beim Militär gewesen war, einer von Castles Fragebögen trug den Namen eines Mannes mit einem langen Vorstrafenregister, und das hübsche Mädchen, mit dem ich geredet hatte, erwies sich als die jüngere Schwester einer Sekretärin beim Inlandsgeheimdienst MI5.

* * *

Im offiziellen Sprachgebrauch war der triste, unauffällige Backsteinbau, direkt gegenüber der Polizeiwache in der Borough High Street im Londoner Stadtteil Southwark gelegen, ein Schreibwarenlager der Regierung. Tatsächlich aber beherbergte dieses Haus bis vor kurzem eine weitere Schulungseinrichtung des MI6. Während des Lehrgangs verbrachten wir unsere Zeit abwechselnd im »Boro« und im Fort. Die Ausbildung im Boro galt den administrativen und theoretischen Aspekten der Arbeit. Hier gaben uns Ball und Long eine Einführung in die Geschichte, die Ziele und die Vorgehensweisen des Dienstes.

Die Wurzeln des MI6 reichen zurück bis zum Büro des Geheimdienstes (Bureau of Secret Service). Es war aus zwei Gründen eingerichtet worden: Zum einen sollte eine weitere Überraschung wie beim Burenkrieg verhindert werden, zum anderen musste man auf die immer aggressiver werdende deutsche Politik reagieren. Ein Unterausschuss des Committee of Imperial Defence traf sich am Dienstag, dem 30. März 1909, in Whitehall zu einer Klausursitzung. Oberst James Edmonds war der erste Sprecher. Er war der Leiter des MO5, des Vorläufers des heutigen MI5, der die Aufgabe hatte, ausländische Spione in Großbritannien zu enttarnen. Der MO 5 hatte zwei Mitarbeiter und einen Jahresetat von zweihundert Pfund. Edmonds hatte ehrgeizige Pläne und wollte seinen Aktionsradius auf die Auslandsspionage erweitern, mit Russland und Deutschland als wichtigsten Beobachtungsobjekten. Aber Lord Esher, der Ausschussvorsitzende, glaubte Edmonds' Geschichten von deutschen Spionageerfolgen in England nicht. Er forderte Edmonds auf, eine detaillierte Liste von Fällen vorzulegen, um seine Argumente zu belegen.

Edmonds ließ nicht locker und verlegte sich auf eine Taktik, die viele seiner Nachfolger beim MI 6 mit Erfolg praktizieren sollten. Er förderte sein Anliegen mit gefälschten Beweisen. Esher gab er eine erfundene Liste mit Spionen, die er nach einem zeitgenössischen Bestsellerroman, *Spies of the Kaiser* von William Le Queux, anfertigen ließ. Esher verlangte weitere Belege für die vorgeblichen Erkenntnisse, aber Edmonds verweigerte dies mit dem Hinweis, solche Enthüllungen gefährdeten die Sicherheit seiner Informanten; eine Rechtfertigung, derer sich seine Nachfolger häufig bedienten, um lästigen Nachforschungen durch die Regierung zu entgehen. In Edmonds' Fall reichte sie aus, um sein Vorhaben durchzubringen, mit dem ein Etat zur Erweiterung des MO 5 verbunden war. Das Secret Service Bureau wurde gegründet, und der Official Secrets Act gab Edmonds im Jahr 1911 weit reichende und drakonische Vollmachten zur Verhaftung von Menschen, die der Unterstützung des »Feindes« verdächtigt wurden. Damals hieß dieser Feind Deutschland. Dasselbe primitive Gesetz ist heute noch Teil der britischen Gesetzessammlungen, und bis auf den heutigen Tag gibt es Fälle, in denen Menschen auf dieser Rechtsgrundlage zu langen Haftstrafen verurteilt werden. Das Secret Service Bureau wuchs und gedieh über beide Weltkriege hinweg, bis es im Jahr 1948 schließlich den Namen MI 6 erhielt.

Wie die amerikanische CIA und der in jüngster Zeit völlig umstrukturierte russische Geheimdienst betreibt der MI 6 eines der wenigen wirklich weltumspannenden Spionagesysteme. Mit etwa 2.300 Beschäftigten ist er allerdings der weitaus kleinste dieser drei Dienste. Etwa 350 Mitarbeiter sind

Beamte des Intelligence Branch (IB), der eigentlichen Spionage-abteilung, für die wir ausgebildet wurden. Etwa achthundert Menschen arbeiten im General Service (GS), dem Allgemeinen Dienst, und sind hauptsächlich mit Technik und Verwaltungsarbeiten beschäftigt. Die übrigen Mitarbeiter des MI6 sind Sekretärinnen, Schreibkräfte, Wachmänner, Köche, Fahrer, Reinigungskräfte und Handwerker.

Etwa die Hälfte der IB-Leute und ihrer Mitarbeiter arbeitet in London. Zu ihren wichtigsten Aufgaben gehören die Logistik und Unterstützung für die im Ausland aktiven Mitarbeiter, die Planung von Operationen, die Pflege von Verbindungen zu ausländischen Geheimdiensten und die Lieferung von Erkenntnissen an die Entscheidungsträger in Whitehall. Die »Produkte« des MI6 sind unter der Bezeichnung CX bekannt. Das ist ein Anachronismus aus der Gründerzeit des MI6, als der Chef, im populären Sprachgebrauch »C« genannt, Mansfield Cummings hieß. Damals war der Dienst so geheim, dass seine Berichte nicht an Empfänger außerhalb des MI6 verteilt wurden. Sie erhielten den Vermerk »Nur für Cummings«, »Cummings Exclusively«, abgekürzt CX. Aber geheimdienstliche Erkenntnisse sind wertlos, wenn sie die politischen Entscheidungsträger nicht erreichen. Heute geht man mit den Dossiers zum Vorteil der »Kunden« nicht mehr so streng um. Die wichtigsten Abnehmer sind das Außen- und das Verteidungsministerium, aber auch jede andere Regierungsbehörde kann CX-Material anfordern, wenn es für sie wichtig ist. Auch große britische Firmen wie etwa British Aerospace, BP und British Airways haben Verbindungsleute zum MI6, die wichtige CX-Informationen erhalten.

Die meisten dieser Dossiers erarbeiten IB-Beamte, die als Diplomaten getarnt in den britischen Botschaften weltweit tätig sind. Diese Beamten arbeiten im Regelfall in einer kleinen, abgeschotteten Zelle innerhalb der Botschaft, die unter der Bezeichnung »Station« bekannt ist. Die Station hat ihre eigenen, stark gesicherten Verbindungen zur Londoner Zentrale. Nur MI6-Mitarbeiter haben Zugang zu bestimmten Räumen, die ständig auf Abhöreinrichtungen untersucht werden. In vielen Stationen gibt es auch einen besonderen

»Sicherheitsraum«, in dem wichtige Besprechungen abgehalten werden.

Weltweit gibt es ungefähr fünfzig solcher Stationen. Ihre Größe entspricht der Bedeutung des Gastgeberlandes für die britischen Interessen. In den Spionagezentren der Welt – Genf, Moskau, Wien, New York, Hongkong – arbeiten bis zu fünf Agenten, drei oder vier Angehörige des Allgemeinen Dienstes und bis zu sechs Sekretärinnen. Die meisten Stationen in Westeuropa sind mit zwei oder drei Personen besetzt, während in Ländern der Dritten Welt meist nur ein Beamter und eine Sekretärin arbeiten. Es gibt allerdings auch Ausnahmen. In Jakarta zum Beispiel arbeiten drei Personen, weil Indonesien ein guter Kunde der britischen Rüstungsindustrie ist. In Lagos ist der MI6 ebenfalls mit drei Leuten vertreten, denn dort geht es um wichtige Interessen der britischen Ölindustrie. Der Leiter einer solchen Station, meist ein höherer Beamter über vierzig, arbeitet unter der Tarnung eines Botschaftsrates des Außenministeriums, ist aber beim Geheimdienst des Gastlandes »angemeldet«. Ein großer Teil seiner Arbeit besteht aus der Kontaktpflege mit den einheimischen Kollegen. Die anderen Beamten sind aber meist »unangemeldet« tätig, und mitunter widmen sie einen Teil ihrer Arbeitszeit der Spionage gegen das Gastgeberland.

Bestimmte Stationen dienen hauptsächlich der Spionage gegen das Gastgeberland. Das gilt zum Beispiel für Moskau und Peking. Andere wiederum spionieren ihre Gastgeber überhaupt nicht aus. Österreich birgt keine Geheimnisse, die für Großbritannien wichtig wären, aber der MI6 unterhält in Wien eine große Station. Ihre Hauptaufgabe ist die Spionage bei der iranischen und russischen Gemeinde. Außerdem sind die Waffenhändlerszene und die Internationale Atomenergie-Organisation (IAEO), die ihren Sitz in einem Wiener Vorort hat, von Interesse. Einzige Aufgabe der Station in New York ist die Informationsbeschaffung durch Agenten innerhalb der Vereinten Nationen.

Die Stationen werden direkt durch die Londoner Zentrale verwaltet und versorgt. Jede hat ihren eigenen »Produktions«- oder »P«-Beamten (Production Officer), der die Strategie und die Ziele der Station festlegt, Operationen plant und beaufsichtigt und das Budget verwaltet. »Bedarfs«- oder »R«-Beamte (Requirements Officers) beliefern dann die »Kunden« mit den Arbeitsergebnissen. Die P- und R-Beamten sind in pyramidenförmigen Strukturen zu »Kontrollgremien« zusammengefasst. Diese haben entweder einen regionalen oder einen funktionalen Bezug.

Zum Zeitpunkt meines Eintritts in den Dienst gab es sieben Kontrollgremien. Die beiden größten und einflussreichsten waren für Ost- und Westeuropa zuständig. Der Nahe und der Ferne Osten gewannen damals an Bedeutung, während die afrikanische und westliche Hemisphäre (Lateinamerika und die Karibik) Personal abgeben mussten. Das Globale Kontrollgremium befasste sich mit der Verhinderung der Weitergabe von Waffensystemen, mit Drogenhandel in großem Stil und internationaler Geldwäsche.

Die Kontrollgremien waren die »Zähne« des Dienstes und wurden zusammengefasst im Direktorium für Bedarf und Produktion (Directorate of Requirements and Production). Neben dieser Institution arbeiteten zwei weitere große und schwerfällige Direktorien, zuständig für Verwaltung und Technik. Vier Direktoren sitzen im »Vorstand«, der die Strategie und Verwaltung der einzelnen Direktorien überwacht. Den Vorsitz führt der Chef des Geheimdienstes.

* * *

Wie können wir unsere »Tarnung« als Angehörige des diplomatischen Dienstes wahren? Das war Balls Thema bei einem der ersten Vorträge im Boro. Mit einer schriftlichen Genehmigung der Personalabteilung durften wir zwar den engsten Familienangehörigen von unserer wirklichen Tätigkeit berichten. Es war aber ausdrücklich verboten, flüchtigen Bekannten zu offenbaren, dass wir für den MI6 arbeiteten. Ball erklärte uns, gegenüber solchen Leuten hätten wir uns als Mitarbeiter des Außenministeriums auszugeben. Dienstadresse: King Charles Street, Whitehall. Zur Stützung dieser Tarnexistenz brauchten wir Insiderkenntnisse. Wir mussten wissen, wie ein echter Diplomat sich benimmt und wie er in anregender Weise über sein Leben und seine Karriere redet.

Ball wies jedem von uns Kontaktpersonen im Außenministerium zu. Einige Tage lang gingen wir nach Whitehall, trafen unsere »Kollegen«, lernten ihre Arbeit kennen, prägten uns sämtliche Einzelheiten zu ihrem Büro ein, zu Bus- und U-Bahn-Strecken von ihrer Wohnung zum Arbeitsplatz. Auch die Namen der besten Pubs in dieser Gegend gehörten dazu.

Eines Abends, nach einem weiteren Vortrag über das Thema Tarnung, lud uns Ball zu sich nach Hause ein. »Meine Frau hat an diesem Tag Geburtstag«, sagte er, »und mir gefällt das Arbeitsklima in diesem Kurs so gut, dass ich ihr die ganze Gruppe vorstellen möchte.« Private Treffen auch mit den Ehepartnern sind unter den Angehörigen des MI6 nicht ungewöhnlich und für den Einführungslehrgang gilt das ganz besonders. An Balls Einladung war deshalb nichts Merkwürdiges. »Meine Frau hat auch einige ihrer Freunde eingeladen. Von diesen Leuten weiß niemand etwas über den MI6, deshalb ist das auch eine Gelegenheit für Sie, Ihre Tarnung in einer zwanglosen Situation zu bewahren«, fügte Ball hinzu.

Zu dieser Party in Balls gemütlichem Haus in Islington erschienen wir alle mit Geburtstagskarten und Blumen für seine Frau. Es wurde ein langer und feuchtfröhlicher Abend. Die Freunde von Balls Frau waren ein bunt gemischter, lebhafter und interessanter Haufen. Den größten Teil des Abends unterhielt ich mich mit einem ehemaligen Berufstaucher, der sich inzwischen mit einer Firma für Schiffsmaschinenbau selbstständig gemacht hatte. Hare traf auf einen weiteren ehemaligen Nachrichtenoffizier der Armee. Markham, ein Freund guten Weines, entdeckte eine verwandte Seele, einen Weinhändler. Es war schmeichelhaft für uns, dass sich all die anderen Gäste so für unsere Diplomatenlaufbahn interessierten. Mit Balls Vorträgen im Hinterkopf war es jedoch leicht, ihre Fragen so zu beantworten, dass die Tarnung gewahrt blieb.

Unter den Gästen war auch eine attraktive Blondine. Spencers Mut war nach ein paar Dosen Lager gewachsen und bald unterhielt er sich angeregt mit der Dame. Sie arbeitete als Vertreterin für Damenunterwäsche und als Mannequin und erfreute Spencer mit Beschreibungen einiger Artikel aus ihrem Sortiment. Schon bald tauschten sie ihre Telefonnummern aus und vereinbarten ein Treffen.

Am nächsten Morgen versammelten wir uns wie üblich um zehn Uhr im Boro, einige von uns hatten einen gehörigen Kater. Das Gespräch drehte sich ausschließlich um den Vorabend. Der ehemalige Armeeoffizier hatte Hare nicht beeindruckt. »Er hat nur Scheiße erzählt. Der war niemals bei der Armee.« Auch Markham äußerte Skepsis, denn der angebliche Weinhändler hatte einige Wissenslücken gezeigt. Aber Spencer berichtete voller Stolz über seine Unterhaltung mit der Blondine und strahlte richtig, als er von einer Verabredung zum Abendessen erzählte.

Kurz nach zehn Uhr kam Ball, ging nach vorne zum Dozententisch und begrüßte uns. Er wirkte nicht so fröhlich wie sonst und unser Gespräch verstummte. »Ich hoffe, Sie haben sich gestern Abend gut amüsiert«, sagte Ball. Er rutschte nervös auf seinem Stuhl herum, als ob er etwas zu verbergen hätte. Spencer sah immer noch sehr zufrieden aus. »Aber ich muss mich entschuldigen.« Ball legte eine kurze Pause ein. »Die anderen Geburtstagsgäste waren keine Freunde meiner Frau, sie waren MI5-Beamte. Das Ziel dieser Übung war zu überprüfen, ob Sie alle Ihre Lektion zum Thema Tarnung gelernt haben.« Plötzlich herrschte eisiges Schweigen. Wir hatten begriffen, dass wir mühelos hereingelegt worden waren. Es bereitete großes Vergnügen, nichts ahnende Zivilisten bei einer Übung wie PERFECT STRANGER zu täuschen, aber wenn der Spieß umgedreht wurde, gefiel uns das überhaupt nicht.

Hare war äußerst erbost über dieses Manöver. »Nach meinen Erfahrungen aus der Armeezeit«, sagte er entrüstet, »verlieren die Rekruten jedes Vertrauen zu ihren Ausbildern, wenn sie getäuscht werden.«

Allein Forton gewann der Sache etwas Gutes ab. Kichernd und voller Schadenfreude zeigte er auf Spencer. »Alles in Ordnung, Alex?«, fragte er spöttisch. »Gehst du noch zu deiner Verabredung?« Der arme Spencer sah nur zu Boden und war ganz grau im Gesicht.

Nach dieser Geschichte fiel uns manches leichter. Wann immer uns Freunde und Verwandte nach unserer Arbeit fragten, war es kein Problem mehr, ihre Neugier abzuwehren. Am Anfang machte es Spaß, »im Interesse der nationalen Sicherheit zu lügen«, aber dies veränderte auch alle freundschaftlichen Beziehungen. Carl Gustav Jungs These, dass die »Wahrung von Geheimnissen wie ein seelisches Gift wirkt, das den Besitzer von der Gemeinschaft entfremdet«, klang wie die reine Wahrheit.

Das A und O der Arbeit eines Geheimdienstbeamten ist das Ausspähen, Aufbauen, Rekrutieren und schließlich das Abschöpfen von Informanten, die bereit sind, Informationen über ihr Land an den MI6 weiterzugeben (auch: zu verkaufen). Während der ersten Wochen des Lehrgangs gab es eine Reihe von Übungen zu diesen Grundfertigkeiten. Erfahrene Beamte kamen aus dem Century House zu uns und spielten die jeweilige Agentenrolle: Sie gaben brasilianische Generäle, russische Wissenschaftler, iranische Revolutionäre, je nach Bedarf. Wir spielten dann den jeweiligen Agentenführer und übten dabei die Grundlagen des Handwerks, das Sich-Nähern, das Bearbeiten und Anwerben von Informanten, schließlich das Beschaffen von Informationen. Anschließend verfassten wir einen Bericht über den Kontakt, in dem die Umstände des Treffens festgehalten wurden, und gaben ein fiktives Dossier mit den Informationen heraus. Anschließend ließ sich der Rollenspieler von uns informieren. Ball und Long bewerteten schließlich die Qualität unseres Vorgehens. Einige dieser Übungen hielten wir in der Öffentlichkeit ab. Menschen, die eine dieser Unterhaltungen zufällig mitbekamen, muss das Ganze recht merkwürdig vorgekommen sein, zumal die besonders engagierten Rollenspieler sich auch noch alle Mühe gaben, den Akzent und die Kleidung ihrer Vorbilder nachzuahmen.

PERFECT PASSENGER, eine dieser Übungen, ging ein Stück weit über die Aufgaben bei PERFECT STRANGER hinaus und sollte unsere Fähigkeit prüfen, eine Zielperson zu bearbeiten. Für diesen Zweck benutzt der MI6 oft die klar begrenzten Räume eines öffentlichen Verkehrsmittels – Flugzeuge sind besonders beliebt –, denn dort kann das Opfer nicht entkommen. Bei dieser Übung berichtete man uns vorab von Erkenntnissen des MI6 über einen südafrikanischen Diplomaten, der wegen finanzieller Probleme für Anwerbeversuche empfänglich sei. Dieser Mann kehre an einem Freitagabend mit dem Zug von Portsmouth nach London zurück, hörten wir. Unsere Aufgabe war es, denselben Zug zu nehmen, den Kandidaten unter den anderen Passagieren ausfindig zu machen, in eine Unterhaltung zu verwickeln und so zu bearbeiten, dass er einem gemeinsamen Kneipenbesuch nach der Ankunft in Waterloo Station zustimmen würde. Ball zeigte uns ein heimlich aufgenommenes Foto des Mannes. Die einzigen zusätzlichen Informationen waren, dass dieser Mann ein radikaler Verfechter der Apartheidpolitik sei und stets den *Economist* mit sich führe. Das würde uns helfen, ihn unter den vielen Zugreisenden ausfindig zu machen.

Ich hatte Glück und fand meine Zielperson allein in einem Abteil sitzend. Der »südafrikanische Diplomat« war locker und freundlich. Ohne große Mühe vereinbarte ich mit ihm, in Waterloo Station etwas trinken zu gehen. Für Barking verlief die Sache weniger glatt. Auch er fand seinen Kontaktmann sehr schnell und verwickelte ihn in ein Gespräch. Bald kam man auf die Apartheidpolitik zu sprechen, und Barking, der sich als Politikstudent ausgab, »entdeckte«, dass der Rollenspieler ein südafrikanischer Diplomat war. Barking nahm an, der beste Weg zu einer anschließenden Verabredung sei, sich als freundlicher und politisch gleichgesinnter Mensch zu präsentieren. Also spielte er den rassistischen Verteidiger der Apartheid. Bald diskutierten die beiden voller Begeisterung die Vorteile der Rassentrennung in der Erziehung, die Unannehmbarkeit von Mischehen und die Unmöglichkeit des Wahlrechts für Nichtweiße. Barking konzentrierte sich völlig auf seine Aufgabe und genoss die gleichgesinnte Reaktion, die seine extremen Ansichten bei dem südafrikanischen Rollenspieler hervorriefen. Er beachtete die beiden bärtigen Männer in Tweedjacken kaum, die sich ins Abteil setzten, und bemerkte überhaupt nicht, dass sie sich über sein Gerede aufregten. Es handelte sich nämlich um linke Politikdozenten am

78

Polytechnikum von Portsmouth. Irgendwann konnten die beiden Barkings rassistisches Gedröhn nicht mehr ertragen und mischten sich zornig in die Debatte ein. Unglücklicherweise ging aber Barking – er hatte die »Geburtstagsparty« im Hause Ball noch frisch im Gedächtnis – davon aus, es handle sich um Rollenspieler des MI 5, die seine Vorstellung begutachten und bewerten sollten. Er steckte nicht zurück, und die Übung, anfangs ein ruhiger Versuch, das Vertrauen des vermeintlichen Diplomaten zu gewinnen, artete in ein wütendes Brüllquartett aus, das erst mit der Ankunft des Zuges in Waterloo Station endete.

* * *

Wieder zurück im Fort beglückte man uns mit einem randvollen Stundenplan. Lernziel war das »Handwerk« der Spionage. Der Begriff Handwerk umschreibt hier das praktische Können, das einen Spion in die Lage versetzt, einen Agenten zu treffen oder mit ihm zu kommunizieren, ohne das Misstrauen der Gegenspionage auf der anderen Seite zu wecken. Zu diesem praktischen Können gehören sowohl Überwachungsmethoden wie auch die Fähigkeit, Überwachung zu erkennen und sich ihr zu entziehen, und schließlich auch die Gegenüberwachung. Wir lernten, wie man heimlich Kontakt aufnimmt und »tote Briefkästen« bestückt und leert. Dies alles erfordert List, Schlauheit und ein gewisses Maß an schauspielerischen Fähigkeiten. Das Allerwichtigste aber ist sorgfältige Planung und Vorbereitung.

Ein Geheimdienstbeamter kann sich nicht mit einem Informanten treffen, ohne vorher sicherzustellen, dass er nicht selbst überwacht wird. Er darf sich aber keineswegs auffällig benehmen, wenn er sich nach Verfolgern umsieht. Häufige Blicke über die Schulter oder ständiges Anhalten, um sich die Schnürsenkel zu binden, wären für die Verfolger ein deutliches Zeichen, dass die Zielperson etwas im Schilde führt. Die Kunst, sich der Überwachung zu entziehen, besteht darin, wie ein harmloser Diplomat aufzutreten und doch jeden Verfolger zu erkennen. Also begibt man sich zu Fuß oder mit dem Auto auf einen präzise geplanten Weg und geht dabei so unverdächtigen Tätigkeiten wie dem Einkaufen nach. In diesen Weg sind aber »Fallen für Überwacher« eingebaut. Rolltreppen in Kaufhäusern sind zum Beispiel häufig so angeordnet, dass man von der zweiten Treppe einen Blick auf die erste werfen kann, und sich so die Gesichter der nachfolgenden Menschen einprägen kann, ohne verdächtig zu erscheinen. Eine vollständige Teststrecke gegen Überwachung kann Dutzende derartiger Fallen enthalten, und eine solche »chemische Reinigung« kann mehrere Stunden dauern, manchmal sogar zu einer ganztägigen Einkaufstour mit Frau und Kind führen. Ball erklärte uns, dass wir ein Gesicht mindestens dreimal gesehen haben mussten, um einen Überwacher zweifelsfrei zu identifizieren.

Die Überwachungsteams machen es ihren Opfern nicht leicht. Sie geben sich alle Mühe, unerkannt zu bleiben, und setzen zum Beispiel unscheinbare »graue Gestalten« ein. Diese sind meist mittelgroß, nicht zu groß und nicht zu klein, und tragen unauffällige Kleidung, sodass sie leicht in der Menge verschwinden können. Besonders pfiffige Überwachungsprofis wie zum Beispiel die Russen verkleiden sich oder tragen Kleidungsstücke, die man auch wenden kann, und erschweren so die Identifikation.

Manchmal bleiben zur Kontaktaufnahme mit einem Agenten nur der »flüchtige Kontakt« oder der »tote Briefkasten«. Ein flüchtiger Kontakt ist ein Treffen mit dem Agenten im Vorübergehen, bei dem Informationen oder Anweisungen ausgetauscht werden. Der Erfolg hängt von sorgfältiger Koordination ab, die sicherstellen muss, dass beide Seiten zur gleichen Zeit am gleichen Ort sind, sodass ein solcher Kontakt selbst unter Beobachtung gelingen kann. Die Verfolger können nämlich nicht zu dicht herankommen, wenn sie nicht auffallen wollen. Das gibt uns die Gelegenheit, einem Agenten auf »totem Gelände« zu begegnen, etwa an einer Wegbiegung auf einem Korridor oder Durchgang. Man brachte uns bei, wie man die Annäherung des Agenten von einem günstigen Ort aus beobachtet, zum Beispiel von einem Cafétisch aus. Bei beiderseits sekundengenauer Planung des Weges zum Treffpunkt war es theoretisch möglich, sich genau am vorher bezeichneten Punkt unauffällig zu begegnen. In der Praxis sind solche Treffen nur sehr schwer zu realisieren, wir bereiteten sie deshalb äußerst gewissenhaft vor.

Die meisten Übungen spielten sich in Portsmouth ab. Wir hatten dabei abwechselnd die Rolle des Geheimdienstbeamten und des Agenten. Der »Geheimdienstbeamte« wählte einen passenden Ort für den Kontakt aus und teilte dann, zu Hause im Fort, die genauen Anweisungen zu diesem Treffen dem »Agenten« schriftlich mit. Die Rolle der Überwacher spielten gewöhnlich Teams des MI 5, des Special Branch von Portsmouth, der Zollbehörde oder des militärischen Geheimdienstes, die es uns als Experten nicht leicht machten, sie zu identifizieren. Deshalb mussten wir vor jeder Kontaktaufnahme nach den strengen Regeln zur Vermeidung von Überwachung vorgehen, was stets hieß, unsere Beschatter einer »chemischen Reinigung« zu unterziehen. Bei einer Übung an einem kalten Dezembertag spielte Spencer die Rolle des Agenten. Der Kontakt sollte auf der Hintertreppe zur Stadtbibliothek im Rathaus von Portsmouth stattfinden, und ich plante dieses Treffen sehr genau. Ich bemerkte die Überwacher auf dem Weg dorthin, brach die Aktion aber nicht ab, weil ich annahm, sie könnten mir auf der menschenleeren Treppe nicht dicht genug folgen, um den kurzen Kontakt zu sehen. Statt der üblichen Filmdose oder des braunen Umschlags, die bei solchen Gelegenheiten meist überreicht wurden, drückte mir Spencer aber, kurz bevor ich von der Treppe auf die Straße hinaustrat, ein üppiges Eis mit Schokoflocken in die Hand.

Bei der Technik des »toten Briefkastens« (dead letter box, DLB) wird eine Botschaft an einem geheimen Ort versteckt, wo sie der Empfänger dann abholt. Normalerweise steckt die Nachricht in einem kleinen Behälter, zum Beispiel in einer Filmdose, und das Versteck wird so gewählt, dass man dort selbst unter Überwachung etwas deponieren oder abholen kann. Möglichkeiten für tote Briefkästen finden sich leichter als Orte für direkte Übergaben. Wir mussten die Briefkästen auch in fremder Umgebung in weniger als einer Stunde finden: hinter einem losen Stein in einer Mauer, in einem alten

Baumstumpf, in einem Spalt eines vorstehenden Felsens. Der Nachteil toter Briefkästen besteht in der gelegentlichen zufälligen Entdeckung durch Unbeteiligte, meist Kinder, die dann die Polizei informieren. Deshalb ist das Leeren eines toten Briefkastens stets riskant, weil dort schon der Gegner lauern kann.

Einige Tage nach der Szene auf der Bibliothekstreppe revanchierte ich mich bei einer Übung mit einem toten Briefkasten an Spencer. In der Kathedrale von Winchester steht neben der vierten Bankreihe von hinten an der Westmauer eine kleine Statue des Heiligen Judas. Setzt man sich in diese Bank, kann man, vorgeblich betend, unbeobachtet die Statue auf versteckte Botschaften überprüfen. Ich benutzte die Statue als toten Briefkasten, aber statt einer Filmrolle hinterließ ich für Spencer eine gespannte Mausefalle. Dem armen Hare erging es allerdings noch schlimmer. Gegen Balls Anweisungen hinterlegte Barking eine Botschaft für Hare im Spülkasten einer Herrentoilette im *Mr. Pickwick*, einem Pub in Portsmouth. Der Spülkasten war hoch oben an der Wand angebracht, und Hare musste auf den Toilettensitz steigen, um ihn zu erreichen. Unglücklicherweise nahm der Herr in der Nachbarkabine Anstoß an Hares Aktivitäten und holte in seinem Zorn auch gleich die Polizei. Hare wurde verhört, blieb eine Erklärung schuldig und war gezwungen, sich als schwuler Spanner zu bekennen. Zum Glück kam er mit einer mündlichen Verwarnung davon.

Diese altmodischen Techniken sind allerdings für den modernen Spion nicht mehr so wichtig wie zur Zeit des Kalten Krieges. Moderne Elektronik und Computertechnik haben die Kommunikation zwischen Agenten vereinfacht, und oft ist es leichter, sich mit einer verschlüsselten E-Mail zu verständigen. Das traditionelle Handwerk spielte in unserem Kurs aus zwei Gründen eine so große Rolle. Zum einen war Ball von diesen Techniken, die einfach zu seinem Stil gehörten, immer noch begeistert. Zum anderen braucht man beim Planen und Ausführen solcher Operationen größere Disziplin und bessere Nerven als beim Drücken einer Taste, auf der »Senden« steht. Der Ausbildungswert von Übungen zu diesen altmodischen Techniken war deutlich höher, auch was den Teamgeist und die Moral der Gruppe betraf, als bei der Arbeit am Bildschirm. Außerdem genossen wir diese Übungen sehr, mit einer Ausnahme. Martin Richards, der älteste Teilnehmer, war ein ruhiger, akademisch geprägter Mann. Er fand die Übungen ziemlich albern. Eines Nachmittags kam Richards nicht ins Fort zurück und rief stattdessen die Ausbilder an, um ihnen zu sagen, er könne so nicht weitermachen. Daraufhin musste er den MI6 verlassen und wurde wieder bei Shell untergebracht, seinem ehemaligen Arbeitgeber.

Jeden Abend hörten wir nach einem langen Tag, der mit Vorträgen oder anstrengenden Übungen zur Identifizierung von Überwachern ausgefüllt war, noch einen Gastvortrag. Meist hielt ihn ein Angehöriger des Dienstes, der uns eine Geheimdienstoperation aus dem wirklichen Leben schilderte. So zeigte man uns, dass die neu erworbenen Fähigkeiten wirklich anwendbar waren. Eines Abends kündigte uns Ball aber einen ganz besonderen Gast an, den wir mit höchstem Respekt behandeln sollten. Oleg Gordiewsky war das so genannte »Kronjuwel« unter den russischen Überläufern des MI6. Er trat bei jedem Einführungslehrgang auf und berichtete auch uns, wie er zu den Briten übergelaufen war: ein dramatischer Werkstattbericht aus der Welt der Agenten.

Den ersten Kontakt zum MI6 hatte Gordiewsky im Jahr 1974 in Kopenhagen, wo er, als Presseattaché der sowjetischen Botschaft getarnt, für den KGB arbeitete. Er wurde im Verlauf einiger Badmintonspiele bearbeitet und schließlich von Colin Figures, dem späteren MI6-Chef, angeworben. Elf Jahre lang war Gordiewsky dann eine üppig sprudelnde Quelle von Informationen aus dem Machtzentrum des KGB-Apparats. Nur eine Handvoll MI6-Angehörige wusste um den Kontakt zu ihm. Um den Kreis der Mitwisser möglichst klein zu halten, ließ man einige nicht eingeweihte MI6-Beamte sogar Operationen ausführen, von deren sicherem Scheitern man durch Gordiewsky informiert war. Trotz aller Bemühungen, Gordiewskys Verrat geheim zu halten, war es aber nicht zu vermeiden, dass er schließlich bei seinen Moskauer Vorgesetzten unter Verdacht geriet. Während eines Heimaturlaubs wurde er verhaftet und intensiv verhört. Schließlich wurde er wieder freigelassen, aber vom Dienst suspendiert, außerdem musste er seinen Pass abliefern, während der KGB die Ermittlungen fortsetzte. Gordiewsky schaffte es, der Moskauer MI6-Station von seiner misslichen Lage zu berichten. Dort war der Ehrenwerte Raymond Horner, ein Beamter der mittleren Hierarchieebene, die Nummer zwei. In den Dienstanweisungen jeder Station findet sich mindestens ein Plan für das Ausschleusen von Überläufern in solchen Notsituationen. Der Moskauer Schleuserplan sah vor, den Agenten über die russische Grenze ins neutrale Finnland zu schmuggeln. Einen Fluchtweg aus Moskau hatte man bereits ausgekundschaftet und Horner hatte als Dienstwagen einen Saab 90. Damals, im Jahr 1985, war dieser Wagen das einzige Auto, in dessen Kofferraum ein erwachsener Mann bequem Platz hatte. Der ausländische Luxuswagen hatte unter Horners Kollegen beim Außenministerium für einigen Unmut gesorgt, weil diese Herren sich mit bescheideneren britischen Modellen begnügen mussten. Sie nahmen an, dass der ehrenwerte Herr Horner ein dickeres Auto fuhr, weil er Inhaber eines Adelstitels war. Gordiewsky ging jeden Abend im Gorki Park spazieren, und das Überwachungsteam blieb ihm Tag und Nacht dicht auf den Fersen. Horner entdeckte ein kleines Stück »totes Gelände«, wo Gordiewsky den Blicken seiner Verfolger für einige Sekunden entzogen war. Das bedeutete, dass das Treffen mit äußerster Präzision und innerhalb von Sekundenbruchteilen ablaufen musste. Horner verbrachte den Tag mit Fahrten in ganz Moskau. Es sah wirklich so aus, als sei er auf »Einkaufstour«, tatsächlich aber war er unterwegs, um etwaige Überwacher abzuschütteln. Mit militärischer Präzision traf er genau zur gleichen Zeit wie Gordiewsky am verabredeten Treffpunkt ein. Der sprang gewissermaßen unter den Augen der Beschatter, die bald darauf mit Sicherheit in großen Schwierigkeiten steckten, in den geräumigen Kofferraum des Saab. Horner fuhr aus Moskau hinaus und machte sich auf den langen und nervenaufreibenden Weg zur finnischen Grenze. Er konnte keineswegs davon ausgehen, dass in seinem Auto keine Wanzen angebracht waren, deshalb wagte er es nicht, mit dem versteckten Passagier zu sprechen. Selbst nach der Überquerung der Grenze war eine Unterhaltung noch zu riskant. Horner musste in dieser Phase bestimmt einen lauten Jubelschrei unterdrücken. Stattdessen spielte er eine Kassette mit Gordiewskys Lieblingsmusik, um seinem Passagier mitzuteilen, dass er in Sicherheit war. Bis zum heutigen Tag verwendet man beim MI 6 für Gordiewsky den Codenamen OVATION, eine Anspielung auf dieses Musikstück.

* * *

Geheimschrift (Secret Writing, SW), das Erwachsenen-Wort für die »Zaubertinte« von Schulkindern, spielt bei der Spionage immer noch eine Rolle. Moderne Techniken sind allerdings sehr viel komplizierter als der altbekannte Trick mit dem Zitronensaft im Schulfüller. MI 5 und MI 6 leisten sich eine gemeinsame, aus drei Personen bestehende Arbeitsgruppe unter der Bezeichnung TS/SW (Technical Support/Secret Writing), die sich mit der Erforschung und Anwendung modernster Geheimschrifttechniken befasst. Diese Gruppe verfügt über verschiedene Geheimschriftsysteme, aber die Methode, in der unser Kurs unterwiesen wurde, benutzen MI 6-Beamte bei ihrer Arbeit überall auf der Welt. Es ist die wunderbar einfache »Offset«-Methode und wie viele andere große Erfindungen war sie eine Zufallsentdeckung.

Das größte Problem mit den ersten unsichtbaren Tinten war, dass man das eben Geschriebene selbst nicht mehr lesen konnte. Der nächste Schritt war eine Tinte, die unmittelbar nach dem Trocknen verblasste, aber auch das war keine Ideallösung, weil der Abdruck der Schreibfeder erkennbar blieb und weil es verräterisch war, eine solche Tinte zu besitzen. Eines Tages kam die Lösung per Zufall ins Haus. Mitte der Achtzigerjahre arbeitete ein Techniker der Abteilung an der Entwicklung einer Nachricht, die ein Agent in der Sowjetunion in herkömmlicher Geheimschrift verfasst hatte. Die geheime Botschaft stand auf der Umschlagrückseite eines harmlosen »Tarnbriefes«, der in Moskau aufgegeben worden war. Der Techniker betupfte den Umschlag mit der Entwicklerflüssigkeit und wie erwartet erschien auch die geheime Botschaft. Aber zur Überraschung dieses Mannes erschien gleichzeitig eine weitere Nachricht, spiegelverkehrt und von anderer Hand. Die genaue Untersuchung dieser Schrift ergab, dass es sich um eine Adresse in Kiew handelte. Aber wer war der Adressat und wie war diese Überlagerung mit der geheimen Nachricht entstanden?

Es gab nur eine logische Erklärung für die rätselhafte Schrift. Nach dem Einwurf in den Briefkasten musste der Brief des Agenten mit der Rückseite auf die Vorderseite eines anderen Briefes gefallen sein. Und dieser zweite Brief war offensichtlich mit einer ganz besonderen Tinte geschrieben worden. Sie übertrug eine unsichtbare Chemikalie auf Papier, mit dem sie in Kontakt kam. Der Techniker schloss daraus, dass die Kiewer Adresse mit einem handelsüblichen Schreibgerät notiert worden sein musste. Wenn man diesen Stift ausfindig machen konnte, dann war das ein unvergleichlich elegantes, einfaches und völlig unauffälliges Gerät für die Anwendung von Geheimschrift. Der MI 6 begann eine systematische weltweite Suche nach dem magischen Objekt. Jede MI 6-Station erhielt die Aufforderung, in die Schreibwarengeschäfte vor Ort zu gehen und alles zu kaufen, was an Schreibgeräten zu haben war. Die Spezialabteilung für Geheimschrift begann umgehend mit einer Testreihe. Mit jedem Füller und jedem Stift schrieb man ein paar Buchstaben, drückte ein Blatt Papier auf die frische Schrift und betupfte es dann mit Entwickler. Nach vielen Wochen fanden die Tester den magischen Stift: Es war der Pentel Tintenroller. Die »Offset«-Technik hat zwei Vorteile. Zum einen kann der Agent oder Geheimdienstbeamte sehen, was er geschrieben hat, bevor er die Offsetkopie anfertigt. Außerdem ist dieser Stift überall zu kaufen und deshalb völlig unverdächtig. Offset wird inzwischen von MI 6-Mitarbeitern routinemäßig genutzt, wenn sie sich nach Agentenkontakten Notizen machen. Offsetnachrichten gehen auch an besonders vertrauenswürdige Agenten. Das Verfahren gilt aber als so geheim, dass es nicht einmal mit verbündeten Diensten wie der CIA geteilt wird.

Für die geheime Kommunikation zwischen Agenten, Geheimdienstbeamten und der Zentrale wird noch eine ganze Reihe weiterer Techniken eingesetzt. Die Entwicklung und Verteilung dieser Systeme betreibt eine spezielle Abteilung für technische und operative Unterstützung, die unter der Bezeichnung TOS/AC (Technical and Operations Support, Agent Communications) bekannt ist.

Die wichtigste Eigenschaft, die die von ihr entwickelten Geräte mitbringen müssen, ist, dass sie in keiner Weise kompromittierend wirken, das heißt: Sie sind mit handelsüblichen Geräten identisch oder von diesen nicht zu unterscheiden. Ein ganz besonderer Geniestreich waren die PETTLE-Rekorder. Auf jeder normalen Audiokassette gibt es zwei parallele Tonspuren, eine für jede »Seite« der Kassette. PETTLE-Rekorder bedienten sich des ungenutzten Streifens zwischen den beiden Tonspuren. Die Abteilung TOS/AC führte uns ein scheinbar normales Gerät vor, mit dem man wie bei einem Serienmodell auf beiden Seiten des Bandes abspielen und aufnehmen konnte. Stellte man das Gerät aber auf den Kopf, wurde ein Schalter betätigt. Drückte man dann gleichzeitig die Stopp- und die Aufnahmetaste, nahm die Maschine über die mittlere Spur auf. Mit der Stopp- und der Abspieltaste konnte man die Aufnahme dann hören. Zu dieser Vorführung gehörten auch speziell präparierte Laptops. Die Disketten, die für Standardcomputer benutzt werden, enthalten verborgene Speicherkapazität, die gerade noch ausreicht, um ein einfaches Textverarbeitungssystem und ein Retrieval zum Auffinden gespeicherter Dateien unterzubringen. Das Textverarbeitungssystem ließ sich mit einem einfachen Befehl starten. Auf diese Weise konnten geheime Aufzeichungen festgehalten werden. Beendete man dieses Programm, schaltete der Computer auf den normalen Modus um. Die geheimen Dateien blieben dann auch für Computerspezialisten unsichtbar.

Wir lernten auch den Gebrauch des SRAC (Short Range Agent Communication), eines Übertragungssystems für kurze Entfernungen. Dieses System erhalten nur besonders vertrauenswürdige Agenten mit großer Erfahrung, die in Ländern wie Russland und Südafrika arbeiten. Der Agent schreibt eine Nachricht auf dem Laptop, dann überspielt er sie auf das SRAC-Gerät, einen kleinen Kasten, der etwa so groß ist wie eine Zigarettenschachtel. Der Empfänger steht normalerweise in der britischen Botschaft und setzt ein fortwährendes schwaches Rufsignal ab. Ist der Agent nahe genug an den Empfänger herangekommen – mit dem Auto oder zu Fuß –, spricht sein Übertragungsgerät an und sendet die Nachricht mit einem blitzschnellen UKW-Signal. Der Transmitter steckt in einem völlig unverdächtigen Gegenstand. Viele Jahre lang war die Garfield-Figur sehr beliebt für diesen Zweck. Sie hatte Saugnäpfe an den Füßen und konnte am Seitenfenster des Autos befestigt werden. Fuhr man damit an der Botschaft vorbei, ergab das ein besonders klares Übertragungssignal.

Ein weiterer wichtiger Teil unseres Handwerks ist das Fotografieren. Dabei kann es um das Überwachungsfoto von einer Zielperson oder um das Ablichten geheimer Dokumente gehen. Unterricht hatten wir bei einem Ausbilder der technischen Abteilung des Dienstes aus dem Bereich TOS/PH (Technical and Operations Support, Photography). Er brachte uns bei, wie man Zielobjekte mit riesigen Teleobjektiven auch aus großer Entfernung fotografiert und wie man scharfe Fotos von Dokumenten anfertigt. Der MI 6 arbeitet mit handelsüblichen Fotoausrüstungen, wann immer das möglich ist, denn jede Art von Spezialausrüstung ist potenziell verräterisch. Wir übten das Fotografieren allerdings auch mit Minikameras und mit zusammenklappbaren Spezialanfertigungen für das Kopieren von Dokumenten. Am meisten Spaß hatten wir allerdings beim heimlichen Fotografieren völlig ahnungsloser Passanten. Dazu benutzten wir ein ganzes Sortiment von Fotoapparaten, die in Aktenmappen oder Umhängetaschen versteckt waren. In einem Keller unter dem Fort lernten wir, wie man Filme entwickelt. Jede Auslandsstation des MI 6 verfügt über eine Dunkelkammer, mit deren Einrichtung wir uns auskennen mussten.

Zweimal pro Woche hatten wir in der kleinen Sporthalle des Forts Unterricht in Selbstverteidigung. Bill, unser Ausbilder, war ein ehemaliger Feldwebel des Special Boat Service (SBS), einer Eliteeinheit der Marineinfanterie. Er hatte auch einige Jahre bei der Polizei von Las Vegas gearbeitet. Obwohl nur knapp einen Meter sechzig groß und im Vergleich zu uns allen ein Zwerg, konnte er jeden seiner Schüler innerhalb weniger Sekunden aufs Kreuz legen oder mit einem schmerzhaften Griff fixieren. Im Laufe der Zeit lernten wir, wie man potenzielle Angreifer mit Judowürfen unschädlich macht, wie man Messerangriffe abwehrt, sich aus Schwitzkasten und Armschlüssel befreit und einen Pistolenschützen entwaffnet. Selbstverteidigung wird allerdings eher zum Vergnügen und zur Stärkung des Selbstvertrauens unterrichtet. Ein Strafzettelschreiber hat mehr Bedarf in dieser Richtung als ein MI6-Beamter, der körperliche Gewalt niemals bewusst einsetzt. Bill konnte sich nur an einen Fall erinnern, bei dem eine ehemalige Schülerin aus seinem Unterricht praktischen Nutzen zog. Sie wurde abends nach der Arbeit im Zug von einem betrunkenen Rüpel belästigt. Der Kerl ließ nicht locker, die männlichen Mitreisenden blieben untätig und beugten sich einfach tiefer über ihre Zeitung. Schließlich hatte die MI6-Beamtin genug und rollte, wie Bill es ihr beigebracht hatte, ihren *Economist* fest zusammen und stieß das Blatt dem Angreifer ins Auge. Sofort hatte sie ihre Ruhe.

Wir erhielten auch eine Ausbildung an Handfeuerwaffen, aber wie bei der Selbstverteidigung geschah das eher zum Vergnügen und zur Weiterentwicklung des Teamgeistes als zu irgendeinem praktischen Zweck. MI6-Beamte trugen praktisch niemals eine Waffe bei sich. Kein Beamter hat jemals im Streit eine Waffe benutzt. Unser Ausbilder Tom Nixon, ein ehemaliger Feldwebel des Special Air Service (SAS), war im Mai 1980 bei der Belagerung der iranischen Botschaft in Prince's Gate im Einsatz.* Unter Toms fachkundiger Anlei-

---

* Sechs Mitglieder einer »Demokratischen Revolutionären Bewegung für die Befreiung Arabistans« besetzten am 30. April 1980 die iranische Botschaft in London, nahmen 22 Geiseln und forderten die Freilassung politischer Häftlinge im Iran. Nach fünf Tagen und der Erschießung einer Geisel stürmte eine SAS-Einheit das Gebäude, tötete fünf Geiselnehmer und befreite die Gefangenen. (Anm. d. Übers.)

tung übten wir zweimal pro Woche auf dem offenen Schießstand am Westrand des Forts und im Schießstand in der Halle,
einem Nachbau des berühmten »Killing House« in der SAS-
Kaserne in Hereford. Wir schossen meist mit der Browning
9-mm-Pistole, der Standardwaffe der britischen Streitkräfte.
Zum Training gehörten aber auch ausländische Waffen wie
die israelische Uzi oder Maschinenpistolen der deutschen
Firma Heckler & Koch.

Die Ausbilder und Referenten zeigten uns, wie man Abhör-
aktionen plant und ausführt, obwohl dies nicht zu den Aufgaben des Intelligence Branch gehört. Die technische Abteilung hat etwa hundert hoch spezialisierte Mitarbeiter, die für
solche Aktivitäten bereitstehen: Schlosser, Einbruchexperten,
Tontechniker, Elektriker. Wir sollten nur ein Grundverständ-
nis ihrer Fähigkeiten und Fertigkeiten entwickeln. Ball stellte
uns eine Übungsaufgabe, PERFECT NEIGHBOUR, bei der wir
eine solche Operation planen mussten.

Bei der Besprechung des Szenarios forderte Ball uns auf,
uns vorzustellen, die IRA habe ein »sicheres Haus« in Gosport
in der Nähe des Forts gekauft, in dem nach unseren Erkenntnissen eine Serie von Bombenattentaten geplant würde. Ein
Teil der Aufgabe bestand nun darin, innerhalb der folgenden
zwei Wochen detaillierte Unterlagen zum Haus zu erarbeiten:
zur Raumaufteilung, zu den Bewohnern und ihren Bewegungen. Dann sollten wir einen Plan entwickeln, wie und wann
man in das Haus eindringen könnte, um Abhörgeräte anzubringen. Jeder von uns sollte ein anderes Haus ausspähen und
alle diese Häuser gehörten nichts ahnenden Zivilisten. »Gibt
es bei dieser Aufgabe irgendetwas, was wir nicht tun dürfen?«,
fragte Hare am Schluss der Besprechung.

»Nein. Sie können tun, was sie wollen«, antwortete Ball.
»Aber lassen Sie sich nicht erwischen.«

Noch am selben Abend besorgte ich mir aus dem Foto-
labor eine Umhängetasche mit einer versteckten Kamera und
ging zu meinem Beobachtungsobjekt. Es war ein mittelgroßes
Einfamilienhaus mit einem kleinen Garten und Zugang zur
Gomer Lane. Der kleine Garten auf der Rückseite des Hauses
grenzte an den Stanley Park und die Bay-House-Schule. Ich

drückte auf die Tasche, um die versteckte Kamera, eine Pentax SLR, auszulösen, und fotografierte heimlich das Haus. Dabei verknipste ich einen ganzen Film, den ich noch am selben Abend entwickelte. Die Namen und Berufe der Hausbewohner besorgte ich mir am folgenden Morgen bei einem Besuch auf dem Rathaus von Gosport in der Walpole Road, wo ich das Wählerverzeichnis ablichtete. Beim Baurechtsamt im vierten Stock gab ich mich als Architekturstudent aus und entlieh unter dem Vorwand eines Designwettbewerbs am Polytechnikum die Pläne des Hauses. Der Sachbearbeiter wollte keine Fotokopien herausgeben, aber gegen ein genaues Studium der Pläne im Zimmer nebenan hatte er nichts einzuwenden. Sobald er aus dem Raum war, holte ich die Kamera heraus. Zum Abfotografieren der Pläne benutzte ich ein Spezialobjektiv für Nahaufnahmen. Ich war gerade fertig, als Castle zur Tür hereinkam. Er hatte sich denselben Trick ausgedacht und auch er hatte damit Erfolg – im Gegensatz zu Spencer, der etwa eine Stunde später auftauchte. Der Sachbearbeiter war wegen der Serie seltsamer Anfragen zu Bauplänen inzwischen misstrauisch geworden. Er holte seinen Vorgesetzten, der Spencers Beteuerungen, er sei im Auftrag eines Bauunternehmers unterwegs, keinen Glauben schenkte.

Nach der Episode beim Baurechtsamt nutzte ich jede vortragsfreie Minute und beobachtete das Haus, um mir ein genaues Bild vom Alltag der Bewohner zu machen. Der beste Ort für ein Abhörgerät war wohl die Küche, in der sich die ganze Familie versammelte. Aber ich brauchte genauere Informationen. Eines Abends machte ich einen Trainingslauf und kam zu dem Haus, in dem kein Licht brannte. Das war meine Chance. Ich vergewisserte mich, dass ich nicht beobachtet wurde, kletterte über den Zaun, der an den Stanley Park grenzte, und bahnte mir durch das Gesträuch einen Weg bis zur Hecke auf der Rückseite des Hauses. Auch das Nachbarhaus schien an diesem Abend unbewohnt zu sein, also huschte ich über die paar Meter freies Gelände bis zum Anbau hinter dem Haus, wo es Deckung gab. Eine Katze schoss zwischen meinen Beinen hindurch und verschwand unter einem Surfbrett. Einige Minuten lang kauerte ich in meiner Deckung und horchte auf verdächtige Geräusche. Es blieb völlig still, also stand ich auf und schaute durchs Küchenfenster. Ich wartete, bis sich meine Augen an die Düsternis gewöhnt hatten, und fertigte eine Skizze von der Kücheneinrichtung an. Als ich mich schon zum Gehen wenden wollte, bemerkte ich, dass der Schlüssel im Schloss steckte. Mit Balls Ermahnung im Ohr – »Lassen Sie sich nicht erwischen!« – drehte ich den Schlüssel um und drückte die Tür auf. Dieses Eindringen in ein fremdes Haus war unmoralisch und illegal, aber in der Euphorie eines erfolgsorientierten Lehrgangs schien es völlig gerechtfertigt. Ball belohnte meinen Eifer mit der vollen Punktzahl für diese Übung.

Als Ausgleich zu den anstrengenden Arbeitstagen im Fort genoss ich meine Freizeit und das Leben in London, wo ich in Richborne Terrace in Kennington, einem hübschen, aber etwas heruntergekommenen viktorianischen Vorort, eine Einzimmerwohnung mit Garten gefunden hatte. Eines Tages lud mich Julian, ein englischer Freund, den ich in Argentinien kennen gelernt hatte, anlässlich seiner Geburtstagsfeier zu einem Hallenrennen mit Gokarts ein. Ich erinnerte mich natürlich an die zahllosen Rennen im selbst gebauten Gokart, mit dem ich Mutters Rasen ruiniert hatte, und freute mich auf dieses Ereignis.

Ein altes Busdepot in Clapham war zur Gokartrennstrecke umgebaut worden. Julian hatte an diesem Abend etwa dreißig Gäste, darunter auch einige sehr hübsche Frauen. Eine davon fiel mir sofort auf. Während wir nach passenden Helmen suchten und auf unsere Starts warteten, hatte ich fast nur Augen für sie. Sie war groß, fast einen Meter fünfundsiebzig, hatte blaue Augen und glänzendes dunkles Haar. Wenn sie lachte, warf sie es zurück. Wir hatten für unsere Fahrten einen bauschigen Overall bekommen. Sie benutzte eine alte Schulkrawatte als Gürtel, was ihre schlanke Taille betonte. Ich sah mir eins ihrer Rennen an. Sie fuhr wie eine Großmutter, die im Supermarkt mal eben Katzenfutter holen geht. Schon nach kurzer Zeit hatten die Spitzenreiter zu ihr aufgeschlossen und versuchten sie zu überrunden. Die Streckenposten forderten sie mit der blauen Flagge auf, den Weg freizumachen, hatten aber keinen Erfolg. Runde um Runde klebten die Führenden an ihrer Stoßstange, kamen aber nicht vorbei. Sie war leichter als ihre Verfolger und beschleunigte auf den Geraden schneller, und dann kroch sie um die Kurven. Die Streckenposten winkten heftig mit ihren Flaggen, vergeblich. Sie nahm eine Hand vom Lenkrad und winkte zurück. Von Julian erfuhr ich ihren Namen: Sarah. Nach dem Rennen gingen wir zum Abendessen in ein nahe gelegenes italienisches Restaurant. Wir mussten kurz warten, bis wir unseren Tisch zugewiesen bekamen, und in dem Durcheinander wurde ich angenehm überrascht: Sie schien sich um einen Platz neben mir zu bemühen. Wir unterhielten uns den ganzen Abend lang und zwei Tage später aßen wir wieder gemeinsam zu Abend.

* * *

Die wichtigste Aufgabe des MI6 ist die Betreuung von Agenten. In der als »Befehlshandbuch« (Order Book) bezeichneten Satzung ist allerdings auch festgeschrieben, dass der Geheimdienst zur Planung und Ausführung »spezieller Einsätze« quasimilitärischer Art in der Lage sein muss. Die MI6-Beamten verfügen nicht selbst über die militärischen Fähigkeiten zu solchen Einsätzen. Sie legen nur die Einsatzziele fest und sorgen beim Außenministerium für grünes Licht. Spezialisten der drei Waffengattungen, Offiziere und Mannschaften, übernehmen dann den praktischen Teil der Operation. Im Rahmen der so genannten militärischen Woche gewährte der Einführungslehrgang uns Einblick in die Struktur, Arbeitsweise und Ausrüstung dieser Eliteeinheiten.

Die Royal Air Force entsendet eine kleine Abteilung von etwa zehn Piloten, die unter der Bezeichnung »S&D-Schwarm« (S&D flight) bekannt ist. Diese Männer gehören zu den besten Luftwaffenpiloten überhaupt, haben Erfahrungen mit Sonderaufträgen für den Special Air Service und Special Boat Service und verfügen aufgrund der Art ihrer Einsätze auch über zivile Flugscheine. Die Armee stellt eine Abteilung des Special Air Service-Regiments in Hereford, den so genannten Revolutionary Warfare Wing (RWW), die Marine schließlich entsendet eine kleine Abteilung des Special Boat Service, der Eliteeinheit der Marineinfanterie in Poole. Die beiden letztgenannten Abteilungen haben, was ihre Arbeit für den MI6 betrifft, ähnliche Aufgaben und werden beim Geheimdienst gemeinsam als »Zuwachs« (increment) bezeichnet. SAS- und SBS-Soldaten müssen eine Mindestdienstzeit von fünf Jahren vorweisen und zumindest den Rang eines Feldwebels bekleiden, bevor sie sich für diese Spezialeinheiten bewerben können. Dann folgen die Sicherheitsüberprüfung durch den MI6 und ein kurzer Einführungslehrgang zu den Aufgaben und Zielen des Dienstes. Wenn sie noch nicht mit Überwachungstechniken vertraut sind, absolvieren sie zusätzlich einen dreiwöchigen Kurs im Fort. In ihren jeweiligen Stützpunkten in Hereford und Poole erhalten ihre ohnehin schon beträchtlichen militärischen Fähigkeiten dann den letzten Feinschliff. Neben dem Studium der Techniken der Sabotage, des Personenschutzes, des Guerillakriegs und der Infiltration – zu diesem Programmpunkt zählen etwa Fallschirmabsprünge aus großer Höhe unter Benutzung ziviler Flugzeuge oder heimliches Anlanden mit Hilfe von U-Booten –, lernt der »Zuwachs« auch den Einsatz selbst hergestellter Bomben. Auch an besondere Qualifikationen aus dem Zivilleben wird gedacht: so gehören zur Tarnexistenz einiger SBS-Leute zum Beispiel auch Kapitänspatente aus der zivilen Seefahrt.

Der Zuwachs wird bei manchen Einsätzen noch von einer weiteren Eliteeinheit verstärkt: Diese etwa zwanzig Männer und Frauen umfassende Abteilung wird unter der Bezeichnung UKN geführt und verfügt über ein breites Spektrum ganz besonderer Talente. Nur ein kleiner »Kern« ist pausenlos einsatzfähig und bezieht ein bescheidenes Gehalt vom MI6. Die übrigen Mitglieder des UKN arbeiten ohne Bezahlung und nehmen Urlaub von ihren bürgerlichen Berufen, um an einer MI6-Operation teilzunehmen. Ihre wichtigste Fähigkeit ist die Überwachung und Gegenüberwachung. Einige dieser Leute werden unter ethnischen Minderheiten angeworben und verfügen über sehr gute Sprachkenntnisse, mit denen sie im Ausland nicht auffallen. Die Talente sind im Übrigen breit gestreut: Ein Mann etwa arbeitet als fest angestellter Pilot bei einer Lufttaxifirma und steht auf Abruf für Operationen des MI6 bereit, ein anderer wieder besitzt eine Jacht, die er auf Anfrage zur Verfügung stellt. Die Leute des UKN haben beim Dienst einen seltsamen Status. Man betrachtet sie eher als Agenten denn als Angehörige des Dienstes, weshalb sie beim MI6 unter Tarnnamen registriert sind. Zudem wird ihre Existenz verleugnet: geriete ein Soldat der militärischen Sondereinheiten in Gefangenschaft, würde der MI6 alle Hebel der Diplomatie in Bewegung setzen, um seine Freilassung zu erreichen, für die UKN-Leute hingegen gibt es keine solche Rückversicherung. Sie würden verleugnet und als einzige Hoffnung bliebe ihnen nur der private Rechtsweg. Da sie sich aus einleuchtenden Gründen auch nicht auf dem herkömmlichen Versicherungsmarkt absichern können, bedeutet jeder Auslandseinsatz für sie ein hohes persönliches Risiko.

* * *

Ball und Long bewerteten unsere Leistungen während des gesamten Lehrgangs. Die höchste Punktzahl gab es allerdings für die Abschlussübung, die als EXERCISE SOLO bezeichnet wurde. Lange Jahre war Norwegen der Schauplatz dieser Übung gewesen, wobei man mit dem norwegischen Geheimdienst zusammenarbeitete. Gastgeber unserer Übung SOLO war aber erstmals der italienische Geheimdienst.

Die Entscheidung, SOLO in Italien abzuhalten, war politisch motiviert und wurde in beiden Ländern auf höherer Ebene getroffen. Der MI6 hatte schon zuvor mit dem SISMI (Servizio per l'Informazione e la Sicurezza Militare) zusammengearbeitet, aber diese Beziehung war spannungsgeladen und instabil. Der MI6 hielt die verbündeten südeuropäischen Geheimdienste für unprofessionell und unzuverlässig, die Italiener arbeiteten ihrerseits bevorzugt mit der CIA und dem deutschen Bundesnachrichtendienst (BND) zusammen. Aktuelle Entwicklungen hatten MI6 und SISMI allerdings aufeinander zugehen lassen. Die Italiener hatten einige vielversprechende Operationen gegen Libyen gestartet, ihren aufsässigen südlichen Nachbarn, und der MI6 wollte die daraus gewonnenen und noch zu erwartenden Informationen für sich nutzen. Außerdem gab es gerade eine Durststrecke in den Beziehungen zwischen deutschem und italienischem Dienst, deshalb hielt man in Italien einen Ausbau der Verbindungen zum MI6 für eine gute Rückversicherung. Der MI6 wiederum schlug zur Festigung der Beziehungen gemeinsame Ausbildungsmaßnahmen vor. So war das SOLO in Italien auf den Weg gebracht worden. Im Gegenzug bot sich der MI6 als Gastgeber für angehende italienische Geheimdienstleute an.

Diese Übung musste schon wegen des politischen Hintergrundes der Entscheidung unbedingt ein Erfolg werden. Ball und Long reisten bereits einen Monat vor Beginn des EXERCISE SOLO nach Italien und bereiteten mithilfe des SIMSI und der MI6-Station in Rom alles sorgfältig vor.

Ball teilte uns das Szenario mit: Wir waren Mitarbeiter der UKB genannten Abteilung, die mit IRA-Aktionen außerhalb des Vereinigten Königreiches befasst ist. Ein Bericht aus der Geheimdienstabteilung des Verteidigungsministeriums (Government Communications Headquarters, GCHQ), dem technischen Geheimdienst, hatte gezeigt, dass die IRA mithilfe der Mafia chinesische Flugabwehrraketen des Typs SA-14 nach Sizilien schmuggeln wollte. Anschließend sollten die Raketen, die von einem Mann gehalten und abgefeuert werden konnten, heimlich nach Nordirland geschafft und dort gegen britische Armeehubschrauber eingesetzt werden. Unsere imaginäre Aufgabe war es, nach Italien zu reisen und Informationen von APOCALYPSE zu beschaffen, einem Maulwurf in den Reihen der IRA. Wir sollten ein Geheimpapier erstellen und es bei einem flüchtigen Kontakt dem Kurier »Eric« übergeben, der uns seinerseits »weitere Anweisungen« zustecken sollte. Wir bekamen Pentelstifte für geheime Botschaften und Entwicklerflüssigkeit, die als Aftershave getarnt war. Den Rest mussten wir uns in den folgenden zwei Wochen selbst erarbeiten. Inzwischen kannten wir die Tricks unserer Ausbilder und erwarteten alles andere als einen Spaziergang.

5

ERSTES SOLO

Sonntag, 23. Februar 1992
HEATHROW AIRPORT

»Wieder mal Pech gehabt«, dachte ich mir, als die große, gut gekleidete Blondine auf der Gangseite neben mir Platz nahm. Zum ersten Mal sitze ich im Flugzeug neben einer interessanten Frau – und dann bin ich mit einem falschen Namen und einer erfundenen Geschichte unterwegs. Vielleicht war das auch wieder nur ein Trick. Ball und Long hatten es bestimmt so eingerichtet, dass neben uns allen bei sämtlichen Flügen ein attraktiver Lockvogel Platz nahm, in der Hoffnung, einer von uns würde vielleicht die Tarnung fallen lassen und etwas über unser wirkliches Leben ausplaudern. Ball warnte uns in der Vorbesprechung für SOLO, dass ein Kursteilnehmer einmal auf einen solchen Trick hereingefallen war. Dieser Mann wartete in der Abflughalle des Flughafens in Manchester auf seine Maschine nach Amsterdam, als sich eine attraktive Frau neben ihn setzte. Sie begann eine Unterhaltung, und er ließ sich darauf ein, zunächst noch ganz im Rahmen seiner Tarnexistenz. Dann fand er aber mehr und mehr Gefallen an seinem Gegenüber, wollte nach der Übung erneut Kontakt zu dieser Frau aufnehmen und beging einen schweren Fehler: Er sagte ihr, dass er in Wirklichkeit ein MI6-Beamter sei, und gab ihr seine private Telefonnummer. Bei der Nachbesprechung zu dieser Übung kam plötzlich seine neue »Freundin« herein und enthüllte ihre wahre Identität: Sie war eine verdeckt ermittelnde Zollbeamtin und hatte ihre Tarnung bewahrt. Dieser Mann hat natürlich niemals einen echten Undercover-Auftrag bekommen. Und ich hatte mir vorgenommen, mich von Ball auf dem zweistündigen Flug von Heathrow zum römischen Flughafen Fiumicino auf keinen Fall so leicht hereinlegen zu lassen.

Die Frau wandte sich mir zu und lächelte. »Hi, ich heiße Rebecca. Bleiben Sie lange in Rom?«

Die Ausbilder würden hier erwarten, dass ich zumindest mit einem Teil meiner erfundenen Geschichte herausrückte. Ich gab die Rolle des schusseligen Akademikers und das würde sie hoffentlich abschrecken. »Mein Name ist Dan. Ich gehe nach Velletri, nur für eine Woche.«

»Und was machen Sie dort?«, fragte sie.

»Ich bin promovierter Historiker und schreibe eine wissenschaftliche Arbeit über die unterschiedlichen Vorgehensweisen beim Wiederaufbau der Städte in Großbritannien und Italien nach dem Zweiten Weltkrieg.« Zu meiner Erleichterung schwand ihr freundliches Lächeln jetzt. Ich holte einen dicken, gelehrten Schmöker über Stadtsanierung im Italien der Nachkriegszeit hervor, den ich in der Londoner Universitätsbibliothek ausgeliehen hatte, und begann umgehend konzentriert darin zu lesen. Mit einem Schulterzucken griff meine Nachbarin in ihre Tasche und zog ein Exemplar der Illustrierten *Hello!* heraus. Für den Rest des Fluges saßen wir schweigend nebeneinander.

Velletri war im Februar kein besonders reizvoller Ort. Es war nicht einfach gewesen, sich eine plausible Geschichte für einen Aufenthalt in einer so belanglosen Stadt auszudenken, noch dazu mitten im Winter. Hier gab es keinen bedeutenden Industriebetrieb, also war eine Geschäftsreise ausgeschlossen. Journalismus, die andere große Stütze für MI 6-Tarnexistenzen, war ebenfalls wenig einleuchtend. Bei meinen Recherchen in den Bibliotheken entdeckte ich, dass in Velletri kaum jemals etwas Bedeutendes geschehen war. Und tatsächlich gab es im italienischen Fremdenverkehrsbüro in London nur einen einzigen Hinweis auf diese mittelalterliche, auf einem Hügel angelegte Stadt: In den letzten Tagen des Zweiten Weltkrieges war sie von der amerikanischen Luftwaffe schwer bombardiert worden. Deutsche Truppen auf dem Rückzug nach Norden waren das Ziel dieses Angriffs gewesen. Da es nichts Plausibleres gab, musste dieses Ereignis als Grundlage für meine Geschichte herhalten.

In den beiden Wochen vor Beginn der Übung erarbeitete ich mir mit großer Sorgfalt aus Notizen, Fotokopien und Zeitungsausschnitten ein dickes Dossier über Velletri. Die Archive des Imperial War Museums waren zufälligerweise nur einen Steinwurf vom Century House entfernt. Sie lieferten mir eine Fülle von Einzelheiten über die Kriegshandlungen in dieser Stadt. Eines Tages entdeckte ich im *Guardian* eine Stellenausschreibung für eine vakante Dozentenstelle am University College. Gesucht wurde ein promovierter Fachmann für Stadtsanierung. Ich bewarb mich unter falschem Namen und mit gefälschten akademischen Qualifikationen, die mir die technische Abteilung bescheinigte. Umgehend erhielt ich eine Einladung zum Bewerbungsgespräch. Natürlich ging ich nicht hin, aber der Brief als Teil meines Dossiers würde mir zusätzliche Glaubwürdigkeit verleihen. Jedes noch so unbedeutende Stück Papier in meiner Aktentasche, jeder Abholzettel einer chemischen Reinigung und jede Quittung in meiner Brieftasche, jedes Kleidungsstück musste zu meiner Geschichte passen: Ich war Daniel Noonan, ein promovierter Historiker, der an einer wissenschaftlichen Arbeit saß.

An einem kalten Montagmorgen stand ich am kleinen Bahnhof von Velletri. Ich fühlte mich in meiner Tarnexistenz wohl und war auf diese Übung gut vorbereitet. Zunächst bezog ich mein Zimmer in der Pensione Arena, einer kleinen Frühstückspension, versteckt an der Via Cannetoli gelegen. Den Abend verbrachte ich mit einem Erkundungsgang in den engen, gepflasterten Straßen und gewundenen Alleen. Als Erstes sah ich mir das Café Leoni am Corso della Repubblica an. Es lag direkt an der Piazza Cairoli, wo ich Eric treffen sollte. Dann fand ich auch die Bar Venezia an der Via Lata, den Ort für die Begegnung mit APOCALYPSE.

Ball hatte erzählt, dass uns italienische Teams während der gesamten Übung beschatten würden. Vielleicht bluffte er ja nur. Ich konnte mir jedenfalls nicht vorstellen, dass die Italiener ihre beschränkten Kapazitäten für unsere Übung einsetzen würden, aber gleichzeitig wollte ich auch kein Risiko eingehen. Also achtete ich auf Gelegenheiten, eventuelle

Bewacher zu identifizieren. Gleichzeitig gab ich mir alle Mühe, vollständig in meiner falschen Identität aufzugehen. In Gedanken ging ich jede noch so kleine Einzelheit meiner Tarnexistenz durch, ich versuchte wie ein echter Historiker auf Forschungsreise zu denken und zu handeln. Ich sah mir alle noch aus der Vorkriegszeit erhaltenen Gebäude an und fotografierte sie auch, all die Kirchen, das Rathaus und andere öffentliche Gebäude. Meine Recherchen hatten mir gezeigt, wo einige der amerikanischen Bomben niedergegangen waren, also inspizierte ich die Reparaturen und den Neuaufbau. In meinen Notizbüchern hielt ich alles mit einer Fülle von Details fest. So entstand weiteres Material, das meine Tarnexistenz beglaubigte.

Zum Abendessen gab es eine schlichte Pizza und Chianti in der Bar Centrale am Marktplatz. In Velletri schien es kein besonderes Nachtleben zu geben, also ging ich früh zu Bett. Der folgende Tag würde sehr lang werden und ich wollte mich richtig ausschlafen. Am Dienstagmorgen war ich um 10.50 Uhr in der Bar Venezia, zehn Minuten vor der mit APOCALYPSE verabredeten Zeit. Ich bestellte einen Cappuccino und setzte mich an den Tisch, der am weitesten vom Tresen entfernt war, mit dem Rücken zur Wand, sodass ich sehen konnte, was auf der ruhigen Straße draußen vor sich ging. An den fünf, sechs anderen Tischen saß niemand. Der einzige andere Gast, ein alter Mann, saß am Tresen und nippte an einem Brandy. Er trug eine ausgebleichte schwarze Baskenmütze und eine gefütterte Jacke, deren eine Tasche fast völlig ausgerissen war. An seiner schwieligen rechten Hand hatte er nur noch drei Finger, unter seinem Hocker döste ein alter Schäferhund. Solche Typen würden nicht mal die Italiener zur Überwachung einsetzen. Ich nahm ein Exemplar des *Economist* aus meiner Tasche und legte es vor mir auf den Tisch. Das war das Zeichen für APOCALYPSE, dass alles in Ordnung war.

Ich sah ihn auf der Straße, unmittelbar bevor er das Café betrat. Er war Mitte vierzig, untersetzt, hatte gepflegte, kurze Haare und trug eine Fleecejacke, Jeans und Timberlands. Die Kleidung verriet ihn als Briten. Er schien mich nicht wahrzunehmen, sondern ging direkt zum Tresen und bestellte einen Espresso. Der Schäferhund schnupperte kurz, knurrte leise und döste weiter.

APOCALYPSE kam mit seinem Kaffee an meinen Tisch. »Darf ich mich zu Ihnen setzen?«, grüßte er vorsichtig.

Ich stand nicht auf, um ihn zu begrüßen, denn das hätte einem Beobachter gezeigt, dass dies ein verabredetes Treffen war. Ich forderte ihn nur auf, sich zu setzen, und stellte mich, Balls Anweisungen folgend, als Nachfolger von »Peter« vor. Dieser Mann hatte APOCALYPSE früher betreut. Ich entwarf umgehend eine Erklärung für unser Treffen, so wie wir es gelernt hatten. »Sollte jemand fragen, wie wir uns gefunden haben, erzählen Sie einfach, dass Sie in das Café kamen, mich den *Economist* lesen sahen und dann zu meinem Tisch gingen, um den Landsmann anzusprechen.« APOCALYPSE nickte, wirkte aber immer noch sehr vorsichtig. Ball hatte uns im Verlauf des Lehrgangs beigebracht, wie man eine Beziehung zu einem Agenten herstellte, um Anspannung und Misstrauen abzubauen. »Schöne Stiefel«, sagte ich mit einem Blick auf seine Timberlands. »Haben Sie die hier gekauft?«

Soldaten sprechen gerne über Stiefel und APOCALYPSE war keine Ausnahme. »Ja, die sind ganz ausgezeichnet, nicht kaputtzukriegen.« Der Mann wurde etwas zugänglicher, und nachdem ich ein wenig sein Vertrauen gewonnen hatte, war die Zeit reif für den Informationsaustausch. APOCALYPSE berichtete mir, er sei in Italien, um einen Kontaktmann zu treffen, einen italienischen Mafioso. Dieser Mann habe über die Verbindungen der Mafia zur libyschen Regierung Zugang zu chinesischen Waffen. APOCALYPSE hatte über den Kauf von zwanzig SA-14-Flugabwehrraketen verhandelt. Die Ware sollte mit einem gecharterten Frachtdampfer von Tripolis bis vor die irische Küste gebracht werden. Dort sollten die Raketen dann in Schlauchboote verladen, an Land gebracht und im Schutze der Nacht zu einem IRA-Haus in der Nähe der Grenze gebracht werden.

Das war eine wichtige Information, aber APOCALYPSE kannte die entscheidenden Details nicht, die die Zentrale zum Handeln brauchte: den Namen des Frachters, das Datum der

Abreise und die genaue Ankunftszeit in Irland. APOCALYPSE versprach, diese Informationen über seinen fiktiven Kontaktmann zu beschaffen. Wir verabredeten uns für den übernächsten Tag, diesmal in einem anderen Café, der Bar di Poniente in der Weststadt. Ich erinnerte APOCALYPSE an die Tarngeschichte für das Treffen und ging.

Ich eilte zu meiner Pension zurück, schloss die Zimmertür ab und notierte mit dem Pentel-Stift die Informationen, in Großbuchstaben und in der für einen CX-Bericht üblichen Form. Ganz oben stand in einer einzigen Zeile eine Kurzzusammenfassung der Nachricht. Dann folgte das Datum des Treffens, bei dem die Information beschafft worden war. Dann eine kurze Beschreibung der Quelle. Ich schrieb: »Eine ausgezeichnete und zuverlässige Quelle mit Informationen aus erster Hand.« Dann kam der Nachrichtentext. Das alles passte auf eine DIN-A4-Seite meines wasserlöslichen Papiers. Ich legte das Blatt mit der beschrifteten Seite nach oben auf meinen Nachttisch, darauf dann ein gewöhnliches Blatt A4-Papier und auf beides schließlich die *Theorie der Stadtsanierung in der Nachkriegszeit.* Fünf Minuten reichten aus, um die Schrift auf das Standardpapier zu übertragen. Das wasserlösliche Papier warf ich in die Toilette. Nach wenigen Sekunden war nur noch ein halb durchsichtiger Schaum übrig, den ich hinunterspülte. Dann nahm ich das A4-Blatt, faltete es zusammen und steckte es in einen braunen Umschlag, den ich in einem Exemplar der *Gazzetta dello Sport* verbarg und festklebte. Ich musste mich beeilen, denn bis zum Treffen mit Eric um 14 Uhr blieb nicht mehr viel Zeit.

Er saß am Tresen, umgeben von Büroangestellten, die in diesem gut besuchten Café ihre Mittagspause verbrachten. Erics Erkennungszeichen waren leicht auszumachen: dunkles Jackett, rote Krawatte, so wie uns Ball instruiert hatte. Vor ihm auf dem Tresen sah ich ein fast leeres Glas Bier und die zusammengefaltete *Gazzetta dello Sport.* Ich drängte mich in eine kleine Lücke zwischen ihm und dem nächsten Gast, legte meine Zeitung direkt neben seine und bestellte einen Kaffee. Wortlos nahm sich Eric meine Zeitung und ging. Ich trank in aller Ruhe meinen Kaffee und verließ das Lokal eine Viertelstunde später mit Erics Zeitung unter dem Arm. Selbst wenn ich überwacht wurde, hätte nur ein äußerst genauer Beobachter diesen Kontakt registrieren können.

Das nächste Treffen mit Eric war erst für den folgenden Morgen geplant, aber in den verbliebenen Nachmittagsstunden hatte ich auch so genug zu tun. Ball hatte uns angewiesen, ein Haus so auszukundschaften, wie wir es bei PERFECT NEIGHBOUR gelernt hatten. Das Szenario war unverändert: Man vermutete in diesem Haus einen IRA-Stützpunkt und wir sollten der technischen Abteilung durch unsere Informationen beim Platzieren von Wanzen helfen. Die Via Antonio Gruinaci 41 liegt auf der Ostseite der Stadt. Am Nachmittag ging ich dort spazieren und verschaffte mir einen ersten Eindruck: ein freistehendes, dreistöckiges Haus, möglicherweise nach dem Krieg erbaut. Das Haus hatte einen cremefarbenen Verputz, war etwas von der Straße zurückgesetzt, ein kleines Eisentor führte in den Vorgarten. In der Zufahrt parkte ein neuer, teurer Lancia. Ich gab mir alle Mühe, die Schrift auf der kleinen Tafel am Seitentor zu entziffern: Architekturbüro M. di Rossi, Pietrangelo Di Vito, M. Caracci. Ich prägte mir so viele Einzelheiten wie möglich ein, aber auch die detailliertesten schriftlichen Informationen können in einem solchen Fall ein gutes Foto nicht ersetzen. Für diese Aufgabe hatten wir keine versteckten Kameras bekommen. Im Falle einer Verhaftung wäre das absolut verräterisch gewesen. Also fotografierte ich ganz offen mit meiner Pentax SLR. Würde mich jemand danach fragen, dann würde ich dies als Teil meiner Forschungsarbeit ausgeben. Und ein solches Foto genügte wohl für einen informativen Bericht an die Ausbilder. Das Resultat war nicht so gut wie im Fall von PERFECT STRANGER, aber angesichts der knapp bemessenen Zeit gut genug. Ich verstaute die Kamera wieder und ging direkt zu meiner Pension zurück.

Den Rest des Nachmittags verbrachte ich mit der Art von Arbeit, die ein echter Akademiker auf einer Forschungsreise verrichten würde. Maria Vialli, eine hübsche Bürogehilfin im Stadtplanungsamt, versorgte mich mit Stadtkarten aus der Vor- und Nachkriegszeit und Kopien von Archivmaterialien.

»Sie haben Glück«, erzählte sie mir in gutem Englisch, »der Pfarrer, der sein ganzes Leben hier verbracht hat, stellt zurzeit seine Stadtskizzen aus. Die Bilder umfassen die Zeit von 1945 bis heute. Sie sollten sich einmal mit ihm unterhalten.« Dann gab sie mir ihre Geschäftskarte, falls ich noch weitere Fragen hätte. In der Kunstgalerie direkt unter dem Rathaus erläuterte Monsignor Berlingieri, der Priester, den Ausstellungsbesuchern in aller Bescheidenheit seine Bilder. Er war hocherfreut über mein Interesse und zeigte mir die ganze Ausstellung. Zwei Stunden später, nach dem Ende der Besichtigungstour, drückte ich ihm eine Visitenkarte in die Hand, um sicherzugehen, dass er sich an meinen Namen erinnerte.

Eric erwartete mich am nächsten Morgen in einem anderen Café unmittelbar am Marktplatz. Der Informationstausch via *Gazzetta dello Sport* erfolgte diesmal in beide Richtungen. In meinem Exemplar steckten die Zusammenfassung des Erkundungsganges und eine Kapsel mit dem belichteten, aber noch nicht entwickelten Film. Erics Zeitung enthielt eine Nachricht für mich.

Den Inhalt dieses Exemplares untersuchte ich dann in meinem Zimmer. Im braunen Umschlag steckte ein gewöhnliches A4-Blatt. Zu meiner Überraschung fand ich auch noch ein dickes Bündel mit Fünfzig-Pfund-Noten, insgesamt tausend Pfund. Ich wollte schnell den Grund für die unerwartete Geldübergabe erfahren, befeuchtete einen Baumwolltupfer mit dem präparierten Aftershave und übertrug es auf das weiße Papier. Ohne Ergebnis. Ich drehte das Blatt um und versuchte es erneut. Dieses Mal wurde nach und nach eine Schreibmaschinenschrift sichtbar, zunächst blassrosa, dann dunkelte sie zu einem satten Purpur nach. Die Nachricht kam vom Stützpunkt in Rom:

```
Beginn der Nachricht
1.Glückwunsch zu Ihrem erfolgreichen ersten Treffen
  mit APOCALYPSE. Die Informationen waren ausgezeich-
  net, aber wie Sie selbst anmerken, benötigen wir
  weitere Einzelheiten. Leider meldete sich APOCA-
  LYPSE gestern um 19.00 Uhr unter seiner Notrufnum-
```

mer beim Stützpunkt Rom. Sein Mafiakontaktmann hat
für heute, 21.00 Uhr, um ein Treffen in Mailand
gebeten. Es ist wichtig, dass Sie unmittelbar nach
diesem Treffen mit APOCALYPSE sprechen. Wir befürchten, dass er in Schwierigkeiten ist. Wir legen
1000 Pfund bei, falls er Geld verlangt.
2. Sie sollten heute Abend in Mailand sein. H/ROM
SEC wird Sie um 21.30 Uhr in der Empfangshalle
des Hotels Treviso erwarten. APOCALYPSE fährt
von Ihrem Aufenthaltsort direkt nach Mailand.
Wir schlagen vor, dass Sie ihn begleiten.
GRS0000
Ende

Die letzte Zeile gefiel mir nicht. Man hatte uns eingeschärft,
dass ein Agent niemals die Rahmenbedingungen eines Treffens bestimmen sollte. Fuhr ich bei APOCALYPSE mit, dann
lenkte er im vollen Wortsinn das Geschehen. Wäre dies ein
echtes Szenario, dann würde ich einen eigenen Wagen mieten
und damit nach Mailand fahren. Aber dies war eine Übung
und vielleicht galt hier ein anderer Ablauf. Wollten Ball und
Long vielleicht mit einem kleinen Trick meine Eigeninitiative
testen? Erwarteten Sie, dass ich den Mitfahrbefehl verweigerte und meiner eigenen Wege ging? Oder wollten sie, dass
ich bei APOCALYPSE mitfuhr, damit man mich leichter fest-
nehmen konnte? Entging ich durch Eigenmächtigkeit meiner
unvermeidlichen Verhaftung, würde das bei den Ausbildern
nicht gut ankommen. Ein großer Teil des Ausbildungswertes
dieser Übung lag in der Verhörphase. Widerwillig und gegen
meinen Instinkt entschied ich mich dafür, APOCALYPSE zu
begleiten.

In meinem Zimmer gab es keinen Rauchmelder, dennoch
nahm ich das Blatt mit den Instruktionen ins Bad mit. Ich faltete es wie eine Ziehharmonika in vier Teile und stellte es in
das Waschbecken. Wenn man es oben anzündete, würde es
nach unten brennen und dabei sehr viel weniger Rauch entwickeln, als wenn es von unten nach oben brannte. Die Feuer-
zeugflamme berührte das Papier, die Entwicklerflüssigkeit

beschleunigte den Vorgang, und nach wenigen Sekunden war nur noch ein bisschen Asche übrig, die ich in den Abfluss spülte. Dabei achtete ich darauf, dass im Waschbecken keine Rußspuren zurückblieben.

Ich traf APOCALYPSE dann am Mittag in einem kleinen Café direkt hinter der Stadtkirche. Er war etwas früher gekommen und saß allein an einem Ecktisch. Es war Schulschluss und an den anderen Tischen saßen kichernde Jugendliche. Der vermeintliche Agent sah nicht sehr entspannt aus. »Sollen wir woanders hingehen?«, fragte ich. »Wir brauchen nur eine Minute. Ich habe eine Menge neuer Informationen«, flüsterte APOCALYPSE. Er griff in seinen kleinen Rucksack und gab mir drei Fotokopien. Das waren die technischen Daten zu den SA-14-Raketen. »Und ich habe auch eine Menge Details zu dem Frachter und der Verschiffung der Raketen. Sie werden das aufschreiben müssen«, sagte er bestimmt. Ich holte mein Notizbuch heraus, und er diktierte mir den Namen des fiktiven Schiffes, das Abfahrtsdatum und den voraussichtlichen Zeitpunkt des Rendezvous vor der irischen Küste. Außerdem erfuhr ich noch die Frachtbriefnummer für die Schiffsladung und die Nummer des Endverbraucherzertifikats, das die Libyer für den Waffenkauf benutzt hatten.

Ich ging davon aus, dass mich APOCALYPSE mit Informationen vollstopfte, damit die Verhörspezialisten bei meiner Verhaftung reichlich Belastungsmaterial vorfanden. Aber ich konnte die Papiere nicht einfach wegwerfen. Das Übungsszenario sah vor, dass ich sie am Abend im Hotel Treviso an H/ROM SEC, den zweiten Mann der MI 6-Station in Rom, übergab. Die Ausbilder würden bestimmt nicht allzu fröhliche Gesichter machen, wenn ich sie inzwischen weggeworfen hätte. APOCALYPSE ging auf die Toilette, ich steckte das kleine Notizblatt in meine Socke. Die anderen Papiere konnten noch etwas warten.

Mein Informant kam zurück. »Hören Sie zu: Ich muss heute Abend in Mailand diese Mafia-Typen treffen. Ich weiß nicht, was die von mir wollen, und ich möchte, dass Sie mitkommen, falls es Ärger gibt.«

APOCALYPSEs Einladung roch nach einer Falle, aber die Ausbilder wollten ja, dass ich darauf hereinfiel. »Ja, ich habe heute Morgen dieselbe Nachricht erhalten«, antwortete ich. »Ich habe meine Sachen dabei. Gehen wir.« Wenige Minuten später fuhren wir in APOCALYPSEs gemietetem Fiat Panda auf der *Superstrada* S7 in Richtung Rom. APOCALYPSE fuhr schweigend und schien in Gedanken versunken. Wir näherten uns bereits der Stadtmitte, als er sich zu mir wandte. »Ich muss meine Freundin anrufen. Das dauert nur eine Minute.« Er hielt an einer Agip-Tankstelle in der Via 20 Settembre und stieg aus, um zu telefonieren. Vermutlich rief er jetzt die Ausbilder an, um ihnen zu sagen, dass wir uns dem vorgesehenen Verhaftungsort näherten.

Mit einem Fünfhundert-Lire-Stück löste ich einen Teil der Verkleidung im Fußraum auf der Beifahrerseite. Dort versteckte ich die drei Seiten mit den Informationen zu den Raketen. Ich hatte die Verkleidung eben wieder befestigt, als mein Fahrer zurückkam. »O. k., alles in Ordnung«, sagte er, »auf nach Mailand.«

Wir fuhren durch den dichten römischen Stadtverkehr nordwärts und näherten uns schließlich der Zufahrt zur *Autostrada* A1, als wir in eine Verkehrskontrolle gerieten. Vier uniformierte Polizisten befragten den Fahrer eines ramponierten Fiat 500, ihre dunkelblauen Alfa Romeos parkten gleich daneben. Als wir näher kamen, hob einer von ihnen den Arm. Der weiße Handschuh gab das Zeichen zum Anhalten. »Scheiße«, rief APOCALYPSE. Es klang ein bisschen zu heftig. Wir kamen zum Stehen, im gleichen Moment fuhr der kleine Fiat davon und ließ nur eine blaue Auspuffwolke zurück. Einer der Carabinieri näherte sich auf der Fahrerseite. Die dunkle Sonnenbrille verbarg seine Augen. »Documenti!«, kommandierte er und schnippte dabei mit den Fingern.

APOCALYPSE sah mich verwirrt an. »Er will Ihre Papiere sehen«, drängte ich ihn.

»Ich hab' sie nicht dabei«, antwortete APOCALYPSE mit einem Schulterzucken.

Der Carabiniere sah wütend aus. »Documenti!«, wiederholte er, und dann, auf Englisch und mit starkem Akzent: »Pass!«

APOCALYPSE zuckte mit den Schultern. »Ich habe ihn im Hotel liegen lassen«, antwortete er. Dabei sprach er langsam und überlegt.

Der Carabiniere gab seinem Vorgesetzten ein Zeichen. Der kam heranstolziert und bellte ein paar Befehle. »Chiavi!«, verlangte er ungeduldig. Mittlerweile gab der erste Polizist unsere Autonummer an die Zentrale durch. Sein Chef langte durch das Fenster, nahm die Autoschlüssel an sich und befahl uns auszusteigen. Die beiden anderen Carabinieri begannen mit der Durchsuchung des Kofferraums. »Wem gehört dieses Auto?«, fragte der Patrouillenchef in stark akzentuiertem Englisch. »Das ist ein Hertz-Mietwagen«, antwortete APO-CALYPSE.

Der Polizist sprach wieder in sein Funkgerät und befahl uns zu warten. Ich hatte mit einer Verhaftung gerechnet, war mir aber immer noch nicht sicher, ob dies eine Scheinverhaftung war oder ob wir einfach in eine der vielen willkürlichen Verkehrskontrollen auf italienischen Straßen geraten waren. Die Ausbilder würden eine Scheinverhaftung wohl kaum bis in solche Einzelheiten planen. Der Fiat 500, der bei unserer Ankunft mit qualmendem Auspuff davongetuckert war, wirkte so echt. Konnte dies auch eine echte Verkehrskontrolle sein? Hatten wir bei dieser Übung gerade eine spektakuläre Panne?

Der Patrouillenchef kam zurück und bellte seinen Untergebenen ein paar Befehle entgegen, dann wandte er sich wieder uns zu: »Es gibt einige Unregelmäßigkeiten in Ihren Autopapieren. Sie müssen mit auf die Wache kommen, während wir weiter nachforschen.«

Sie verfrachteten uns in getrennte Fahrzeuge, wo wir jeweils auf dem Rücksitz Platz nehmen mussten. Ich saß zwischen zwei Carabinieri, die Maschinenpistolen auf dem Schoß hielten. Zwei weitere Polizisten übernahmen APOCALYPSEs Fiat. Mit heulenden Sirenen und Blaulicht rasten wir über die Autobahn. Die Fahrzeuge vor uns wichen nach links und rechts aus.

Nach zehn Kilometern verließen wir die Autobahn und hielten an einer Carabinieriwache im Schatten einer Brücke.

Meine Bewacher zerrten mich wortlos aus dem Auto, eskortierten mich in ein großes Büro und bugsierten mich auf einen Stuhl, der vor einem massiven Stahlschreibtisch stand. Vier bewaffnete Wachen leisteten mir Gesellschaft. Ein weiterer Polizeibeamter betrat den Raum und sofort nahmen die Wachen Haltung an. Der Mann trug Zivil und sprach ein tadelloses Englisch. »Es tut mir Leid, dass Sie so behandelt wurden, aber wir hatten Informationen über zwei Mafiakontaktmänner, die auf dem Weg nach Mailand seien, und zwar im gleichen Autotyp wie Sie. Wir müssen Sie aus unserer Fahndungsliste streichen.«

Er gab mir einige Formulare und forderte mich auf, Name, Adresse, Beruf und Geburtsdatum einzutragen. Die Ausbilder würden wohl anhand dieses Papiers überprüfen, ob wir uns alle Einzelheiten unserer Tarnexistenz richtig eingeprägt hatten. Ich gab die Unterlagen zurück und der Mann in Zivil befragte mich sehr genau dazu. Ich antwortete selbstbewusst und war fest entschlossen, mich nicht so leicht überführen zu lassen.

Einer der Carabinieri, die mich verhaftet hatten, betrat den Raum und unterbrach unser Gespräch. »Capitano, ho trovato niente nella macchina.«* Das war nahe genug am Spanischen, und ich begriff, dass sie in dem Mietwagen nichts Verdächtiges gefunden hatten. Der Hauptmann schaute plötzlich mürrisch drein und befahl seinem Untergebenen in gereiztem Ton, die Suche fortzusetzen. Sie würden die Papiere schließlich doch noch finden, überlegte ich, aber es würde hoffentlich noch eine Weile dauern. Das verschaffte mir noch etwas Zeit für eine Erklärung zur Existenz dieser Papiere.

Eine Stunde lang befragte mich der Hauptmann höflich und ging dabei jede Einzelheit meiner Tarngeschichte durch. Das erinnerte mich an das Verhör bei der argentinischen Polizei in Mendoza. Es gab keine Abweichungen von meiner Geschichte und so langsam auch keine Rechtfertigung mehr dafür, mich weiter festzuhalten. Da kamen plötzlich die Carabinieri herein und schwenkten triumphierend ihren Fund: die

---

* »Herr Hauptmann, ich habe im Auto nichts gefunden.«

Fotokopien. Der Hauptmann sah sie sich in aller Ruhe an, dann wandte er sich wieder mir zu. »Nun, Dr. Noonan, wenn Sie wirklich ein Historiker sind, wie Sie behaupten, wie kommen dann diese Papiere in Ihr Auto?« Er ging sie vor meinen Augen durch. »Das sind detaillierte Beschreibungen von Anti-Hubschrauber-Raketen, die von der Schulter aus abgefeuert werden können. Wir wissen, dass die Mafia sie eben erst von der libyschen Regierung gekauft hat.«

Ich setzte eine Unschuldsmiene auf. »Diese Dokumente sehe ich zum ersten Mal«, antwortete ich mit einem Schulterzucken. »Der Vormieter muss sie dort hinterlassen haben.«

Das war eine plausible Erklärung. Der Hauptmann hatte in meiner Tarngeschichte nicht die kleinste Lücke gefunden, aber ich wusste, dass er mich noch nicht freilassen würde. Die Ausbilder legten mit Sicherheit größten Wert darauf, dass meine Tarnung geknackt wurde. Der Hauptmann stand auf und verließ den Raum.

Nach einer halben Stunde kam er zurück. Er wirkte jetzt feindseliger. »Dr. Noonan, ich glaube Ihre Geschichte nicht. Ich verhafte Sie hiermit nach den Bestimmungen der italienischen Antiterrorismusgesetze. Sie haben kein Recht auf Kontakt zu einem Rechtsanwalt.« Er schnippte mit den Fingern. Zwei der vier Wachen legten mir Handschellen an, griffen zu und führten mich aus dem Raum. Die beiden packten zu wie ein Schraubstock. Wenn diese Jungs nur Schauspieler waren, spielten sie auf jeden Fall sehr überzeugend. Sie schubsten mich in Richtung der Alfa-Romeo-Streifenwagen und im Vorbeigehen erhaschte ich noch einen Blick auf den Fiat. Er war aufgebockt, die Reifen abmontiert, beide Vordersitze demontiert, die ganze Innenverkleidung und die Isolierung der Motorhaube abgerissen. Dummerweise konnte ich mir ein Grinsen nicht verkneifen. Einer der Bewacher sah das, und als er mich auf den Rücksitz des Alfas zwängte, ließ er meinen Kopf ganz unabsichtlich leicht gegen den Türrahmen prallen. Bewaffnete Carabinieri setzten sich links und rechts neben mich. Einer von ihnen verband mir die Augen und drückte meinen Kopf zwischen die Knie. Er zog auch noch die Handschellen so weit an, dass sie schmerzhaft in die Handgelenke schnitten.

Etwa vierzig Minuten später zerrten sie mich wieder aus dem Wagen und brachten mich in ein Gebäude. Ich war ganz steif, meine Gelenke schmerzten, die Augen waren immer noch verbunden. Ich kannte den Ort nicht, aber wir waren im Hauptquartier der Carabinieri am Stadtrand von Rom. Man nahm mir die Augenbinde ab und ich fand mich in einer kleinen Zelle wieder. Sie war etwa drei mal drei Meter groß, die Einrichtung bestand aus einem schlichten eisernen Bettgestell mit einer Matratze und einem Kopfkissen. Als Toilette diente ein Loch im Fußboden, über dem eine Spülvorrichtung angebracht war.

Einer der Bewacher löste meine Handschellen. Ich war erleichtert, weil das Blut wieder in meine gefühllosen Hände zurückströmte. Der Polizist befahl mir, mich auszuziehen. Die abgelegte Kleidung überprüfte er Stück für Stück auf versteckte Gegenstände. Das Stück Papier mit den Informationen zum Schiff und den Begleitdokumenten steckte immer noch in meiner rechten Socke. Ich lehnte mich gegen die Matratze, zog die Socke aus und versteckte das Papierchen zwischen Daumen und Handfläche. Ich gab dem Polizisten die Socke und stützte mich mit der rechten Hand ab, als ich die linke Socke auszog. Während mein Bewacher auch diese Socke genau überprüfte, ließ ich das verräterische Beweisstück unter dem Kissen verschwinden.

Meine Kleider verschwanden in einem schwarzen Müllsack. Die Carabinieri gaben mir als Ersatz einen grauen Overall, der eine Nummer zu klein war, verbanden mir erneut die Augen und fesselten mich mit dem Gesicht nach unten mit Handschellen ans Bett. Die schwere Tür fiel ins Schloss, und die Wachen gingen möglicherweise auch gleich weg, aber sicherheitshalber wartete ich noch fünf Minuten und spitzte die Ohren, bevor ich mich bewegte. Die Handschellen ließen mir nicht viel Bewegungsfreiheit, aber ich zog sie am Bettgestell entlang, suchte unter dem Kissen nach dem Papierschnipsel, ertastete ihn mit den Lippen und verschluckte ihn.

Ich lag auf dem Bett, war angekettet, fühlte mich isoliert und auch ein wenig erniedrigt. Aber schließlich war das nur eine Übung. Ich versuchte mir vorzustellen, wie meine Gefühle im Ernstfall wären, in dem ich tatsächlich als getarnter Spion verhaftet wurde. Ball hatte uns vom bisher einzigen Vorkommnis dieser Art erzählt. Ein MI 6-Mann arbeitete in Genf, als ein Gast, der im selben Hotel wohnte, ermordet wurde. Ein Hotelangestellter hatte gesehen, wie sich der MI 6-Mann und das spätere Mordopfer noch an dem Abend, an dem die Tat geschah, miteinander unterhielten. So wurde der völlig ahnungslose Geheimdienstmann zum Hauptverdächtigen. Die Polizei brach um vier Uhr nachts seine Zimmertür auf und verhaftete ihn. Die Tarnidentität war jedoch gut abgesichert, und er überstand das Polizeiverhör, sodass er schließlich freigelassen wurde.

Es schienen Stunden vergangen zu sein, als sich die Zellentür endlich wieder öffnete. Die Wachen schlossen mich vom Bettgestell los und begnügten sich jetzt mit der Fesselung der Hände. Dann stellten sie mich auf die Füße und beförderten mich unsanft einen Gang hinunter und hinaus an die angenehm frische Luft. Es muss unmittelbar nach Einbruch der Dunkelheit gewesen sein, denn ich spürte den Tau. Die Wachen brachten mich eine Treppe hinauf und wir betraten ein anderes Gebäude. Ich hörte die beiden mit einer dritten Person auf Italienisch flüstern, dann bekam ich den starken, unverwechselbaren Geruch von abgestandenem Zigarettenqualm und Whisky in die Nase. Jetzt wusste ich, dass Ball in der Nähe war. Die Wachen schubsten mich noch ein paar Meter weiter, zwangen mich auf einen Stuhl nieder, fesselten mir die Hände hinter dem Rücken an den Stuhl und nahmen die Augenbinde ab.

Ich saß in einem großen, hohen Raum. Er war groß genug, um als Schulspeisesaal oder Exerzierhalle zu dienen. Etwa sechs Meter von mir entfernt saßen auf einer niedrigen Bühne drei Verhörbeamte an einem langen Tisch. Der athletisch aussehende Mann in der Mitte war Anfang vierzig. Sein akkurat gekämmtes Haar und der absolut symmetrische dünne Schnurrbart legten den Verdacht nahe, dass er viel Zeit vor dem Spiegel verbrachte. Rechts neben ihm saß der Hauptmann, der mich schon auf der Carabinieriwache verhört hatte. Auf der linken Seite saß eine dunkelhaarige Frau. Die übel riechende Zigarette in ihrer Hand war ein guter Anhaltspunkt für die tiefen Falten in einem einst attraktiven Gesicht. Das Trio warf mir teilnahmslos-verächtliche Blicke zu, und es schienen Minuten vergangen zu sein, als der Schnurrbart endlich zu sprechen begann.

»Dr. Noonan«, begann er herrisch, »mein Kollege sagte mir, sie seien Historiker und besuchten zu Forschungszwecken die Stadt Velletri.« Er hielt kurz ein, um die Worte besser wirken zu lassen. »Ich will Ihnen etwas sagen: Wir glauben Ihre Geschichte nicht. Wir verfügen über Informationen, dass Sie an einer Operation beteiligt sind, bei der Waffen für die IRA von Sizilien nach Irland geschmuggelt werden sollen. Was haben Sie zu Ihrer Entlastung vorzubringen?«

»Unsinn!«, antwortete ich mit gut gespielter Verärgerung. »Ihre Informationen sind falsch und Sie haben den Falschen verhaftet.«

Der Schnurrbart verhörte mich etwa zwanzig Minuten lang, er veranstaltete ein Kreuzverhör zu den Einzelheiten meiner Tarnexistenz – zum erfundenen Geburtsdatum, zur Adresse, zu meiner Arbeitsstelle und der Zeit, die ich dort verbracht hatte, zu den Namen meiner Familienangehörigen. Das einzige, wonach er nicht fragte, war der Name meines Hundes.

Dann war die Runzlige an der Reihe. »Wer ist diese Frau, Maria Vialli? Wo sind Sie ihr begegnet?«, fragte sie boshaft und hielt dabei die Visitenkarte hoch.

»Warum rufen Sie sie nicht an und fragen sie selbst?«, gab ich zurück. Dann legte ich nach: »Ich habe noch einen besseren Vorschlag. Warum rufen Sie nicht Monsignor Berlingieri an, den Priester der Maria-Magdalena-Kirche?« Meine Gesprächspartner sahen einander fragend an, es schien ihnen an zündenden Ideen zu fehlen. Die Sache lief nicht gut für sie.

Der Schnurrbart schnippte mit den Fingern und die Wachen hinter mir traten in Aktion und schleppten mich in meine Zelle zurück. Bevor sie mich wieder ans Bett fesselten, gaben sie mir ein Glas Wasser und eine Scheibe Brot. Nach meinem Gefühl vergingen bis zum nächsten Verhör vier oder fünf Stunden. Dann stellte mir dasselbe Trio dieselben Fragen, diesmal allerdings etwas ungeduldiger. »Wir haben Ihren Begleiter befragt, mit dem Sie verhaftet wurden«, bellte der Schnurrbart. »Sagen Sie mir jetzt bitte, Dr. Noonan: Wo sind Sie ihm begegnet?« In der Hoffnung, dass sich APOCALYPSE an die verabredete Tarngeschichte gehalten hatte, erzählte ich, er habe mich in einem Café den *Economist* lesen sehen und sich darauf als britischer Landsmann vorgestellt. APOCALYPSE schien bei der abgesprochenen Version geblieben zu sein, denn der Schnurrbart sah einen Augenblick lang zufrieden aus. Dann änderte er die Gangart. »Wissen Sie, wer ich bin?« Ohne eine Antwort abzuwarten, fuhr er fort: »Ich bin Major Claudio Pagalucca von der Carabinieri-Luftlandeeinheit.« Er reckte stolz die Brust. »Ich bin Inhaber dreier Tapferkeitsmedaillen. Wissen Sie, was das bedeutet?«

Ich hatte eine flapsige Antwort auf der Zunge, hielt mich aber zurück. »Nein, ich habe keine Ahnung. Ich bin nur ein Akademiker. Von solchen Dingen verstehe ich überhaupt nichts.«

Pagalucca war ernüchtert. Die Carabinieri-Luftlandeeinheit ist das italienische Pendant des SAS. Ihre Hauptaufgabe ist der Kampf gegen die Mafia. Die Fallschirmjägerausbildung kommt ihnen bei Überraschungsangriffen gegen Mafiaverstecke in abgelegenen sizilianischen Tälern zugute. Hare hatte sich im Verhör bei dieser Frage eine spöttische Bemerkung über die Eitelkeit des Majors nicht verkneifen können: »Ist das nicht so eine Art Luftverkehrs-Polizist mit Fallschirm?« Pagalucca hielt ihn vier Stunden länger fest als den Rest der Gruppe.

Das einzig Unangenehme zwischen den Verhören war die Langeweile. Es gab keine besonderen körperlichen Härten. Die Verhörübungen in der Territorial Army waren sehr viel härter abgelaufen, gerade in körperlicher Hinsicht. Diesmal lag der Schwerpunkt anders. Bei der SAS-Übung war das eigentliche Verhör sehr einfach. Wir hatten nur sicherzustellen, dass wir nicht mehr preisgaben als den Namen, den Dienstgrad, das Geburtsdatum und die Erkennungsnummer. Jetzt bestand die Schwierigkeit darin, sich alle Details der Tarngeschichte genau einzuprägen, damit in den aufeinander folgenden Verhören keine Widersprüche auftraten. Schon der kleinste Widerspruch würde unweigerlich entdeckt und konsequent ausgenutzt werden. War das Lügengewebe erst einmal aufgefädelt, würde es nur schwer von neuem zu knüpfen sein. Aber bis zum dritten Verhör, etwa vier bis fünf Stunden später, hatten die Verhörspezialisten meine Geschichte immer noch nicht geknackt. Pagalucca gab auf, nur die Runzlige stellte noch ein paar einfache Fragen. Das Verhör dauerte keine zehn Minuten mehr, deshalb nahm ich an, dass meine Freilassung unmittelbar bevorstand.

Ich war nicht lange in der Zelle gewesen, als sich die Tür wieder öffnete. Die Wachen nahmen mir die Augenbinde und die Handschellen ab und gaben mir den Beutel mit meinen Kleidern. Ich suchte nach meiner Uhr. Es war drei Uhr nachmittags, etwas mehr als 24 Stunden nach der Verhaftung. Ich zog mich an, die Wachen führten mich hinaus in die Abendfinsternis, zu einem Nachbargebäude hin und eine kleine Treppe hinauf. Sie schenkten mir noch ein freundliches Lächeln und einen Händedruck, dann bedeuteten sie mir, hineinzugehen.

Ich wurde erwartet, und alle wollten sie mir die Hand schütteln: Ball, Long, Eric und APOCALYPSE, ein britischer Offizier, der eigens für die Übung nach Italien geflogen worden war. »Herzlichen Glückwunsch«, sagte Ball. »Wir mussten Sie früher rauslassen, denn wir fanden nicht den kleinsten Fehler. Sie haben Ihre Sache ausgezeichnet gemacht.« Er führte mich an einen Tisch, auf dem Essen, Bier und Wein bereitgestellt waren. »Wir unterhalten uns später über die ganze Sache. Jetzt nehmen Sie sich erst einmal etwas zu trinken.« Beim Bier erklärte mir Ball den Stand der Dinge. »Einige andere sollten auch bald hier sein, aber vorher sind noch ein paar Einzelheiten zu klären ...«

Meine Kollegen erschienen einer nach dem anderen aus ihrer Gefangenschaft, und sie gesellten sich zu uns ans Buffet, um ihre Geschichten zu erzählen. Spencer kam als nächster frei, etwa eine Stunde nach mir. Er hatte sich als Priester ausgegeben und die Geschichte hielt auch einige Zeit. Sie flog aber auf, als er ein paar Gebete sprechen sollte und nicht einmal ein vollständiges Vaterunser zusammenbekam. Markham geriet in Panik, als er die Verkehrskontrolle sah. Er warf die Papiere und die tausend Pfund aus dem fahrenden Auto und löste damit auf der Autobahn ein Chaos aus. Bart hatte sich wacker geschlagen. Seine Tarnung als Wissenschaftler war zu anspruchsvoll für Pagalucca, der ihn bei diesem Thema nicht ernsthaft auf die Probe stellen konnte. Barts erstaunliches Gedächtnis ließ seine Geschichte auch durchgehend glaubwürdig wirken. Castles Tarnung als Geschäftsmann im feinen Anzug war in dem kleinen Städtchen, in dem er operierte, nicht besonders glaubwürdig, und seine Geschichte fiel in sich zusammen. Forton reiste als Chorsänger, der die Kirchen Roms besichtigen wollte. Als Pagalucca ihm einen Nachweis seiner stimmlichen Fähigkeiten abverlangte, legte Forton los und hörte zu Pagaluccas Verwirrung gar nicht mehr auf.

Zu dieser Übung hatte ich aber noch eine Frage, die mir nach wie vor zu schaffen machte. Ball stand etwas abseits in einer Ecke, wie immer mit einer Zigarette in der einen und einem Whisky in der anderen Hand. Er wippte unmerklich hin und her und hatte ein zufriedenes Lächeln auf den Lippen. »Jonathan«, fragte ich, »wo ist die hübsche Blondine, die Sie im Flugzeug neben mir platziert haben? Kommt sie heute Abend nicht?«

»Was für eine Blondine?«, fragte Ball sichtlich amüsiert zurück.

»Nun verraten Sie's schon«, sagte ich, »die Frau, die sich im Flugzeug neben mich gesetzt hat, um meine Geschichte zu testen.«

»Das hatte nichts mit uns zu tun!«, versicherte mir Ball unter Gelächter. »Da haben Sie einfach eine Chance verpasst.«

* * *

Am nächsten Morgen flogen wir mit der Hercules C-130 des Flugdienstes von Rom nach Southampton zurück. Abends, bei der Ankunft im Fort, waren wir allerbester Laune, wie frisch entlassene Reservisten. Wir hatten sechs erlebnisreiche Monate zusammen verbracht und uns dabei sehr gut kennen gelernt. Sogar Bart und Markham waren jetzt Freunde. Geheimdienstbeamte aus demselben Einführungslehrgang halten diesen Kontakt meist über ihre ganze Dienstzeit hinweg und bei uns würde das zweifellos genauso sein. Jetzt wollten wir allerdings unbedingt mit der neuen Arbeit beginnen. Unsere Abschlussnoten und die erste Aufgabe in der Zentrale sollten wir am folgenden Tag erfahren.

Beim MI6 gibt es ein genau geregeltes Bewertungssystem. Etwa jedes halbe Jahr fassen die Sachgebietsleiter die Leistungen eines Untergebenen auf einem Bewertungsbogen (Staff Appraisal Form, SAF) zusammen. Der wichtigste Teil dieses Bogens ist die Gesamtnote, die auch als »Box Number« bezeichnet wird. »Box 3« steht für befriedigende Leistungen und ist die Durchschnittsnote, die am häufigsten vergeben wird. »Box 1« gibt es für »ausgezeichnete«, »Box 2« für »überdurchschnittliche«, »Box 4« für »unterdurchschnittliche« Arbeitsergebnisse. »Box 5« bedeutet schwere Mängel und kann zur schnellen Entlassung aus dem Dienst führen. Jeder Bewertungsbogen wandert in die Personalabteilung. Diese Formulare sind für die Karriere jedes Geheimdienstbeamten äußerst wichtig und beeinflussen die Entscheidungen über Aufgaben, Einsatzorte und Beförderungen. Ball und Long entschieden über die Bewertung unseres Lehrgangs. Sie gaben uns den folgenden Morgen frei, während sie über unsere Noten berieten.

Während der Schießwettbewerb noch andauerte, den das Fort für uns veranstaltete, um die nervenaufreibende Wartezeit zu überbrücken, wurden wir nacheinander zu den Ausbildern ins Hauptgebäude gerufen. Bart ging als Erster. Er bekam eine Box 2 und eine Stelle in der Abteilung für Gegenproliferation, einen Job, der mich ebenfalls sehr reizte. Castle erhielt ebenfalls eine Box 2 und wurde Sachbearbeiter beim Nahost-Kontrollgremium. Auch Markham wurde mit Box 2 bewertet und begann seine Laufbahn als Planungsbeamter beim Westeuropa-Gremium. Hare wurde, ebenfalls mit einer Box 2, einer gemeinsamen Abteilung mit dem MI5 zugeteilt, die sich mit der Terroristenbekämpfung im Nahen Osten beschäftigte. Spencer war erleichtert, eine Box 2 zu bekommen, und begann seine Karriere als Aufklärungsagent im Osteuropa-Kontrollgremium. Forton wurde auf eine Box 3 herabgestuft und erhielt zu seiner großen Enttäuschung einen »Requirements«-Posten beim Afrika-Kontrollgremium.

»Herzlichen Glückwunsch«, begann Ball das Gespräch, als ich den Westflügel betrat, und schüttelte mir die Hand. »Ihre Leistungen waren während des ganzen Kurses hervorragend. Sie haben nicht den kleinsten Fehler gemacht, und wir waren uns angesichts dieser ausgezeichneten Bilanz einig, dass man dafür nur eine Box 1 vergeben kann.« Ball fuhr fort und hinter ihm sah ich den strahlenden Long. »Das ist eine bemerkenswerte Leistung. Wir haben die Unterlagen der Personalabteilung durchgesehen. Noch nie hat jemand im Einführungslehrgang eine Box 1 bekommen.« Ball gab mir meinen Bewertungsbogen und ließ mir für die Lektüre einige Minuten Zeit. Das Formular war voll des Lobes und ich verspürte berechtigten Stolz. »Mit Blick auf Ihre Note haben wir uns entschieden, Sie der Sowjetunion-Abteilung zuzuweisen«, verkündete er.

»Das ist ein toller Posten«, fügte Long hinzu. »Sie werden sehr viel reisen und bei einigen wirklich interessanten Operationen mitarbeiten. Der Leiter der Sowjetunion-Abteilung hat Sie persönlich angefordert.«

6

TOP SECRET

»Interessant, falls zutreffend.« Die Mine des Kugelschreibers hatte beim »f« den Dienst versagt, doch der anonyme Autor hatte sich nicht die Mühe gemacht, einen neuen Stift zu nehmen, sondern die restlichen Buchstaben einfach ins Papier gedrückt. Ich betrachtete die Rubrik »Kundenkommentar« am Ende meines ersten CX-Berichts, der in meinem Posteingang lag. Ich hatte ihn etwa eine Woche zuvor eingereicht. Die Informationen stammten von einem britischen Geschäftsmann, einem kleinen Fisch, der gerade von einer Geschäftsreise aus dem Ural zurückgekommen war. Ihm waren Industriediamanten gezeigt worden, die laut seinem russischen Kontakt bei einer kontrollierten Explosion hergestellt worden waren – die gleiche Methode, mit der ich erfolglos in Südafrika experimentiert hatte. Im Century House erzählte ich meinem Abteilungsleiter davon. »Ich würde das in einem CX-Dossier zusammenfassen«, erklärte er und neigte in gekünstelter Aufrichtigkeit den Kopf. Ich traute Fowlecrooke nicht sonderlich und vermutete, dass sein Rat mir eher das Gefühl geben sollte, von Nutzen zu sein, als dass dahinter wirklich eine brauchbare Information steckte.

Ich schrieb also meinen CX-Bericht, kennzeichnete ihn als »Top Secret, UK Eyes A« und schickte ihn an den Mitarbeiter, der im osteuropäischen Kontrollgremium für technische Berichte zuständig war. Er stufte ihn mit zwei Sternen ein und leitete ihn an den Verantwortlichen bei der Militärspionage weiter. Eine Einstufung mit zwei Sternen bedeutete, dass die Information nur von geringem Interesse war und nur von einem unbedeutenden Verwaltungsbeamten gelesen wurde;

eine Kennzeichnung mit drei Sternen konnte dagegen die Überlegungen eines Abteilungsleiters im Außenministerium oder Verteidigungsministerium beeinflussen; Informationen mit vier Sternen wurden vielleicht von einem Staatssekretär in Whitehall in Augenschein genommen, und eine Nachricht mit fünf Sternen ging bis zur Regierung auf Kabinettsebene. Die meisten CX-Meldungen des MI6 wurden mit zwei Sternen eingestuft. Die Berichte kehrten meistens mit dem Kommentar »interessant, falls zutreffend« von den skeptischen und überwiegend desinteressierten Kunden zurück. Man legte großen Wert auf die Fähigkeit eines Mitarbeiters, einem Informanten hochwertige Informationen zu entlocken, daher erhielt jeder Auslandsstützpunkt und jede Inlandsdienststelle jährliche Zahlenvorgaben für CX-Berichte. Derartige Vorgaben luden zum Missbrauch ein, weil das MI6 die Bedeutung jedes Berichts selbst beurteilte. Die Zuverlässigkeit hing daher von dem Mitarbeiter ab, der den Bericht verfasste. Wie überall gab es unter den MI6-Mitarbeitern auch schwarze Schafe. Einige hatten den Ruf, die Berichte auszuschmücken, andere setzten R-Beamte unter Druck, ihre Berichte höher einzustufen. Das Problem war weit verbreitet, doch nur wenige Betrügereien wurden aufgedeckt. Eine davon ging in die Geschichte des MI6 ein.

In den Siebzigerjahren verhandelte Großbritannien über seine Beteiligung an der Agrarpolitik der EG. Die Taktik und die Verhandlungsposition Frankreichs waren dafür eine wichtige Grundlage. Der Leiter des Pariser Stützpunkts übertrug die Aufgabe seiner Nummer zwei, PAR/1. Dieser konnte tatsächlich einen Informanten im französischen Agrarministerium rekrutieren. Schon bald setzte ein steter Strom an Berichten ein, die zwei und drei Sterne erhielten. Im Century House war man zwar ein wenig erstaunt über die finanziellen Forderungen des neuen Informanten, doch seine Produktivität war das Geld wert. In den folgenden 18 Monaten war der Agent die Hauptstütze für die Berichte aus Paris. Als PAR/1 seine zweijährige Amtszeit in Paris abgeleistet hatte, verlief die Übergabe an seinen Nachfolger zunächst reibungslos. Doch jedes Mal, wenn ein Treffen mit dem Staragenten arrangiert wurde, erfand PAR/1 eine Ausrede. Schließlich wurde die Zentrale misstrauisch und schickte einen Mitarbeiter von der Security Branch zu einer Unterredung mit PAR/1 nach Paris. Er gestand, was seine Kollegen befürchtet hatten. Wie der Agent in Graham Greenes *Unser Mann in Havanna* hatte er den Informanten und sämtliche Treffen mit ihm erfunden, sich die CX-Berichte ausgedacht und das Geld des Agenten selbst kassiert. Er wurde entlassen, allerdings erhob man keine Anklage. Da der MI 6 negative Schlagzeilen fürchtete, wenn der Betrug bekannt wurde, erkaufte man sich das Schweigen des Agenten mit einer Abfindung. Außerdem nutzte der MI 6 seine Kontakte und arrangierte für ihn einen Job bei der Midland Bank. Er machte Karriere und wurde eine der prominentesten Figuren in der City of London.

Ich verließ meinen Schreibtisch und fragte Anna im Büro nebenan, ob sie Tee wolle. Sie tippte gerade ein YZ- (streng geheimes) Telegramm für Fowlecrooke, das sie diskret abdeckte, als ich hereinkam – da ich noch in der Probezeit war, durfte ich derartige Informationen nicht zu Gesicht bekommen. Anna war ihrem Bruder und ihrer Schwester in den Geheimdienst gefolgt; der MI 6 rekrutiert seine Mitarbeiter gern aus derselben Familie, denn das vereinfacht die Überprüfung.

»Wurde das Telegramm nach Moskau weggeschickt?«, fragte ich.

»Es hat nur Routinestatus – es geht heute Nachmittag raus«, antwortete sie, ohne vom Bildschirm aufzublicken. »Ich muss etwas Wichtigeres für Mr. Fowlecrooke erledigen, er wird toben, wenn ich mich nicht sofort darum kümmere«, fügte sie hinzu. Rick Fowlecrooke kam ursprünglich vom Militär und hatte nie in der Privatwirtschaft gearbeitet. Er hatte mich ausdrücklich für seine Abteilung verlangt, weil er naiverweise dachte, dass die wenigen Monate, die ich im Bereich Unternehmensberatung verbracht hatte, mir unschätzbare Kenntnisse über die russische Wirtschaft verschafft hätten. Glücklicherweise sollte er schon bald einen anderen Posten erhalten und Anna und ich bekamen einen neuen Chef.

Ich machte Tee, setzte mich wieder an den Schreibtisch und genoss den Ausblick vom 13. Stock auf das Panorama von London, das sich von der Canary Wharf im Osten bis zum Oval Cricket Ground im Süden erstreckte. Die spektakuläre Aussicht stand in scharfem Kontrast zu dem ansonsten schäbigen Büro. An den Wänden hingen Landkarten von der Sowjetunion über grauen, brusthohen Stahlsafes, den einzigen Farbfleck lieferte eine kränkliche Grünlilie. Die verbeulten Safes waren mit Aufklebern übersät, die uns ermahnten, die Safes stets fest zu verschließen. Beim Einführungslehrgang war uns Sicherheit als oberstes Gebot eingebläut worden. Jeden Abend, bevor wir das Büro verließen, mussten wir sicherstellen, dass sämtliche Dokumente und auch der kleinste Zettel, so harmlos er auch sein mochte, weggeschlossen waren. Die Sicherheitsleute inspizierten abends sorgfältig jeden Raum. Wenn sie nur das geringste Versäumnis feststellten, erhielt der Übeltäter eine schriftliche »Verwarnung wegen eines Sicherheitsverstoßes«. Paul, ein Mitarbeiter beim Allgemeinen Dienst, der mit mir das Büro teilte, wurde verwarnt, weil er nach einem abendlichen Fußballspiel ein Hemd mit Monogramm am Kleiderhaken vergessen hatte. Drei Verwarnungen im Jahr führten zu einem offiziellen Verweis durch die Personalabteilung, was bedeuten konnte, dass man für Posten im Ausland nicht mehr in Betracht kam.

Ich schaltete mein automatisches Telegramm-Bearbeitungssystem (Automatic Telegram Handling System – ATHS) an und wartete darauf, dass sich die Zahnräder in Bewegung setzten. Das ATHS war ein internes Computernetzwerk aus der Steinzeit, das mit großem finanziellen Aufwand eigens für den MI6 entwickelt worden war. Die Entwicklung verzögerte sich so lange, dass das System völlig veraltet war, als es Anfang der Neunzigerjahre schließlich in Betrieb genommen wurde. Das Netzwerk sollte es den Mitarbeitern ermöglichen, Telegramme direkt von ihrem Schreibtisch aus zu versenden und zu empfangen, ohne dafür eine Sekretärin oder Papier zu benötigen. Leider war das Textverarbeitungssystem so umständlich, dass es nur von jüngeren Mitarbeitern mit Computerkenntnissen benutzt wurde, außerdem war der Versand von Mitteilungen so langsam und unzuverlässig, dass man oft schneller war, wenn man ganz altmodisch auf Stift und Papier zurückgriff. Erst nach einer Ewigkeit war der Bildschirm warm gelaufen, und ich sah nach, ob Telegramme für mich da waren. Fehlanzeige, also musste ich eine andere Beschäftigung für mich finden. So verging meine erste Zeit in der Abteilung für Operationen in der Sowjetunion. Alles hatte zwar den Reiz des Neuen, doch nach dem Rummel beim Einführungslehrgang war der langsame Alltagstrott enttäuschend. Alle paar Tage befragte ich einen Agenten – meist britische Geschäftsleute, die in Russland tätig waren. Den darauf folgenden Tag verbrachte ich dann mit Schreibarbeit, hatte aber bislang nur den bereits erwähnten, ziemlich zweifelhaften CX-Bericht zustande gebracht. Mein Beitrag schien nicht gerade lebenswichtig für die britische Außenpolitik zu sein – es sei denn, wir wollten einem Papier exportierenden Land einen Gefallen tun.

Ich kam zu einer Zeit zum osteuropäischen Kontrollgremium, in der sowohl in der Abteilung als auch in dem geografischen Gebiet, über das wir berichteten große Veränderungen stattfanden. Die Berliner Mauer war gefallen und die Nachrichten waren jeden Tag voll mit Berichten über den politischen Zusammenbruch der Sowjetunion. Die ehemaligen Ostblockländer orientierten sich neu in Richtung Westen. Der Umbruch machte auch vor dem alten sowjetischen Verwaltungsapparat und dem KGB nicht Halt. Unter der Führung des späteren Außenministers Jewgeni Primakow wurden die alten Direktorate zu zwei neuen Organisationen umstrukturiert. Der SWR war als der zivile Auslandsaufklärungsdienst für die Beschaffung von Nachrichten aus dem Ausland zuständig, entsprach also in etwa dem MI6. Der FSK, der im März 1995 in FSB umbenannt wurde, war vor allem für die zivile Spionageabwehr und die Bekämpfung der organisierten Kriminalität und des Terrorismus verantwortlich, war also in etwa mit dem britischen MI5 vergleichbar.

Im Century House nahm man die Neuigkeiten mit dem befriedigenden Gefühl auf, den alten Feind besiegt zu haben, blieb aber dennoch vorsichtig. Der MI6 musste entsprechend seine Strategie anpassen, und eine der ersten Veränderungen war die Kontaktaufnahme mit dem SWR und dem FSK, was nur wenige Jahre zuvor noch undenkbar gewesen wäre. Beide Seiten hatten erkannt, dass ein Dialog allen nützte, daher wurde John Redd, der Leiter des Moskauer Stützpunktes, dem SWR »überstellt« und ein Programm mit regelmäßigen Verbindungstreffen vereinbart. Für Nachrichten und Informationen bestand immer noch ein großer Bedarf, doch ihre Bedeutung hatte sich verändert. Die dank »Glasnost« herrschende größere politische Offenheit hatte zur Folge, dass ehemals geheime Informationen nun frei verfügbar waren. Man konnte zum Beispiel relativ einfach aus öffentlichen Quellen erfahren, was eine Fabrik im Ural herstellte. Der MI6 blieb an hochwertigeren Informationen interessiert, deren, um im Geheimdienstjargon zu sprechen, CX-»Schwelle« höher war.

Da ich noch in der Probezeit war, durfte ich in die besonders heiklen Fälle, die so genannten »YZ«-Fälle, die als Quelle für die meisten hochwertigen Informationen dienten, gar nicht eingeweiht werden. Ich musste ganz unten anfangen und hatte nur den Trost, dass auch besonders produktive Fälle manchmal ganz bescheiden und unspektakulär begonnen hatten.

Mit diesem Hintergedanken teilte mir auch Stuart Russel, der Nachfolger von Fowlecrooke, meine erste ernsthafte Aufgabe zu. Russel hatte in Lissabon, Stockholm und vor noch nicht allzu langer Zeit in Moskau gearbeitet und befand sich nun in der entscheidenden Phase seiner Karriere, in der er sich selbst als Erfolgstyp präsentieren musste (wenn er nicht wollte, dass seine Karriere in einer Reihe von unwichtigen Verwaltungspositionen oder Posten auf verschlafenen Stützpunkten in Afrika und dem Nahen Osten langsam versandete, bis er im Alter von 55 Jahren zwangspensioniert wurde). Er liebäugelte damit, die Wiener Station zu leiten, einen der größten und wichtigsten Stützpunkte des MI6. Dort konnte er sein Potenzial unter Beweis stellen. Doch zunächst musste er die Abteilung für Operationen in der Sowjetunion nach der ineffektiven Arbeit seines Vorgängers wieder auf Vordermann bringen.

Russel rief mich in sein Büro. Er hatte die düstere Einrichtung mit Ölgemälden und Souvenirs dekoriert, die er von seinen Posten im Ausland mitgebracht hatte. Von seinem Schreibtisch aus genoss er einen wunderbaren Blick über Lambeth Palace und die Themse. Der neue SOV/OPS-Chef las gerade ein Telegramm von John Redd mit einem Bericht über das erste Treffen mit seinem Kollegen vom FSK. Die erste Aufgabe bei der Zusammenarbeit mit einem anderen Geheimdienst besteht darin, gegenseitiges Vertrauen zu schaffen. Redd und sein russisches Pendant hatten dies durch den Austausch von Informationen über verdächtige Agenten erreicht, die jede Seite in den letzten Jahren identifiziert hatte. »Sie deckten meine Identität auf, während ich dort war, und gaben mir den Spitznamen »Silberfuchs«, kicherte Russel. Zum Teil ging der Spitzname auf sein dickes, glattes, silbergraues Haar zurück, zum Teil auf sein schlaues Verhalten, wenn er unter Beobachtung stand.

Russel legte das Telegramm in seinen Postausgang und beschrieb mir meinen Auftrag. »Sie sollen eine Operation planen, die regierungsfreundlichen russischen Journalisten überprüfen und einen unter ihnen rekrutieren, der Zugang zu Militärgeheimnissen hat«, erklärte er. »Ihnen ist sicher bekannt, dass Journalisten normalerweise keine guten Agenten sind, weil sie das, was sie wissen, veröffentlichen wollen, wodurch sie für uns sofort unbrauchbar werden. Aber manchmal unterhalten sie gute Beziehungen zu wichtigen Entscheidungsträgern und haben so gelegentlich Zugang zu vertraulichen Informationen.« Russels Plan sah vor, dass ich einen solchen Journalisten aufspürte und eine Beziehung zu ihm aufbaute. »Ich schlage vor, dass Sie zum Schein eine Nachrichtenagentur in London gründen, so ersten Kontakt aufnehmen und dann sehen, wohin Sie das führt. Und treffen Sie NORTH-STAR – er wird viele Ideen für Sie haben, da bin ich mir sicher«, fügte er hinzu.

NORTHSTAR war der Deckname von Michail Butkow, einem ehemaligen KGB-Offizier, der ein Jahr zuvor zum MI6 übergelaufen war. Er hatte in Norwegen verdeckt als TASS-Journalist gearbeitet und kannte daher viele echte russische

Journalisten. Hoffentlich würde er mir eine lange Namensliste geben und die Sache in Gang bringen können.

Ich lieh einen kastanienbraunen Ford Sierra aus der Tiefgarage des Century House, wo ein Fuhrpark ähnlich langweiliger Modelle in unauffälligen Farben wartete. Die Wagen waren unter falschem Namen zugelassen, damit niemand sie zum MI6 zurückverfolgen konnte. Die Fahrt in das hübsche Pendlerdorf Pangbourne in der Nähe von Reading dauerte zwei Stunden. NORTHSTAR hatte von dem Seitenwechsel eindeutig profitiert. Sein modernes Einfamilienhaus war von einen großen Garten umgeben und in der Einfahrt standen ein neuer Rover Sterling und der sportliche rote Citroën BX19 GTI seiner Freundin Maria. Dellen und Kratzer am Citroën ließen darauf schließen, dass sie das Fahren auf britischen Straßen nicht sonderlich beherrschte.

»Nur herein«, rief NORTHSTAR in makellosem Englisch, in dem nur ein ganz leichter russischer Akzent mitschwang. Er führte mich ins Wohnzimmer und bat mich, auf einem schwarzen Ledersofa Platz zu nehmen. Der Raum wurde von einem großen Fernseher und einer teuren Stereoanlage dominiert und war spärlich mit brandneuen, seelenlosen Möbeln eingerichtet.

NORTHSTAR kannte mich von einer kurzen Begegnung beim Einführungslehrgang. Reisen zum Fort waren wichtig für ihn, weil er mittlerweile unter seiner Nutzlosigkeit litt. Jedes winzige Detail über seine Ausbildung, seine Kollegen beim KGB und seine Karriere war aus ihm herausgeholt worden, und die ausgefüllten Tage, in denen er als VIP behandelt und mit Sektempfängen und Reisen zu befreundeten Nachrichtendiensten nach Washington, Paris und Sydney verwöhnt worden war, waren vorbei. Sein Wert für den Westen und das Gefühl von Bedeutung, das damit einhergegangen war, waren nun dahin. Er langweilte sich und war demoralisiert. Der MI6 hatte versucht, eine Beschäftigung für ihn zu finden, doch ohne Erfolg. Die Arbeitserfahrung als Geheimdienstmitarbeiter lässt sich schlecht vermarkten, außerdem gibt es nur wenige Berufe, die der Geheimdienstarbeit an Faszination und Intrigenspiel gleichkommen. NORTHSTAR war ruhelos, obwohl der MI6 ihn mit einem hübschen Haus und einer Pension auf Lebenszeit ausgestattet und die Russen überredet hatte, seine Freundin und seine Tochter nachreisen zu lassen.

NORTHSTAR machte Kaffee und führte mich in sein Arbeitszimmer, wo wir den Plan ungestört besprechen konnten. Ein halbfertiges Modell eines Senkrechtstarters vom Typ Sea Harrier und eine Tube Klebstoff lagen auf dem Schreibtisch, neben seinem Computer stapelten sich ein paar Handbücher. Ich setzte mich in einen schwarzen Ledersessel und erklärte Russels Idee. »Warum kann ich das nicht übernehmen?«, fragte NORTHSTAR, noch bevor ich ausgeredet hatte. »Ich habe als Journalist bei der TASS gearbeitet, bin ausgebildeter Geheimdienstmitarbeiter, und Russisch ist meine Muttersprache – ich bin hervorragend dafür geeignet.« NORTHSTARs Argumente klangen überzeugend, doch die Russen waren immer noch gekränkt wegen seines Seitenwechsels. Wenn sie herausfanden, dass wir ihn in einer Operation gegen sie einsetzten, konnte das der beginnenden Zusammenarbeit schaden. »Ich muss fragen, ob das möglich ist«, antwortete ich. »Aber ich kann nichts versprechen.«

Im Century House fasste ich den Vorschlag als Protokoll zusammen und legte es in den Postausgang. Zunächst würde Russel als mein direkter Vorgesetzter einen Kommentar abgeben wollen. Als nächster wollte sicher P5, der P-Beamte für den Moskauer Stützpunkt, überprüfen, ob dadurch nicht andere Operationen in seinem Zuständigkeitsbereich behindert wurden. SBO/1, der in der Abteilung für Operationen in Russland zuständig war, musste sich über die Sicherheit des Einsatzes äußern. Der R-Beamte des osteuropäischen Kontrollgremiums hatte zu klären, ob die Operation überhaupt brauchbare Informationen ergab. Und schließlich würde auch der Bereichsleiter des osteuropäischen Kontrollgremiums, C/CEE, über die Vorgänge in seinem Bereich informiert werden wollen. Eine derartige Umlaufliste war typisch, daher konnte es oft Wochen dauern, bis sich alle Entscheidungsträger geäußert hatten. In einem Wirtschaftsunternehmen wäre diese Entscheidungsfindung unmöglich, allerdings vermeidet man dadurch falsche Schlussfolgerungen. Der Nachteil ist, dass man eine Entscheidung nur sehr schwer rückgängig machen kann. Zu viele Führungskräfte haben sich dazu geäußert und halten stur an ihrem Entschluss fest, egal wie kurzsichtig er im Rückblick auch erscheinen mag.

Zum Glück dauerte das Verfahren dieses Mal nicht lange. Nur wenige Tage später brachte ein Bote mein Schreiben zurück. Die handschriftlichen Kommentare der verschiedenen Adressaten unten auf der Seite liefen darauf hinaus, dass man NORTHSTAR erlaubte, an der Operation teilzunehmen, allerdings durfte er die Aufgabe keinesfalls allein erledigen. Ich sollte mich einbringen und ihn ständig überwachen.

Die Planung der Operation war einfach. Für meine Ausstattung brauchte ich nur ein gewöhnliches Faxgerät, das von der Technikabteilung gestellt wurde. Ich nannte meine Nachrichtenagentur »Trufax« in Anspielung auf die wahren Fakten (»true facts«), die das Faxgerät hoffentlich ausspucken würde, außerdem klang der Name ähnlich wie die russische Nachrichtenagentur Interfax. Normalerweise wurden solche Operationen vom Century House aus geleitet, man benutzte einfach eine andere Telefonvorwahl und eine Rufumleitung von British Telecom. Doch NORTHSTAR durfte wie alle Überläufer das Gebäude nicht betreten, daher mietete ich ein kleines Büro, das kaum groß genug für einen Schreibtisch war, im obersten Stock eines Bürogebäudes in der Conduit Street. Die Technikabteilung ließ ein kleines Messingschild mit dem Firmennamen herstellen, das der Hausmeister neben den anderen Schildern an der Außentür des Gebäudes anbrachte. Die Abteilung für Druck und Fälschungen druckte elegantes Trufax-Papier. Ich besorgte mir von der Zentralverwaltung einen neuen Decknamen, Ben Presley, zusammen mit Pass und Führerschein. Die neue Identität für NORTHSTAR erforderte etwas mehr Fantasie. Jeder russische Journalist würde sich mit ziemlicher Sicherheit nach seiner Herkunft erkundigen und danach, wie er in den Westen gekommen war. Für eine passende Lebensgeschichte benötigten wir die Kenntnisse eines erfahrenen Geheimdienstbeamten. Ich wandte mich an SBO/1, John Bidde.

SBOs (Security Branch Officers) sind für die Sicherheit bei Operationen in jedem Kontrollgremium verantwortlich. Manchmal werden sie spöttisch als »runderneuert« beschrieben, denn sie sind älter als 55 Jahre, das normale Pensionierungsalter beim MI6, werden aber aufgrund ihrer Erfahrung weiter beschäftigt. Sie fungieren nur als Berater und haben keine Kontrolle über die Operation, doch nur ein Narr würde ihre Meinung ignorieren. Bidde war im Kalten Krieg Bereichsleiter für Osteuropa gewesen, daher wurde seine Erfahrung besonders geschätzt.

Ich suchte Bidde in seinem Büro im zwölften Stock auf. Als ich hereinkam, lachte er leise in sich hinein. Er analysierte gerade einen Plan der Technikabteilung, die Dachgeschosswohnung eines mutmaßlichen russischen SWR-Mitarbeiters in Lissabon abzuhören. Eine Sekretärin des dortigen Stützpunktes hatte eine Wohnung drei Stockwerke tiefer im selben alten, baufälligen Haus gemietet. Die Technikabteilung schlug vor, diese Wohnung als Basis für die Abhöranlage zu benutzen. Die Mitarbeiter waren in den Dachboden über der Wohnung des Zielobjekts eingebrochen und hatten einen geeigneten Platz für ein kleines Mikrofon gefunden. Leider war es aus technischen Gründen nicht möglich, das Mikrofon und die Abhöranlage wie üblich über Funk in Kontakt zu bringen. Anlage und Mikrofon mussten stattdessen direkt mit einem feinen Draht verbunden werden, der vom Dachboden zur Wohnung der Sekretärin verlief. Die einzige Möglichkeit, den Draht zu verbergen, bestand darin, dass man ihn durch ein verstopftes Abflussrohr führte, das sich in Windungen durch das Gebäude zog. Nachdem die Kollegen von der Technikabteilung mit verschiedenen mechanischen Kriechgeräten erfolglos experimentiert hatten, waren sie auf die Idee gekommen, es mit einer Maus zu versuchen. Sie überlegten, dass man sich im Schutz der Dunkelheit aus einem der Dachfenster hinauslehnen und die Maus mit Hilfe einer Angelrute an der Schnur bis zur oberen Öffnung des Abflussrohrs hinunterlassen könnte. Die Maus, die an der Schnur festgebunden war, würde im senkrechten Teil des Rohrs bis zur ersten rechtwinkligen Biegung abgeseilt. Von dort könnte sie den waagerechten Teil des Rohrs bis zum nächsten senkrechten Abschnitt entlangrennen und so weiter bis zum Ende des Rohrs, wo man sie dann wieder einfinge. Der Draht könnte dann an der Angelschnur befestigt und durch das Rohr gezogen werden.

Heimlich wurde mit drei weißen Mäusen aus der Forschungsabteilung für chemische und biologische Kampfstoffe in Porton Down in den Abflussrohren des Century House in der Nacht erste Versuche gemacht, die sich als viel versprechend erwiesen. Eine Maus mit dem Spitznamen Micky war ein Naturtalent und rannte begeistert durch die Rohre. Eine zweite Maus namens Tricky versuchte gelegentlich, an der Angelschnur hochzuklettern, wenn sie heruntergelassen wurde, aber wenn sie erst einmal im Rohr war, zeigte sie sich einigermaßen begabt. Die letzte Maus, die auf den Namen Thicky getauft wurde, versuchte immer wieder, durch die Rohre zurückzuklettern, und wurde daher nach Porton Down zurückgeschickt, wo sie fortfuhr, ihren Beitrag zur Entwicklung von Gegenmitteln für chemische Kampfstoffe zu leisten. Micky und Tricky wurden heimlich in der S&D Hercules nach Portugal geflogen, weil sie nicht ohne besondere Exportgenehmigung ausgeführt werden durften. Bidde sollte nun entscheiden, ob es ethisch vertretbar war, Tiere zu Spionagezwecken einzusetzen. »Thicky liegt wahrscheinlich bereits mit trübem Blick am Boden eines Reagenzglases«, kicherte Bidde. »Das Schicksal von Micky und Tricky ist weniger unerfreulich, daher nehme ich an, dass es ethisch vertretbar ist.« Er kritzelte seine Zustimmung auf den Antrag und legte ihn in seinen überquellenden Postausgang. Später erfuhr ich, dass Micky und Tricky ihre Mission erfolgreich ausführten. Sie wurden in der C-130 nach Großbritannien zurückgebracht, aus ihrem Dienst in Porton Down ehrenvoll entlassen und genossen seitdem einen gemütlichen Ruhestand in der Londoner Wohnung einer Sekretärin aus der Technikabteilung. Das Schicksal von Thicky bleibt bis zum heutigen Tage ein Staatsgeheimnis.

Immer noch kichernd wandte Bidde sich mir zu. »Was kann ich für Sie tun, junger Mann?«, fragte er wohlwollend. Ich bemühte mich, keine Miene zu verziehen, und erklärte, dass wir seine Hilfe bräuchten, eine passende Tarnung für NORTH-STARs Beteiligung bei Trufax zu erfinden. Bidde dachte sich rasch einen passenden Lebenslauf aus. NORTHSTAR sollte behaupten, er stamme in zweiter Generation aus einer russlanddeutschen Familie. »Die Deutschen haben den Russlanddeutschen vor kurzem zahlreiche Pässe ausgestellt«, erklärte er. »Sie sollten ihm einen deutsch klingenden Decknamen geben – wie wäre es mit Valeri Ruben?«

Am nächsten Tag nahm Valeri Ruben seine Arbeit im Büro der Trufax in der Conduit Street auf. Binnen einer Woche hatte er fast zwanzig Journalisten in Moskau, St. Petersburg und Kiew kontaktiert, und ein steter Strom an Informationen kam aus seinem Faxgerät. Keine davon konnte als CX eingestuft werden, doch wir standen erst am Anfang. Es würde eine Weile dauern, bis wir wussten, welcher Journalist gute Kontakte hatte und welcher zweitrangig war.

NORTHSTAR konzentrierte sich schon bald auf einen viel versprechenden Journalisten aus Moskau: Pawel Felgengauer, vierzig Jahre alt und freier Journalist, der sich auf Verteidigungsfragen spezialisiert hatte. Er verfügte offenbar über Eigenschaften, die ihn zu einem guten Agenten machen könnten. Er hatte Zugang zu Informationen, da er Jelzins Verteidigungsminister Pawel Gratschow nahe stand. Die Berichte, die Felgengauer nach seinen Gesprächen mit Gratschow lieferte, kamen einer CX-Einstufung aufregend nahe, daher beschlossen wir, den Kontakt zu ihm weiter auszubauen.

Vom Trufax-Büro aus führte NORTHSTAR ausführliche Gespräche mit Felgengauer. Stück für Stück erstellten wir ein Profil seiner Karriere, Lebensweise und Ziele und hofften, so einen Ansatzpunkt zu finden, ihn zur Spionage für uns zu bewegen. Doch die Kontaktpflege über das Telefon ging nur langsam voran. Für echte Fortschritte mussten wir ihn persönlich treffen, daher versuchten wir ihn zu einer Reise nach London zu überreden. Obwohl er Honorare für seine Berichte annahm – wir schickten mehrmals beträchtliche Summen per Kurier –, hatte er stets eine Ausrede parat und sagte die vereinbarte Reise ab oder verschob sie. Schließlich mussten wir uns widerwillig und enttäuscht eingestehen, dass Felgengauer wahrscheinlich in Zusammenarbeit mit dem russischen Geheimdienst mit uns spielte. Wir hatten ihn am Haken, aber jetzt foppte er uns, akzeptierte Honorare und warf uns kleine Happen quasi-nachrichtendienstlicher Informationen zu, damit wir interessiert blieben. Das war eine klassische Störungstaktik, die der russische Geheimdienst oft anwandte, um die Ressourcen des MI6 lahm zu legen. Zu NORTHSTARs großer Enttäuschung schloss Russel Trufax nach drei Monaten. Insgesamt hatte uns die Operation 40.000 Pfund gekostet und keinen einzigen CX-Bericht hervorgebracht. Offenbar musste Trufax als »Erfahrung« abgeschrieben werden.

In der Zwischenzeit strukturierte Russel die Abteilung für Operationen in der Sowjetunion um. Im Gegensatz zu anderen Abteilungen für natürliche Tarnung, die regelmäßig Operationen im Ausland ins Leben riefen, hatte die SOV/OPS ihre Operationen bislang auf russische Reisende beschränkt. Nachdem der KGB nun aufgrund der Reformen geschwächt war, schlug Russel vor, die Abteilung zu stärken und mitten in Russland Operationen unter natürlicher Tarnung zu starten. Er taufte die Abteilung in UKA um und stimmte die Namensgebung so mit den anderen Stützpunkten für natürliche Tarnung mit Sitz im Century House ab. Dann drängte er die Personalabteilung, ihm Verstärkung zu schicken. Als einer der Ersten kam Spencer zu uns. Ihn langweilte sein Job als Aufklärungsagent, stattdessen wollte er unter natürlicher Tarnung arbeiten. Russel wies ihm einen Schreibtisch in meinem Büro zu und beauftragte ihn mit der Betreuung von MASTERWORK. Platon Obukow war ein russischer Diplomat Mitte zwanzig und Sohn des ehemaligen stellvertretenden Außenministers der Sowjetunion. Sein Vater hatte an den SALT II-Abrüstungsgesprächen mitgewirkt. MASTERWORKs eigene Kontakte zum russischen Außenministerium waren relativ unbedeutend, doch sein Vater besaß immer noch einigen Einfluss in Moskau, und MASTERWORK hatte natürlich direkten Zugang zu ihm. Spencer plante, MASTERWORK zu einer Einsatzbesprechung in Tallinn zu treffen, der Hauptstadt der frisch gebackenen baltischen Republik Estland. Der

Ort war gut gewählt, weil Estland sich zwar Richtung Westen orientierte, Russen aber nach wie vor ohne Visum oder Reisepass einreisen konnten. Spencer entschloss sich, als Journalist zu reisen, und wandte sich an die Presseabteilung, um seine Referenzen aufzupolieren. Die Presseabteilung betreut die Medienkontake des MI 6 und bietet nicht nur Tarnungen, sondern macht auch die Pressearbeit für den MI 6. So startete sie beispielsweise während der Vorbereitungen zur Wahl des UN-Generalsekretärs im Jahr 1992 eine Verleumdungskampagne gegen den ägyptischen Kandidaten Boutros Boutros-Ghali, der von der CIA als gefährlicher Frankophiler eingestuft wurde. Die CIA darf laut der amerikanischen Verfassung die Presse nicht manipulieren, daher bat sie den MI 6 um Hilfe. Über Kontakte in den britischen und amerikanischen Medien verbreitete die Presseabteilung Berichte, in denen Boutros-Ghali als Verrückter dargestellt wurde, der an UFOs und Außerirdische glaubte. Die Operation konnte allerdings keinen großen Erfolg verbuchen, denn Boutros-Ghali wurde trotzdem gewählt.

»Unglaublich!«, lachte Spencer, als er von seinem Besuch bei der Presseabteilung zurückkam. »Sie haben den Chefredakteur einer Zeitschrift auf ihrer Liste. Er wird SMALL-BROW genannt«, kicherte er. »Er ist einverstanden, dass ich undercover als freier Mitarbeiter seiner Zeitschrift nach Tallinn reise – die einzige Bedingung ist, dass ich einen Artikel schreibe, den er veröffentlichen will, wenn er ihm gefällt. Der freche Bastard will eine Geschichte und die Steuerzahler sollen sie ihm finanzieren!«

Russels ehrgeizige Pläne zur Erweiterung der Rolle des UKA hingen von seiner Fähigkeit ab, den Bereichsleiter zu überzeugen, dass Operationen unter natürlicher Tarnung auch in Russland praktikabel und sicher waren. Um das Kontrollgremium zu überreden, solche Operationen von einem Einsatzagenten durchführen zu lassen, beauftragte er mich, für Russland geeignete Tarnlebensläufe zu recherchieren und auf diese Weise neue Techniken zu deren Entwicklung aufzuzeigen. Es war unmöglich, dass ich die Tarnung selbst in Russland benutzte – da ich gerade erst vom Einführungslehrgang kam, konnte man mir die Verantwortung für einen derartig heiklen und noch nie zuvor erprobten Einsatz nicht übertragen. Meine Aufgabe war daher, die Vorarbeit für jemanden zu erledigen, der den Job dann später – natürlich unter anderer als der von mir recherchierten Identität – übernahm. Dennoch war die Arbeit interessant.

Eine natürliche Tarnung kann niemals perfekt sein, denn sie wird, egal wie sorgfältig man recherchiert, nie so detailliert und variantenreich wie das wirkliche Leben sein. Jedes mögliche Loch zu stopfen, war eine vergebliche und teure Mühe, daher sollte ich die Tarnung so gestalten, dass sie einer eventuellen Überprüfung durch die russische Abwehr standhielt. Dazu musste ich zunächst einmal die Aufgaben ausfindig machen, die man in Russland mit einer natürlichen Tarnung ausüben konnte. Denkbar waren einfache Tätigkeiten, die für einen Mitarbeiter des dortigen Stützpunktes sehr zeitaufwändig waren, wie zum Beispiel Briefe zu deponieren. Einen geheimen Brief an einen Agenten aufzugeben ist sehr riskant, weil man nicht garantieren kann, dass die Überwachung die Deponierung der Briefe im Briefkasten nicht beobachtet und einen markierten Brief obendrauf legt. Dies kann selbst dann passieren, wenn man mehrere Stunden oder sogar einen ganzen Tag wartet. Wird der Briefkasten geleert, werden die Briefe direkt unter dem markierten Brief überprüft, die Adressaten notiert und aufgespürt, und jeder, der einen Beruf mit Zugang zu geheimen Informationen hat, gerät unter Verdacht. Der Versand von Briefen ist daher bei den Mitarbeitern des Stützpunktes keine beliebte Aufgabe. Wenn aber ein Einsatzagent nach Russland einreisen konnte, ohne eine Observation auf sich zu ziehen, wäre der Briefversand einfach und relativ günstig. Von Überläufern wie NORTHSTAR und OVATION wussten wir, dass nicht einmal der FSK das Überwachungspersonal hatte, um jeden britischen Geschäftsmann zu beobachten, der Russland bereiste.

Der FSK vertraute bei der Überprüfung von Reisenden stark auf die Visa-Anträge und untersuchte jede Einzelheit auf eventuelle Unstimmigkeiten in den Papieren. Am leichtesten ließ sich das Geburtsdatum überprüfen, denn in Großbritannien wird jede Geburt im St. Katherine's House registriert, dessen Archiv öffentlich zugänglich ist. Die Geburtsdaten werden fortlaufend eingetragen, sobald ein Kind das Licht der Welt erblickt hat, daher ist es unmöglich, zurückdatierte Geburten nachträglich einzufügen. Ungleich der Beschreibungen von Frederick Forsyth in seinem Buch *Der Schakal* benutzt der MI6 nicht die Namen »toter Babys«, denn man fürchtet rechtliche Klagen aufgebrachter Verwandter im Falle fehlgeschlagener und öffentlich bekannt gewordener Operationen. Die Frage der Geburtenregistrierung stellt für die meisten Einsätze dennoch kein Problem dar, weil die gegnerischen Nachrichtendienste normalerweise nicht so intensiv nachforschen, doch um die Recherchen der FSK-Visa-Inspektionen irrezuführen, brauchten wir einen Trick.

Die Lösung war einfach. Mein eigenes Geburtsdatum war im St. Katherine's House nicht registriert, weil ich zwar britischer Staatsbürger, aber in Neuseeland geboren war. Nachforschungen des Stützpunktes in Buenos Aires ergaben, dass es in Argentinien kein überprüfbares Geburtenregister gab. Wenn ich also behauptete, britische Eltern zu haben und in Argentinien geboren worden zu sein, hätte der FSK Probleme, dies zu überprüfen.

Ich beauftragte die Abteilung für Druck und Fälschungen, eine argentinische Geburtsurkunde für mich zu fälschen, die auf einer echten Urkunde in ihrem Archiv basierte. Durch ihre Verbindung mit dem Passamt besorgte mir die Zentralverwaltung einen britischen Reisepass auf den Namen Alex Huntley, geboren am 13. Januar 1963 in Buenos Aires. Vom Zulassungsamt bekam ich einen Führerschein, dann besorgte man mir noch einen soliden Tarnadresshüter. Adresshüter sind Agenten, die als Tarnvermieter für Einsatzagenten agieren und eine überprüfbare Adresse liefern. Mit der Adresse verschaffte mir die Zentralverwaltung ein Bankkonto und eine Kreditkarte bei der Natwest Bank.

Sämtliche Unterlagen des Sozialministeriums über die 54 Millionen Einwohner Großbritanniens sind mit dem Computer erfasst und werden in Newcastle gespeichert. Die Zentralverwaltung benutzt die Unterlagen gelegentlich, um Informationen über Leute in Erfahrung zu bringen, die interessant für uns sind. Doch was würde passieren, wenn der FSK in die Computer des Ministeriums eindringen konnte? Das wäre nicht sonderlich schwierig, weil das Archiv mit jedem Sozialamt verbunden und das Einloggen nicht kompliziert war. Die einzige Möglichkeit, einen Decknamen vor Hackern zu schützen, bestand darin, falsche Angaben in den Zentralcomputer einzuspeisen. Bisher hatte man das noch nicht getan, doch nach Verhandlungen mit dem Sozialministerium besaß Alex Huntley eine vollständige Akte mit Versicherungsnummer und Meldekarte.

Als nächste Aufgabe standen Recherchen für einen falschen Lebenslauf an. Jeder Bestandteil musste plausibel, durfte aber nicht überprüfbar sein. Die Lektüre des *Public School Handbook* ergab, dass die Scorton Grammar School in Richmond in North Yorkshire Ende der Achtzigerjahre in Konkurs gegangen war. Über die ehemaligen Schüler existierten keine allgemein zugänglichen Unterlagen mehr, daher konnte ich problemlos behaupten, ich sei dort zur Schule gegangen. Das Archiv der Universität von Buenos Aires war hoffnungslos chaotisch, daher hatte der Anglo-Argentinier Alex Huntley dort Wirtschaft studiert, was durch ein von der Abteilung für Druck und Fälschungen gefälschtes Zeugnis belegt wurde. Aus meiner Zeit beim MIT kannte ich noch das Massachusetts Community College, eine kleine Universität in der Nähe von Boston, die geschlossen worden war. Dort hatte Huntley seinen Master of Business Administration gemacht. Danach konstruierte ich, gestützt auf Unterlagen des Companies House, eine berufliche Laufbahn in verschiedenen kleinen Unternehmen und Beratungsbüros, die alle bankrott gingen, kurz nachdem Huntley sie angeblich verlassen hatte, dann schleuste ich Steuererklärungen in den Computer des Sozialministeriums ein, die seiner Karriere entsprachen. Huntley brauchte eine plausible aktuelle Beschäftigung. Üblicherweise bringt man die Briefkastenfirma bei einem telefonischen Auftragsdienst unter; gegen eine geringe Gebühr hat man so eine Postadresse und eine Rezeptionistin, die eingehende Anrufe entgegennimmt. Das hat den Nachteil, dass der FSK dies leicht überprüfen kann. Für meine Zwecke war eine stichhaltigere Geschäftsadresse erforderlich.

Die Zentralverwaltung unterhielt eine Liste kleiner Unternehmen, deren Leiter dafür bürgten, dass ein MI6-Mitarbeiter bei ihnen arbeitete. Man schlug mir eine kleine Investmentgesellschaft in Sussex vor, East European Investment, die in der Tschechoslowakei, in Polen und Ungarn, aber nicht in Russland tätig war. Die Firma war eine perfekte Tarnung. Sie war in Russland nicht aktiv, ich musste mir daher nichts ausdenken, doch es war plausibel, dass Alex Huntley dort die geschäftlichen Möglichkeiten sondierte. Ich traf mich mit dem Geschäftsführer und wurde als Berater eingestellt.

Das Grundgerüst für mein falsches Leben war erstellt, nun musste ich es noch ein bisschen ausfüttern. Die regelmäßige Nutzung meiner Huntley-Kreditkarte ließ ein realistisches Konsumverhalten entstehen, und die »Honorare« für meine Beratertätigkeit bei East European Investment auf meinem Bankkonto sorgten dafür, dass es einer kritischen Überprüfung standhielt. Die Dokumentation meiner Tarnidentität wurde mit »Brieftaschenmüll« ausgeschmückt, der auf Wunsch von der Fälschungsabteilung produziert wurde. Ich entschied mich für Mitgliedskarten für die Nachtklubs Tramps und Annabel's, und Sarah und ich verbrachten unterhaltsame Abende damit, dafür zu sorgen, dass Alex Huntley von den Türstehern auch erkannt wurde.

Meine Akte zu Huntley war mittlerweile prallvoll mit plausiblen Informationen, doch einige echte argentinische Dokumente fehlten noch. Der MI6 erhält und benutzt oft echte Dokumente von befreundeten Geheimdiensten wie etwa den Dänen oder Österreichern für »Operationen unter falscher Flagge«. Der Stützpunkt in Buenos Aires war gerade eine Verbindung mit dem argentinischen Geheimdienst eingegangen, daher fragte ich in einem ATHS-Telegramm an, ob SIDE Dokumente für Huntley liefern könnte. Ich rechnete damit, dass meine Idee in einer knappen Antwort lächerlich gemacht wurde, doch der Leiter des Stützpunktes in Buenos Aires brachte die Bitte beim nächsten Verbindungstreffen vor. SIDE stimmte zu und schickte einen echten argentinischen Pass, dazu Führerschein und Ausweis auf den Namen Huntley. Bereits zwei Wochen nach meiner Anfrage lagen die Dokumente auf meinem Schreibtisch. Ich verlieh sie umgehend an die Fälschungsabteilung, wo sie untersucht und fürs Archiv fotografiert wurden, falls es in der Zukunft einmal notwendig sein sollte, ähnliche Papiere zu fälschen.

Es dauerte über zwei Monate, bis die Tarnung von Huntley Russel und Bidde zufrieden stellte. Ich gab das Dossier an den Bereichsleiter des Kontrollgremiums zur Überprüfung. Er schrieb dazu:»Eine hervorragende Arbeit und eine solide Grundlage für zukünftige Operationen in Russland.« Sein Urteil war voll des Lobes und ich war zufrieden mit meiner Arbeit.

In der Zwischenzeit war Spencer von seiner eigenen Reise unter natürlicher Tarnung aus Estland zurückgekehrt.»MASTERWORK ist ein Spinner!«, verkündete er und warf sein Handgepäck auf den Schreibtisch.»Völlig durchgeknallt! So viel zu dem Müll, den Ball uns beim Einführungslehrgang einbläute, nur Agenten zu rekrutieren, die psychisch stabil sind«, meinte er kopfschüttelnd. Spencer erklärte, MASTERWORK sei zu dem Treffen mit einer Micky-Maus-Kappe auf dem Kopf gekommen und habe das Manuskript eines schwachsinnigen und verdrehten Buches umklammert, an dem er gerade schrieb.»Der Typ braucht psychiatrische Hilfe, keine Chance, ihn als Agenten zu nutzen«, meinte Spencer. Aber sein Urteil wurde von P5 entkräftet, weil MASTERWORK dazu beitrug, die CX-Ziele des Kontrollgremiums zu erreichen. Spencer wurde angewiesen, die jeden zweiten Monat stattfindenden Treffen in Tallinn fortzusetzen. Die Verbindung wurde später vom Stützpunkt in Moskau übernommen. Die dortigen Mitarbeiter arbeiteten mit MASTERWORK, bis ein heimliches Treffen in einem Restaurant in Moskau im April 1996 jäh vom FSK unterbrochen wurde. MASTERWORK wurde unter der Anklage festgenommen, »geheime Informationen politischer und verteidigungsstrategischer Natur an einen ausländischen Geheimdienst« preisgegeben zu haben. Die Agentenführerin bei dem Treffen und drei weitere Mitarbeiter des Moskauer Stützpunktes wurden ausgewiesen. MASTERWORK wurde im Juli 2000, nachdem er vier Jahre in einer geschlossenen psychiatrischen Anstalt verbracht hatte, zu elf Jahren Haft in einem Hochsicherheitsgefängnis verurteilt. Die Russen wurden durch MASTERWORKs geschwätzige Prahlereien, er sei ein Spion, auf ihn aufmerksam, doch der eigentliche Fehler lag beim MI 6, der einen so offensichtlich instabilen Agenten nie hätte benutzen dürfen.

Da ich in der Probezeit war, erwartete man von mir, jede Gelegenheit zu nutzen, von der Arbeit ranghöherer Kollegen zu lernen. Eine Aufgabe des UKA bestand darin, hoch entwickelte russische Waffen in die Hände zu bekommen. Eine Operation war sehr erfolgreich gewesen. Russel wies mich an, die Akte zu lesen und fügte hinzu: »Eine klassische Operation, Sie werden viel daraus lernen.«

BATTLE war einer der Waffenhändler, die der MI 6 in seinen Listen führte. Waffenhändler sind nützliche Informanten über den internationalen Waffenhandel und können Einfluss darauf ausüben, dass ein bestimmtes Geschäft an eine britische Firma geht. BATTLE, ein millionenschwerer Anglo-Iraner, erhielt vom MI 6 ein Gehalt von ungefähr 100.000 Pfund im Jahr. Ende des Jahres 1991 beauftragten die Vereinigten Arabischen Emirate BATTLE, eine Ladung neuer BMP-3 Schützenpanzer für sie zu kaufen. Der BMP-3, der damals technisch anspruchsvollste Schützenpanzer der Russen, war ein stark bewaffnetes Amphibienfahrzeug, das sieben Infanteristen und seine dreiköpfige Besatzung transportieren konnte. Das britische Verteidigungsministerium hatte Gerüchte gehört, denenzufolge die Leistung des BMP-3 höher war als die seiner westlichen Entsprechungen und bat den MI 6 um Informationen.

BATTLE machte sich an die Arbeit und flog regelmäßig zum BMP-Entwurfsbüro in Kurgan und nach Abu Dhabi. Schließlich kam er mit den Russen ins Geschäft: Sie verkauften eine Ladung der Exportvarianten des BMP-3 an den Golfstaat. BATTLE versäumte nicht, jedes Mal wenn er in London war, seinen MI6-Kontaktmann zu treffen. Bei einem Gespräch erwähnte er, dass ihm bei seiner letzten Reise nach Kurgan die Weiterentwicklung des BMP-3 vorgeführt worden war. Der MI6 überredete ihn zu dem Versuch, ein Exemplar zu kaufen. Bei seiner nächsten Reise konnte BATTLE mit 500.000 Pfund Schmiergeld und einer gefälschten Endnutzer-Bescheinigung vom MI6 seinen russischen Kontakt überzeugen, einen weiterentwickelten BMP-3, dessen Export eigentlich einer Sondergenehmigung unterlag, in der ersten Fracht mit zwanzig Exportvarianten zu verstecken, die in die Vereinigten Arabischen Emirate geliefert wurden.

Die Lieferung mit den BMP-3s ging mit dem Zug von Kurgan ins polnische Danzig. Dort wurden die zwanzig Fahrzeuge auf ein Containerschiff verladen und nach Abu Dhabi transportiert. Das verbleibende Fahrzeug wurde im Schutz der Dunkelheit und mithilfe von Verbindungsleuten beim polnischen Geheimdienst auf einen eigens gecharterten Trampdampfer geladen und zum Militärhafen Marchwood in Southhampton geliefert. Von dort ging das Fahrzeug zum Zwecke einer gründlichen Untersuchung und diverser Feldversuche zum Royal Armaments Research and Development Establishment (RARDE).

Die RARDE-Ingenieure waren von ihrem neuen Spielzeug zutiefst beeindruckt und stellten fest, dass die Feuerkraft des BMP-3 erheblich größer war als alles, was das Waffenarsenal Großbritanniens vorweisen konnte. Feldversuche auf militärischen Testgeländen in Schottland, bei denen das Fahrzeug unter einer Fiberglashaube versteckt wurde, damit es nicht von russischen Satelliten entdeckt werden konnte, ergaben, dass der BMP-3 auch hinsichtlich Manövrierfähigkeit, Einsatz im Gelände und Geschwindigkeit seinen westlichen Äquivalenten überlegen war. Die komplizierte und teure Operation war ein großer Erfolg. Zum Dank für die Operation wurden fast alle Mitarbeiter des Kontrollgremiums für Osteuropa zu RARDE in der Nähe von Camberley eingeladen.

Die meisten Durchbrüche in der Spionage stellen sich nach umfangreichen methodischen Recherchen und langweiligem

Durchsieben von Spuren und Kontakten ein, doch gelegentlich erhielten wir völlig unverhofft einen Hinweis. So rief mich etwa eines Morgens im Juni 1992 ein ehemaliger Kollege von der Territorial Army an und bat mich um Rat. Der Sergeant, ein begeisterter Langstreckenläufer, hatte kürzlich in Moskau am Stadtmarathon teilgenommen. An der Ziellinie sprach ihn ein Zuschauer an, und es stellte sich heraus, dass dieser ein Oberst bei der russischen strategischen Raketenabwehr war. Die beiden freundeten sich an, und der Sergeant lud den Russen ein, ihn zu besuchen, falls er einmal nach England käme, rechnete jedoch nicht damit, dass ihn der Oberst beim Wort nehmen würde. Doch der Russe nahm die Einladung an und sollte in der folgenden Woche am Flughafen Gatwick landen. »Hätten Sie Interesse, ihn kennen zu lernen?«, fragte mein ehemaliger Kollege. Russel stimmte mir zu, dass es sich lohne, die Sache zu überprüfen. Am nächsten Tag fuhr ich mit dem Zug nach Clacton-on-Sea, das einige Stunden östlich von London liegt, und besuchte den Sergeant zu Hause.

Terry Ryman begrüßte mich an der Haustür und führte mich in das pieksaubere Esszimmer eines kleinen Reihenhauses, wo seine Frau uns Tee servierte. Ryman war Mitte vierzig, sein Haar wurde allmählich grau, und er trug dicke Brillengläser, war jedoch stolz auf seine körperliche Verfassung. Seinen Lebensunterhalt verdiente er als Taxifahrer in London.

Ryman bestätigte noch einmal die Geschichte, die er mir bereits am Telefon erzählt hatte. Ein Freund hatte ihm vorgeschlagen, gemeinsam am Marathon in Moskau teilzunehmen, und Ryman zögerte keine Sekunde. Er hatte viele Jahre damit verbracht, für einen Krieg gegen die Sojewtunion zu trainieren, gelernt, ihre Panzer und Schützenpanzerwagen zu identifizieren, hatte ihre Kampftaktik studiert und am Schießstand auf Bilder von ihnen geschossen – nun war er neugierig darauf, das Land und seine Menschen selbst kennen zu lernen. Als sich ihm ein echter Russe vorstellte und gut Englisch sprach, war Ryman begeistert.

Oberst Alexander Simakow hatte Ryman in seine Wohnung in einem nördlichen Vorort von Moskau eingeladen, wo er zusammen mit seiner Frau, seiner Tochter und Schwiegermutter lebte. Ryman war fasziniert und gleichzeitig entsetzt über die beengten Wohnverhältnisse, in denen ein relativ hochrangiger Oberst leben musste. Simakow klagte über seine Bezahlung und die Verhältnisse und erklärte, wie sehr er die Briten um ihren Lebensstil beneidete. »Er sagt, er will nach England und endlich einmal Stratford, Oxford und Cambridge sehen«, erläuterte Ryman. »Aber«, fügte er hinzu und senkte verschwörerisch die Stimme, »ich glaube, er will, Sie wissen schon, überlaufen.«

»O. k., wenn er nächste Woche kommt, werden wir herausfinden, ob er etwas Nützliches weiß«, antwortete ich.

Simakow musste spektakuläre Informationen vorweisen, wenn er als Überläufer akzeptiert werden wollte. Als ihre Welt mit der Berliner Mauer zusammenbrach, boten viele Geheimdienstbeamte aus dem ehemaligen Ostblock dem MI 6 ihre Dienste an. Die meisten wurden abgewiesen. Der MI 6 hatte nicht das erforderliche Budget und konnte daher nur hochrangige Überläufer wie OVATION und NORTH-STAR annehmen, und selbst sie mussten einige Jahre lang auf Posten bleiben, bevor sie nach Großbritannien kommen durften. Selbst für solche Größen wie Viktor Oschtschenko, ein KGB-Offizier, der auf Naturwissenschaften und Technologie spezialisiert war und seine Dienste im Juli 1992 angeboten hatte, war es nicht einfach, den MI 6 davon zu überzeugen, dass er ein Umsiedlungsprogramm wert war. Oschtschenkos Enthüllung, dass er während seiner Zeit in London Mitte der Achtzigerjahre einen Verkaufsingenieur des Telekomausrüsters GEC-Marconi angeworben hatte, stieß nur auf geringes Interesse. Ich sah einen MI 5-Bericht, in dem man zu dem Schluss kam, dass der Ingenieur, Michael John Smith, keine Geheimnisse weitergab, die Schaden anrichteten. (Das hielt den MI 5 jedoch nicht davon ab, Smith eine Falle zu stellen und ihn verhaften zu lassen. Der Bericht wurde der Verteidigung bei Smiths Prozess nicht zur Verfügung gestellt. Er wurde zu einer Haftstrafe von 25 Jahren verurteilt und in der Urteilsbegründung des Richters war von unermesslichem Schaden für die nationale Sicherheit Großbritanniens die Rede.)

Angesichts der Schwierigkeiten von Oschtschenko, als Renegat anerkannt zu werden, musste ich Simakow aller Wahrscheinlichkeit nach davon überzeugen, nach Russland zurückzukehren und sich dort um den Status als Überläufer zu bemühen, indem er dem Moskauer Stützpunkt regelmäßig Informationen lieferte. Wenn seine Informationen wertvoll waren, erhielt er vielleicht ein vernünftiges Honorar, das auf ein britisches Konto eingezahlt wurde, damit der plötzliche Reichtum keinen Verdacht erregte. Vielleicht würde man ihm nach seiner Pensionierung erlauben, nach Großbritannien zu ziehen und sein Geld zu genießen, doch selbst dann würde der MI 6 ihn wahrscheinlich davon zu überzeugen versuchen, dass der Ruhestand in seinem Heimatland angenehmer sei. Meine Aufgabe bei dem Treffen mit Simakow bestand nun darin, seinen Zugang zu geheimen Informationen und die Gründe für sein Überlaufen einzuschätzen, ihn wenn nötig zu rekrutieren und ihn dann davon zu überzeugen, dass eine Rückkehr die beste Möglichkeit war.

Ryman wirkte verbissen, als er mir eine Woche später die Tür öffnete. Er führte mich ins Wohnzimmer, in dem es dunkel war, weil die Vorhänge zum Abblenden der Nachmittagssonne zugezogen worden waren. Ein massiger, blasser und unrasierter Mann in Jeans und einem engen Polyester-T-Shirt rappelte sich von der Couch auf. Ryman stellte mich mit eisiger Stimme seinem Gast vor, riss die Vorhänge auf und zog sich unter einem Vorwand zurück. Simakow blickte ihm finster nach, als er die Tür zuknallte. Neben der Couch standen zwei große rote Plastikkoffer, die mühsam von einer Schnur zusammengehalten wurden. Daneben befand sich ein lädierter Karton mit Büchern und Zeitschriften. Simakow hatte in einigen gelesen, sie lagen aufgeschlagen auf dem Couchtisch neben benutzten Bechern und leeren Kekspackungen.

»Ich bin übergelaufen«, verkündete er triumphierend in seinem schweren russischen Akzent. Er wartete einen Moment, doch als er erkannte, dass ich ihm nicht in wilder Freude um den Hals fallen würde, schob er die Kissen zurecht und ließ sich wieder auf die Couch sinken.

»Erzählen Sie mir zunächst ein wenig von sich«, bat ich und verschob die Diskussion über den Seitenwechsel auf später. In gutem Englisch erzählte Simakow seine Lebensgeschichte. Er war als Kind armer Eltern in einem Dorf nördlich von Kiew in der Ukraine geboren worden. Sein Vater kam bei einem Grubenunglück ums Leben, als Simakow fünf Jahre alt war, und seine Mutter starb an Tuberkulose, als er sieben war, daher wuchsen er und seine beiden jüngeren Schwestern bei der Großmutter mütterlicherseits auf. Simakow wäre sicher dem Vorbild seines Vaters gefolgt und hätte im Bergwerk gearbeitet, wenn er nicht schon frühzeitig ein großes Talent für Mathematik gezeigt hätte. Er war Klassenbester in jedem Schuljahr bis auf eins, als er sich das Bein gebrochen hatte und die viereinhalb Kilometer zur Schule nicht zurücklegen konnte. Simakow war immer noch stolz auf diese Leistung und wühlte in dem Karton nach seinen Zeugnissen. Seine mathematische Begabung war seine einzige Hoffnung gewesen, einem Leben in Armut zu entkommen.

Simakow erhielt ein Stipendium für eine Militärschule in Kiew. Nachdem er dort mit Bestnoten abgeschlossen hatte, wurde er für eine Karriere in der Forschung bei der sowjetischen strategischen Raketenabwehr bestimmt. Nach einer militärischen Grundausbildung studierte er in Leningrad und machte dort seinen Doktor. Der obligatorische Englischunterricht an der Universität nährte ein lebenslanges Interesse an England und besonders der englischen Literatur – er wusste weit mehr über Shakespeares Dramen als ich jemals wissen werde. Nach seinem Studium wurde er weit in den Osten auf das sowjetische Raketentestgelände auf der Halbinsel Kamtschatka versetzt und verbrachte sein gesamtes Berufsleben dort als Ingenieur für Raketentests. Mit Mitte vierzig wurde er zwangspensioniert, konnte aber keine andere Arbeit finden und musste mit seiner Frau und seiner achtjährigen Tochter in die Zweizimmerwohnung seiner Schwiegermutter nach Moskau ziehen. Das Leben wurde schon bald unerträglich; seine Militärpension schrumpfte aufgrund der Inflation, seine Tochter bekam Asthma, und seine Frau war todunglücklich.

Der Tropfen, der das Fass zum Überlaufen brachte, war die Entdeckung, die Simakow eines Morgens machen musste: Sein Lada stand auf Ziegelsteinen, alle vier Räder waren gestohlen worden. Er schwor sich, nach England zu gehen, wo, davon war er zutiefst überzeugt, so etwas niemals passieren könnte. Simakow machte sich daran, die Straßen Moskaus nach einem Engländer durchzukämmen, der ihm bei seinem Vorhaben helfen konnte. Zufällig stieß er auf Ryman. Die beiden bildeten ein seltsames Paar. Das Schicksal hatte sie zusammengeführt und sollte eine Tragödie heraufbeschwören, deren erste Anzeichen ich bereits zu erkennen glaubte.

Simakows Vorstellungen waren völlig blauäugig. Für seinen Seitenwechsel verlangte er »ein Haus mit Strohdach und einem Garten voller Blumen für meine Frau, 100.000 Pfund in bar und einen Ford Orion GTI mit Sonderausstattung«. Er zog eine Ausgabe der Zeitschrift *Autocar* aus dem Karton und tippte mit dem Finger auf ein Bild seines Traumautos.

Es würde nicht einfach sein, ihn von seinen Vorstellungen abzubringen. Er konnte nicht so einfach ins Land marschieren; erst einmal musste die Einwanderungsbehörde davon überzeugt werden, dass er überhaupt bleiben durfte. Nur wenn er spektakuläre Informationen lieferte, konnte der MI 6 den Innenminister bitten, eine Ausnahme zu machen. Je nachdem wie viele Informationen Simakow besaß, erhielt er vielleicht einige Tausend Pfund als einmalige Abfindung. Danach war er auf den sozialen Wohnungsbau und Sozialhilfe angewiesen. Simakows missmutige Art machte die Sache auch nicht gerade einfacher. Er hatte Rymans Gastfreundschaft rasch überstrapaziert, doch da er an die beengten Verhältnisse in der Wohnung seiner Schwiegermutter gewöhnt war, konnte er nicht verstehen, warum Ryman ihn loswerden wollte. »Ich verstehe Terry nicht«, meinte Simakow und kratzte sich am Bauch. »In Moskau war er wie ein verlorener Bruder. Jetzt will er mich nicht mehr kennen.«

Ryman war ebenfalls nicht glücklich mit der Situation. Er dachte, er habe seine Pflicht getan, und erwartete, dass ich ihm Simakow abnahm. »Meine Frau dreht durch«, erklärte er außer Hörweite von Simakow. »Er kann hier nicht mehr lange bleiben.« Diesen Schlamassel konnte ich nicht sofort beheben. Alles hing davon ab, wie viele Informationen Simakow zu bieten hatte. Da ich sein komplexes Wissen nicht einschätzen konnte, war der Sachverstand eines unserer technischen Spezialisten gefragt. Ich verabschiedete mich von dem ungleichen Paar und fuhr zum Century House zurück.

Beim MI 6 gab es etwa 15 Spezialisten mit einem Fachwissen, über das die Geheimdienstmitarbeiter mit ihren vielfältigen Berufserfahrungen nicht verfügten. Die Experten hatten jeweils einen technischen Spezialbereich wie chemische, nukleare und biologische Waffen oder Raketen oder sie kannten sich auf Gebieten aus, die von besonderem Interesse für uns waren, wie zum Beispiel die Ölförderung im Nahen Osten.

Malcolm Knightley war der Raketenspezialist im osteuropäischen Kontrollgremium. Der studierte Physiker hatte sich bei der Militärspionage sein Fachwissen über sowjetische Raketen angeeignet. Knightley war für zwei Jahre zum MI 6 abgeordnet worden, hoffte jedoch auf eine dauerhafte Übernahme, zumindest vermutete ich das, weil er emsig Stunde um Stunde hinter seinem überquellenden Posteingang arbeitete. Ich vereinbarte mit Knightley, dass er Simakow am folgenden Tag in »Zimmer 14« traf, dem Gesprächszimmer des MI 6 in den Old Admirality Buildings in Whitehall.

»Der Junge ist eine Goldgrube«, teilte mir Knightley nach dem Gespräch mit. »Wir müssen ihm den Aufenthalt hier ermöglichen.« Knightley erklärte, dass Simakow bei jedem Raketentest, den die Sowjets zwischen 1984 und 1990 durchgeführt hatten, im Kontrollzentrum gearbeitet hatte. Seine Informationen seien für die Militärspionage, die Geheimdienstabteilung des Verteidigungsministeriums und vor allem für die Amerikaner von unschätzbarem Wert. Knightley buchte Zimmer 14 für eine Reihe wöchentlicher Informationsgespräche mit Simakow.

»Wir haben beschlossen, dem Außenminister zu empfehlen, ihn als Überläufer zu akzeptieren«, unterrichtete mich Russel, nachdem ihn die ersten Berichte erreicht hatten. »Sie müssen einen Codenamen für ihn besorgen, den Antrag beim

Außenminister stellen und mit der Abteilung für die Umsiedlung von Agenten seine Ansiedlung arrangieren.«

Die Abteilung für die Umsiedlung von Agenten war dafür zuständig, den Überläufern den Eintritt in ihr neues Leben zu erleichtern, nachdem sie vom MI 6 nicht mehr gebraucht wurden. OVATION, NORTHSTAR und andere wichtige Überläufer verfügten alle über einen eigenen Betreuer, der ihnen bei der Haussuche half, die Anpassung an das britische Leben erleichterte, ihre Pension beantragte und hoffentlich einen Arbeitsplatz für sie fand. Die Abteilung setzte sich mit dem Sozialamt in Clacton in Verbindung und fand ein kleines Häuschen für Simakow. Damit war Ryman ihn zumindest schon einmal los. Einige Wochen später reisten Frau und Tochter zu ihm nach England und die Abteilung für Agentenumsiedlung klärte mit der Familie die Sozialhilfe-Zahlungen und den Schulbesuch der Tochter.

Ich verfasste den Antrag für den Außenminister, in dem ich argumentierte, dass es berechtigte Gründe gebe, SOU – der Codename, den Simakow mittlerweile erhalten hatte – in Großbritannien zu behalten. Für kleine Operationen wie etwa Trufax braucht der MI 6 keine Genehmigung. Doch Operationen, die eventuell peinliche Folgen haben könnten oder die Interessen anderer Bereiche des Staatsdienstes berührten, erforderten die Genehmigung des Außenministers. Douglas Hurd war berüchtigt, dass er Anträge genau prüfte, daher musste ich meine Argumente sorgfältig wählen.

In der Zwischenzeit beendete Knightley ein weiteres langes Gespräch mit SOU. Am späten Nachmittag steckte er den Kopf in mein Büro, in der Hand hielt er ein dickes Bündel mit Notizen aus der vierstündigen Sitzung. »Mit dem Mann haben wir einen Volltreffer gelandet«, schwärmte er. »Er hat mir gerade den Standort der neuen strategischen Kommandozentrale des russischen Verteidigungsministeriums genannt.« Knightley zog eine Kartenskizze hervor, die Standort und Anlage eines neuen, streng geheimen Kommandobunkers zeigte, der tief im Uralgebirge lag. Der Bunker war die russische Entsprechung zum amerikanischen NORAD-Komplex in den Bergen von Colorado. »Ich werde das als CX mit fünf

Sternen einstufen. Das geht bis zum Premierminister«, erklärte Knightley. Später erzählte er mir, dass die Information schließlich auch Präsident Bush erreichte. »Aber es gibt noch viel mehr«, fügte er hinzu. »Offenbar ließ er Aufzeichnungen mit Notizen über die Raketentests im Nähkästchen seiner Schwiegermutter in Moskau zurück. Wenn wir das Notizbuch in die Hände bekommen können, sind wir wirklich im Geschäft.«

Knightley erklärte, dass in dem Notizbuch die Unregelmäßigkeiten in der Flugbahn von sämtlichen Raketen beschrieben waren, die von dem sowjetischen Raketentestgelände auf Kamtschatka zwischen Ende 1987 und Anfang 1990 abgefeuert worden waren. SOU hatte die Zahlen nach jedem Testflug wie besessen in mehreren Schulheften notiert, obwohl das natürlich streng verboten war. Solche Details würden das Wissen der Militärspionage über die Genauigkeit und Reichweite der sowjetischen Raketen erweitern. Noch wichtiger war, dass Knightley die Informationen an die Amerikaner weitergab, die damit ihre Raketenabwehr verbessern konnten. Die Aktion würde dem MI6 erhebliches Ansehen verschaffen. »Wir müssen das Notizbuch aus Moskau in die Hände bekommen«, verkündete Knightley.

7

EIN ALTER BEKANNTER

Mittwoch, 11. November 1992
SPIEGELSAAL IM HOTEL METROPOL, MOSKAU

Ich sah Goldstein in der gegenüberliegenden Ecke des überfüllten Konferenzsaals noch bevor er mich entdeckte. Er war
ein bisschen fülliger um die Hüften geworden, seine Kragen-
weite war vielleicht eine Nummer größer, doch er hatte
immer noch die gleiche Schwäche für Krawatten von Hermès,
Gucci-Schuhe und teure italienische Anzüge – selbst angesichts der modebewussten Kleidung, die die bunte Delegier-
tenmenge prägte, hob sich sein extravaganter Geschmack
immer noch ab. Ich hatte ihn fünf Jahre lang nicht gesehen,
zum letzten Mal kurz nach dem Telefonstreich, doch ich war
mir sicher, dass er es war. Schlimmer noch, das Heben einer
Augenbraue und die Andeutung eines Lächelns zeigten mir
zu meinem Unbehagen, dass er sich noch an mich erinnerte.

Nicht, dass ich Goldstein gar nicht gemocht hätte, doch das
Letzte, was ich in dieser Situation gebrauchen konnte, war
jemand, der mich als Richard Tomlinson kannte. Diese zufäl-
lige Begegnung konnte bedeuten, dass ich die Operation
abbrechen und mit peinlich leeren Händen nach London
zurückkehren musste. Ich hatte Russel, Bidde, P5 und C/CEE
nur mühsam davon überzeugen können, dass ich der Richtige
war, um nach Moskau zu reisen und Simakows Notizbuch zu
holen. Schließlich hatte sie mein Argument umgestimmt,
dass ich die Huntley-Tarnung für genau so eine Aufgabe
recherchiert hatte. Wer könnte daher geeigneter für sie sein
als ich? Zögernd erklärten sie sich damit einverstanden, dass
ich als unerfahrener Neuling die Reise antrat, die nicht ohne
Risiko war – Risiken, die Goldstein absichtlich oder unabsichtlich heraufbeschwören konnte.

Der erste Tag der »1992 Conference on Doing Business in the New Russia«, die von der *Financial Times* organisiert worden war und in den prächtigen Räumen des frisch renovierten Hotel Metropol im Zentrum von Moskau stattfand, war ein großer Erfolg. Ich hatte mich als Alex Huntley von East European Investment eingetragen und fügte mich hervorragend in die Mischung aus ausländischen Geschäftsleuten, Diplomaten und Beamten ein, die 1.500 Pfund für die Teilnahme an dem dreitägigen Symposium bezahlt hatten. Die Vorträge des ersten Tages waren gerade vorüber und wir erholten uns bei einigen Gläsern Champagner und ersten zwanglosen Gesprächen im eleganten Spiegelsaal. Sibirische Industrielle plauderten mit Vertretern der Weltbank und des Internationalen Währungsfonds und versuchten, Investoren für die Modernisierung ihrer veralteten Fabriken zu gewinnen. Neureiche Ölbarone aus Kasachstan machten sich mit Vertretern von British Petroleum, Shell und Amoco bekannt und diskutierten Joint Ventures zur Ausbeutung ihrer Öl- und Erdgaslager. Armenische und georgische Rohstoffhändler schmeichelten sich bei britischen Diplomaten und Vertretern der Handelskammer ein, um die günstigen Kredite und das Fachwissen aus dem von der britischen Regierung finanzierten »Know How Fund« zu erhalten. Russische Politiker gingen mit ihren Dolmetschern von Gruppe zu Gruppe und versuchten jeden, der zuhören wollte, davon zu überzeugen, ihr Land biete trotz der anhaltenden politischen Ungewissheit sichere Investitionsmöglichkeiten. Journalisten strichen durch die Menge und versuchten, einen Gesprächsbrocken aufzuschnappen, aus dem man eine Schlagzeile machen konnte.

Nur wenige Jahre zuvor, unter dem alten sozialistischen System, wäre eine derartige Freiheit des Handels, der Informationen und Freundschaften noch undenkbar gewesen. Im frühkapitalistischen Russland von heute vollzog sich der Umbruch so schnell, dass er schon fast ans Chaotische grenzte. Schlaue, unternehmerische, unehrliche oder gierige Menschen konnten über Nacht ein Vermögen anhäufen. Unvorsichtige, arme und vom Pech verfolgte Menschen konnten ihr Geld genauso schnell verlieren. Die galoppierende Inflation vernichtete Löhne, Ersparnisse, Renten und Pensionen und das Leben von Millionen staatlichen Arbeitern, die nicht über die Kenntnisse oder die Schlauheit verfügten, um mit der Zeit zu gehen. Arbeitsplätze im ehemals staatlichen militärisch-industriellen Komplex gingen zu Zehntausenden verloren. An ihrer Stelle entstanden neue Berufe, die typisch waren für Kapitalismus und Handel – im Bankwesen, in der Unternehmensberatung, im Import-Export-Geschäft, in der Buchhaltung und leider auch in großem Ausmaß im organisierten Verbrechen.

Inmitten dieser chaotischen Zustände blieben jedoch einige Dinge konstant. Die beiden ältesten Berufsstände der Welt gingen nach wie vor ihren Geschäften nach. Am Abend zuvor hatten die Vertreterinnen des ältesten Gewerbes in ihren Miniröcken auf den Barhockern der Künstlerbar im Metropol unter den anwesenden Delegierten Ausschau nach Kunden gehalten. Auch die Vertreter des zweitältesten Gewerbes hatten sich – allerdings etwas diskreter – unter die Delegierten gemischt. Vermutlich war ich nicht der einzige Spion unter den Teilnehmern. Die CIA war sicher an der Versammlung von Gewinnern und Verlierern des neuen Russlands interessiert. Vermutlich erstatteten einige der amerkanischen »Diplomaten«, die klebrigsüßen Krimsekt schlürften und unschuldig über geschäftliche und diplomatische Angelegenheiten plauderten, nicht dem Hauptquartier des Außenministers in Foggy Bottom Bericht, sondern nach Langley. Hinter ihrem freundlichen und netten Äußeren taxierten sie jeden Russen, den sie trafen. Hatte er Zugang zu geheimen Informationen? Besaß er die psychische Konstitution, die einen guten Spion ausmacht? Brauchte er Geld und war vielleicht sogar darauf vorbereitet, Geheimnisse zu verkaufen?

Zweifellos waren auch Agenten des FSK anwesend. Getarnt als Journalisten, Geschäftsleute oder sogar als Kellner im Frack ließen sie die Delegierten und vor allem die Diplomaten nicht aus den Augen. Sie kannten Gesicht, Charakter, Hobbys, biografische Details und sogar die Lieblingsrestaurants jedes mutmaßlichen Geheimdienstmitarbeiters. Überwachungsteams folgten ihnen heimlich von ihren Wohnungen bis zum

Metropol. Jede Bewegung bei der Konferenz wurde beobachtet. Wenn sie sich mit einem Russen etwas zu lange oder zu angeregt unterhielten, wurde die Identität des betreffenden Russen ermittelt und festgehalten. Man legte eine Akte an, in der Beruf, finanzielle Verhältnisse und der Zugang zu geheimen Informationen aufgeführt wurden. Wenn der Diplomat denselben Russen noch einmal kontaktierte, schrillten die Alarmglocken. Nichts blieb dem Zufall überlassen. Wenn sich einer der so genannten »Diplomaten« entschuldigte und auf die Toilette ging, wurde diese danach sorgfältig durchsucht – es konnte ja sein, dass er eine Nachricht hinterlassen hatte, die ein Agent dann später abholte.

In der Menge machte ich Guy Wheeler (MOS/2) aus, der in seiner Tarnung als Handelssekretär der britischen Botschaft am Kongress teilnahm. Ich hatte ihn erst einmal vorher getroffen, als er auf Urlaub in London war, doch über verschlüsselte Telegramme hatten wir ausführlich miteinander kommuniziert und jede Einzelheit der Operation koordiniert. Wheeler hatte die typische Laufbahn eines britischen Spions hinter sich. Er hatte in Oxford klassische Philologie studiert und dann kurz für eine der alt eingesessenen Handelsbanken in der Londoner City gearbeitet. Er passte gut in seine Rolle als Diplomat. Höflich, gut erzogen und etwas steif nahm er seinen Beruf sehr ernst und hatte für Witze oder flapsige Bemerkungen über Spione nur ein missbilligendes Stirnrunzeln übrig. Wie viele Geheimdienstbeamte, die in Moskau gearbeitet hatten, besaß er die irritierende Angewohnheit, kaum hörbar zu sprechen, selbst wenn es unmöglich war, belauscht zu werden.

Wheeler sah in meine Richtung und blickte dann rasch weg. Er konnte nicht zu mir kommen und mich begrüßen – das würde schon genügen, um seine Schatten vom FSK zu alarmieren und die Aufmerksamkeit des russischen Geheimdienstes auf mich zu lenken. Dennoch gab mir der kurze Blick, in dem ein Wiedererkennen aufblitzte, das beruhigende Gefühl, dass ich nicht völlig allein war. Es gab zumindest einen, der über meine Arbeit Bescheid wusste.

Die Arbeit in der Tarnung eines Diplomaten wie im Falle Wheelers ist die normale, akzeptable Form der Spionage und sozusagen gentlemanlike. Wer dabei ertappt wird, einer Tätigkeit nachzugehen, die »unvereinbar mit dem diplomatischen Status« ist, wird einfach zur persona non grata erklärt und mit dem nächsten Flugzeug nach Hause geschickt. Vielleicht kommt es noch zu diplomatischen Verwicklungen und einer entsprechenden Ausweisung auf der anderen Seite (nach dem Motto »Wie du mir, so ich dir«), aber ansonsten wird gegen den Spion nichts unternommen, schließlich ist dieser durch seine diplomatische Immunität geschützt. Die Undercover-Arbeit in der Tarnung eines Geschäftsmanns, Journalisten oder was auch immer ist komplizierter und riskanter, weil man bei einer möglichen Entdeckung nicht durch den diplomatischen Status geschützt ist.

Daher musste ich in dem Augenblick, als Goldstein mich entdeckte, rasch handeln. Er kannte mich als Richard Tomlinson und erinnerte sich eindeutig an mich; nur wenige Worte genügten, um mich auffliegen zu lassen. Bilder mit meinem Namen und meinem Gesicht auf den Titelseiten und Schlagzeilen, in denen die Festnahme eines britischen Spions gemeldet wurde, rasten mir durch den Kopf. Selbst wenn ich an meiner Tarnung festhielt, würden mir die Russen nicht glauben. Theoretisch blühte mir laut dem russischen Gesetz eine lebenslange Haftstrafe oder sogar ein Exekutionskommando, wenn ich der Spionage für schuldig befunden wurde. In der Praxis wurden solche drakonischen Vergeltungsmaßnahmen nicht durchgeführt, doch ein derartiger Vorfall würde weidlich ausgenutzt, um die Briten in eine peinliche Situation zu bringen.

Es wäre lächerlich gewesen, Goldstein zu ignorieren oder so zu tun, als ob ich ihn nicht kennen würde – er kannte mich zu gut, ein solches Verhalten hätte ihn nur misstrauisch gemacht. Ich beschloss, den Stier bei den Hörnern zu packen, ihn ins Vertrauen zu ziehen und zu hoffen, dass er diskret war.

Höflich eiste ich mich von Monsieur Poitiers los, einem Ingenieur für Wasser- und Abwassertechnik aus Lille, der mir in einem lebhaften Monolog die Investitionschancen bei der noch ausstehenden Privatisierung der Abwasserentsorgung Moskaus schilderte, und hielt Kurs auf Goldstein. Er sah mich und löste sich ebenfalls aus einer Gruppe von Geschäftsleuten.

»Hi Ernst, wie schön, Sie wiederzusehen. Ich heiße Alex, Sie erinnern sich vielleicht noch daran, wie wir vor einigen Jahren zusammenarbeiteten?« In der Hoffnung, Goldstein vorübergehend aus dem Gleichgewicht zu bringen, stellte ich mich unter meinem Decknamen vor.

»Ja, ich erinnere mich an Sie. Aber wie sagten Sie, heißen Sie?«, fragte er verwirrt.

Im Konferenzsaal wollte ich nichts erklären. »Gehen wir doch ein bisschen nach draußen und schnappen frische Luft, ein kurzer Spaziergang um den Block. Ich möchte Ihnen etwas Wichtiges sagen.«

Goldstein zögerte kurz, dann stimmte er zu. Durch einen Seitenausgang schlüpften wir nach draußen und schritten in der feuchten Abendluft die Stufen zum Marx Prospekt hinunter. Auf der untersten Stufe saß eine alte Frau in eine schmutzige Decke gehüllt und sah uns flehend an. Sie streckte einen zerdellten Blechnapf aus und murmelte unverständlich auf Russisch. Die Verzweiflung in ihrer Stimme war jedoch deutlich herauszuhören. Dies war ein scharfer Kontrast zu der Pracht, die wir gerade verlassen hatten. Die Frau erinnerte uns daran, wie die weniger Glücklichen im neuen Russland zu leiden hatten. Einen Moment lang schämte ich mich. Ich war hier, um dieses Chaos auszunutzen und zu spionieren. Verglichen mit der Realität, die diese alte Frau erlebte, war das alles nur ein Spiel. Ich fasste in die Tasche meines Anzugs und ließ alle losen Münzen in ihren Napf fallen.

Goldstein und ich gingen schweigend einige Meter weiter. Wir wussten beide, dass unsere eigenen kleinen Probleme und Verpflichtungen im Vergleich zu den Schwierigkeiten der alten Babuschka trivial waren. Schließlich brach ich das Schweigen. »Ernst, es tut mir Leid, dass ich vorhin so dramatisch klang. Sie wollen sicher eine Erklärung.«

»Ja, was ist los? Ich habe Sie als Richard in Erinnerung. Was soll diese Sache mit Alex?«

Ich erklärte, wie es dazu gekommen war, dass ich in Moskau undercover mit einer falschen Identität arbeitete. Goldstein versuchte, seine Überraschung zu verbergen, aber er war offensichtlich fasziniert und ein wenig beeindruckt. Ich fuhr fort: »Sie verstehen sicher, dass es daheim in England ganz schön Stunk geben würde, wenn davon etwas herauskommt, aber ich bin überzeugt, dass Sie diese kleine Begegnung für sich behalten werden.« Hoffentlich würde Goldstein positiv auf diese kleine Schmeichelei reagieren. »Am besten verkehren wir während der Konferenz nicht allzu oft miteinander. Natürlich kennen wir einander, aber es besteht kein Grund, dass wir uns länger unterhalten. Wenn wir wieder in London sind, lade ich Sie zum Essen ein, dann können wir uns ausführlich miteinander unterhalten.« Mittlerweile hatten wir das Hotel umrundet und standen vor dem Haupteingang. Möglicherweise waren FSK-Überwacher in der Nähe und warteten auf Wheeler und andere mutmaßliche Geheimdienstmitarbeiter. Goldstein wollte zum Empfang zurück, daher verabschiedeten wir uns nach ein bisschen Smalltalk voneinander, und ich ging nach oben auf mein Zimmer und dachte nach.

Der Operation waren monatelange Planungen und Vorbereitungen vorausgegangen, außerdem hatte sie bereits einiges gekostet. All die Bemühungen wären umsonst, wenn ich jetzt alles abbrach. Andererseits: Konnte ich Goldstein wirklich vertrauen? Er hatte mir erzählt, dass er heute mit einigen persönlichen Mitarbeitern Jelzins zu Abend aß und hoffte, ein großes Geschäft abzuschließen. Eine indiskrete Äußerung, vielleicht nach einem Gläschen Wodka zu viel konnte mich ins Gefängnis von Lefortowo bringen. Obwohl ich nervös war, war es für einen Abbruch der Operation zu spät. Ich würde wie geplant am nächsten Tag das Notizbuch holen. Nachdem mein Entschluss gefallen war, sprang ich vom Bett auf, schnappte mir meine Sportsachen und ging in den Fitnessraum des Hotels.

Die Ausstattung des Fitnessraums war bescheiden – ein paar Rudergeräte, Heimtrainer und Hantelbänke. Ein großer, langgliedriger Mann belegte eines der Laufbänder. Er war Mitte fünfzig, aber für sein Alter noch recht fit, und ich erinnerte mich, ihn unter den Kongressteilnehmern gesehen zu haben. Ich begann, mich auf dem Laufband neben ihm aufzuwärmen. »Wie geht es Ihnen?«, fragte er in dem freundlichen, aber herablassenden Ton, mit dem ein Vorgesetzter beim Militär seine Soldaten anspricht. Wir stellten uns vor – er arbeitete für Control Risks, ein Unternehmen für Industrieanleihen, das für seine Kunden einen Bericht über die Investitionsmöglichkeiten und die damit verbundenen Risiken in Russland erstellte. »Ich bin verdammt froh, dass ich hier bin«, fuhr er fort. »Meine erste Reise nach Russland, faszinierend. Allerdings weiß ich nicht, wie es mir gelungen ist, ein Visum zu bekommen.«

»Warum?«

»Ich war beim Militär, verstehen Sie, war Colonel. Sie folgen mir überall.« Er nickte zu einem Jungen hinüber, der an einem Rudergerät trainierte. »Das geht in Ordnung. Hier können wir reden. Er ist Brite, arbeitet für Morgan Grenfell. Hab ihn vorhin überprüft«, flüsterte er verschwörerisch. Ich verkniff mir ein Lächeln über die wilde Fantasie des Colonel und widmete mich meinem Training. Am nächsten Morgen sah ich ihn auf dem Marx Prospekt vor dem Hotel, wo er prüfend die Gesichter der Passanten musterte, als ob er in einer Menge von Fußballfans nach Hooligans suchte. Er ging fünfzig Meter, dann blieb er stehen und bückte sich, um seinen Schuh zu binden, wobei er eifrig nach seinen vermeintlichen Überwachern Ausschau hielt.

An jenem Morgen hörte ich mir die letzten Vorträge im Metropol an. Der zukünftige Ministerpräsident Viktor Tschernomyrdin, damals noch Vorstandsvorsitzender des Gaskonzerns Gazprom, war der Starredner. Unter den Zuhörern befanden sich mehrere Mitglieder der britischen Botschaft. Auch Wheeler war anwesend, seine Tarnung als Handelssekretär lieferte dafür einen guten Vorwand. Ich kritzelte einige Notizen auf meinen Block, um meine Tarnung zu wahren, aber schenkte dem Inhalt der Vorträge keine große Aufmerksamkeit. Meine Gedanken waren bei dem Auftrag, der vor mir lag.

Nach einem schnellen Mittagessen eilte ich auf mein Zimmer, verschloss die Tür und zog einen DIN A4-Block aus meiner Aktenmappe. Die ersten zwanzig Seiten waren mit den

Notizen beschrieben, die ich mir bei der Konferenz gemacht hatte – Müll, der in London entsorgt werden konnte. Ich drehte den Block um und riss vorsichtig das fünftletzte Blatt heraus. Ich ging damit ins Bad, legte es auf den Toilettendeckel und holte aus meinem Waschbeutel einen Flakon mit After-shave – Ralph Lauren Polo Sport. Mit dem Aftershave, das in London »behandelt« worden war, befeuchtete ich einen Watte-bausch. Langsam und methodisch strich ich damit über das Papier. Sekunden später erschienen große russische Buch-staben in Simakows Handschrift und verdunkelten sich all-mählich zu einem satten Rosa. Vorsichtig trocknete ich mit dem Hotelföhn das nasse Papier und versuchte, es nicht zu stark zu zerknittern und den starken Parfümgeruch zu vertrei-ben. Danach sah das Blatt wie ein normaler handschriftlicher Brief aus, nur die mittlerweile dunkelrote Tinte wirkte etwas merkwürdig. Ich fasste in die Rückseite meiner von der Tech-nikabteilung gestellten Aktentasche und zog an dem wei-chen Kalbslederfutter. Dadurch löste sich der Klettverschluss, mit dem das Futter an der Außenseite befestigt war. Ich schob das Blatt in den Spalt und verschloss ihn wieder. Um diese verborgene Tasche zu finden, musste man sehr genau suchen.

P5, ein ehemaliger Agent in Moskau, hatte mich gewarnt, dass es keinerlei Sinn ergab, wenn man als unerfahrener Agent versuchte, seine Bewacher in Moskau zu erkennen. »Ihre Leute sind einfach zu gut«, hatte er mir erklärt. »Selbst Agenten mit Erfahrung, die sich sonst einer Überwachung entziehen können, haben in Moskau Probleme. Normaler-weise rechnen wir sechs Monate, bis ein neuer Agent seine Überwacher ausmachen kann. Es ist also sinnlos, überhaupt danach Ausschau zu halten.« Als ich aus dem Hotel trat und mich auf den Weg zur U-Bahnstation Ploschtschad Rewolju-zii machte, konnte ich dennoch nicht anders, als die Gelegen-heiten zu notieren, wo man sich einer Überwachung ent-ziehen konnte – Wendeltreppen, Unterführungen unter den belebten Hauptstraßen, Einkaufspassagen. Es war eine ge-wisse Beruhigung, dass ich keinen eindeutigen Beobachter entdecken konnte.

Die Fahrt in den Vorort Selenograd, eine der ärmsten und besonders heruntergekommenen »Schlafstädte« Moskaus, war lang, öde und schwierig. P5 hatte mich angewiesen, öffentliche Transportmittel zu benutzen, weil das Risiko, dass ein Taxifahrer einen Westler mit einem so ungewöhnlichen Fahrtziel meldete, einfach zu hoch war. Das veraltete, aber leicht zu benutzende Moskauer U-Bahn-Netz reichte nicht bis Selenograd, also musste ich auch mit dem Bus fahren. Simakow gab klare Anweisungen – bis zur Metrostation Retschnoj Woksal, der letzten Station der dunkelgrünen Linie, dann den 400er Bus nach Selenograd nehmen und für das letzte Stück in eine lokale Buslinie umsteigen – aber seine Informationen waren über ein Jahr alt. Der Stützpunkt in Moskau hatte die Angaben nicht überprüfen können, weil jeder Mitarbeiter, selbst die Sekretärinnen, die nicht ständig überwacht wurden, mit einer derartigen Fahrt Verdacht erregt hätte. Ich konnte daher nur hoffen, dass die Buslinien nicht geändert worden waren oder dass ich dann zumindest meinen Weg finden und die kyrillische Schrift auf den Bus-Schildern entziffern konnte.

Es war 15 Uhr, als der Bus schließlich bei einem kleinen, verwahrlosten Park in der Nähe von Simakows Wohnung hielt. Hier sollte ich laut Simakow aussteigen. Das Viertel war seelenlos und deprimierend, ein Eindruck, der sich durch den grauen Himmel noch verstärkte. Überall standen die grauen, monströsen und nahezu identischen Wohnblöcke, die einen Großteil von Moskau beherrschen. Der Mangel an Farbe war auffallend – das Gras war ausgebleicht, die Bäume waren kahl und selbst die wenigen verbeulten Ladas, die hier parkten, waren in tristem Grau oder Braun lackiert. Einer stand auf Ziegelsteinen, alle vier Räder fehlten. Ich fragte mich, ob das Simakows altes Auto war. Außer einigen kleinen Kindern, die mit der einzigen noch funktionierenden Schaukel im Park spielten, war niemand zu sehen. Ich orientierte mich und rief mir die Details von Simakows Skizze in Erinnerung. Genau wie er gesagt hatte, ragte am Ende der breiten Straße, die vor mir lag, hinter einem identischen Block der dunkelgrüne Block hervor, in dem die Wohnung seiner Schwiegermutter lag. Ein Fußgängerüberweg bot mir die letzte Gelegenheit, nach rechts und links zu blicken und zu überprüfen, ob ich beobachtet wurde.

Der mit Müll übersäte Eingangsbereich stank nach Urin und Erbrochenem, die Wände waren mit Graffiti überzogen. Ich drückte den Knopf für den Aufzug – mehr eine Hoffnung als eine Erwartung, denn Simakow hatte mir erzählt, dass der Aufzug seit Jahren nicht mehr funktionierte. Nichts regte sich, also nahm ich die Treppe bis zum achten Stock und fand es durchaus verständlich, dass die betagte Schwiegermutter kaum die Wohnung verließ.

Ich klopfte sanft an die Metalltür des Apartments 82a, von der bereits die Farbe abblätterte, aber nichts rührte sich. Ich klopfte noch einmal, dieses Mal etwas fester, doch es kam immer noch keine Antwort. Traf mein Besuch etwa mit den wenigen Malen zusammen, in denen die Schwiegermutter die Wohnung verließ? Beunruhigt klopfte ich lauter. Endlich fragte eine nervöse Stimme: »Kto tam?«

Ich antwortete mit dem Satz auf Russisch, den ich auswendig gelernt und geübt hatte: »Ich heiße Alex und bin ein Freund Ihrer Tochter und Ihres Schwiegersohns aus England. Ich habe einen Brief für Sie.« Ihre Antwort ging weit über die wenigen russischen Worte hinaus, die ich gelernt hatte, daher wiederholte ich meinen Satz. Es gab keinen Briefschlitz, wo ich den Brief hätte einwerfen können, also blieb mir nichts anderes übrig, als ihr Vertrauen zu gewinnen, damit sie die Tür öffnete. Nachdem ich meinen Satz dreimal aufgesagt hatte (in der Hoffnung, dass die Nachbarn nichts mitbekamen), wurden die schweren Riegel zurückgeschoben und die Tür ein paar Zentimenter geöffnet, soweit es die Kette erlaubte. Ich schob den Brief durch den Spalt und erhaschte nur einen Blick auf eine verschrumpelte Hand, die danach griff. Die Tür wurde geschlossen und wortlos wieder verriegelt.

Ich wartete etwa fünf Minuten und betrachtete derweil durch ein schmales schmutziges Fenster die Straße vor dem Haus. Dann klopfte ich noch einmal. Sofort öffnete sich die Tür, eine winzige alte Frau bat mich mit einem zahnlosen

Lächeln in die düstere Wohnung und hieß mich auf dem Sofa Platz zu nehmen. Es war das einzige Möbelstück in dem ordentlichen, aber spärlich möblierten und tristen Raum, das in einem eingermaßen passablen Zustand war. Die alte Frau nuschelte einige Sätze; ich nahm an, dass sie mir gastfreundlich etwas anbot, und nickte begeistert. Sie verschwand in die Küche. Simakow hatte mir erzählt, dass es seiner Schwiegermutter gemessen an russischen Standards ziemlich gut ging – sie hatte eine Wohnung für sich allein und bezog eine kleine Rente von ihrem verstorbenen Ehemann. Doch wenn ich mich in der beengten Wohnung umblickte, verstand ich gut, warum Simakow und seine Familie geflohen waren. Genau wie Simakow gesagt hatte, stand in der Zimmerecke ein Nähkästchen, in dem sich, wenn er Recht hatte, immer noch die beiden blauen Schulhefte mit seinen Notizen befanden.

Seine Schwiegermutter kehrte einige Minuten später mit einer Tasse starkem, sehr süßem Schwarztee zurück, den ich mehr aus Höflichkeit als aus Durst trank. Als Vorwand für mein Kommen hatte Simakow in seinem Brief einige persönliche Gegenstände aufgeführt, die ich ihm mitbringen sollte. Seine Schwiegermutter hantierte in der Wohnung herum und stapelte immer mehr Bücher, Kleider und Schnickschnack auf dem Fußboden. Jeder Gegenstand wurde gewissenhaft auf der Liste abgehakt. Während ich auf eine Gelegenheit wartete, an die Notizbücher heranzukommen, dachte ich, dass es typisch für Simakow war, das Angebot auszunutzen. Offenbar sollte ich seinen gesamten weltlichen Besitz für ihn nach England schleppen.

Als die Schwiegermutter wieder in die Küche ging, sprang ich vom Sofa auf und griff in das Nähkästchen. Die beiden hellblauen Schulhefte lagen noch dort. Ich warf einen kurzen Blick hinein und vergewisserte mich, dass es die richtigen Hefte waren. Sie enthielten reihenweise Zahlen – bedeutungslos für jeden, es sei denn man war Experte. Ich schob die Hefte in einen der halbgefüllten Kartons.

Ein Blick auf die tickende Uhr auf der Anrichte zeigte, dass es bereits 16 Uhr war. In einer halben Stunde würde es dunkel werden. Ich wollte aber noch bei Tageslicht die ungewohnte

Strecke mit öffentlichen Verkehrsmitteln zurück in die Stadtmitte von Moskau hinter mich bringen, daher war es an der Zeit, mich loszueisen. Als das Mütterchen zwei knallrote Herrenslips von Simakow auf den Stapel legte, hatte ich vollends genug. Mit Zeichensprache gab ich ihr zu verstehen, dass ich nur einen Karton tragen konnte. Sie begriff und ordnete die Sachen nach Wichtigkeit. Fünf Minuten später hatte ich die stickige Wohnung verlassen.

Mit der Aktenmappe in der einen und dem schweren Karton mit den kostbaren Heften in der anderen Hand war ich auf dem mühsamen Weg zurück ins Hotel versucht, den überflüssigen Ballast wegzuwerfen. Im Hauptquartier war erbittert darüber diskutiert worden, welchen Nutzen es hatte, Simakows persönliche Gegenstände mitzubringen. P5 hatte sich vehement dagegen ausgesprochen, denn seiner Meinung nach waren sie hinderlich und konnten zu Komplikationen führen. Aber Bidde hatte argumentiert, dass sie mir einen Vorwand für den Besuch bei Simakows Schwiegermutter lieferten. Wenn ich auf dem Rückweg zum Hotel aufgegriffen wurde, konnte ich in aller Unschuld behaupten, er sei ein Freund von mir in England, der mich gebeten hätte, ihm einige Kleidungsstücke mitzubringen. Ich konnte jegliches Wissen über die Bedeutung der Hefte leugnen. Am Ende siegte die Erfahrung von Bidde, also schleppte ich das schwere Paket mit zurück ins Metropol.

Am nächsten Morgen rief ich nach einem gemütlichen Frühstück bei der britischen Botschaft an und vereinbarte einen Termin zum Besuch der Handelsabteilung. Ich gab vor, Informationen über Investitionen in Osteuropa zu benötigen. Die Sekretärin vom MI6, die das Gespräch entgegennahm, fragte wie vereinbart, ob ich mich mit dem Handelssekretär treffen wollte. Wir einigten uns auf 11.30 Uhr und ich machte mich auf den kurzen Weg vom Metropol über den Roten Platz und dann über die Moskwa zur britischen Botschaft direkt gegenüber vom Kreml. P5 und Bidde waren sich einig gewesen, dass ich die Notizbücher so schnell wie möglich loswerden musste, daher sollte ich sie zur Botschaft bringen, von wo sie mit der Diplomatenpost nach London geschickt würden.

Selbst dieser Plan war nicht ganz einfach zu bewerkstelligen. Der Stützpunkt in Moskau vermutete, dass jeder Raum der Botschaft abgehört wurde, nur ein Raum war sicher, weil man ihn regelmäßig elektronisch überprüfte. Wie die meisten ausländischen Botschaften beschäftigte auch die Unsere einige Einheimische als Büroangestellte, Fahrer und Reinigungspersonal. Von ihnen nahm man an, dass sie dem FSK Bericht erstatteten. Mein Telefongespräch mit der Sekretärin vom MI6 war sicher abgehört worden, und die Überwacher in dem geheimen Beobachtungsposten des FSK gegenüber der Botschaft waren informiert worden, dass um 11.30 Uhr ein Geschäftsmann kommen würde.

Am Empfang in der Halle zeigte ich meinen Huntley-Pass und wurde in die Handelsabteilung geführt. Wie vereinbart saß Wheeler an seinem Schreibtisch. »Ah, Mr. Huntley, nehme ich an?« Er stand auf, um mich zu begrüßen. Als ob wir uns nie zuvor gesehen hätten, gaben wir einander die Hand. »Nehmen Sie Platz, Mr. Huntley.«

»Wie bitte?«, fragte ich.

Wheeler wiederholte seine Aufforderung etwas lauter und bedeutete mir höflich, mich zu setzen. »Was kann ich für Sie tun?«

Zehn Minuten später war ich auf dem Weg zurück ins Hotel. Meine Aktenmappe war prall gefüllt mit Broschüren von der Botschaft und dem Ministerium für Handel und Industrie über geschäftliche Möglichkeiten in Russland. Doch vor allem war ich Simakows Notizen los. Wie geplant hatte ich meine *Financial Times* mit den Notizen darin versehentlich auf Wheelers Schreibtisch vergessen. Mittlerweile befanden sich die Hefte sicher bereits beim Leiter des Stützpunktes, der sie für die nächste Diplomatenpost vorbereitete. Bereits am Abend ging sie nach London, sodass sie noch vor mir im Century House war.

Am nächsten Tag flog ich mit vielen anderen Delegierten zusammen zurück nach England. Unter den Fluggästen war auch der Colonel, der sich noch einmal nach seinen vermeintlichen Bewachern umsah, als wir an Bord der Maschine gingen.

Nachdem ich über die erfolgreiche Reise nach Moskau Bericht erstattet hatte, forderte Russel mich auf, als UKA-Vertreter des Ausschusses für natürliche Tarnung des MI6 zu arbeiten. Der Ausschuss war gegründet worden, damit alle Dienststellen für natürliche Tarnung in Großbritannien – UKA (Osteuropa), UKB (Westeuropa), UKC (Afrika, vor allem Südafrika), UKD (Naher Osten ausschließlich Iran), UKJ (Japan), UKO (Indien und Pakistan) und UKP (Iran) – ihre Ideen und ihr Fachwissen über natürliche Tarnungen austauschen konnten. Jeder Stützpunkt sandte einen Stellvertreter, dazu kamen noch Beamte von der Security Branch und Vertreter von der Zentralverwaltung. Die Residenturen brachten stets innovative Tarnkonzepte vor und die Teilnahme an den Versammlungen bot faszinierende Einblicke in fantasievolle Operationen. So hatte zum Beispiel Kenneth Roberts, ein ehemaliger Offizier des Black Watch Regiments und Journalist bei der *Times*, der jetzt beim UKO arbeitete, einen prominenten Lord und Konservativen davon überzeugt, ihn als sein persönlicher Gesandter nach Indien begleiten zu dürfen, wo der Lord weit reichende Geschäftsbeziehungen hatte. Dadurch hatte Roberts beispiellosen Zugang zur indischen Oberschicht erhalten und lohnende Informationen über das indische Atomwaffenprogramm zusammengetragen. Nick Long, der ja als einer unserer Ausbilder beim Einführungslehrgang tätig gewesen war, arbeitete nun für den UKC und bereiste Südafrika als simbabwischer Händler für Geflügelfutter, wodurch er in ländlichen Gebieten gut getarnt Kontakt zu Agenten des ANC und der Inkatha Freedom Party aufnehmen konnte. Ein anderer Offizier, der Tierarzt gewesen war, bevor er zum MI6 kam, war gerade von einer vom Entwicklungsministerium finanzierten Reise aus dem Iran zurückgekehrt, bei der den dortigen Tierärzten gezeigt wurde, wie man Vieh und Schafe gegen verschiedene Krankheiten impfte. Da die Reise zu vielen tierärztlichen Forschungszentren führte, die man der Herstellung biologischer Waffen verdächtigte, hatte der MI6 einen entsprechend qualifizierten Agenten in die Gruppe eingeschleust.

Bei einer Sitzung ging es um die Möglichkeit, »Illegale Residenten« in feindliche Länder einzuschleusen. Illegale Residenten sind Agenten, die so sorgfältig ausgebildet sind, dass sie längere Zeit im Zielland leben können, ohne Verdacht zu erregen. Bis etwa 1970 setzte die Sowjetunion zahlreiche Illegale gegen den Westen ein. In Großbritannien wurden in dieser Zeit drei Agenten gefasst, die aktive Spionage betrieben. Der erste, ein KGB-Offizier namens Konon Trofimowitsch Molodij, hatte die Identität eines längst verstorbenen Finno-Kanadiers namens Gordon Lonsdale angenommen und einen Musikboxverleih in London als Tarnung benutzt. Er war von 1955 bis zu seiner Enttarnung im Jahr 1960 aktiv. Bei den beiden anderen, Morris und Lona Cohen, handelte es sich um Amerikaner, die vom KGB rekrutiert worden waren. Getarnt als Neuseeländer betrieben sie in London ein Antiquariat unter dem Namen Peter und Helen Kroger.

Allerdings hatten die beiden letzten Überläufer vom KGB, NORTHSTAR und OVATION, dem MI6 berichtet, dass der russische Geheimdienst mittlerweile auf den Einsatz von Illegalen verzichtete. Selbst der KGB hatte erkannt, dass sich das kostenintensive Training selten lohnte. Der Ausschuss für natürliche Tarnung kam schon bald zum gleichen Schluss. Eine derartige Ausbildung lohnte sich nur, wenn man einen oder vielleicht zwei produktive Agenten in einer hohen Position hatte, doch dann war ihre Betreuung für die Mitglieder des lokalen Stützpunktes zu riskant. Russland war das einzige Land, wo das Informationsbedürfnis groß genug war – und die Spionageabwehr gefährlich genug –, dass sich eine derartige Investition lohnte, obwohl der UKC sich auch für Südafrika aussprach. Selbst nach der Apartheid hatte Großbritannien immer noch großes Interesse an dem Land und der MI6 war dort sehr aktiv. Außerdem hatte man unter dem Apartheidsregime erfolgreich ein Netzwerk an Informanten aufgebaut, von denen viele nun eine hohe Position im ANC einnahmen. Nick Long erklärte mir mit einem Hauch von Sarkasmus: »Es ist erstaunlich, wie viele von ihnen, die jahrelang aus »ideologischen Gründen« spionierten, jetzt froh sind, auch nach der Apartheid weiterhin ihr Agentenhonorar einzustecken.«

Als ich einige Tage später wieder an meinem Schreibtisch saß und über die Frage der illegalen Residenten nachdachte, ging mir auf, dass wir das Problem von der falschen Seite aus betrachtet hatten. Anstatt mühsam eine falsche Identität für einen MI6-Agenten aufzubauen, sollten wir jemanden außerhalb des Geheimdienstes mit den entsprechenden beruflichen und persönlichen Qualifikationen finden, ihn heimlich unter falschem Namen zum Einführungslehrgang schicken und ihn dann unter seinem echten Namen in seiner früheren Beschäftigung im Zielland platzieren und dort für uns arbeiten lassen.

Russel gefiel die Idee. Er ermunterte mich, meinen Plan ausführlich in einem Paper zu formulieren. Das tat ich, ich konnte sogar einen passenden Kandidaten vorschlagen. Leslie Milton war seit unserer gemeinsamen Studienzeit in Cambridge ein Freund von mir. Seitdem hatte er in der Londoner City immer wieder die Arbeitsstelle gewechselt, einen Abschluss in Betriebswirtschaft gemacht und arbeitete nun als selbstständiger Investmentberater in London. Er war ledig, daher konnte er leicht ins Ausland ziehen und dort ein Unternehmen gründen. Außerdem war er in New York geboren und hatte aufgrund dieser Tatsache zusätzlich zu seinem britischen Pass auch einen amerikanischen, wodurch er sich noch weiter vom MI6 distanzieren konnte.

Mein Vorschlag wurde angenommen. Milton wurde vom MI6 angeworben und begann den Einführungslehrgang im März 1993. Seine wahre Identität und sein späterer Einsatz wurden in der Zentrale und vor den anderen Kursteilnehmern geheim gehalten. Er erhielt den Decknamen Charles Derry und wurde unter diesem Namen auch in die diplomatische Liste eingetragen, das offizielle Register der Mitarbeiter im Außenministerium. Einige Monate nachdem Milton den Kurs abgelegt hatte, ging in der Zentrale die Nachricht um, dass sein Vater schwer erkrankt sei und er den MI6 verlassen müsse, um das familieneigene Geschäft zu übernehmen. »Derry« verabschiedete sich von seinen neuen Kollegen und verschwand.

Etwa einen Monat später tauchte er unter seinem echten Namen in Johannesburg wieder auf und arbeitete als amerikanischer Investment-Berater. Er mietete ein kleines Reihenhaus im wohlhabenden Vorort Parkview und machte sich als Berater für Investitionsmöglichkeiten in der nach der Apartheid boomenden Wirtschaft selbstständig. Sein Haus lag in bequemer Nähe zu den Häusern der beiden wichtigsten Agenten des MI6 in Südafrika, ein ranghoher Offizier beim Militär und ein bedeutender Regierungsbeamter. Beide waren zu Beginn ihrer Laufbahn angeworben worden, aber in so hohe Positionen aufgestiegen, dass kein Mitglied des MI6-Stützpunktes in Pretoria sie gefahrlos kontaktieren konnte. Milton traf sich mit beiden Agenten zweimal im Monat bei sich zu Hause oder offen in einer Bar oder einem Restaurant in den besseren Gegenden von Johannesburg. Die Treffen verliefen unbemerkt, aber wenn jemand fragen sollte, konnten alle völlig plausibel erklären, dass Milton nur Ratschläge für Investitionen erteilte. Tatsächlich legte Milton ihre beträchtlichen Agentenhonorare für sie an, damit ihr zusätzliches Vermögen nicht von Kollegen oder Frau und Familie bemerkt wurde. Die Informationen, die Milton bei diesen Treffen erlangte, wurden mit sehr sicherer, aber frei verfügbarer PGP-Chiffrier-Software verschlüsselt und dann über das Internet nach London geschickt.

Das System war einfach, billig und völlig sicher. Selbst wenn die südafrikanischen Geheimdienste Milton verdächtigt hätten, wären sie nie auf einen Beweis gestoßen, um ihn oder seine Agenten zu belangen.

Neben Russland war der UKA auch für die Organisation von Operationen unter natürlicher Tarnung im übrigen Osteuropa zuständig. Seit Ende des Kalten Krieges bis Anfang 1992 war nur Russland von Interesse gewesen. Doch dann trat ein neuer Krisenherd in den Vordergrund: Jugoslawien löste sich auf, Kroatien und Slowenien waren von der Europäischen Gemeinschaft bereits als eigenständige Staaten anerkannt worden. Die Berichterstattung des MI6 über diese Region wurde zunehmend ausgeweitet, außerdem benötigte jeder neue Staat eine eigene Niederlassung.

Abgesehen von den beiden Mitarbeitern, die bereits in Belgrad stationiert waren, verfügte der MI6 nur über einen weiteren Beamten, der Serbokroatisch sprach. Dieser hatte jedoch gerade einen Finnisch-Intensivkurs als Vorbereitung für eine dreijährige Abordnung nach Helsinki abgeschlossen. Die Personalabteilung zögerte, diese Investition zu vergeuden und ihn auf den Balkan zu schicken, daher wurden mehrere andere Mitarbeiter zu Intensivkursen für Serbokroatisch beordert. Allerdings dauerte es mindestens neun Monate, bis sie die Sprache soweit beherrschten, dass sie im Ausland stationiert werden konnten. In der Zwischenzeit mussten die Bemühungen des erweiterten Belgrader Stützpunktes durch den UKA unterstützt werden. Da keiner von uns Serbokroatisch sprach, waren unsere Einsatzmöglichkeiten begrenzt. Im besten Fall konnten wir einige Englisch sprechende Agenten des Stützpunktes übernehmen. Russel schickte mich einen Stock tiefer, wo ich mich mit P4 unterhielt, der für die Operationen auf dem Balkan zuständig war.

P4 hatte die Stelle übernommen, bevor die Probleme in Jugoslawien ernstlich begonnen hatten. Davor hatte er eine Weile in Nordirland gearbeitet, bis der MI5 für das Gebiet zuständig wurde, dann hatte er auf verschiedenen ruhigen europäischen Verbindungsposten gedient, ohne sich besonders hervorzutun, und war kurz als »Mr. Halliday« aufgetreten – dabei hatte ich ihn kennen gelernt. P4 machte in der Zentrale nur mit seinem Modegeschmack Eindruck, der selbst einen bulgarischen Taxifahrer das Fürchten lehren würde. Er war überall als »Netzhemd« bekannt, obwohl auch die Bezeichnungen »Flatterflanell« oder »Wollkrawatte« gepasst hätten. Die Bedeutung, die seinem Posten nun zukam, war seine Chance, in der Chefetage einen positiveren Eindruck zu hinterlassen, und diese Aufgabe ging er mit Begeisterung an.

»Sicher, ich habe genau die richtige Aufgabe für Sie«, meinte er und blickte mich über seine Berge von Post auf dem unaufgeräumten Schreibtisch an. »Wir haben einen Hinweis, dass ein serbischer Journalist, ein gewisser Zoran Obradovic, einen Kontaktversuch wert sein könnte.« Netzhemd wühlte auf seinem Schreibtisch herum und zog schließlich die Akte hervor. »Er ist Mitte dreißig, Kriegsberichterstatter für die unabhängige Zeitung *Vreme* und verfasst regelmäßig Beiträge für den regierungskritischen Radiosender B-92. Er hat sich sowohl in der Öffentlichkeit als auch in Gegenwart von BEAVER mehrmals gegen den Krieg ausgesprochen und eine liberale Haltung vertreten.« BEAVER war ein bewährter britischer Journalist der Abwehr, der von der Presseabteilung betreut wurde und der Zentrale schon mehrere nützliche Hinweise gegeben hatte. Netzhemd reichte mir Obradovics Akte, wobei er darauf achtete, das Schildchen zu entfernen und zu unterschreiben. Das bedeutete, dass die Aufbewahrung der Akte nun bei mir lag. »Beschaffen Sie sich einen neuen Decknamen und eine Tarnung und machen Sie sich auf den Weg nach Belgrad. Sie werden überland aus einem Nachbarstaat einreisen müssen – wegen der Sanktionen der UNO gibt es keine direkten Flüge.«

8

GUT AUSGEBILDET

»Wissen Sie, Ben, ich habe Sie überprüft«, Obradovic senkte den Blick und fuhr leise fort, »mit Freunden... Kontakte... von mir bei der Polizei.« Er griff nach seiner Schachtel Marlboro Lights, die zwischen den Überresten eines langen und alkoholreichen Mittagessens auf der gestärkten Tischdecke lag, und zündete sich mit großem Zeremoniell eine Zigarette an. Er blies den Rauch langsam aus, nahm einen weiteren Zug, atmete melodramatisch aus und sah mir dann wieder in die Augen. »Es hat eine Weile gedauert, aber Ihre Referenzen, Ihr Presseausweis... nun, das ist alles in Ordnung.« Obradovic zog erneut an seiner Zigarette und beobachtete meine Reaktion. Ich griff so ruhig ich konnte nach einem Glas Wasser, denn mir war bewusst, dass er mit mir spielte. Ich musste so schnell wie möglich das Lokal verlassen – falls Obradovic mich wirklich bei der serbischen Geheimpolizei überprüft hatte, musste er herausgefunden haben, dass meine Referenzen als freier Journalist überhaupt nicht zusammenpassten.

Es war mein zweites Treffen mit Zoran Obradovic. Vor zwei Wochen war ich schon einmal von London angereist und hatte mich mit ihm im selben Café im Zentrum von Belgrad getroffen. Die UN-Sanktionen gegen Serbien, die seit dem 1. Juni 1992 galten, waren in vollem Gange, daher gab es keine direkten Flüge nach Belgrad. Die einzige Möglichkeit dorthin zu kommen, bestand darin, bis Budapest zu fliegen und dann die 370 Kilometer bis Belgrad mit dem Nachtbus zu reisen. Bei unserem ersten Treffen wirkte Obradovic viel versprechend. Er war freier Journalist, Mitte dreißig und serbisch-kroatischer Herkunft. Er erklärte, seine Ansichten über den Bürgerkrieg seien neutral, außerdem beharrte er hartnäckig darauf, dass seine Nationalität »Jugoslawe« sei. Er war gegen den Krieg, hatte aber Zugang zu ranghohen Militärs und Politikern in Serbien und Kroatien. Meine »Beratungsgebühr« von fünfhundert D-Mark nahm er mit kaum verhohlener Bereitwilligkeit. Seine rundliche Figur deutete auf eine Vorliebe für importierte Weine, gutes Essen und westliche Zigaretten hin, Dinge, die aufgrund der Sanktionen teuer waren, ich aber problemlos bieten konnte. Alle erforderlichen Eigenschaften – Zugang, Eignung, Motivation –, die einen guten Agenten ausmachten, waren vorhanden.

Nach meiner ersten Reise empfahl Netzhemd begeistert, dass ich so bald wie möglich noch einmal nach Belgrad reisen und den Kontakt ausbauen sollte. Obradovic erweckte den Anschein, als ob er einige Lücken in der Berichterstattung des Belgrader Stützpunktes schließen könnte.

Die zweite Reise begann ohne besondere Vorkommnisse. Ich flog als freier Journalist unter dem Namen Ben Presley nach Budapest. In meiner Brieftasche befanden sich ein gefälschter Presseausweis sowie Scheckbuch und Kreditkarte der Royal Bank of Scotland, ansonsten aber nicht viel, was meine Tarnung stützte. Die Busfahrt verlief ruhig. Im Bus saßen dicht gedrängt Serben mit großen Koffern voller Waren, mit denen sie die Sanktionen unterliefen, doch ich hatte genug Platz und konnte ein paar Stunden schlafen.

Als der Motor des Busses mit einem Rumpeln zum Stehen kam, wachte ich auf. Ein Blick auf meine Uhr zeigte, dass es vier Uhr morgens war. Ich wischte das beschlagene Fenster frei und sah nach draußen. Trübe Neonlichter durchdrangen kaum Nebel und Dunkelheit, aber ich konnte erkennen, dass wir an der ungarisch-jugoslawischen Grenze waren. Jeder verfügbare Parkplatz war mit einem kleinen überladenen Zastava oder einem Lieferwagen belegt, der mit Waren aus Ungarn vollgepackt war. Trotz der Uhrzeit warteten Serben in langen Schlangen darauf, dass ihr Pass gestempelt wurde. Der Busfahrer stand auf und verkündete mürrisch etwas, das ich nicht verstand, dann reichte er ein Blatt Papier auf einem Klemmbrett herum, das vermutlich für die Grenzpolizei bestimmt war. Als ich an die Reihe kam, stellte ich fest, dass ich meinen Namen und meine Reisepassnummer eintragen musste. Fast noch im Halbschlaf unterzeichnete ich beinahe mit meinem echten Namen. Hastig überschrieb ich den Fehler und trug meinen Decknamen ein. Niemand bemerkte mein Missgeschick, doch ich war mit einem Mal hellwach.

Einige Minuten später erklomm ein serbischer Grenzpolizist den Bus, die Maschinenpistole war quer über die Brust geschnallt, darunter trug er einen schweren, dunkelblauen Überzieher. Er inspizierte die Liste und grunzte einen Befehl, vermutlich sollten wir unsere Pässe zeigen, dann arbeitete er sich durch den Bus. Da ich vorne saß, kam ich schon bald an die Reihe. Er warf einen kurzen Blick in meinen Pass, erkannte, dass er britisch war, und steckte ihn ohne ein weiteres Wort in die Manteltasche. Nachdem er sich bis zum Ende des Gangs durchgekämpft hatte, stieg er aus und nahm meinen Ausweis mit. Ich wollte protestieren, doch da ich kein Wort Serbokroatisch oder Ungarisch sprach, blieb mir nichts anderes übrig, als mich stumm und geduldig in mein Schicksal zu fügen. Der Busfahrer warf mir einen Blick zu und sagte etwas auf Serbisch, das ziemlich bissig klang, vermutlich mussten wir also warten, bis mein Pass wieder zurückgebracht wurde. Die anderen Passagiere murrten ungeduldig. Die Zeit verging, aber schließlich kam der Grenzpolizist wieder zurück und händigte mir meinen Pass wieder aus. Ein kurzer Blick zeigte, dass er nicht gestempelt worden war, doch meine persönlichen Daten waren nun sicher in einem Polizeicomputer gespeichert.

Die restliche Fahrt verlief ohne Probleme. Nachdem ich mir im Hotel Intercontinental ein Zimmer genommen hatte, blieb vor dem Anruf bei Obradovic noch Zeit für Dusche und Frühstück. Er wollte sich zum Mittagessen um 14 Uhr treffen, daher hatte ich den Morgen über Zeit zu überprüfen, ob ich überwacht wurde. Netzhemd hatte mir gesagt, dass die Mitglieder des Belgrader Stützpunktes selten beschattet wurden, doch das war kein Grund, unaufmerksam zu sein. Sarah hatte mich gebeten, ihr eine Handtasche zu kaufen, und ein Einkaufsbummel war eine hervorragende Gelegenheit, nach

Beobachtern Ausschau zu halten – ich konnte langsam um die Stände mit Ledertaschen schlendern, müßig die Waren betrachten, in den Läden ein- und ausgehen, ein Stück zurückgehen und all die anderen üblichen Tricks anwenden, ohne verdächtig zu wirken.

Trotz der Sanktionen herrschte in den Einkaufsstraßen Belgrads dichtes Gedränge. Importierte Hightech-Waren waren enorm teuer oder gar nicht mehr zu bekommen, doch im Inland hergestellte Produkte – vor allem Lederwaren und Kleider – boomten. Es gab zahlreiche Läden mit einer großen Auswahl an Handtaschen.

Ich stand an einer belebten Straße, betrachtete die Schaufenster und verfluchte mich leise, weil ich mich einverstanden erklärt hatte, Sarah eine Handtasche mitzubringen – sie konnte so wählerisch sein, weshalb es mir schwer fiel, mich für eine Tasche zu entscheiden. Frustriert wandte ich mich ab und bemerkte dabei einen jungen Mann, der sich einige Schaufenster weiter ebenfalls wieder in Bewegung setzte. Er war mittelgroß, mondgesichtig, glatt rasiert und trug eine graue Mütze. Ein grauer, unauffälliger Typ – vielleicht ein bisschen zu unauffällig.

Eine Stunde später trank ich einen Kaffee in einem Straßencafé. Plötzlich bemerkte ich, dass der Mann mit der grauen Mütze im Café gegenüber ein Buch las. Das war keineswegs ein stichhaltiger Beweis, dass ich beobachtet wurde. Dafür musste ich ihn mehrmals oder zwei unterschiedliche Beobachter zweimal gesehen haben. Eine Person zweimal zu sehen, konnte auch bloßer Zufall sein. Dennoch beschloss ich, sehr vorsichtig zu sein.

Natürlich konnte ich das Treffen mit Obradovic nicht ausfallen lassen, nur weil ich eventuell einen Beschatter gesehen hatte. Aber es war klüger, meine Pläne etwas zu ändern. Ich hatte eigentlich am nächsten Morgen wieder mit dem Bus abreisen wollen, wodurch ich den ganzen Tag für unser Gespräch zur Verfügung gehabt hätte. Doch angesichts der Möglickeit, dass man mich überwachte, und der Tatsache, dass man meine Tarnung sehr leicht aufdecken konnte, hätte ich das Schicksal herausgefordert, wenn ich eine Übernachtung riskierte. Ich beschloss, den Zug zu nehmen, der um 16.25 Uhr am Hauptbahnhof von Belgrad abfuhr. Dadurch blieb für das Mittagessen mit Obradovic nicht viel Zeit, doch das war nun von geringerer Bedeutung. Ich sprang in ein Taxi – einige fuhren noch trotz der Benzinknappheit – und fuhr zurück ins Hotel, um zu packen.

Meine Besorgnis wuchs, als Obradovic zu unserem Treffen eine Stunde zu spät in einem neuen roten Fiat Bravo mit Diplomatennummer vorfuhr und demonstrativ auf dem Gehweg parkte. »Ein hübscher kleiner Wagen«, meinte ich, sobald wir uns die Hand gegeben hatten. »Sie müssen wichtige Kontake haben, wenn Sie so ein Auto bekommen.«

»Was glauben Sie, wie ich sonst an Benzin komme und in ganz Serbien, Bosnien und Kroatien herumfahren kann?«, antwortete er prahlerisch. Nur Fahrzeuge mit Diplomatennummern waren von der Benzinrationierung und dem langen Schlangestehen an den Tankstellen ausgenommen und nach Kroatien konnte man nur mit neutralen CD-Schildern fahren. Aber wie war er zu solchen Privilegien gekommen? Er musste sehr gute Verbindungen haben – zu gute Verbindungen.

Bei unserem ausgiebigen und teuren Mittagessen sprach Obradovic angeregt und kenntnisreich über den Krieg und die Situation in Bosnien, bot aber keine Informationen, die nicht bereits bekannt waren. Er gab auch keinen Hinweis darauf, dass er angeworben werden wollte. Meine Zuversicht, dass er einen guten Agenten abgeben würde, schwand immer mehr. Nun wollte ich das Treffen nur noch beenden und unbeschadet wieder nach Großbritannien zurückkehren. Es war 16.05 Uhr, als Obradovic sich endlich dem Cognac zuwandte und ich um die Rechnung bitten konnte. Einige Minuten später, in denen ich immer wieder nervös auf die Uhr blickte, ließ er lässig die Bombe platzen, er habe mich überprüft.

Wir verabschiedeten uns vor dem Restaurant neben seinem Auto, das auf wundersame Weise sämtlichen Strafzetteln entgangen war. »Danke fürs Essen, Ben«, sagte Obradovic ohne große Überzeugung.

»Ich melde mich bald wieder«, antwortete ich, ebenfalls nicht sehr überzeugt.

Obradovic wandte sich zu seinem Auto und rief dann noch einmal über die Schulter: »Viel Glück.« Er klang so glaubwürdig wie ein Bischof im Bordell. Ich lächelte, packte meine Tasche und verschwand um die nächste Ecke.

Da es nur noch neun Minuten bis zur Abfahrt des Zuges waren, warf ich meine Schultertasche auf den Rücksitz eines schmutzigen schwarzen Fiat und sprang ebenfalls hinein. »Station« rief ich dem Taxifahrer zu. Er sah mich verständnislos im Rückspiegel an. Ich verfluchte mich innerlich, dass ich vor meiner Abreise nicht das serbokroatische Wort dafür gelernt hatte. »Bahnhof« schrie ich in der Hoffnung, dass er wie die meisten Serben ein bisschen Deutsch konnte. Er verstand nicht. Ich fluchte noch einmal und versuchte erfolglos, mich an das russische Wort für Bahnhof zu erinnern, das ich einmal gelernt hatte – Serbisch ist eng mit dem Russischen verwandt. »Tschuff, tschuff, tschuff!« Ich bewegte die Arme vor und zurück und zog in Lokführermanier an einer unsichtbaren Pfeife. Der Taxifahrer musste lächeln, stellte den Taxameter an und legte den Gang ein. Noch sieben Minuten – ich konnte es gerade noch schaffen.

Aber kaum hatte der Fahrer die Handbremse gelöst, musste er sie auch schon wieder anziehen. Eine Straßenbahn mit vier Wagen voller Einkäufer und Pendler ratterte an uns vorbei und hielt. Uns war der Weg abgeschnitten. Wir konnten nicht vor, weil uns der erste Wagen blockierte. Zurück konnten wir aber auch nicht, weil die Fahrgäste bei den hinteren Wagen ein- und ausstiegen und über die Straße zum Gehweg strömten. Ich fluchte noch einmal, dieses Mal laut, während wertvolle Minuten verstrichen. Es schien unendlich lang zu dauern, bis endlich alle Fahrgäste an Ort und Stelle waren. Zu guter Letzt kam noch eine alte Frau, schwer beladen mit prallen Einkaufstaschen. Einige Jugendliche sprangen noch einmal vom Wagen, um ihr Platz zu machen, und quetschten sich dann wieder auf die letzte Stufe. Endlich fuhr die Bahn mit zischenden Bremsen davon.

Der Taxifahrer spürte meine Eile und drückte aufs Gaspedal, während wir uns durch den zum Glück spärlichen Verkehr schlängelten. Trotzdem war es schon 16.25 Uhr, als wir am Bahnhof hielten. Ich drückte dem Fahrer eine Handvoll D-Mark in die Hand, schnappte meine Tasche und rannte in den Bahnhof. Für den Kauf einer Fahrkarte blieb keine Zeit mehr. Ein rascher Blick auf die Anzeigentafel – glücklicherweise waren die Zielorte noch in lateinischer und nicht in der mittlerweile obligatorischen kyrillischen Schrift angegeben – zeigte, dass mein Zug von Gleis acht abfuhr. Wie eine Figur in einem schlechten Film rannte ich am Bahnsteig entlang und sprang auf die Stufe des nächsten Waggons, während sich der Zug langsam in Bewegung setzte.

In den nächsten 45 Minuten stand ich am Fenster neben der Tür und sah zu, wie die düsteren Vororte von Belgrad allmählich konturenlosen Feldern Platz machten. Der Fahrtwind kühlte mein Gesicht. Trotz Obradovics ominösen Worten und dem bevorstehenden Grenzübergang dachte ich unentwegt an Sarah. Ich hatte ihr kein Geschenk gekauft – ich hatte es zwar versucht, aber nichts gefunden, was ihr gefallen hätte. Ich wusste, dass sie nicht wütend sein würde. Im schlimmsten Fall würde sie eine Grimasse ziehen und einen witzigen oder spöttischen Kommentar abgeben. Trotzdem würde sie enttäuscht sein. Ich beschloss, in Budapest nach einem Geschenk für sie zu suchen, und ging auf der Suche nach einem freien Platz den schwankenden Gang entlang.

Mir blieben noch vier Stunden bis zur ungarischen Grenze. Mein Schicksal lag nicht mehr in meiner Hand. Hatte Obradovic mich den serbischen Behörden gemeldet? Wahrscheinlich. Aber ich hatte ihm gesagt, dass ich am nächsten Morgen mit dem Bus abreiste, vielleicht hatte er es daher mit seiner Anzeige nicht sonderlich eilig gehabt, was bedeutete, dass die serbische Grenzpolizei noch nicht benachrichtigt worden war. Es bestand auch die Möglichkeit, dass mir schon während der ganzen Reise Überwacher gefolgt waren und mein hastiger Aufbruch zum Bahnhof bemerkt worden war. Doch selbst wenn meine Tarnung aufflog – würden die Serben eine Verhaftung anordnen? Das hing davon ab, ob sie damit einen politischen Zweck verfolgten. Über Serbien waren UN-Sanktionen verhängt worden, da verschaffte ihnen die Verhaftung eines britischen Spions einen gewissen Vorteil im UN-Hauptquartier in New York. Andererseits wollten die Serben den Westen vielleicht nicht weiter gegen sich aufbringen. Das Risiko einer Verhaftung war relativ gering, aber das hielt mich nicht davon ab, mir sorgfältig noch einmal jedes Detail meiner Tarnung zu wiederholen. Wie lautete mein Geburtsdatum? Wo war ich geboren? Adresse? Beruf? Wo arbeitete ich? Ich schalt mich selbst, dass ich nicht intensiver an meiner Tarnung gearbeitet hatte. Nachdem ich seit Moskau Reisen nach Madrid, Genf, Paris und Brüssel hinter mich gebracht hatte, wurde ich allmählich leichtsinnig. Die Reisen unter realistischer Tarnung waren für mich zur Routine geworden. Ich beschloss, die Verantwortung nie wieder so leicht zu nehmen.

Der Zug wurde langsamer und fuhr kurz vor 21 Uhr in den Bahnhof von Subotica ein. Die serbische Grenzpolizei hatte meinen Pass schon bei meiner ersten, ereignislosen Reise kontrolliert, daher würde sie es wahrscheinlich auch dieses Mal tun. Ich verließ mein Abteil voll schnarchender Serben und stellte mich in den Gang, wo ich ein Fenster öffnete, damit ein wenig feuchte Sommerluft in den stickigen Korridor kam. In der verlassen wirkenden Stadt leuchteten nur wenige Lichter.

Der Zug hielt mit unangenehm kreischenden Bremsen. Türen schlugen auf und zu, als einige Fahrgäste ausstiegen. Die meisten fuhren wie ich weiter. Ein Mädchen kam zu meinem Fenster gerannt und hielt ein Tablett mit unappetitlichem, in der Hitze schwitzendem Gebäck zu mir hoch. Ihre braunen Augen blickten mich eine oder zwei Sekunden lang an, bevor sie mein Desinteresse registrierte und zu einem anderen Fenster rannte. Zwei Grenzposten, die unter dem Gewicht ihrer dicken Mäntel und schweren Maschinenpistolen schwitzten, stiegen in den ersten Wagen und arbeiteten sich methodisch nach hinten durch. Sie überprüften jeden Fahrgast. Suchten sie nach mir oder war das nur Routine?

Für einen kurzen Augenblick spielte ich mit dem Gedanken, aus dem Zug zu springen und über die Gleise in die Stadt und weiter über die grüne Grenze zu laufen. Es war Neumond, aber der Himmel war klar, daher hätte ich mich leicht an den Sternen orientieren und die zehn Kilometer nach Kelebia, dem nächsten ungarischen Dorf, laufen können. Ein solcher Marsch wäre bei der Territorial Army als Spaziergang betrachtet worden.

Aber solche Ideen waren purer Leichtsinn. Dies war eine MI 6-Operation, keine militärische Übung, ich sollte mich daher an meine Ausbildung halten und mich rausreden. Ich ging zurück in mein Abteil. Einige Minuten später kamen die Grenzpolizisten. Der Ältere der beiden hatte eine breite Brust und schwitzte in seinem schweren Mantel. Er kontrollierte den jugoslawischen Pass eines Mitreisenden, während der Jüngere, blass und milchgesichtig mit Schnurrbartflaum, mit einem Stock in dem umfangreichen Gepäck auf der Ablage über uns stocherte, als ob er nach Menschen suchte, die sich in den Koffern versteckten. Dann wandte sich der Ältere mir zu und verlangte mit einem Fingerschnalzen meinen Ausweis. Er schlug die letzte Seite des neuen Passes der Europäischen Gemeinschaft auf, überprüfte das Foto und verglich es dann mit meinem Gesicht, wobei er mich mit leerem Blick anstarrte, als ob er einen Zugfahrplan lesen würde. Er steckte den Pass ein und verließ ohne ein Wort der Erklärung das Abteil. Sein jüngerer Kollege folgte ihm auf den Fersen wie ein treuer Hund.

Ich konnte nichts anderes tun als warten. Die Grenzbeamten hatten meine Papiere auf dem Rückweg von meiner ersten Reise nicht an sich genommen, daher machte ich mir Sorgen. Ich ging wieder hinaus auf den Gang und steckte den Kopf aus dem Fenster. Draußen auf dem Bahnsteig kamen vom Ende des Zuges zwei andere Grenzbeamte auf mich zu. Sie gingen nebeneinander und sahen sich durch die Fenster die Passagiere genau an, als ob sie jemanden suchen würden. Als sie noch drei Wagen von mir entfernt waren und von mir weg ins Innere des Zuges blickten, erkannte ich, dass die beiden ersten Beamten von der anderen Seite auf mich zusteuerten. Ich saß zwischen den Grenzschützern fest und hatte keine Chance zu entkommen.

Ich hörte die Verbindungstür schlagen, als das mir bereits bekannte Duo meinen Wagen betrat. Ich wartete, bis sie nur noch wenige Schritte von mir entfernt waren, dann wandte ich mich ihnen zu. Der Gang war zu eng, um nebeneinander zu gehen, und der Ältere führte. Beim Näherkommen schnippte er den Stummel seiner serbischen Zigarette aus dem Fenster. Der Jüngere, der einen Schritt hinter ihm war, kaute eifrig Kaugummi. Der widerlich süße Geruch des Kaugummis, der sich unangenehm mit ihrer beider Schweiß mischte, wehte mir entgegen. Drohend bauten sie sich vor mir auf und der Ältere griff in die Brusttasche seines schweren Mantels. Darunter kam ein schweißbeflecktes Hemd zum Vorschein. Er zog meinen Pass heraus. Seine schweren Augenlider zuckten, als er mir den Pass entgegenstreckte und etwas Unverständliches auf Serbisch knurrte. Ich zuckte mit den Schultern, mein Puls raste. Er knurrte wieder etwas, erkannte dann, dass ich nichts verstand, und wechselte ins Deutsche. »Fahrrkarte«, schnauzte er. Die Bedeutung tauchte aus einem Winkel meines Gehirns auf, wo sie seit meinem Deutschkurs bei der Territorial Army jahrelang geschlummert hatte. Ich lächelte erleichtert, griff in meine Brusttasche und zog eine Handvoll D-Mark heraus, um die Fahrkarte zu bezahlen, die ich am Bahnhof in Belgrad nicht mehr hatte kaufen können. Der Grenzbeamte reichte mir meinen Pass und das Paar marschierte hinaus.

In den frühen Morgenstunden rollte der Zug im Bahnhof von Budapest ein. Ich verbrachte die Nacht in einem billigen Hotel in Bahnhofsnähe und flog am nächsten Morgen zurück nach London. Ich brauchte ungefähr einen Tag, bis ich den Papierkram erledigt und Bericht erstattet hatte. Danach bestellte mich Bidde in sein Büro. Er blickte mich über seine Brillengläser hinweg an und ermahnte mich freundlich: »Den Tarnnamen Presley werden Sie sicher nicht mehr benutzen.«

Kurz nach meiner Rückkehr aus Belgrad bestellte mich Nick Fish in sein Büro. Fish war Aufklärungsagent für die Abteilung für Operationen auf dem Balkan und Assistent von Netzhemd. »Wie würde es Ihnen gefallen, bei meinem Plan zur Ermordung Slobodan Miloševićs mitzumachen?«, fragte er beiläufig, als ob er sich nach meiner Meinung zu den Cricket-Ergebnissen vom Wochenende erkundigen würde.

»Ach kommen Sie, ich falle nicht auf Ihre Spielchen herein«, antwortete ich wegwerfend, weil ich glaubte, dass Fish mich aufziehen wollte.

»Warum nicht?«, fragte Fish entrüstet. »Wir haben mit den Yankees im Golfkrieg zusammengearbeitet, um Saddam umzulegen, und der SOE versuchte im Zweiten Weltkrieg, Hitler zu ermorden.«

»Ja, aber im Krieg waren das legitime militärische Ziele«, erklärte ich. »Wir sind mit Serbien nicht im Krieg und Milošević ist ein ziviles Staatsoberhaupt. Sie können ihn nicht umbringen.«

Fish ließ sich nicht entmutigen. »Doch, können wir. Solche Sachen haben wir auch schon gemacht. Das habe ich bereits mit Nikolaus oben abgeklärt«, meinte er und nickte mit dem Kopf abschätzig nach oben zu Biddes Büro im zehnten Stock. Fish stand mit jedem auf Kriegsfuß, selbst mit dem jovialen, silberhaarigen SBO/1. »Er hat mir erzählt, dass wir 1911 versuchten, Lenin zu erledigen, aber irgendein roter Bruder plauderte in letzter Minute, und Premierminister Asquith verwarf den Plan.« Fishs Enttäuschung war offensichtlich. »Nikolaus hat die Unterlagen im Schrank, wollte sie mir aber nicht zeigen. Sie sind immer noch geheimer als die Unterhosen des Papstes.«

Hatte der MI 6 je in Friedenszeiten ein Attentat verübt? Beim Einführungslehrgang hatten wir untereinander gelegentlich darüber diskutiert, aber keiner hatte gewagt, einen der Kursleiter zu fragen. Das Thema war Tabu, wurde von den Lehrern nicht erwähnt und von den Kursteilnehmern nicht aufgeworfen. Eines Abends in der Fort Bar, als niemand zuhörte, fragte ich Ball nach mehreren Bieren danach. »Auf keinen Fall, niemals«, antwortete er und runzelte dabei ernsthaft die Stirn. Ich war mir allerdings nicht sicher, denn er hatte sich schon oft als überzeugender Lügner erwiesen. Zumindest waren im Falle eines geplanten Attentats nur wenige Mitarbeiter eingeweiht. Und selbst wenn Ball etwas wusste, würde er einen Absolventen des Einführungslehrgangs nicht ins Vertrauen ziehen.

Ich nahm Fishs Vorschlag nicht allzu ernst. Doch einige Tage später, als ich wieder in seinem Büro war, um die Spesenabrechnung für die Reise nach Belgrad zu besprechen, warf er mir lässig einige DIN A4-Blätter zu. »Hier, schauen Sie sich das einmal an.« Es war eine zweiseitige Abhandlung mit dem Titel »Vorschlag zur Ermordung des serbischen Präsidenten Slobodan Milošević«. Auf der Rückseite war eine gelbe Kartei-karte befestigt, die zeigte, dass es sich nicht um einen blo-ßen Entwurf, sondern ein offizielles Dokument handelte. Aus der Umlaufliste am rechten Rand ging hervor, dass Netzhemd, der Bereichsleiter des osteuropäischen Kontroll-gremiums (C/CEE), MODA/SO (ein SAS-Major, der dem MI 6 als Verbindungsoffizier vom »Zuwachs« zugeteilt war) und H/SECT, der Assistent des Chefs persönlich, das Dokument gesehen hatten. Ich überprüfte das Datum in der oberen lin-ken Ecke, stellte fest, dass es nicht der 1. April war, und setzte mich dann auf den Besucherstuhl neben dem überladenen Schreibtisch, um es zu lesen. Auf der ersten Seite wurden Argumente für ein Attentat genannt, wobei Miloševićs desta-bilisierende Pläne für ein Großserbien, seine verdeckte illegale Unterstützung von Radovan Karadzic und seine Völkermord-absichten gegen die Albaner im Kosovo angeführt wurden. Auf der zweiten Seite wurde die Durchführung des Attentats beschrieben.

Fish schlug drei Alternativen vor und nannte jeweils die Vor- und Nachteile. Sein erster Vorschlag war, die militäri-schen Spezialeinheiten zu nutzen und eine serbische parami-litärische Dissidentengruppe auszubilden und auszurüsten, die Milošević dann in Serbien töten sollte. Fish argumentierte, der Vorteil des Plans sei, dass man alles abstreiten könne, der Nachteil, dass er schwer zu kontrollieren sei. Beim zweiten Vorschlag sollte ein Team von der Spezialeinheit nach Serbien eingeschleust werden und Milošević mithilfe einer Bombe oder eines Heckenschützen töten. Fish legte dar, dass dieser Plan große Aussicht auf Erfolg habe, man ihn aber, wenn etwas schief ging, schlecht abstreiten könne. Bei der dritten Variante wurde ein »Autounfall« arrangiert, der sich vorzugs-weise ereignen sollte, wenn Milošević an den Friedensge-sprächen der Internationalen Konferenz über das ehemalige Jugoslawien in Genf teilnahm. Fish schlug vor, den Chauffeur mit einem Stroboskop zu verwirren, wenn die Kolonne gerade durch einen Tunnel fuhr. Der Vorteil eines Zwischenfalls im Tunnel war, dass es weniger Zeugen gab, außerdem war die Wahrscheinlichkeit größer, dass der Unfall tödlich ausging.

»Sie haben sie nicht mehr alle«, murmelte ich und reichte ihm die Seiten zurück. Die Frechheit und Rücksichtslosigkeit des Plans war erschreckend. Fish meinte es mit seiner Karriere beim MI 6 ernst und würde seinen Vorgesetzten einen solchen Vorschlag nicht aus Jux unterbreiten. »Das kommt nie durch«, fügte ich hinzu.

»Was wissen Sie schon?«, gab Fish zurück und betrachtete mich abschätzig, als ob ich ein dummer Junge wäre, der zum ersten Mal mit dem Ernst des Lebens konfrontiert wird.

Ich hörte nie wieder etwas von dem Plan, doch damit hatte ich auch nicht gerechnet. Wahrscheinlich war ein Ausarbeitungsausschuss gebildet worden, dem nur der Chef, C/CEE, P4 und MODA/SO angehörten. Nicht einmal Fish wäre in dieser frühen Phase an der detaillierten Planung beteiligt worden. Dann war vermutlich ein Antrag beim Außenminister zur politischen Freigabe eingereicht worden. MODA/SO und die Spezialeinheit hätten die Einzelheiten der Durchführung geplant. Wenn der Plan tatsächlich weiterentwickelt wurde, kam er dennoch nicht zur Vollendung, denn Milošević war quicklebendig und sollte noch viele Jahre an der Macht bleiben.

Als der Krieg in Bosnien eskalierte und drohte, Südosteuropa zu destabilisieren, verlangte man vom MI 6 mehr Informationen. Mitte des Jahres 1992 befanden sich in der ehemaligen Republik Jugoslawien nur ein Geheimdienstmitarbeiter in Zagreb und zwei in Belgrad. Einige andere Stützpunkte, vor allem Athen und Genf, lieferten brauchbare Informationen von Flüchtlingen und Reisenden, dennoch klafften in der Berichterstattung große Lücken. Der MI 6 benötigte dringend mehr Mitarbeiter vor Ort, wurde jedoch durch den Mangel an finanziellen Mitteln und an Personal sowie durch Vorbehalte hinsichtlich ihrer Tarnung daran gehindert. Das Außenministerium unterhielt in Bosnien, Montenegro, Kosovo oder Mazedonien keine Botschaften, daher konnten Geheimdienstmitarbeiter dort nicht als Diplomaten getarnt arbeiten. Ein flexiblerer Ansatz war nötig.

Colin McColl, der Chef höchstpersönlich, brachte eine kreative Lösung vor, mit der die Lücken in der Berichterstattung rasch gestopft werden konnten, allerdings rümpften die meisten ranghöheren Beamten zunächst die Nase darüber. McColl schlug vor, dass in jeder neuen unabhängigen Region im ehemaligen Jugoslawien »Schuhkarton-Stützpunkte« mit einem Beamten mit Laptop, Chiffriersoftware und einem Satellitenfaxgerät von der Größe einer Aktenmappe eingerichtet wurden. Der »Schuhkarton-Beamte« wurde der lokalen Geheimpolizei anvertraut. Sein Schutz basierte auf dieser Verbindung, nicht auf der Sicherheit einer Botschaft und der diplomatischen Immunität. Die Mitarbeiter genossen nicht die üblichen Vorteile wie eine kostenlose komfortable Unterbringung, ein Auto oder Heimaturlaub, dafür arbeiteten sie nur sechs Monate und erhielten eine großzügige Zulage.

Der erste Schuhkarton-Beamte wurde im September 1992 in die albanische Hauptstadt Tirana geschickt. Rupert Boxton war ein älterer ehemaliger Fallschirmjäger, der gerade von einer dreijährigen Stationierung im ruhigen Namibia zurückgekehrt war. Er galt als »ein bisschen doof« und eignete sich nicht für eine Verwaltungstätigkeit in der Zentrale. Seine Aufgabe in Tirana war weder einfach noch angenehm. Obwohl das albanische Staatsoberhaupt, Präsident Berisha, bestrebt war, die Beziehungen zum MI6 zu verbessern, war die albanische Geheimpolizei immer noch im Denken des albanischen kommunistischen Isolationismus gefangen. Man vertraute Boxton nicht, wollte ihn nicht in Tirana und weigerte sich, ihm lohnende Informationen oder Hinweise zukommen zu lassen. Außerdem war der deutsche Bundesnachrichtendienst bereits vor Ort und hatte ein enges Verhältnis zu den Albanern aufgebaut. Die Versuche des MI6, nachträglich mitzumischen, führten zu nichts. Boxton wurde bereits nach wenigen Monaten wieder abgezogen und von der Personalabteilung in Pension geschickt.

Das Fiasko in Tirana überzeugte den MI6, dass das Schuhkartonsystem nur funktionierte, wenn der Geheimdienst vor Ort auf den MI6 angewiesen war und von ihm Geld, Unterstützung bei der Ausbildung oder Informationen benötigte. Daher schienen die Aussichten für einen Stützpunkt in Skopje, der Hauptstadt der neu entstandenen Republik Mazedonien, viel versprechender. Die mazedonische Wirtschaft lag am Boden. Der Handel mit Serbien über die nördliche Grenze war durch die UN-Sanktionen gestoppt worden. Im Süden hatte Griechenland die Grenzen geschlossen und den Zugang zum Hafen von Thessaloniki gesperrt, weil die Griechen fürchteten, dass die Neubildung einer mazedonischen Nation in ihrer eigenen Provinz Mazedonien zu Unruhen führen könnte. Die Verkehrswege nach Albanien im Westen waren aufgrund des bergigen Geländes schlecht. Die Beziehungen zu Bulgarien im Osten waren etwas besser, doch sie waren von Misstrauen gegenüber den expansionistischen Ideen einiger bulgarischer Gruppierungen geprägt. Mazedonien war somit von der Außenwelt abgeschnitten und brauchte dringend starke Verbündete.

Der mazedonische Geheimdienst litt unter einem knappen Budget und war daher für finanzielle Verlockungen sehr empfänglich. Der MI6 nutzte die Gelegenheit und griff noch vor dem BND oder der CIA ein. Nachdem in Whitehall Papiere gewälzt worden waren, wurde vom Auswärtigen Amt und vom Entwicklungsministerium ein Soforthilfepaket geschnürt. Großbritannien lieferte dringend benötigte Medikamente und medizinische Apparate, Mazedonien beherbergte dafür einen MI6-Beamten. Die mazedonische Geheimpolizei wurde zusätzlich noch mit einem einwöchigen Lehrgang im Fort besänftigt. Dort wurden sämtliche Register gezogen, um die Mazedonier zu beeindrucken. Vor allem eine ausgefeilte Ausrüstung zur Kommunikation bei Überwachungsmaßnahmen gefiel ihnen, und schließlich gab der MI6 ihrem Bitten nach und besorgte ihnen das System, obwohl sie dafür keine Verwendung hatten.

Jonathan Small, ein energischer und kompetenter Mitarbeiter vom Allgemeinen Dienst, wurde im Dezember 1992 nach Mazedonien geschickt. Er verfügte über Erfahrung mit Einmann-Stützpunkten, denn er hatte bereits in Valletta auf Malta einen solchen betrieben und war daher für die Aufgabe bestens geeignet. Er wurde der mazedonischen Geheimpolizei anvertraut und benötigte deshalb keine Tarnung, doch um sich vor neugierigen Fragen zufälliger Bekannter zu schützen, gab er sich als Mitarbeiter einer Hilfsorganisation aus. Die entsprechenden Papiere erhielt er über Kontakte der Zentralverwaltung. Mithilfe einer Satellitenschüssel auf dem Balkon seiner Einzimmerwohnung im Zentrum von Skopje sendete Small schon bald regelmäßig Berichte, die sich meist mit den Kontaken von Präsident Gligorov zu Milošević befassten.

Der MI6 richtete noch zwei weitere Schuhkarton-Stützpunkte auf dem Balkan ein. Ein Mitarbeiter wurde für drei Monate in der Tarnung eines OSZE-Beobachters (Organisation für Sicherheit und Zusammenarbeit in Europa) ins Kosovo geschickt, hatte aber wenig Erfolg, weil die rücksichtslose und allgegenwärtige serbische Geheimpolizei jeden Versuch, Agenten zu führen, zu gefährlich machte. In Bezug auf Bosnien griff der MI6 auf bei der OPERATION SAFE HAVEN gesammelte Erfahrungen zurück, jene Operation der Alliierten nach dem Golfkrieg 1990, die darauf abzielte, die Kurden vor irakischen Vergeltungsschlägen zu schützen. Clive Mansell, ein Beamter in der Mitte seiner Laufbahn, der Kurdisch sprach, war damals den Royal Marines in Kurdistan als »ziviler Berater« zugeteilt worden. Er hatte sich unter die Flüchtlinge gemischt und Informationen über die aufkommende kurdische Nationalbewegung beschafft. Der MI6 beschloss, die gleiche Taktik in Bosnien anzuwenden, und schickte Mansell mit britischen UNPROFOR-Truppen (United Nations Protection Force) nach Split, wo er unter der Bezeichnung H/BAP (Head of Bosnia Army Posting) einen Schuhkarton-Stützpunkt aufbauen sollte.

Zu Beginn des Jahres 1993 hatten sich die Mitarbeiter vor Ort eingerichtet und die Informationsbeschaffung des MI6 auf dem Balkan ensprach allmählich den Anforderungen. In der Zwischenzeit beauftragte mich Netzhemd, Small in Skopje zu unterstützen. Smalls enge Beziehung zur mazedonischen Geheimpolizei bedeutete, dass er zu einem wichtigen Bereich vor Ort, für den ein großer Informationsbedarf bestand, keinen direkten Zugang hatte – zur albanischen Partei PRI. Die mazedonische Geheimpolizei hegte gegenüber der PRI und der albanischen Bevölkerung allgemein ein tiefes Misstrauen. Die Informationen zur PRI, die sie Small zukommen ließ, waren subjektiv. Daher brauchte der MI 6 eine unabhängige Infiltration. Netzhemd forderte mich auf, mir eine Tarnung für eine Reise nach Skopje zu überlegen und eine Beziehung zu den Zielobjekten in der PRI-Führung aufzubauen.

Da Ben Presley ausgedient hatte, erhielt ich einen neuen Decknamen, Thomas Paine, und Papiere, die mich wieder als freien Journalisten auswiesen. Nach den nervenaufreibenden Ereignissen in Belgrad bestand Bidde darauf, dass ich mir bessere Referenzen besorgte: »Gehen Sie runter in die Presseabteilung und fragen Sie, ob es hilfreiche Kontakte gibt.« Die Abteilung vermittelte mir ein Empfehlungsschreiben von SMALLBROW, jenes Zeitschriftenredakteurs, mit dem sie zusammenarbeitete, und den Auftrag, einen Artikel für *The Spectator* über die Auswirkungen der UN-Sanktionen in Mazedonien zu schreiben. »Wenn sich jemand von der PRI nach Ihnen erkundigt, verbürgt er sich für Sie«, versicherte mir der zuständige Beamte. Schon nach wenigen Tagen war ich für meine erste Reise nach Skopje gerüstet.

Es dämmerte bereits, als mich ein klappriges Taxi mit nur einem funktionierenden Scheinwerfer vom Flughafen ins zehn Kilometer entfernt liegende Zentrum von Skopje brachte, doch ich konnte immer noch die Folgen des Erdbebens von 1963 erkennen, das einen Großteil der Stadt zerstört hatte. Die Uhr am Hauptbahnhof stand noch auf zehn Minuten vor fünf, dem Zeitpunkt, als die erste Erschütterung die Stadt heimgesucht hatte. Selbst nach dreißig Jahren gab es im Zentrum nach wie vor brachliegende Grundstücke, auf denen einmal Gebäude gestanden hatten. Obwohl der Krieg im Norden Skopje nicht direkt erreicht hatte, waren die Zeichen wirtschaftlicher Not offensichtlich. In den Straßen lag Müll, an den Ecken standen Männer müßig herum, und Flüchtlinge aus dem Kosovo spielten Fußball vor ehemals verlassenen Gebäuden, die sie nun im heruntergekommenen albanischen Viertel bewohnten.

Das relativ wohlhabende mazedonisch-bulgarische Viertel, in dem Small lebte, sah etwas besser aus, dennoch beneidete ich ihn nicht. Seine Wohnung gehörte der mazedonischen Geheimpolizei und befand sich in einem trostlosen Betonblock in der Nähe des Grandhotels, wo ich ein Zimmer reserviert hatte. Nach einem kurzen Zwischenstopp im Hotel machte ich mich auf den Weg zu Small – er hatte mich auf einen Drink zu sich eingeladen, um über die Operation zu sprechen –, obwohl ich mich aus Sicherheitsgründen streng genommen nicht mit ihm hätte treffen dürfen. Skopje war nicht groß, und wenn wir zusammen von den Mitarbeitern anderer Geheimdienste gesehen wurden, konnte das uns beide gefährden. Aber in diesem Fall hatten Netzhemd und Bidde nachgegeben. Das Risiko war gering, und Smalls Posten war einsam und langweilig, daher würde ihm ein Besuch gut tun. Außerdem war er seit drei Monaten auf dem Posten, sein Wissen war also nützlich für mich.

»Hallo, kommen Sie rauf, dritter Stock«, begrüßte mich Small enthusiastisch über die Sprechanlage, die erstaunlicherweise funktionierte. Ich machte einen großen Schritt über die menschlichen Exkremente auf dem Boden und erklomm die Treppe. Small begrüßte mich wie einen verloren geglaubten Freund: »Willkommen im schönen Skopje.« Er brauchte nicht lange, um mich in der kleinen, spärlich möblierten Wohnung herumzuführen. Schon bald öffnete er eine Flasche Scotch und wir setzen uns und machten uns an die Arbeit. Small besaß eine rasche Auffassungsgabe und war ein hervorragender Einsatzleiter. Seine Fähigkeiten waren beim Allgemeinen Dienst vergeudet, aber die Personalabteilung wollte ihm einen Wechsel zur Spionageabteilung nicht erlauben. Dies hatte seinen Hintergrund: Wenn er beim Allgemeinen Dienst blieb, konnte man ihn an Orte wie Skopje beordern, wohin die meisten Mitarbeiter aus der Spionageabteilung nicht wollten, und ihm trotzdem das Gehalt des All-

gemeinen Dienstes zahlen. Small informierte mich sachver-
ständig über die verschiedenen albanischen Gruppierungen
und Personen. Wenn sich die Unterhaltung heiklen Themen
näherte, wedelte er mit der Hand durch die Luft und erinnerte mich so daran, dass seine Gastgeber eventuell seine
Wohnung abhörten. Als sich der Abend seinem Ende näherte,
kritzelte er rasch eine Notiz auf einen Zettel und reichte ihn
mir. Es war eine Einladung, ihn am nächsten Tag bei einer
Fahrt aufs Land zu begleiten und den Evakuierungsplan des
Stützpunktes zu überprüfen.

»Sicher, ich komme gerne«, antwortete ich, sorgsam darauf
bedacht, möglichen Zuhörern nicht mehr als nötig mitzuteilen.

Der Evakuierungsplan für Skopje unterschied sich von den
üblichen Vorhaben der Stützpunkte insofern, als dass sein
Zweck nicht darin bestand, enttarnte Agenten außer Landes
zu schmuggeln, sondern Small die Ausreise zu ermöglichen,
falls sich der mazedonische Geheimdienst gegen ihn wandte.
Die Geheimdienstleute waren brutal, außerdem war die politische Lage nicht stabil genug, um ihnen völlig zu vertrauen.
Wenn es ihnen ins Konzept passte, Small zu kidnappen oder
einzusperren, konnte er sich nicht auf diplomatische Immunität berufen, denn offiziell war er gar nicht im Land. Small
hoffte, dass er rechtzeitig gewarnt werden würde, wenn sich
das Verhältnis verschlechterte, und legal ausreisen konnte,
doch für den Notfall hatte er auch einen Fluchtweg. Zwei Mitglieder vom »Zuwachs« hatten ihn vor einiger Zeit besucht
und den Plan ausgearbeitet und mit ihm durchgespielt. Doch
damals war alles noch mit Schnee bedeckt gewesen, und Small
wollte sehen, ob er den Weg auch finden würde, nachdem der
Frühling die Landschaft völlig verändert aussehen ließ.

Am nächsten Morgen brachen wir früh in Smalls Landrover Discovery auf und fuhren hinaus aufs Land. Es war
Anfang Mai und Hecken aus wilden Forsythien leuchteten in
strahlendem Gelb. Laut Plan sollte sich Small auf dem Land
verstecken, bis Hilfe kam. In einem kleinen Wäldchen auf
einem Hang einige Kilometer südlich von Skopje, dessen Lage
sich Small sorgsam eingeprägt hatte, hatten die Fluchthelfer

in einem Loch ein kleines Lager angelegt, das Materialien enthielt, mit denen Small einige Tage im Freien überleben konnte – Lebensmittel, Wasser, Kleidung, Taschenlampen mit Infrarotfiltern, Zelt und Schlafsack, aber auch gefälschte Papiere, einen Reisepass, deutsches Geld, Goldmünzen und einen Notfunksender mit Positionsanzeige. Wir marschierten einige hundert Meter durch den Wald und maßen mithilfe eines Kompasses ab einem auffälligen Baumstumpf einige Meter aus. Ohne große Probleme fanden wir das Lager. Nachdem wir es vorsichtig ausgegraben und überprüft hatten, ob noch alles da war, vergruben wir es wieder, wobei wir darauf achteten, keine Spuren zu hinterlassen.

Oben auf dem Hügel hinter dem Wäldchen zeigte mir Small eine kleine Landebahn, die offenkundig nicht mehr benutzt wurde. »Hier soll das Flugzeug landen, das mich abholt«, erklärte er. »Früher wurde die Bahn von Schädlingsbekämpfungsflugzeugen benutzt, aber jetzt können sie aus Mangel an Ersatzteilen nicht mehr fliegen.« Wir überprüften, ob die Landebahn noch tauglich war. »Sie ist gerade lang genug, dass die Piper Aztec hier landen kann«, erläuterte Small. »Sie fliegen nachts, mit Infrarotbrillen, ich müsste daher die Bahn mit Infrarotlampen markieren.« Dann würde das Flugzeug unterhalb der Radarhöhe im Schutz der Dunkelheit über Albanien und die südliche Adria nach Italien und damit aus der Gefahrenzone heraus fliegen.

Small setzte mich auf dem Rückweg vor dem Grandhotel ab. Weitere Zeit mit ihm zu verbringen wäre ein unnötiges Risiko gewesen. Außerdem sollte ich am Abend mit dem stellvertretenden Leiter der PRI sprechen und wollte mich am Nachmittag noch auf die Begegnung vorbereiten. Ich ging auf mein Zimmer, zog meinen Laptop aus meiner Aktentasche und wartete darauf, dass er bootete. Die Festplatte war von der Technikabteilung modifiziert worden und wies unsichtbare Dateien auf, die laut der Mitarbeiter nicht einmal der fähigste Experte entdecken konnte. Ich gab das Passwort ein, die Festplatte ratterte und wie von Zauberhand erschienen meine Notizen auf dem Bildschirm. Ich las sie durch, prägte mir noch einmal die wichtigsten Anforderungen ein und formulierte im Geiste die Fragen, die ich bei dem Treffen stellen wollte.

Das erste Gespräch verlief reibungslos. Mein Kontakt in der PRI war begeistert, dass sich ein westlicher Journalist so für ihn interessierte. Er war mit weiteren Treffen einverstanden, daher reiste ich im Verlauf der folgenden Monate mehrmals nach Skopje, baute den Kontakt aus, gewann sein Vertrauen und brachte ihn näher an den Punkt, wertvolle Informationen preiszugeben. Das kostete Zeit und war umso beschwerlicher, als dass die Flüge nach Skopje selten waren und weit auseinander lagen, wodurch jede Reise drei bis vier Tage dauerte. Die Treffen erbrachten einige Informationen, doch allmählich zeigte sich, dass mein Kontakt mehr wusste, als er zu sagen bereit war. Vermutlich fürchtete er um seine Sicherheit. Die mazedonische Geheimpolizei würde ihm das Leben sicher schwer machen, wenn sie herausfand, dass er regelmäßig mit einem ausländischen Journalisten sprach. Im Century House kamen Bidde und Netzhemd daher überein, dass wir nur weiterkommen würden, wenn ich meine Tarnung als Journalist fallen ließ und die Beziehung völlig geheim wurde. Bei meinem nächsten Aufenthalt in Skopje verwendete ich den Satz, den wir beim Einführungslehrgang so eifrig geübt hatten: »Ich denke, Sie haben bereits vermutet, dass ich gar kein Journalist, sondern ein Mitarbeiter des britischen Geheimdienstes bin.« Zu meiner großen Erleichterung ergriff mein Kontaktmann nicht die Flucht. Stattdessen akzeptierte er meine Zusicherung, dass die mazedonische Geheimpolizei seinen Kontakt mit mir nie entdecken würde, da er es schließlich nicht mit einem unzuverlässigen Journalisten, sondern mit einem Profi vom Geheimdienst zu tun hatte. So hatte ich meinen ersten Agenten angeworben, was mir Pluspunkte in der Zentrale einbrachte. Da die Beziehung nun abgesichert war und eine stabile Grundlage hatte, war er ein zuverlässiger Lieferant geheimer Informationen.

Zwischen meinen Reisen nach Skopje hielt mich Fish in London mit kleinen, aber interessanten Aufgaben im Zusammenhang mit dem Krieg in Bosnien auf Trab. Fish koordinierte die

Hinweise auf mögliche Informanten aus anderen Stützpunkten oder von in Großbritannien stationierten Agenten wie BEAVER, und Fish war ein fleißiger Arbeiter. Unter verschiedenen Decknamen reiste ich nach Straßburg, Hamburg, Lissabon und Brüssel und traf mich mit bosnischen und serbischen Journalisten, Dissidenten und Politikern. Sobald ich mich in Fishs Büro blicken ließ, hatte er eine neue interessante Aufgabe für mich. »Wie wäre es, wenn Sie BEETROOT führen würden?«, fragte er eines Tages.

»Gut«, antwortete ich, »aber wer ist BEETROOT?«

»Ein rechtes, konservatives Gemüse«, erklärte Fish. »Ein Tory-Abgeordneter, ist aber überraschenderweise in Ordnung«, fügte er hinzu. »Hier ist seine Akte – klemmen Sie sich dahinter.«

BEETROOT hatte nach dem Studium versucht, beim MI 5 unterzukommen, war aber unter dem Vorwand von Sicherheitsgründen auf ziemlich unfaire Weise abgelehnt worden. Er ging in die Wirtschaft, reiste häufig in die Sowjetunion und wurde schon bald vom MI 6 als Lieferant für niedrig eingestufte wirtschaftliche Informationen angeworben. Er wurde Mitglied bei der Konservativen Partei und kandidierte für sie. Zur allgemeinen Überraschung wurde er nach einem Stimmungsumschwung zugunsten der Torys tatsächlich gewählt. Normalerweise darf der MI 6 Parlamentsabgeordnete nicht als Informanten benutzen, doch in diesem Fall erhielt der MI 6 von Premierminister John Major persönlich die Erlaubnis, weiter mit BEETROOT zu arbeiten. Als Mitglied einer parlamentarischen Arbeitsgruppe über den Krieg reiste er häufig nach Bosnien, und Netzhemd und Fish hatten entschieden, dass sein Zugang zu führenden Persönlichkeiten in der Region ihn zu einem wertvollen Agenten machte.

Mein erstes Treffen mit BEETROOT fand im Grapes Pub am Shepherd Market statt. Er hatte den Pub ausgesucht, weil dieser nur wenige Gehminuten vom Parlament entfernt lag. Die Abgeordneten gingen dort nicht hin, weil die Prostituierten auf dem Shepherd Market ihnen peinliche Publicity einbringen konnten. Nachdem wir uns begrüßt hatten, bestellten wir jeder ein Pint Ruddles und eine Tüte Pork Scratchings. »Ich bin froh, dass Sie Kontakt zu mir aufgenommen haben«, sagte er, als wir an einem der großen Eichentische saßen. »Es gibt etwas, das mich schon seit einiger Zeit beunruhigt, aber ich wusste nicht, über welchen Kanal ich es melden soll.«

»Erklären Sie mir bitte mehr«, bat ich, neugierig geworden.

Er erzählte mir von einem jungen angehenden Tory-Kandidaten. Dieser war zwar britischer Staatsbürger, stammte aber aus einer serbischen Familie, sprach fließend Serbokroatisch und hatte seinen Namen per einseitiger Absichtserklärung geändert. Er trat leidenschaftlich für die Sache der bosnischen Serben ein und Karadzić hatte ihn zu seinem inoffiziellen Sprecher in London ernannt. Fish hatte eine so genannte FLORIDA-Vollmacht, um sein Telefon und Fax abzuhören, was nützliche Informationen erbracht hatte.

»Anscheinend hat er für die bosnischen Serben eine Spende an die Konservative Partei arrangiert«, erklärte BEETROOT. »Er leitet das Geld über eine serbische Bank, damit die Aktion legaler wirkt, aber im Grunde kommt das Geld direkt von Karadzić. Erst gestern prahlte er damit vor mir – er hofft, dass sich seine Chancen als Kandidat verbessern, wenn er Spenden für die Partei auftreibt.«

Die Konservativen waren seit dem Wahlkampf von 1992 hoch verschuldet. Die Annahme einer Spende von einer ausländischen Regierung hätte schon eine Kontroverse ausgelöst, doch damit nicht genug hatte Großbritannien über die UNPROFOR Soldaten in Bosnien stationiert, die von Karadzićs Truppen regelmäßig unter Beschuss genommen wurden. Einige Briten waren dabei bereits ums Leben gekommen. Wenn diese Nachricht an die Presse durchsickerte, würde sie einen Riesenskandal auslösen. Das erklärte auch, warum BEETROOT nicht gewusst hatte, an wen er die Information weitergeben sollte – er konnte sie kaum dem Parteivorsitzenden der Konservativen melden, was der übliche Weg gewesen wäre –, da der Vorsitzende selbst das Geld annahm. Ich dankte ihm für die Information und versprach, in Kontakt zu bleiben. BEETROOT bestand darauf, das Bier und die Pork Scratchings zu bezahlen, vermutlich machte er sich Sorgen, dass er meine

Großzügigkeit sonst im Parliamentary Register of Member's Interests eintragen musste.

»Mein Gott, die Geschichte könnten Sie für 15 Riesen an den *Mirror* verkaufen!«, rief Fish, als ich ihm im Century House Bericht erstattete. »Und die Sache ergibt einen Sinn. Ich sah auf dem FLORIDA-Protokoll, dass ein Geldtransfer mit Karadzic diskutiert wurde, kam aber nicht dahinter, wofür«, fügte Fish hinzu. »Jetzt ist alles klar. Am besten schreiben Sie das schnell als CX-Bericht.«

Ich eilte mit den FLORIDA-Transkripten in der Hand in mein Büro und verfasste im Kopf bereits den Bericht. Eine halbe Stunde später war der fertige Bericht auf dem Weg zum R-Beamten der Abteilung. Am nächsten Morgen würde er auf den entsprechenden Schreibtischen in Whitehall liegen. Danach würde der Sturm losbrechen. Die Konservativen litten bereits unter einer Reihe von Spendenskandalen, die von einer hasserfüllten Pressekampagne vorangetrieben wurden, und es gab keinen Zweifel, dass jemand in Whitehall der Presse einen Tipp geben würde. Das konnte den Sturz der Regierung bedeuten und zu Neuwahlen führen. Aber eine halbe Stunde später wurden meine Gedanken durch das Klingeln der internen Telefonanlage auf meinem Schreibtisch unterbrochen. »Hallo Richard, hier R/CEE. Ich fürchte, Ihr Bericht ist in der Schublade verschwunden. Und H/SECT will Sie deswegen sprechen – sofort.« Ich legte auf und eilte zum Lift, mit dem ich hoch in den 18. Stock fuhr. H/SECT war ja der persönliche Sekretär des Chefs. Wenn er mich sprechen wollte, musste es etwas wirklich Wichtiges sein.

Alan Judd hatte in der Hierarchie der Zentrale eine hohe Stellung inne. Er zeichnete größtenteils für die neue »Geständnis«-Regelung verantwortlich, die im darauf folgenden Jahr in Kraft treten und der Regierung zum ersten Mal erlauben sollte, die Existenz des MI6 offiziell anzuerkennen. Judd war unter den Mitarbeitern auch als der Autor mehrerer leichter Spionageromane bekannt. Seine mächtigen Kontakte hatten es ihm erlaubt, die normalerweise strengen Vorschriften zu umgehen, dass MI6-Mitarbeiter nicht über ihre Erfahrungen schreiben durften. Er hatte sogar die Nerven besessen, seinen Roman *Tango,* der in Lateinamerika spielte, Nick Long zu widmen.

»Nehmen Sie Platz, UKA/7.« Judd sprach mich formell mit meiner Geheimdienstbezeichnung an, anstatt mich beim Vornamen zu nennen, vielleicht wollte er damit seinen Rang betonen. »Dieser Bericht, den Sie über die Parteifinanzierung der Torys verfasst haben« – Judd nickte zu dem Bericht, der auf dem Schreibtisch lag – »ich fürchte, wir können ihn nicht herausgeben. Wenn davon etwas nach draußen dringt, könnte die Regierung stürzen.«

»So?«, antwortete ich. »Es ist nicht die Aufgabe des MI 6, sich in die Regierungsangelegenheiten des Landes einzumischen, oder?«

»Nun«, erwiderte Judd bekümmert, »es gibt andere Kanäle, solche Informationen zu melden.«

»Zum Beispiel?«, fragte ich. Im Einführungslehrgang war nie von anderen Kanälen die Rede gewesen.

»Der Chef hat beschlossen, die Angelegenheit als brisant zu behandeln, was bedeutet, dass sie nur an den Premierminister geht. Ich will, dass der Bericht vernichtet wird.« Judd reichte mir die Papiere, die ich unterzeichnen musste, damit der Bericht offiziell aus den Unterlagen genommen wurde. Ich hatte keine andere Wahl, ich musste unterschreiben, obwohl ich wusste, dass es falsch war. »Und Sie dürfen mit niemandem über diesen Bericht oder den Vorfall sprechen«, drohte Judd in Unheil verkündendem Ton, als ich aufstand und hinausging.

Es war vielleicht kein Zufall, dass ich einige Tage später einen Anruf von der Personalabteilung erhielt, in dem mir mitgeteilt wurde, dass ich den UKA verlassen musste. »Wir haben einen interessanten Posten im Ausland für Sie«, wurde mir erklärt. »PD/1 nennt Ihnen bei einem Treffen weitere Einzelheiten.« Mein erster Auslandsposten klang tatsächlich aufregend, hatte jedoch den Nachteil, dass ich wieder mit Fowlecrooke zusammenarbeiten musste, der nach seiner Zeit als mein Vorgesetzter bei der Abteilung für Operationen in der Sowjetunion zum PD/1 befördert worden war.

»Wir haben beschlossen, Sie in Bosnien als H/BAP zu stationieren«, verkündigte Fowlecrooke bei der Besprechung. »Wir sind der Ansicht, dass Sie die idealen Erfahrungen für diese Aufgabe mitbringen – Ihre Zeit bei der Territorial Army kann in einem Kriegsgebiet von Nutzen sein, außerdem haben Sie in den letzten sechs Monaten mit dem Konflikt zu tun gehabt. Sie übernehmen in zwei Wochen von Kenneth Roberts. Das ist nicht viel Zeit, um sich auf die Aufgabe vorzubereiten, aber ich bin sicher, Sie schaffen das.«

9

TIEFES WASSER

Einen Sekundenbruchteil, bevor mich die Druckwelle der Explosion zu Boden drückte, hörte ich das gellende Kreischen der Granate und wusste, dass ich leben würde. Ein zwölfjähriger Straßenjunge namens Harris, ein kleiner Gauner und Veteran der dreijährigen serbischen Belagerung Sarajevos, hatte mir erst vor ein paar Tagen diesen Tipp gegeben. Er verdiente sein Geld, indem er vor dem Holiday Inn der Stadt herumlungerte und die Wagen der Journalisten und humanitären Helfer »bewachte« – wenn sie seine Dienste nicht in Anspruch nehmen wollten, verschwanden über Nacht Scheibenwischer, Antennen und alles, was sich sonst noch abmontieren ließ. Während er in die Hände klatschte und durch seine Zahnlücken eine Melodie pfiff, erklärte er mir in seinem Pidginenglisch fröhlich, eine anfliegende Granate, die man pfeifen hörte, würde so weit entfernt landen, dass sie ungefährlich sei. Seine weisen Worte waren die ersten zusammenhängenden Gedanken, die mir durch den Kopf schossen, als meine Sinne zurückkehrten und mir wieder bewusst wurde, wo ich überhaupt war.

Angus, der mürrische, schnauzbärtige Obergefreite des britischen Armeekorps in Sarajevo, hatte mich nur wenige Minuten vor dem Beschuss an einer ruhigen Straßenecke in der Innenstadt Sarajevos abgesetzt und versprochen, drei Stunden später zu unserem Treffpunkt zurückzukehren und wieder eine weitere Stunde später, wenn ich beim ersten Mal nicht da sein würde. Dann hatte er mir barsch Glück gewünscht und war im Nebel eines frühen Winterabends davongebraust.

Ich beobachtete, wie die roten Schlussleuchten des Kevlargepanzerten Landrovers der UNPROFOR in der Dämmerung verschwanden, und schlüpfte in einen dunklen Hauseingang, um meine Augen an die hereinbrechende Dunkelheit zu gewöhnen, bevor ich den zehnminütigen Fußmarsch zum Haus von DONNE zurücklegte, dem wichtigsten Agenten des MI6 in Sarajevo. Ich war unrasiert, schäbig gekleidet und hatte eine Wollmütze tief ins Gesicht gezogen und sah damit aus wie einer jener Einwohner Sarajevos, die bei der UNPROFOR angestellt waren und von einem freundlichen Soldaten nach der Arbeit irgendwo abgesetzt wurden. Um meine Tarnung noch glaubhafter zu machen, trug ich in der linken Hand einen halb vollen 25-Liter-Plastikkanister der Art, wie sie die Bürger Sarajevos für die tägliche Plackerei des Wasserholens von den öffentlichen Wasserhähnen benutzten. Über meiner rechten Schulter hing eine Stofftasche mit einem Notizbuch und einem Stift, einem Aufzeichnungsgerät und Geschenken für DONNE – eine Flasche Johnny Walker Black Label Whisky und eine Stange Marlboro-Zigaretten.

Trotz meiner harmlosen Erscheinung bestand immer das Risiko einer routinemäßigen Ausweiskontrolle durch einen der bosnischen Polizisten, die an den Straßenecken lauerten. Nervös tastete ich in meiner Brusttasche nach meinem gefälschten Ausweis und der schmuddeligen, in Plastik gehüllten Karte mit der Aufschrift »Ja sam gluh i nijem« – das bedeutete »Ich bin taub und ein Idiot«. Dieser Trick war zwar abgedroschen und klischeehaft, aber er genügte vielleicht, dass ein müder und gelangweilter Polizist kein größeres Interesse an mir fand. Einer eingehenderen Untersuchung würde meine Deckung keinesfalls standhalten: In einem Holster an meinem Gürtel steckte eine geladene Browning 9-mm und in der Innentasche meines schäbigen Mantels befanden sich eine Ampulle Morphium und zwei Wundverbände aus dem Bestand der Gesamtstreitkräfte. Diese Dinge konnten mich zwar in Gefahr bringen, doch die Vorteile, sie bei mir zu haben, überwogen das Risiko ihrer Entdeckung. Die Pistole würde mich darüber hinaus vor der Bedrohung durch bewaffnete Räuber schützen, die in den unbeleuchteten Gassen lauerten

(normalerweise hungrige und betrunkene bosnische Soldaten, die dienstfrei hatten). Das Morphium und die Wundverbände sollten bei der größten Bedrohung in der Innenstadt
Sarajevos helfen – den tödlichen, zielsicheren Kugeln der
Heckenschützen oder dem wahllosen und zufälligen Granatfeuer, die täglich ihre Opfer forderten und jeden Einwohner
Sarajevos mit der ständigen Furcht vor dem nahenden Tod
erfüllten.

Als ich aus dem schattigen, stinkenden Hauseingang trat,
dachte ich darüber nach, dass ich diesen Gefahren wenigstens
nur die wenigen Stunden ausgesetzt war, bis Angus mit dem
Schutz des gepanzerten Landrovers zurückkehrte. Die Einwohner Sarajevos jedoch, wie jene Frau, die einen halben
Häuserblock entfernt von mir nach Hause hastete, mussten
diese Bedrohung tagein, tagaus ertragen. Ich fragte mich, was
für ein Leben die Frau wohl führte. Es war unmöglich, ihr
Alter zu schätzen. Mit gesenktem Kopf schlurfte sie müde,
aber hastig mit einem schweren Bündel Feuerholz auf dem
Arm die Straße entlang. Da sie wegen der Kälte in dicke Kleider gehüllt war, konnte ich nicht sehen, ob es sich um ein junges Mädchen, eine Mutter oder eine Großmutter handelte.
Bestimmt hatte sie wenigstens ein Mitglied ihrer Familie oder
einen engen Freund während der Belagerung durch Granaten
oder Heckenschützen verloren. Niemand hier war dieser
Trauer entkommen.

Nach der Explosion der Granate musste ich eine Sekunde
lang bewusstlos geworden sein. Ich kam wieder zu mir und
schnappte keuchend nach Luft, um meine Lungen zu füllen,
die durch die Druckwelle geleert worden waren. Mein Herz
schlug so schnell, dass ich jeden Schlag in meinem Kopf
pochen fühlte, und meine Ohren rauschten. Ein unerträgli-
cher Schmerz schoss von meinem rechten Bein aus durch
meinen Körper und durchbohrte mich, während sich meine
Brust hob und senkte, um die Luft in meine Lungen zu pum-
pen. Nachdem sich meine Atmung stabilisiert hatte, öffnete
ich die Augen. Es dauerte eine Weile, bis ich begriff, was
geschehen war. Ich war zurück in den Hauseingang geschleu-
dert worden, entweder durch die Wucht der Druckwelle oder

weil ich instinktiv in Deckung gesprungen war. Dort lag ich nun, ein verdrehtes, verkrümmtes Häuflein, den Kopf zuoberst in eine Ecke geklemmt. Ich war immer noch zu schockiert, um mich zu bewegen, und sah auf mein rechtes Bein hinab, wo der Schmerz herkam. Vom Knie abwärts war nichts zu sehen. Ich schloss die Augen, schluckte krampfhaft und versuchte, mich nicht zu übergeben. Dabei verlagerte ich ein wenig das Gewicht, was den Schmerz ein wenig besänftigte. Mit der rechten Hand griff ich nach meinen Beinen, innerlich bereits auf das Schlimmste gefasst. Doch meine Finger strichen über Leder, vermutlich meinen Stiefel. Und als ich ängstlich und zögernd nach unten blickte, sah ich tatsächlich meinen Timberland, in dem immer noch mein rechter Fuß steckte. Mit angehaltenem Atem und pochendem Kopf tastete ich mich weiter an ihm entlang, bis ich mit jubelnder Erleichterung feststellte, dass er immer noch an meinem Unterschenkel befestigt war. Ich hatte mein Bein nicht verloren, es war nur schmerzhaft unter meinem liegenden Körper verdreht. Vorsichtig rollte ich mich etwas zur Seite, was den Schmerz weiter linderte. Noch ein Stückchen weiter, und es ertönte ein qualvolles Schnappen, während sich die überkreuzten Bänder an der Rückseite des verdrehten Knies voneinander lösten. Stöhnend und um Luft ringend streckte ich mein Bein aus, voller Freude darüber, dass ich unversehrt war. Harris, der kleine Gauner, hatte Recht gehabt – ich hatte die Granate gehört, und sie war weit genug entfernt von mir gelandet, um keine ernsthaften Verletzungen zu verursachen.

Einige Minuten blieb ich regungslos auf dem Boden liegen und beruhigte meinen Atem. Nur allmählich ließ das Dröhnen in meinen Ohren nach. Ich hatte Angst, mein Trommelfell könnte geplatzt sein und legte meine Hände an die Ohren, um zu prüfen, ob ich blutete. Es war aber nichts zu sehen. Dann tastete ich nach der Browning. Es wäre äußerst schwierig und peinlich, der Zentrale ihren Verlust erklären zu müssen, egal unter welchen Umständen es dazu gekommen war. Aber sie steckte immer noch in ihrem Holster. Nun setzte ich mich auf und kämpfte mich langsam auf die Füße, wobei ich Acht gab, das Gewicht nicht auf das rechte Bein zu verlagern. Mittlerweile zitterte ich am ganzen Körper. Langsam stellte sich der Schock ein und ich brauchte dringend etwas Flüssigkeit. Mein Kanister lag auf dem Pflaster und Wasser strömte aus einem Riss. Ich humpelte hinüber, hob ihn an meine Lippen, presste ihn zusammen und trank gierig aus dem Spalt. Mein Zittern war mittlerweile nicht mehr zu kontrollieren. Kaltes Wasser rann von meinem Mund auf mein Hemd und ließ krampfartige Schauer durch meinen Körper zucken. Ich sehnte mich verzweifelt danach, mich irgendwo hinzulegen, wo es warm war, und an einem anderen Ort zu sein als diesem.

Ich hörte das jämmerliche Wehklagen wenige Sekunden, bevor ich erkannte, von wem und woher es kam. Es war ein Ton, hoch und zitternd, wie das Winseln eines tödlich verwundeten Hundes, der weiß, dass er sterben wird. Ich spähte die Straße hinunter, dorthin, wo die dick eingewickelte Frau nur Minuten zuvor noch entlanggehastet war. Es dämmerte bereits, aber noch in Sichtweite konnte ich den Umriss eines liegenden Körpers erkennen. Ich ließ den Kanister fallen und eilte halb hüpfend, halb hinkend darauf zu.

Sie musste praktisch die volle Ladung der Explosion abbekommen haben, denn einen Meter vor ihr sah man das frische Detonationsloch im Pflaster, und der Geruch von Kordit hing in der Luft. Die Explosion hatte alle ihre Kleider weggerissen. Nur ein Stück ihres schweren Wollmantels hing noch über ihrem Oberkörper, während ihr verletzter Unterleib entblößt vor mir lag. In ihrem Bauch klaffte eine böse Wunde, und ihre Hüften und Schenkel waren von den Schrapnellen zerfetzt worden. Ihre rechte Wade war fast unversehrt, doch ihr linkes Bein war unterhalb des Knies abgerissen worden. Der zerschmetterte Knochen lag frei und Blut pulsierte aus der zerrissenen Arterie und spritzte in eine Lache auf dem Gehsteig. Bei einem derartigen Blutverlust würde sie nicht mehr lange leben. Meine Hände handelten automatisch, geleitet von dem Erste-Hilfe-Training, das ich bei der Territorial Army erhalten hatte. Luftwege, Atmung, Kreislauf – das war nun das wichtigste. Um die ersten beiden Funktionen musste ich mich nicht kümmern; sie jammerte durchdringend und ihre Brust hob und senkte sich. Wichtig war, den Blutverlust zu stoppen und ihren Kreislauf zu stabilisieren. Ich kniete neben ihr und suchte in meinem Mantel nach den Verbänden. Hastig zog ich sie heraus und ließ die Morphiumampulle in die Blutlache fallen. Mit zitternden Händen riss ich die braune, wasserdichte Verpackung auf, zog das sterile Wundkissen heraus, klappte den Verband auf und drückte das dicke Polster fest gegen ihren Beinstumpf. Um den Verband zu fixieren, presste ich mein Knie dagegen und fummelte hastig an der Öffnung des zweiten Päckchens herum. Doch obwohl ich die beiden Verbände mit den Pflastern ganz fest über der Wunde befestigte, konnten sie die Blutung kaum aufhalten.

Die Frau jammerte immer noch schwach, mehr vor Angst als vor Schmerzen, vermutlich verlor sie bereits das Bewusstsein. Ich tastete nach der Morphiumampulle und säuberte sie, um ihr eine Injektion zu geben. Ich packte ihren rechten Arm, drehte die Handfläche zu mir und entblößte ihren Unterarm auf der Suche nach einer Vene. Sie hatte jedoch bereits so viel Blut verloren, dass selbst nach einigem Drücken und Massieren keine Ader hervortrat. Ich wollte die Spritze schon einfach so hineinstechen, weil ich dachte, es wäre besser als nichts, doch dann erinnerte ich mich wieder dunkel an meine Ausbildung bei der Territorial Army, wo uns gesagt wurde, vor der Gabe von Morphium nach Kopfwunden zu suchen. Also zog ich die Taschenlampe aus meiner Jackentasche und beugte mich über ihr Gesicht. Ich packte ihr langes, dunkles Haar, um ihren Kopf ruhig zu halten, und leuchtete ihr in die Augen. Die Pupillen waren so groß wie Stecknadeln. Als ich ihr Haar zur Seite schob und nach ihren Ohren schaute, sah ich eine gelbe Flüssigkeit aus dem linken Ohr tropfen. Es wäre gefährlich, ihr das Morphium zu geben. Außer dem vergeblichen Versuch, die Blutung zu stillen, gab es nichts, was ich noch für sie tun konnte. Ich hatte die Grenzen meiner medizinischen Ausbildung und meiner Ausrüstung erreicht und steckte die Ampulle resigniert wieder in meine Tasche.

Während ich mit gesenktem Kopf mit dem Schicksal haderte, das mich hierher geführt hatte, um dieses Mädchen sterben zu sehen, wurde ich mir der anderen Leute um mich herum bewusst. Neben mir kniete ein alter Mann, der irgendetwas unverständliches in bosnischer Sprache murmelte. Ein bosnischer Soldat, der uns beobachtete, presste sich mit dem Rücken gegen eine Hauswand, auf der Hut vor einem weiteren Granatenbeschuss. Es war höchste Zeit für mich zu verschwinden. Beim Aufstehen erinnerte mich das verdrehte Knie wieder an mein Erlebnis und ich zuckte zusammen. Der alte Mann packte mich am Arm und murmelte etwas, aber ich riss mich los und trat zurück in den Schatten. Schließlich hatte ich immer noch etwas zu erledigen.

Ich humpelte zurück zu dem Hauseingang, in den ich zuvor Zuflucht genommen hatte. Als ich mich noch einmal umdrehte, sah ich ein Auto bei der Verletzten anhalten. Trotz der Belagerung fuhren immer noch einige wenige Fahrzeuge in Sarajevo, die mit Schwarzmarktbenzin angetrieben wurden. Die Umstehenden luden den schlaffen Körper der Verletzten auf den Rücksitz und diskutierten dabei über etwas Unverständliches. In der Luft über uns pfiff eine weitere Granate und ließ die Leute und mich wieder in Deckung gehen. Vermutlich landete sie einige Straßen weit von uns entfernt, hoffentlich ohne Schaden anzurichten. Das Auto mit dem sterbenden Mädchen fuhr davon und brauste an mir vorbei. Es war ein weißer VW-Golf, von rostigen Schrapnelllöchern übersät und mit einer improvisierten Frontscheibe von einer anderen Automarke. Ich hoffte, dass sie auf dem Weg zum Krankenhaus waren und nicht direkt zur Leichenhalle fuhren.

Ich blieb noch kurz im Schutz des Hauseingangs stehen und zog Bilanz. Ein Blick auf meine Uhr zeigte mir, dass erst zehn Minuten vergangen waren, seitdem Angus mich abgesetzt hatte. Mir blieben noch zwei Stunden und fünfzig Minuten, bevor er zurückkam. Ich hatte einen Schock von dem Vorfall, ich fror, und an meinen Händen und Hosen klebte das Blut des Mädchens. Dies war nicht gerade ein passender Aufzug für ein Treffen mit DONNE. Ich zog meine Stiefel aus und schlüpfte aus meinen Hosen. Das restliche Wasser in meinem kaputten Kanister reichte aus, um die schlimmsten Blutflecken auszuwaschen. Nachdem ich sie ausgewrungen hatte, fühlten sich die nassen Hosen etwas unbehaglich an, aber das moderne, leichte Material würde schnell trocknen. Trotzdem hoffte ich, dass es in der Wohnung von DONNE warm sein würde.

Der Weg zu ihm führte mich an der Stelle vorbei, wo das Mädchen gelegen hatte. Als ich vorüberhumpelte, trottete eine Mischlingshündin, vermutlich ein verlassenes Haustier, mit hängenden Zitzen aus den Schatten und schnüffelte vorsichtig an dem gerinnenden Blut auf dem Asphalt. Sie winselte und sogleich kam ein Welpe aus dem Schatten zu ihr gesprungen. Eifrig begannen sie, das Blut und die Fleischfetzen aufzulecken. Es war ein widerlicher, Grauen erregender Anblick, aber ich jagte sie nicht davon. Sie taten nur, was in ihrer Natur lag. Wenigstens würden ein paar verhungernde Hunde von dieser Tragödie profitieren.

* * *

Wenn ein Geheimdienstmitarbeiter ins Ausland versetzt wird, verbringt er oder sie gewöhnlich zwei Jahre mit den Vorbereitungen für die neue Aufgabe. Am meisten Zeit nimmt dabei das Sprachtraining in Anspruch. Selbst wenn ein Agent gut Englisch spricht, ist es besser, sich in seiner Muttersprache mit ihm zu unterhalten – auf die Art und Weise tritt seine wahre Persönlichkeit offener zutage. Bei einer schwierigen Sprache wie Chinesisch oder Arabisch dauert es zwei Jahre, um das erforderliche Niveau an Sprachgewandtheit zu erreichen, selbst wenn der Mitarbeiter sehr sprachbegabt ist. Bei einer einfachen Sprache wie Spanisch oder Französisch ist die Ausbildung kürzer, normalerweise sechs Monate. Der andere wichtige Teil der Vorbereitung für die Versetzung besteht darin, ein umfassendes Verständnis für die politischen Themen, den nachrichtendienstlichen Bedarf sowie den Wert von Agenten zu entwickeln. Daher wird ein Offizier gewöhnlich einige Monate der zuständigen Abteilung in der Zentrale zugeteilt und ist manchmal sogar rund ein Jahr dort beschäftigt. Er studiert bis ins Detail die Akten aller Agenten der Station – CX-Agenten, Geheimkuriere, Verbindungsagenten, Verwaltungsmitarbeiter – und macht sich mit dem administrativen Hintergrund der Station vertraut, also dem Budget, den Zielen für das kommende Jahr und den Anforderungen an die CX-Berichte. Er lernt die zuständigen Beamten des Außenministeriums kennen, um möglichst schnell Einblick in die politische Situation des Landes zu erlangen, und belegt üblicherweise weiterführende Kurse des Außenministeriums in Politik und Wirtschaft. Daher ist er bereits mit der Arbeit der Station und seinem Gastland bestens vertraut, bevor er auch nur seine Koffer gepackt hat.

Kurz bevor der Mitarbeiter die Reise zu seiner Station antritt, nimmt er an einem »Auffrischungstraining« im Fort teil. Der Kurs umfasst weiterführende Einweisungen in das Spionagehandwerk, vor allem das Abschütteln von Verfolgern, eine Einführung in die Fotografie und eine Auffrischung in Handfeuerwaffen und Selbstverteidigung. Es gibt auch einen Kurs über defensive Fahrtechniken, der von Ausbildern der Royal Military Police auf dem Rollfeld des Flugplatzes der Königlichen Marine in der Nähe des Forts abgehalten wird und bei dem Techniken für schnelles Fahren, wie beispielsweise Drehungen mit der Handbremse und J-Turns, vermittelt werden. Um den Beruf besser verstehen zu lernen – die Scheidungsrate beim MI6 ist aufgrund der anstrengenden und geheimen Tätigkeit sehr hoch – werden auch die Ehepartner der Mitarbeiter zu einem einwöchigen Kurs im Fort eingeladen, und nicht zuletzt kann ein zweites geübtes Augenpaar für das Abschütteln eines Verfolgers von Vorteil sein.

Für einige Versetzungen ist ein noch spezielleres Training notwendig. Beispielsweise wurde Andrew Markham, einer meiner Kollegen aus dem Einführungslehrgang, für den ORCADA-Posten in Bonn ausgewählt. Diese Operation unterlag höchster Geheimhaltung, weil es sich dabei um die Führung des wichtigsten Agenten des MI6 in Deutschland handelte, einem hoch stehenden Beamten im Finanzministerium. Gegen ein beträchtliches Gehalt lieferte ORCADA erstklassige CX-Berichte über die deutsche Wirtschaft und die Zinsbewegungen, was es dem Kanzler des Schatzamts und dem Präsidenten der Bank von England ermöglichte, Großbritanniens Zinsrate und Wirtschaft nach bestem Nutzen anzupassen. Der ORCADA-Posten war so heikel, dass nur der Botschafter in Bonn und der Leiter der Bonner Station darüber informiert waren. Da niemand sonst in der Botschaft wusste, dass Markham von den »Freunden« (Slang des Außenministeriums für MI6) kam, musste er lernen, ein überaus überzeugender Diplomat zu werden, um seine Kollegen vom Auswärtigen Amt zu täuschen. Er nahm deswegen zusätzlich zu den MI6-Kursen auch an den Kursen des Außenministeriums teil, die auf eine Versetzung ins Ausland vorbereiteten. Außerdem besuchte er weiterführende Vorlesungen an der London School of Economics und war längere Zeit dem Finanzministerium zugeteilt, um ORCADA effektiv abschöpfen zu können.

Aus diesem Grund war es höchst ungewöhnlich, dass Fowlecrooke mir sagte, ich hätte nur zwei Wochen, um mich für eine Versetzung nach Bosnien vorzubereiten. Das ließ mir keine Zeit für Sprachkurse oder die sonst übliche Einweisung. Ich konnte lediglich die Stationsunterlagen durchlesen, mich ein paar Mal mit Netzhemd treffen und einen eintägigen Auffrischungskurs über den Gebrauch der Browning im Fort belegen.

Netzhemd erklärte mir, dass ich nicht wie üblich durch einen diplomatischen Posten in einer Botschaft getarnt wäre – das Szenario, das wir im Einführungslehrgang geübt hatten –, sondern die Stelle eines »Zivilberaters« für General John Reith bekleiden sollte, dem Kommandanten des britischen UNPROFOR-Kontingents in Split an der dalmatinischen Küste. Es war eine leicht durchschaubare und schlecht erdachte Deckung, die niemanden täuschte. Wie ich später herausfinden sollte, war jedem meiner Kontakte in Bosnien sofort klar, dass ich vom britischen Geheimdienst kam, und selbst der unerfahrenste der Armeepiraten in den Divulje-Kasernen war schlau genug, das zu erraten. Die Einzigen, die naiv genug waren, um sich von diesem Feigenblatt täuschen zu lassen, saßen zu Hause in der Zentrale.

Die Unterlagen ergaben, dass Clive Mansell die bosnische Station aufgebaut hatte, wobei ihm seine Erfahrungen von OPERATION SAFE HAVEN zugute gekommen waren. Er stattete ein kleines Büro in den Divulje-Kasernen mit einem

Computer und einer Satellitenschüssel aus und fand eine geeignete Wohnung in einem Fischerdorf, wenige Kilometer von den Kasernen entfernt. Doch Mansell ging nach ein paar Monaten zurück nach England, weil er auf einen Verwaltungsposten im Century House befördert wurde, und Kenneth Roberts, ein ehemaliger Offizier des Black Watch-Regiments und Mitarbeiter des UKO, übernahm seine Stelle. Roberts leitete die Station acht Monate lang und änderte die Ausrichtung der Arbeit. Er gab sich nicht damit zufrieden, in den Divulje-Kasernen Kontakte zu knüpfen und die Sicherheit der dalmatinischen Küsten zu überwachen, sondern unternahm ausgedehnte Reisen nach Zentral- und Nordbosnien. Roberts Bemühungen zahlten sich aus: Er rekrutierte mit Erfolg zwei nützliche Agenten und hatte bei der Anwerbung von drei weiteren bereits große Fortschritte erzielt. STEENBOX war eine Beamtin in der nordbosnischen Stadt Tuzla und lieferte CX-Berichte über die Aktivitäten und Absichten der dort stationierten bosnischen Armeeeinheit, die sich stur weigerte, sich endgültig unter die Kontrolle Sarajevos zu begeben. DONNE, seine wichtigste Anwerbung, war ein Beamter der bosnischen Regierung in Sarajevo und lieferte wichtige Informationen über die Taktiken der bosnischen Delegation bei den Friedensverhandlungen auf der Internationalen Konferenz über das ehemalige Jugoslawien in Genf.

Roberts hatte zudem ein Vier-Mann-Sonderkommando von Soldaten der 602-Truppe geholt, das seine Kommunikationsausrüstung verbessern und ihn bei seinen Abstechern nach Zentralbosnien schützen sollte. Die 602-Truppe ist ein achtzigköpfiges Sonderkommando des Royal Signals Regiment, dessen ständige Heimat in Banbury, Oxfordshire liegt. In Friedenszeiten bemannen sie die Funkrelaisstationen des MI6 im Ausland und rotieren zwischen Stationierungen in Kowandi, Nordaustralien (bis diese im März 1993 geschlossen wurde), Ascension Island, Nordirland und den Falkland Inseln, wo sie die Kette der Abhörstationen in Chile unterstützen. In Kriegszeiten sind sie für die Feldkommunikation der MI6-Operationen zuständig, so geschehen während

SAFE HAVEN, dem Golfkrieg oder nun in Bosnien. Das vier-köpfige Bosnien-Sonderkommando installierte Hochfrequenz-Funkgeräte, auch bekannt als KALEX, die schneller und unkomplizierter zu bedienen waren als die Satellitenverbin-dung, die Mansell verwendet hatte. Eines der Geräte wurde im obersten Stock der Divulje-Kasernen in Roberts Büro aufge-baut, das andere hinten in einen Landrover mit langem Rad-stand für den mobilen Funkverkehr montiert.

Meine dürftige Tarnung war an sich schon Handicap genug, doch die Aufgabe, die Leitung des bosnischen Stützpunkts nach einer solch kurzen Vorbereitungszeit zu übernehmen, wäre selbst für einen langjährigen Mitarbeiter eine enorme Herausforderung gewesen. Die ungewöhnliche Tarnung, die komplizierten Kommunikationsgeräte, die logistischen Schwierigkeiten sowie die physischen Risiken waren für einen unerfahrenen Novizen wie mich entmutigend. Daher gab es während der 14 Tage vor dem Flug nach Split allerhand zu tun.

Das Flugzug der British Airways landete am Morgen des 8. November 1993 planmäßig am Flughafen von Split. Auf dem Vorfeld des kleinen Provinzflughafens tummelten sich Her-cules C-130s und Ilyushin 76-Transportflugzeuge, die Vorräte in das belagerte Sarajevo brachten. Im Flughafengebäude wimmelte es von passierenden Soldaten der multinationalen UNPROFOR-Streitmacht, Journalisten, Fernsehteams und Flüchtlingen. Es war nicht gerade einfach für Roberts, mich in der Ankunftshalle ausfindig zu machen. »Tut mir Leid, Kum-pel«, verkündete er in seinem leicht vornehmen Privatschul-akzent, während wir uns zwischen den Rucksäcken und Waf-fen der Soldaten hindurchschlängelten, die überall in der Halle herumlagen, »aber ich muss die Übergabe auf vier Tage verkürzen. Ich brauche unbedingt etwas Urlaub, und die Per-sonalabteilung will, dass ich am 22. an einem Kurs in Lon-don teilnehme.« Die Stationsübergabe sollte eigentlich zwei Wochen dauern, aber mittlerweile war ich daran gewöhnt, den schwarzen Peter zu ziehen. Roberts konnte nichts dafür. Er hatte ganz offensichtlich eine Pause dringend nötig und sollte sich schon zehn Tage später zum Training für seine neue Stelle bei der britischen Vertretung im Hauptquartier der Vereinten Nationen in New York zurückmelden. Das hat die Personalabteilung ja mal wieder perfekt organisiert, dachte ich fatalistisch.

In den wenigen verbleibenden Tagen für die Übergabe lag unsere Priorität auf einem Treffen mit DONNE, darum war Sarajevo unser erstes Ziel. »Ich habe uns zwei Plätze auf der C-130 der Arizona Air National Guard gebucht, die heute Nachmittag ein paar Bohnen nach Sarajevo fliegt«, erzählte mir Roberts fröhlich. »Wir haben gerade noch Zeit, um Ihr Gepäck in die Wohnung zu bringen, dann schauen wir in Divulje vorbei und treffen die Jungs von der 602-Truppe.« Die kleine Wohnung, die Roberts für mich gemietet hatte, war recht komfortabel und hatte einen schönen Blick auf die Adria. »Sie werden allerdings eine Wolljacke brauchen, wenn der Schnee kommt«, grinste Roberts. »Es gibt nämlich keine Heizung.«

Nachdem wir mein Gepäck ausgeladen hatten, eilten wir zu den Divulje-Kasernen für eine kurze Besichtigungstour. Das Büro lag versteckt im obersten Stockwerk des zentralen Hauptgebäudes und enthielt einen Metalltisch, einen Aktenschrank und einen dicken Safe für geheime Unterlagen. An den Wänden hingen große Karten von Bosnien und Sarajevo. »Hier, schauen Sie sich meine Souvenirs an«, grinste Roberts und öffnete die unterste Schublade des Schreibtischs. Darin befanden sich eine in Jugoslawien hergestellte Pistole, mehrere Ladestreifen 7.65-mm-Munition und eine Handgranate. »Die habe ich von einem Toten, den ich bei Tuzla gefunden habe«, lachte Roberts vergnügt. »Und das hier hat mir einer von Karadzics Leibwächtern gegeben.« Roberts reichte mir ein kleines Gerät, das aussah wie ein Füller, in dem jedoch eine 7.65-mm-Kugel steckte. »Wenn Sie den Deckel drehen, wird die Kugel abgefeuert. Wie bei James Bond, was?«, lachte Roberts.

»Nehmen Sie das Zeug mit zurück nach England?«, fragte ich, denn ich war nicht gerade glücklich über dieses kleine Waffenarsenal in meinem Schreibtisch.

»Tut mir Leid, alter Junge, ich wollte es eigentlich zurückschicken und dem Museum im Fort stiften, aber ich bin nicht mehr dazu gekommen.« Roberts schlug die Schublade zu und die Führung ging weiter.

Neben dem Büro befand sich ein weiterer kleiner Raum mit der KALEX-Funkausrüstung. Die Jungs vom Sonderkommando wohnten in einem Schlafsaal gegenüber, den sie mit Satellitenfernsehen und ein paar Sofas ausgestattet hatten. Roberts stellte mich kurz der Truppe vor. Jon, ein intelligenter und tüchtiger junger Feldwebel, war der Anführer des Sonderkommandos. Baz, ein sarkastischer Unteroffizier aus Newcastle, war zwar pflichtbewusst und fleißig, legte aber gerne eine betont lässige Haltung an den Tag. Jim, ein gut gelaunter Obergefreiter, sprudelte vor Unternehmungsgeist und Tatkraft und hätte schon längst eine Beförderung verdient. Tosh schließlich, der aus London stammte, war ein ziemlicher Draufgänger und hatte immer eine freche Stichelei parat. »Es sind gute Jungs«, sagte mir Roberts später. »Sie arbeiten hart. Sie werden bestimmt keine Probleme mit ihnen haben.«

Unheil verkündende graue Wolken sammelten sich am Himmel, als wir uns neben den staubigen Mehl- und Bohnensäcken in die C-130 zwängten und uns, dick eingepackt in unsere obligatorischen Flakjacken und Helme, in den Sitzen festschnallten, die sich seitlich im Flugzeug entlangzogen. Ein fröhlicher Verlader der Arizona Air National Guard reichte uns die Flugverpflegung, ein kleiner Karton mit Chips, einem Apfel und einem Käsesandwich. »Hier, nehmen Sie einen Kaugummi, dann gehen Ihre Ohren nicht zu«, schrie der grinsende Verlader durch das hämmernde Brüllen der Propellertriebwerke und warf uns eine kleine Schachtel zu. Ich griff hinein und steckte die gelben Stöpsel dorthin, wo sie hingehörten, nämlich in meine Ohren. Der Verlader lächelte reumütig und hoffte vermutlich, dass er die nächsten Zivilisten, die mit ihm flogen, wieder würde hereinlegen können.

Nach zehn Minuten in der Luft, während der wir ordentlich durchgeschüttelt wurden, wurde die Dunkelheit um uns herum plötzlich durch einen grellen Blitz erleuchtet, der den Flugzeugrumpf entlangraste. Durch den Motorenlärm ertönte ein peitschender Knall. »Mist, wir sind getroffen worden«, schrie Roberts. Die Hercules taumelte in einen steilen Sturzflug, sodass ich mich an meinem Gurt festklammern musste, um nicht in Roberts Schoß zu fallen. In meinen Ohren knallte es schmerzhaft. Der Sturzflug dauerte einige wenige Sekunden, in denen mein Herz wie wild schlug, ehe es dem Piloten irgendwie gelang, das Flugzeug wieder abzufangen. »Was war das denn?«, rief Roberts dem Verlader zu, als wir wieder gerade und gleichmäßig flogen. »Sind wir von einem Scharfschützen getroffen worden?« Ein paar wenige C-130s waren in der Vergangenheit von Scharfschützen beschossen worden, doch normalerweise nur beim Anflug auf Sarajevo. Wir waren jedoch noch weit von der Gefahrenzone entfernt, daher war ein Beschuss sehr unwahrscheinlich.

»Ich geh mal vor und schau nach«, schrie der Verlader zurück. Er löste seinen Gurt und ging nach vorn ins Cockpit. Eine Minute später kehrte er zurück. »Blitzschlag«, verkündete er. »Der Pilot sagt, der Blitz hat den Schwanz getroffen. Dann ist er den Rumpf entlanggerast und hat ein faustgroßes Loch in die Nase geschlagen und die Elektronik etwas beschädigt. Wir müssen nach Frankfurt ausweichen.« Roberts und ich sahen uns resigniert an. Das würde uns einen weiteren Tag unseres sowieso schon knappen Zeitplans kosten.

Die amerikanische Luftwaffe brachte uns in den bequemen Offiziersunterkünften in ihrem weitläufigen Stützpunkt in Rammstein unter und am nächsten Morgen nahmen wir den ersten verfügbaren Flug nach Sarajevo. Diesmal waren wir bis auf zehn Minuten an die Stadt herangekommen, und die C-130 hatte schon zu einem Sturzflug in Richtung Landebahn angesetzt, um den Scharfschützen auszuweichen, da wurde der Flug erneut abgebrochen. Aufgrund von serbischem Artilleriefeuer wurde der Flughafen geschlossen, und wir mussten wieder ausweichen, diesmal ins kroatische Zagreb.

Wir erreichten Sarajevo schließlich einen Tag später an Bord einer russischen Ilyushin 76, deren Piloten weniger empfindlich auf Bomben und Kugeln reagierten als die Amerikaner. Es war ein schöner Herbsttag, als wir endlich auf der schwer bewachten Landebahn in Sarajevo landeten. Auf dem

Vorfeld wurden wir von Major Ken Lindsay, dem leutseligen Kommandanten eines vierköpfigen britischen Sonderkommandos in Sarajevo empfangen, der uns mit seinem gepanzerten Landrover abholte. »Sie haben sich einen schönen Tag für Ihren Besuch ausgesucht«, begrüßte er uns. »Die Sonne scheint, wir haben jede Menge australisches Bier, und die Serben haben heute nur fünf Granaten auf uns geschossen.« Lindsay war ursprünglich Fahrer in der australischen Armee gewesen, bis er die Tochter eines leitenden britischen Kavallerieoffiziers heiratete, der für seinen neuen Schwiegersohn eine Versetzung an das fesche King's Royal Hussars Kavallerieregiment in die Wege leitete. Lindsays offizielle Aufgabe bestand darin, dafür zu sorgen, dass die Hilfssendungen des Flüchtlingshilfswerks der UNO gerecht unter den verschiedenen Ausgabestellen in Sarajevo verteilt wurden. Inoffiziell jedoch versorgten er und sein Team uns mit Transportmöglichkeiten und Unterkunft, wenn wir in der Stadt waren. »Schmeißt eure Sachen einfach hinten in den Wagen. Wir machen eine Tour durch Sarajevo und genehmigen uns dann ein paar Bier im PTT-Gebäude«, befahl Lindsay uns gut gelaunt.

Während wir durch die serbisch-muslimischen Frontlinien der Stadt fuhren, an dem ausgebrannten Gehäuse eines alten Panzers vorbei, zeigte uns Lindsay die Wahrzeichen der Stadt. Er und seine Mannschaft waren in zwei engen Räumen in dem pockennarbigen PTT-Gebäude untergebracht, der ehemaligen Zentrale der jugoslawischen Telekom, das von der UNO beschlagnahmt worden war. »Ken lässt mich normalerweise auf dem Boden in seinem Zimmer schlafen, wenn ich in Sarajevo bin«, erklärte Roberts. »Er wird das Gleiche auch für Sie tun, solange Sie nicht schnarchen.«

»Und solange Sie eine Matte mitbringen«, fügte Ken hinzu.

»Hier links ist das Holiday Inn.« Roberts zeigte auf ein 15-stöckiges Gebäude, das Spuren schwerer Bombardements zeigte. »Manchmal wohne ich auch dort, aber CNN hat die besten Zimmer beschlagnahmt, und meistens gibt es dort kein Wasser, darum ist es besser, im PTT zu bleiben.« Wir fuhren den Scharfschützen-Weg entlang, eine lange zweispurige

Straße, die den Flughafen mit dem PTT-Gebäude in der Innenstadt verband. Anschließend führte uns unsere kleine Besichtigungstour an den wichtigsten bosnischen Regierungsgebäuden, der eindrucksvollen, aber traurig ausgebombten Bibliothek und dem Kosovo-Krankenhaus vorbei.

Es war unvernünftig, sich freiwillig den Kugeln der serbischen Heckenschützen und dem Granatfeuer auszusetzen, daher kehrten wir in die Sicherheit des massiven PTT-Gebäudes zurück, nachdem Roberts mich mit den Örtlichkeiten vertraut gemacht hatte. Doch sobald die Dämmerung eingesetzt hatte, fuhr uns Angus, Lindsays Obergefreiter, die drei Kilometer in die Stadt zurück für das Treffen mit DONNE. Wir hatten nur eine halbe Stunde Zeit, doch das reichte Roberts, um mich als seinen Nachfolger vorzustellen, die Informationen aus DONNE herauszuholen und ihm eine Stange Marlboros zu überreichen, die der Agent auf dem blühenden Schwarzmarkt Sarajevos eintauschen konnte.

»Also gut, gehen wir ins PTT zurück und trinken ein paar Bier mit Ken«, drängte Roberts eifrig, sobald die Besprechung vorüber war. »Das dort wird Angus sein.« Und wirklich kamen zwei Scheinwerfer auf uns zu und Angus hielt pünktlich auf die Minute an dem vereinbarten Treffpunkt. Roberts stieg auf den Beifahrersitz und überließ es mir, über Flakjacken, Helme und Werkzeuge hinten in den Wagen zu klettern. Bevor ich die schwere Tür zuschob, blickte ich mich ein letztes Mal um; bei meinem nächsten Besuch würde ich alleine sein, dazu musste ich mir die Strecke gut einprägen.

Abends betranken wir uns mit Lindsay und seinen Leuten und erwachten am nächsten Morgen völlig verkatert, um den ersten Flug zurück nach Split zu nehmen. »Ich fürchte, wir haben keine Zeit mehr, STEENBOX zu treffen«, grinste Roberts, während wir im dunklen Wartesaal des Flughafens zitterten, »aber ich werde Ihnen erklären, wie Sie nach Tuzla kommen und wo Sie sie finden.« Roberts freute sich verständlicherweise schon auf seine Heimkehr, doch ich würde nach dieser extrem verkürzten Übergabe ganz von vorne anfangen müssen.

Ich spähte durch die regennasse Scheibe in die Dunkelheit und versuchte, im schwachen Scheinwerferlicht des Landrover Discovery die geografischen Merkmale der Umgebung auszumachen und sie mit der Karte in Verbindung zu bringen, die auf meinen Knien lag. Lautlos verfluchte ich Fowlecrooke, weil er für die Übergabe nur so wenig Zeit eingeplant hatte. Für ein Treffen mit STEENBOX musste ich über Waldwege fahren und zwei Kriegsfronten überwinden, um nach Tuzla zu kommen, das 360 Kilometer nordöstlich von Split lag. Das war schon bei Tageslicht keine einfache Aufgabe, aber wir waren noch dazu von einem Hilfskonvoi auf der Strecke aufgehalten worden, und nun setzten Dunkelheit und Regen ein. Die enge Straße mit den vielen Schlaglöchern zog sich an einer steilen Talseite entlang. Auf der rechten Seite erhob sich ein Berg, der bis zum wolkigen Horizont dicht mit Wald bewachsen war, und links unten konnte man durch die Bäume gerade noch das Glitzern des Wasserlaufs unten im Tal erkennen. Eigentlich sah es hier so aus wie in jedem beliebigen der zerklüfteten Täler Zentralbosniens, aber irgendetwas kam mir seltsam vor. Die Straße war enger und die Talabhänge steiler als auf der Karte. »Jim, sind Sie sicher, dass das die richtige Straße ist?«

»Klar«, erwiderte Jim gleichmütig. »Die kenn ich so gut wie meine Westentasche.« Er strahlte wie ein Kind vorm Weihnachtsbaum. Ihn brachte nie etwas aus der Ruhe. Er war ein großer, untersetzter Mann, der sehr auf seine Fitness achtete. Unten in Divulje ging er jeden Tag joggen und stemmte Gewichte. Ich war mir allerdings nicht so sicher, ob er sich wirklich so gut auskannte, wie er glaubte.

Jim drosselte die Geschwindigkeit und schaltete einen Gang zurück. Der V8-Motor brummte, während das schwer beladene Fahrzeug langsamer wurde, und die Scheinwerfer beleuchteten einen Baumstamm, dick wie ein Telegrafenmast, der über die enge Straße gefallen war. Unser Fahrzeug kam kurz vor ihm zum Stehen. »Wahrscheinlich von dem Sturm gestern Nacht«, verkündete Jim fröhlich. Ohne weiteres Getue sprang er aus dem Wagen und hob den Baumstamm hoch, als wolle er für den Wettbewerb »Der stärkste Mann der

Welt« üben. Er taumelte einige Schritte mit seiner Last die Straße hoch und warf den Baumstamm in den Graben.

Ich blickte kurz in den Rückspiegel, um nach den vertrauten Lichtern von Jon und Baz' langsamerem Landrover zu sehen, der hinter uns den Berg hochkroch. Ich schaltete das Autoradio mit Jims Kassette aus und nahm das Funkgerät vom Armaturenbrett. »Baz, glauben Sie, dass wir auf der richtigen Straße sind?«, fragte ich.

Baz beriet sich kurz mit Jon, ehe seine Stimme über Funk zurückzischte. »Immer mit der Ruhe, Rich. Nach der Kurve müssten wir an diesem ausgebrannten serbokroatischen Dorf vorbeikommen.« Baz klang zuversichtlich, und da er die Reise schon dreimal mit Roberts unternommen hatte, vertraute ich ihm. Als ich das Motorola wieder zurücklegte, kam Jim zurück in den Wagen geklettert und klatschte in die Hände, um die Rinde und die Blätter abzuschütteln, die an seinen Fingern hingen. Er schaltete den Motor in den ersten Gang und fuhr weiter.

Hinter der nächsten Kurve lag kein ausgebranntes kroatisches Dorf, nur ein weiterer umgefallener Baum, der noch größer war als der erste. Dahinter konnte ich noch einen sehen und hinter diesem wieder einen. Unverzagt machte sich Jim daran, wieder aus dem Wagen springen, um die Bäume zur Seite zu schieben, aber ich packte ihn am Arm. »Nein, hier stimmt was nicht«, sagte ich. Das war nicht die Folge eines Sturms. Die Bäume waren mit Absicht über die Straße gelegt worden. »Baz, Jon, dreht sofort um. Wir sind auf dem falschen Weg«, befahl ich über das Funkgerät.

Jim vernahm das Drängen in meiner Stimme und stieß bereits auf der engen Straße vor und zurück, um den Discovery zu wenden. Gerade als der Wagen wieder in die andere Richtung blickte, kreischte Baz durch das Funkgerät: »He, Rich! Es gibt Ärger.«

Der Funkwagen befand sich etwa hundert Meter vor uns und war im Begriff zu wenden. Da der Wagen keine Servolenkung besaß, hatte Jon beim Hin- und Herfahren mit dem schweren Gefährt sicher ordentlich geflucht, und er war nicht schnell genug gewesen, um den Milizsoldaten zu entkommen.

Zwei standen auf der Motorhaube und richteten ihre AK47s durch die Scheibe direkt auf Baz. Zwei andere standen an der Fahrertür und redeten mit Jon oder, schlimmer noch, versuchten, die Tür aufzudrücken. Einige weitere standen an der Hecktür, starrten durch das Fenster auf die Computer und die Kommunikationsausrüstung und rüttelten am Türgriff. Weitere schattenhafte Gestalten tauchten aus dem Wald auf und kamen zielstrebig, mit drohend erhobenen Waffen auf den Wagen zu.

Noch bevor ich Baz antworten konnte, war auch unser Wagen umzingelt. Die Läufe zweier AK47s, deren Besitzer nur als dunkle Schatten zu erkennen waren, zeigten drohend durch die Windschutzscheibe auf mich. An meinem Seitenfenster ertönte ein lautes Klopfen, und als ich mich umblickte, bedeutete mir das Winken einer Pistole, die Tür zu öffnen. Ich versuchte, keine plötzliche Bewegung zu machen, und tastete seitlich nach dem Türknopf. Jim hatte die Zentralverriegelung sicherlich entriegelt, als er ausgestiegen war, um den Baum wegzuschieben. Ich drückte den Knopf nach unten und betete, dass das unzuverlässige System diesmal funktionierte. Ein beruhigendes Klicken ertönte, als alle fünf Türen verriegelt wurden.

Die Situation war eher unangenehm als verzweifelt. Glücklicherweise waren die meisten Soldaten glatt rasiert, also gehörten sie nicht zu der afghanischen Mudschaheddin-Gruppe, die in diesem Gebiet operierte und die nicht zögerte, Ungläubige zu ermorden. Unsere Leben waren vermutlich nicht in Gefahr – selbst die schlimmsten bosnischen Milizgruppen brachten gewöhnlich keine UNPROFOR-Soldaten um, weil dies schwere Strafen nach sich zog. Aber ich machte mir Sorgen um die Wagen und unsere Ausrüstung. Nur wenige Wochen zuvor war eine Gruppe französischer Journalisten wenige Kilometer von dieser Stelle entfernt in einen Hinterhalt geraten und mit Waffengewalt gezwungen worden, aus ihrem Fahrzeug auszusteigen. Sie waren an der Straße zurückgelassen worden, während die Räuber in ihrem neuen Gefährt davonbrausten. Es wäre eine Katastrophe, wenn uns das Gleiche passieren würde. Den Discovery und den Funkwagen zu verlieren, wäre schon schlimm genug, dazu kam jedoch, dass das KALEX-Funkgerät immer noch als »streng geheim« eingestuft wurde, obwohl es technisch gesehen längst veraltet war. Allerdings, dachte ich mit einem schwachen Lächeln, würde eine unangenehme Überraschung auf sie warten, wenn sie versuchen sollten, meinen Aktenkoffer zu öffnen. In die Metallbox mit den Dechiffriercodes und anderen geheimen Unterlagen war ein Zündmechanismus eingebaut, der den Inhalt mit einem lauten Knall zerstören würde, wenn man den Koffer nicht sachgemäß öffnete. Ich hoffte jedoch, dass die Milizionäre nicht so weit kommen würden.

Ich packte das Funkgerät und meldete mich bei Baz. »Auf keinen Fall aus dem Wagen aussteigen«, brüllte ich.

»Kapiert«, erwiderte Baz, nicht mehr so großspurig wie zuvor.

Wieder klopfte die Pistole an das Seitenfenster und ein bosnischer Befehl ertönte. Ich beugte mich ein wenig vor, bis das geschwärzte Gesicht des Milizsoldaten sichtbar wurde, zuckte mit den Achseln und hielt meine Hände hoch. »I don't understand. Ich verstehe nicht. Je ne comprend pas«, erwiderte ich und fluchte zum tausendsten Mal auf die Personalabteilung, die mich lächerlicherweise ohne wenigstens einen Anfängersprachkurs auf einen solchen Posten versetzt hatte. Die Stimme bellte wieder etwas, dann zertrümmerte ein Gewehrkolben den rechten Scheinwerfer. Ich verstand die Botschaft und griff nach dem Lenkrad, um den zweiten Scheinwerfer ebenfalls zu löschen.

Die Stimme brüllte erneut einen Befehl, daher öffnete ich das Fenster einen Spalt und hoffte, dass dies als versöhnliche Geste aufgefasst würde. »Womit kann ich Ihnen helfen«, fragte ich kläglich auf Englisch. Die Stimme schrie abermals, diesmal in einem aggressiveren Ton, und der Wagen schwankte hin und her, während der Mann am Türgriff rüttelte. Ich kurbelte das Fenster noch ein paar Zentimeter nach unten und versuchte, mich auszuweisen. »UNPROFOR, UNPROFOR. Britische Soldaten«, sagte ich und hielt meinen Ausweis von den Vereinten Nationen gegen das Fenster.

In der Zwischenzeit konnte ich hören, dass Jim ebenfalls befragt wurde, allerdings sprach sein Fragesteller ein paar Worte Englisch. Ich warf einen Blick zu ihnen hinüber. »Manchester United«, sagte das Gesicht stolz und grinste in Jims Fenster. »Bryan Robson!« Der Soldat strahlte noch breiter und zeigte mit dem Daumen nach oben.

Jim, der eigentlich ein Fan von Liverpool war, schluckte seinen Stolz hinunter. »Klar. Manchester. Prima! Beste Mannschaft der Welt.« Er zeigte ebenfalls mit dem Daumen nach oben und das Gesicht grinste anerkennend.

Doch die Stimme vor meinem Fenster, die anscheinend dem Kommandanten gehörte, blaffte einen weiteren Befehl, und als ich wieder nach vorne blickte, sprangen die Soldaten, die vor dem Wagen herumgelaufen waren, plötzlich vor und richteten ihre Gewehre drohend auf uns. Meine Augen hatten sich mittlerweile an die Dunkelheit gewöhnt, und ich konnte die Gesichter, die hinter den Läufen auf uns herabblickten, erkennen. Sie wirkten müde und verärgert. Der Kommandant bellte eine weitere Anweisung, und beim Geräusch der Magazine, die daraufhin in die AK47s einrasteten, drehte sich mir der Magen um. Der junge Soldat vor mir drückte den Sicherheitshebel hinunter und stellte seine Waffe damit auf automatisches Feuer. Sein Gesicht wirkte nicht länger verärgert, sondern angespannt und ängstlich. Ich fand mich damit ab, den Wagen zu verlieren, und drehte mich zu Jim, um ihm das Zeichen zum Aussteigen zu geben.

Doch Jim hatte etwas anderes im Kopf. Er lächelte wie ein Bär am Honignapf, griff an der Seite des Getriebetunnels nach unten und zog seine Browning aus dem Holster. Wie John Wayne in dem Film *Zwei rechnen ab* bei der Vorbereitung für den finalen Show-down deutete er mit der Pistole in Richtung Himmel, hielt einen Augenblick inne und zog dann mit der linken Hand den Sicherungshebel zurück, wodurch eine Kugel in den Lauf geschoben wurde. »Was zum Teufel tun Sie da? Legen Sie das weg!«, keuchte ich.

»Ach, die bluffen doch nur«, erwiderte Jim. »Schauen Sie...« Auf dem besorgten Gesicht des Manchester-United-Fans zeigte sich erst ein kleines Lächeln, dann ein Grinsen, und schließlich brach ein ansteckendes Kichern aus ihm heraus, als Jim ihm mit der Pistole zuwinkte. »Schauen Sie, die haben noch mehr Angst als wir.« Auf den Gesichtern, die uns zugewandt waren, löste sich allmählich die Anspannung, und die Läufe senkten sich, während sich lautes Gelächter über Jims völlig unangemessene Reaktion ausbreitete. Der Kommandant neben mir schrie wieder etwas auf Bosnisch, als er die Heiterkeit auf der anderen Seite des Wagens bemerkte, doch niemand beachtete ihn. Einen Augenblick später begriff er, dass er inmitten seines ungehorsamen Pöbels das Gesicht verloren hatte, und er drehte sich wütend von mir weg und verzog sich ein Stück die Straße hinauf.

Ich beobachtete ihn noch eine Sekunde im Rückspiegel. »Sie sind vielleicht ein verrückter Hund«, sagte ich zu Jim, als ich sicher war, dass der Kommandant sich verzogen hatte. »Was zum Teufel haben Sie sich nur dabei gedacht?«, fragte ich und versuchte, meine Bewunderung für seine Kaltblütigkeit zu verbergen.

»Der United-Fan hat gesagt, ich soll keine Angst haben«, antwortete Jim. »Offenbar ist dieser Kommandant ein echtes Arschloch, der zwar bellt, aber nicht beißt.« Jim steckte die Pistole wieder in das Holster, während die meisten Soldaten langsam davonschlenderten. Schließlich umstanden nur noch einige wenige unser Auto. Nun wirkten sie entspannt und freundlich. Der Manchester United-Fan grinste uns an und Jim kurbelte das Fenster hinunter.

»Ihr jetzt gehen«, lächelte der Bosnier. »Ihr viel Glück. Fast ihr überquert Frontlinie. Serben ...« Er deutete auf die nächste Kurve, als sein Englisch nicht ausreichte. »Dieser Hauptmann ...« Er machte eine Geste in Richtung der Straße, formte aus Daumen und Zeigefinger ein O und vollführte in einer international bekannten Zeichensprache eine Auf- und Ab-Bewegung. »Dieser Arsch, niemand ihn mögen.« Ich griff nach einer Packung Marlboro und bot sie ihm an – wir hatten immer Zigaretten für solche Gelegenheiten dabei, obwohl keiner von uns rauchte. Er nahm eine Zigarette, zündete sie an, und sobald er sein Feuerzeug wieder eingesteckt hatte, warf ich ihm die übrige Schachtel zu. »Folgen mir«, drängte er.

»Minen, darum Bäume.« Er ging vor uns den Weg zurück, den wir gekommen waren, und bedeutete uns gelegentlich durch ein Handzeichen, der einen oder anderen Straßenseite fernzubleiben. Erst da begriffen wir, welch großes Glück wir gehabt hatten. Nachdem unser Führer an das Wagenfenster geklopft hatte, zum Zeichen, dass wir nun unbesorgt weiterfahren konnten, fuhren wir schweigend die Straße hinab und dachten über diese Gunst des Schicksals nach.

Hinterher achteten wir darauf, keine weiteren Navigationsfehler mehr zu begehen, und vermieden es, nach Einbruch der Dunkelheit unbekannte Straßen entlangzufahren. Andere, denen in Bosnien ähnliche Fehler unterlaufen waren, hatten weniger Glück gehabt. Einige Wochen später bog ein britischer Hauptmann an der gleichen Stelle wie wir falsch ab. Er fuhr über eine der Panzerminen und wurde sofort getötet. Im März zuvor war eine Gruppe von britischen Entwicklungshelfern bei der Stadt Zenica in Zentralbosnien von Mudschaheddin überfallen worden. Sie wurden in einen Wald gebracht, mussten dort aus ihren Fahrzeugen aussteigen und sich neben die Straße knien. Ihre Ergreifer töteten einen von ihnen durch eine Kugel in den Hinterkopf. Die anderen rannten um ihr Leben und sprangen in einen eiskalten Fluss, um dem Kugelhagel zu entfliehen. Glücklicherweise kamen sie mit geringen Verletzungen davon.

Es gelang uns jedoch, später auf dieser Reise noch Kontakt mit STEENBOX herzustellen, und danach unternahmen wir alle 14 Tage die dreitägige Fahrt, um sie zu treffen. Die logistische Betreuung dieser Reise lag in Jons fähigen Händen, der unsere beiden Fahrzeuge mit der Funkausrüstung, Vorräten, einem kleinen Waffenarsenal, bestehend aus einem SA-80-Gewehr und einer Browning 9-mm für jeden von uns, Flakjacken, Helmen und Ersatzteilen für die Wagen ausrüstete. Wir nahmen auch eine Campingausrüstung für Notfälle mit, schliefen aber, wenn wir konnten, in den Kasinos der verschiedenen UNPROFOR-Stützpunkte, die es überall in Bosnien gab, oder in den wenigen Hotels, die noch geöffnet waren und humanitäre Helfer und Journalisten beherbergten. Auf jeder Fahrt wurde ich von Jon und zwei der anderen begleitet, während immer abwechselnd einer von ihnen in den Divulje-Kasernen blieb und das fest installierte Funkgerät dort bediente. Sie waren immer voller Begeisterung für die Fahrten durch das Land, wobei der Höhepunkt jedes Mal die Durchquerung der Frontlinie zwischen den bosnisch-kroatischen Streitkräften und der bosnisch-muslimischen Miliz bei Gornji Vakuf war. Beide Seiten schossen mit Vorliebe auf UNPRO-FOR-Fahrzeuge, die durch die ausgebombte Stadt fuhren, und versuchten dann, Propagandapunkte zu sammeln, indem sie sich gegenseitig der Angriffe beschuldigten. Ungepanzerte Fahrzeuge wie unsere mussten in einem Konvoi unter dem Schutz von zwei gepanzerten Personentransportern durch die Stadt fahren, die begeistert das Feuer jedes mutmaßlichen Heckenschützen erwiderten. Wir durchquerten Gornji Vakuf etwa ein Dutzend Mal und hatten großes Glück, dass keines unserer Fahrzeuge getroffen wurde, obwohl wir regelmäßig unter Beschuss gerieten.

STEENBOX entpuppte sich als etwas problematische Agentin, was ihre Berichte an uns betraf. Die Informationen, die sie uns über die Absichten der örtlichen Miliz gab, waren nicht geheim, sondern die offizielle Propaganda der bosnischen 6. Armee in Tuzla. Bei einem unserer Treffen kurz nach Sonnenuntergang in einem kleinen Café in Tuzla kam eine Gruppe leitender bosnischer Milizionäre herein und bestellte Kaffee an der Bar. Da sie uns an unserem kleinen Tisch in der Ecke noch nicht bemerkt hatten, flüsterte ich STEENBOX zu: »Ich verschwinde besser – es ist zu gefährlich, wenn man uns zusammen sieht. Ich treffe Sie dann in zwanzig Minuten in dem Café gegenüber dem Rathaus.«

»Nein, nein, das ist schon in Ordnung«, erwiderte STEEN-BOX gleichgültig. »Das sind Freunde von mir, und sie wissen, dass Sie Kenneths Nachfolger sind.«

Es hatte eindeutig keinen Sinn, den Leuten in Whitehall vorzuschwindeln, dass STEENBOX CX-Informationen lieferte, wenn ihre Dossiers mit dem Segen der Führung der 6. Armee an mich weitergegeben wurden. Die Bosnier benutzten uns einfach als eine direkte Verbindung, um ihre Propaganda in Whitehall zu verbreiten. Ich schickte eine Reihe von

Telegrammen an Netzhemd und legte ihm meine Meinung dar, aber er wollte nichts davon hören.

»Wir sind davon überzeugt, dass STEENBOX uns ohne das Wissen und die Zustimmung ihrer Vorgesetzen Bericht erstattet«, schrieb Netzhemd in einem Telegramm an mich, ohne seinen Standpunkt mit Beweisen zu begründen, »und ihre CX-Informationen sind sehr wertvoll.«

Netzhemds Unnachgiebigkeit war auf die neuen Verpflichtungen zurückzuführen, denen er als der zuständige P-Beamte für den Balkan unterlag. Ein Jahr zuvor hatte der MI6 unter dem Druck des Finanzministeriums ein Team von gründlich überprüften Unternehmensberatern zugelassen, um die Produktivität zu untersuchen. Sie behandelten CX-Berichte und Agenten wie Gerätschaften und führten das System eines »internen Marktes« ein. Netzhemd erhielt Zielvorgaben, wie viele CX-Berichte seine Abteilung im Monat liefern und wie viele Agenten sie im Quartal betreuen und rekrutieren sollte. In den letzten sechs Monaten von 1993 sollte er in den serbischen, kroatischen und muslimischen Teilen Bosniens CX-Agenten sitzen haben, und in jedem Teil noch jeweils einen weiteren, der sich gerade in der Anwerbungsphase befand. Gab er STEENBOX aufgrund meiner Einwände auf, würde er seinen Zielvorgaben hinterherhinken. Daher zog er es vor, die bosnische Propaganda als CX-Berichte weiterzuleiten.

Netzhemd bestand außerdem darauf, dass ich versuchen sollte, John Vucic anzuwerben, einen jungen Kroaten aus Australien, der im Hauptquartier der bosnisch-kroatischen Fraktion in der Stadt Posusje als Buchhalter tätig war. Vucic war ein 26 Jahre alter, australo-kroatischer Steuerberater der zweiten Generation aus Sydney. Er hatte überall Zutritt und wäre eine nützliche Quelle, wenn man ihn anwerben könnte. »Als australischer Bürger sollten Sie sein anglophiles Interesse an Cricket für eine Anwerbung ausnützen«, insistierte Netzhemd in einem Telegramm. Er ignorierte meine Proteste, dass Vucic noch extremer sei als Attila der Hunne und die Menschenrechtsverletzungen durch sein geliebtes kroatisches Volk entschieden verteidigte. Netzhemd missachtete ganz offenkundig mein Urteilsvermögen als zuständiger Mitarbeiter vor Ort, nur um die Ziele zu erfüllen, die von anonymen Unternehmensberatern angeordnet worden waren.

»Bitte fahren Sie ein bisschen langsamer, Tosh«, drängte ich. »Baz wird schon wie verrückt auf Sie fluchen, weil er versuchen muss, auf diesen schlechten Straßen mit Ihnen mitzuhalten.« Tosh ging ein bisschen vom Gas, aber ich wusste, dass ich ihn zehn Minuten später wieder daran würde erinnern müssen. Der schwer beladene Funkwagen mit seinem langsamen Dieselmotor musste sich ohnehin bemühen, mit dem starken V8-Motor des Landrovers Schritt zu halten, aber mit dem ungestümen Tosh am Steuer war es für Baz und Jon noch schwieriger, uns zu folgen. Wir hatten es eilig, nach Sarajevo zu kommen, wo ein paar arbeitsreiche Tage auf uns warteten. Aufgrund einer Verkettung unglücklicher Umstände hatte ich es nicht geschafft, in den letzten zehn Tagen in die Stadt zu kommen. Zuerst hatten die serbischen Belagerer den sporadisch geöffneten Landweg in die Stadt nach einigem Wirbel mit dem französischen UNPROFOR-Kontingent blockiert, dann war auch noch der Flughafen wegen dichten Nebels geschlossen worden, und als der Nebel sich wieder hob, versagte die Hercules, mit der ich von Split aus starten wollte, auf dem Rollfeld den Dienst.

Das Abschöpfen von DONNE war schon lange überfällig und Netzhemd schickte deswegen zunehmend zornigere Beschwerde-Telegramme. Außerdem wollten sich zwei leitende Diplomaten vom Balkanbüro des Außenministeriums mit Karadzić in seinem Hauptquartier in der Stadt Pale in der Nähe von Sarajevo treffen, um seine Verhandlungsposition bei den noch laufenden Friedensgesprächen besser zu verstehen. Da es keine andere diplomatische Vertretung in der Nähe gab, hatte Netzhemd mich gebeten, die Reise zu organisieren. Eine Erlaubnis für die Fahrt von Sarajevo nach Pale zu erhalten, war nicht einfach, weil man dafür zunächst in Gesprächen die sichere Durchfahrt durch die bosnisch-muslimischen und bosnisch-serbischen Frontlinien verhandeln musste, dazu gesellte sich die ebenfalls nicht ganz unproblematische Aufgabe, die Reise mit dem widerspenstigen französischen UNPRO-FOR-Kontingent in Sarajevo abzustimmen. Ich hatte eigentlich an diesem Abend einen Termin mit den Franzosen, aber wir waren aufgehalten worden, weil ein spanischer UNPRO-FOR-Personentransporter vor uns einen Unfall gehabt hatte und die Straße blockierte.

»Wir schaffen's nie anzukommen, wenn wir nicht Tempo machen«, wandte Tosh ein.

»Hören Sie zu, Tosh, das ist meine letzte Warnung. Wenn Sie nicht langsamer fahren, werde ich mich ans Steuer setzen.« Mit diesen Worten klappte ich die Sonnenblende herunter, um meine Augen gegen die niedrige Wintersonne zu schützen, die sich im Schnee auf den verlassenen Feldern spiegelte, und wandte mich wieder meinen Unterlagen zu.

»Scheiße, Jon ist verrückt geworden«, schrie Tosh auf einmal und trat hektisch auf die Bremsen des Discovery.

Ich wirbelte in meinem Sitz herum und sah, wie der Funkwagen sich überschlug und fünfzig Meter hinter uns auf seinem Dach landete. Tosh brachte den Landrover mithilfe des ABS schlitternd zum Stehen und fuhr zurück zur Unfallstelle. Als wir neben dem verunglückten Fahrzeug anhielten, kletterten Jon und Baz gerade arg benommen, aber glücklicherweise unverletzt aus dem Wrack. »Dieses Mistding«, murmelte Baz, während er sich aufrichtete und die Überreste des Funkwagens begutachtete. »Wir sollten besser die Pannenhilfe verständigen.« Der Wagen hatte sich zweimal überschlagen, bevor er auf seinem Dach im Straßengraben gelandet war, und selbst wenn man ihn reparieren konnte, würde er dafür mehrere Wochen in der Werkstatt stehen müssen.

»Schwarzes Eis – da konnte Baz nichts mehr machen«, entschuldigte sich Jon bei mir.

Wir mussten nun die Pläne für die nächsten paar Tage ändern. »Tosh, bring das Funkgerät in Gang«, befahl Jon. »Jim muss den Ersatzfunkwagen aus Split einfliegen.« Es war undenkbar, dass uns die Franzosen die Erlaubnis geben würden, in nur einem einzigen Wagen zum Treffen mit Karadzic von Sarajevo nach Pale zu fahren, daher musste Jim unbedingt schnell handeln. Ich ließ Jon und Baz zurück, um das kaputte

Fahrzeug vor Plünderern zu schützen, bis die REME (Royal Electrical and Mechanical Engineers) kam, die Instandsetzungstruppe der britischen Armee, und machte mich mit Tosh auf den Weg zu dem Treffen mit den Franzosen.

Die nächsten 48 Stunden bestanden aus unzähligen Treffen, um DONNE zu befragen und die Fahrt nach Pale zu organisieren. Der widerspenstige französische Kommandant stimmte schließlich zu, den diplomatischen Besuch zu genehmigen, allerdings erst nachdem ihm seine Entscheidung mit zwei Flaschen Scotch erleichtert worden war. Zahlreiche Gespräche mit der bosnisch-muslimischen Miliz und mehrere Stangen Zigaretten garantierten uns nach längeren Verhandlungen eine sichere Durchquerung ihrer Linien, obwohl sie entschieden ablehnten, dass die Briten diplomatischen Kontakt mit den Serben aufnahmen. Schließlich erteilte uns auch Major Indic, der launische bosnisch-serbische Verbindungsoffizier im PTT-Gebäude, die Genehmigung, durch das serbisch besetzte Gebiet nach Pale zu fahren, auch wenn er mich sechs Stunden in seinem Büro warten ließ, um mir zu zeigen, wer das Sagen hatte, bevor er zustimmte.

Die 602-Truppe arbeitete ebenso hart. Jim gelang es, den Ersatzfunkwagen auf einer Hercules unterzubringen, die am Abend vor der Ankunft der beiden diplomatischen Vertreter in Sarajevo landete – eine außergewöhnliche Leistung, da alle ankommenden Flüge eigentlich nur für humanitäre Hilfsgüter gedacht waren. Baz und Tosh putzten den Discovery für die Besucher, bis er glänzte. Auch das war ein Kunststück angesichts des knappen Leitungswassers auf dem Flughafen und des schmutzigen Zustands des Wagens nach der Überlandfahrt von Split nach Sarajevo. Außerdem hatten sie ihre Uniformen reinigen lassen und die Stiefel poliert, und auch ich hatte mir ein sauberes Hemd, Jackett und Krawatte angezogen. Ich befand mich gerade in der französischen Einsatzzentrale und vergewisserte mich bei dem zuständigen Offizier, dass es nicht in letzter Minute irgendwelche Hindernisse auf der Strecke nach Pale geben würde, als Jon mich über Funk kontaktierte. »Rich, wenn Sie einen Moment Zeit haben, könnten Sie hinunter zum Frachthof kommen und uns hier mit den Fröschen helfen? Ich möchte den kaputten Funkwagen zurück nach Split fliegen lassen, aber ich verstehe nicht, was sie sagen.«

Unten im Frachthof wartete unser traurig aussehendes Fahrzeug darauf, in die nächste Hercules geladen zu werden. Bis dahin befand es sich unter Aufsicht des Frachtmeisters, eines französischen Hauptmanns. »C'est quoi le problème?«, wollte ich wissen. Der Hauptmann erklärte mir, dass auf dem Rollfeld nur Fahrzeuge erlaubt waren, die sich aus eigener Kraft fortbewegen konnten, damit die Flugzeuge nur möglichst kurze Zeit still standen, während sie dem Feuer der Scharfschützen ausgesetzt waren.

»Gut, ich werde sehen, ob der REME ihn wieder zum Laufen bringen kann« antwortete Jon, nachdem ich ihm die Worte des Hauptmanns übersetzt hatte.

Trotz der schweren Schäden an der Karosserie des Wagens war der Motor noch fast unversehrt und konnte nach einiger Wartung vielleicht sogar wieder anspringen. »Der Kolben ist blockiert«, verkündete der schmuddelige Mechaniker vom REME nach einer flüchtigen Inspektion. »Als der Wagen auf dem Dach lag, ist Öl aus der Ölwanne durch die Kolbenringe in den Verbrennungsraum gelaufen. Ich muss das Öl hinausblasen.« Er nahm die Zündkerzen von jedem Zylinder und bat dann Jon, den Anlasser zu betätigen. Es war jedoch mehr Öl ausgelaufen, als selbst der Mechaniker vermutet hatte, und in dem Moment, als der Anlasser zündete, schoss ein wütender Schwall schwarzen Öls aus dem Zylinderkopf und erwischte ihn voll im Gesicht. Auch ich konnte mich nicht mehr schnell genug ducken, und mein Jackett, meine Krawatte und mein Hemd waren von Ölspritzern übersät. »Oh, tut mir Leid, Sir«, grinste der Ölaffe vom REME und wischte sich das Gesicht mit einem alten Lumpen sauber. Zweifellos würde er sich abends beim Bier mit seinen Kumpels köstlich darüber amüsieren.

Uns blieben nur noch eineinhalb Stunden, ehe unsere Gäste eintrafen, und ich bot nicht gerade einen präsentablen Anblick. Baz raste mit dem Landrover zurück ins PTT-Gebäude, um neue Kleider für mich aufzutreiben, aber seine hektische

Suche brachte keinen Erfolg. Der größte Teil des Öls ließ sich mit Lösungsmittel und Papiertüchern entfernen, nur meine Seidenkrawatte war nicht mehr zu retten. Daher musste ich kurze Zeit später die Diplomaten mit offenem Hemdkragen empfangen. Dies war zwar nicht gerade die angemessene Bekleidung für ein diplomatisches Treffen mit der serbischen Führung, aber unser wichtigstes Ziel lag darin, die beiden Diplomaten sicher nach Pale zu geleiten und rechtzeitig für ihren abendlichen Rückflug zurück nach Sarajevo zu bringen.

Das Treffen mit Karadžić und seinen Gefolgsleuten verlief reibungslos, und als die Diplomaten an diesem Abend wieder auf dem Weg nach Zagreb waren, tippte ich auf meinem Laptop eine Nachricht an meinen Vorgesetzten. Das Funkgerät war noch nicht von dem beschädigten Wagen auf den Ersatzwagen ummontiert worden, daher verschlüsselte Jon die Nachricht manuell und sendete sie über den Satellitentransmitter an die Kommunikationszentrale in Poundon. Eine Stunde später schickte mir Netzhemd, der an diesem Abend wohl noch spät an seinem Schreibtisch saß, eine Antwort. »Herzlichen Glückwunsch, dass Sie unter diesen sicherlich sehr schwierigen Bedingungen ein so kompliziertes Treffen arrangiert haben«, schrieb er.

Im Februar 1994 hatte die UNPROFOR einen unsicheren Waffenstillstand zwischen den Krieg führenden Parteien ausgehandelt und die bosnischen Serben beendeten ihr wahlloses Granatfeuer und den Beschuss der Stadt aus dem Hinterhalt. Sarajevo galt vorübergehend als mehr oder weniger sicher, und sogleich erhielt ich einen Schwung von Anfragen von Leuten, die mich besuchen wollten, darunter auch Netzhemd. »Ich wäre zu gerne früher gekommen und hätte Sie auf eine Ihrer Fahrten ins Landesinnere begleitet«, erzählte er mir bei einem Abendessen in einem gemütlichen Restaurant in Split, »aber ich war einfach zu beschäftigt.«

Kurz nachdem Netzhemd wieder nach London zurückgekehrt war, fasste die Zentrale den Entschluss, die bosnische Station zu schließen. Nun, da Bosnien als unabhängiger Staat anerkannt und in Sarajevo wieder ein Anschein von Normalität eingekehrt war, nahm das Außenministerium diplomatische Beziehungen auf und eröffnete eine Botschaft, die sich absurderweise über einem von der Mafia geführten Spielkasino befand. Nun bot es sich natürlich an, die Operationen des MI6 unter einer diplomatischen Tarnung aus der Botschaft heraus zu leiten und die schlechte Tarnung meines angeblichen Zivilberaterpostens aufzugeben. Die Personalabteilung hatte bereits eine geeignete Leiterin für die Station ausgewählt und ihr Sprachkurs neigte sich dem Ende zu.

Ich war erleichtert, als Mitte April 1994 ein Telegramm kam, das die Ankunft der neuen Leiterin in Sarajevo für Anfang Mai ankündigte. Bidde empfahl, ihre diplomatische Tarnung nicht durch den direkten Kontakt mit mir zu gefährden, da er mit Recht vermutete, dass ich der bosnischen Geheimpolizei bestens bekannt war. Daher war es nicht erforderlich, dass ich sie in ihren neuen Posten einführte.

Meine letzte Aufgabe bestand darin, in der ersten Maiwoche gemeinsam mit Jon die Schließung der Station in den Divulje-Kasernen zu überwachen. Netzhemd schlug vor, den Discovery und die kleineren Geräte aus der Station über Land nach London zurückzubringen, anstatt für teures Geld eine S&D C-130 zu schicken, welche die Sachen abholte. Die 602-Truppe blieb noch ein paar Tage in Divulje, um den mittlerweile reparierten Funkwagen und das Ersatzfahrzeug zu beladen. Die Jungs würden später mit dem KALEX-Funkgerät und anderen Apparaten folgen.

Obwohl ich den Posten in mancher Hinsicht genossen hatte, vor allem die Arbeit mit der 602-Truppe, war es aufgrund der mangelnden Anleitung durch eine erfahrene Hand insgesamt doch eine eher frustrierende Erfahrung gewesen. Ich brauchte dringend eine Pause von den Bomben, den Kugeln und dem Blut, die mich in den letzten Monaten ständig umgeben hatten, und ich freute mich auf einen Urlaub mit Sarah. Vor wenigen Monaten erst war sie mit der niederschmetternden Diagnose konfrontiert worden, dass sie an Krebs litt, doch mittlerweile war sie zum Glück wieder aus dem Krankenhaus entlassen worden.

Als ich auf der ersten Etappe meiner Heimreise die spektakuläre Küstenstraße entlangfuhr, die an der dalmatinischen

Küste von Split nach Triest führt, parkte ich oben auf einem der höchsten Kliffs der Strecke, gerade als die Sonne wunderschön über dem Meer unterging. Eines galt es noch zu tun, damit die Schließung der Station vollständig beendet war. Ich griff auf den Rücksitz des Discovery, zog Roberts' Sammlung an Handfeuerwaffen und die Handgranate hervor und warf sie, so weit ich konnte, in das tiefe Wasser der Adria.

10

GEFEUERT

Bei meiner Rückkehr war die Zentrale vom düsteren und anonymen Century House in das spektakuläre neue Gebäude am Albert Embankment gezogen. Das von Terry Farrell entworfene Bürohaus war auf dem neusten Stand der Technik und befand sich in einer der besten Lagen in Londons Innenstadt am Südufer der Themse, direkt gegenüber von Westminster Palace und Whitehall. Seine Lage und Architektur präsentierten ein radikal modernisiertes Erscheinungsbild des Geheimdienstes. Mit den zwei gigantischen Schultern, die sich über einem finster blickenden Kopf in Gestalt des Hauptgebäudes türmten, wirkte der Bau wie ein Terminator, der jeden voller Streitsucht herauszufordern schien, der es wagen sollte, seine Autorität infrage zu stellen. Nach offiziellen Angaben hatte das Gebäude angeblich 85 Millionen Pfund gekostet, aber alle in der Zentrale wussten, dass die Kosten in Wirklichkeit dreimal so hoch gewesen waren. In dem wöchentlichen Rundbrief des MI 6 an seine Mitarbeiter wurden wir gewarnt, dass eine Diskussion über die Überziehung des Budgets als ernster Verstoß gegen das Geheimhaltungsgesetz, den Official Secrets Act, gewertet und dementsprechend geahndet würde.

Die kämpferische Fassade schien angemessen angesichts der Tatsache, dass der MI 6 sich mit der ernsthaftesten Bedrohung seiner seit der Gründung unangefochtenen Autonomie konfrontiert sah. Gerade erst war der Geheimdienst überhaupt öffentlich anerkannt worden, als die englische Königin seine Existenz offiziell bei ihrer Eröffnungsrede zur neuen Legislaturperiode des Parlaments im Oktober 1993 bestätigte. Im Dezember 1994 trat dann ein neues Gesetz in Kraft, das dem Geheimdienst eine minimale Verantwortung übertrug. Eine exklusive Gruppe von Abgeordneten erhielt die eingeschränkte Befugnis, den Haushalt und die Zielsetzungen zu prüfen, allerdings war es ihnen nicht gestattet, Operationen des MI6 zu untersuchen, Akten einzusehen oder Mitarbeiter zu befragen. Diese Neuerungen übertrugen dem widerstrebenden Geheimdienst zumindest dem Anschein nach eine öffentliche Verantwortung, auch wenn diese im Vergleich zur Kontrolle des amerikanischen Kongresses über die US-Geheimdienste oder des russischen Parlaments über den Geheimdienst Russlands immer noch gering anmutet. Das Finanzministerium durfte ebenfalls zum ersten Mal grundlegende Nachforschungen über die Effizienz des Geheimdienstes anstellen und hatte ordentlich die Messer geschwungen, woraufhin die Spionagebehörde gezwungen war, Entlassungen vorzunehmen, ein bislang noch nie da gewesenes Vorgehen.

Während meiner Abwesenheit hatten viele vertraute Gesichter den MI6 verlassen. Selbst der oberste Chef, Sir Colin McColl, war hinausgeworfen worden, zusammen mit den geselligen, aber lethargischen Direktoren vom alten Schlag, die sich alle um den Spitzenposten gedrängelt hatten. Es gingen Gerüchte um, wonach einer von ihnen in Tränen ausgebrochen war, als er erfuhr, dass er das höchste Amt nicht erben würde. Stattdessen hatte man eine neue, jüngere Riege von Führungskräften ernannt, die von David Spedding angeführt wurde. Der 49-Jährige war ein aggressiver Nahostexperte und der jüngste Geheimdienstleiter, den es je gab. Er hatte sich während des Golfkriegs einen Namen gemacht, damals als stellvertretender Leiter des Kontrollrates für den Nahen Osten. Der Abteilungsleiter hatte sich geweigert, seinen Urlaub wegen des Kriegs zu unterbrechen, worauf Spedding sogleich die Gelegenheit nutzte und nach den Zügeln der Macht griff, was einen bleibenden Eindruck in Whitehall hinterließ. Er beförderte eine ebenso ehrgeizige Gruppe von Leuten auf leitende Direktorenposten.

Das neue Gebäude spiegelte die neue Führung wider – sie waren jünger, gemeiner und aggressiver. Vielleicht waren diese Veränderungen nötig, um gegen die finanziellen Herausforderungen und die verstärkte Überwachung durch die Öffentlichkeit bestehen zu können, doch die positiven Folgen für das Geschäft der Spionage, das sich schließlich vorrangig mit Menschen befaßte, waren zweifelhaft. Daher durchströmte mich eine Mischung aus Neugier und Angst, als ich die eineinhalb Kilometer von meiner Wohnung nach Vauxhall Cross zurücklegte, um an einem regnerischen Junimorgen meinen ersten Arbeitstag im neuen Gebäude des MI6 anzutreten.

Die Personalabteilung hatte mir nach meiner Rückkehr aus Bosnien zehn Tage frei gegeben, die ich voller Glück damit verbracht hatte, meinen Garten in Ordnung zu bringen, der während meiner Abwesenheit völlig verwahrlost war. Durch die Erfahrungen in Bosnien empfand ich eine große Distanz zu dem egoistischen und schrillen Treiben Londons, und ich hatte wenig Lust, Leute zu treffen, außer natürlich Sarah. Meine Abgeschiedenheit wurde nur durch einen kurzen Besuch Fowlecrookes unterbrochen, der mich über meinen nächsten Auftrag informierte. Zuerst offerierte er mir eine Undercover-Stelle bei den Waffeninspektionsteams der UNO, aber da ich als Nächstes einen Posten in einer normalen Station haben wollte, bot er mir vorübergehend eine Arbeit in der PTCP-Abteilung (Production-Targeting Counter Proliferation) an, die für Gegenproliferation zuständig war, bis sich etwas Geeignetes für mich auftat. Diese Abteilung sammelte nachrichtendienstliches Material über so genannte Pariastaaten – hauptsächlich Iran, Irak, Libyen und Pakistan – und vereitelte deren Versuche, sich biologische, chemische und atomare Massenvernichtungswaffen zu beschaffen. Ich hätte gerne schon direkt nach dem Einführungslehrgang bei dieser Abteilung gearbeitet, doch damals hatte Bart den Posten bekommen. Ich freute mich daher auf die Gelegenheit, die Osteuropa-Abteilung zu verlassen und dort zu arbeiten.

Im neuen Gebäude gab es keinen freundlichen Wachmann in der Empfangshalle wie im Century House, der die Mitarbeiter begrüßte und die Ausweise prüfte. Die Sicherheitsüberprüfung wurde nun elektronisch vorgenommen, und um das Hauptgebäude zu betreten, mussten wir eine Reihe von sechs

Türen aus Sicherheitsglas mit Zeitschlössern passieren, die wie die Eier eines riesigen Insekts nebeneinander aufgereiht waren. Vor den Türen hatte sich bereits eine kleine Warteschlange gebildet. Als ich an der Reihe war, zog ich meine Karte durch den Schlitz und gab meine persönliche Codenummer, 6-9-2-1, ein. Daraufhin leuchtete ein kleines grünes Licht an dem Schlitz auf, und die Sicherheitsglastür öffnete sich mit einem Zischen, das an Raumschiff Enterprise erinnerte. Ich trat in die Kabine, die so eng war, dass meine Schultern die Seiten streiften. Nachdem ein Druckmessgerät im Boden bestätigt hatte, dass nur eine Person in der Kabine stand, schloss sich die Tür zischend hinter mir. Erst dann öffnete sich die Schiebetür vor mir und gab den Weg in die Empfangshalle frei.

Wie im Century House machte das Innere des neuen Gebäudes eher den Eindruck eines Hotels, allerdings hatte der schäbige russische Intourist-Stil zugunsten eines protzigen amerikanischen Luxushoteldekors weichen müssen. Weiches, fluoreszierendes Licht strömte aus den zurückgesetzten Lampen in der hohen Decke und beleuchtete einen strapazierfähigen, elfenbeinfarbenen Marmorboden, der sich von dem matten Schiefergrau der Wände abhob. Zwei riesige Säulen dominierten die Halle, die eine Reihe von schnellen, modernen Aufzügen enthielt. Zumindest würde es in diesem Gebäude keine ungeduldigen, murrenden Warteschlangen vor zu kleinen Liften geben. Um die Säulen herum waren bequeme schwarze Lederbänke eingelassen. Auf der rechten Seite drang natürliches Licht aus einem kleinen Lichthof ein, der sich durch einen hohen Schacht dem Himmel öffnete. Der Hof war mit großen, grellen Plastikimitationen subtropischer Bäume geschmückt. Von der Haupthalle führten mehrere marmorgefliste Gänge ab. Da ich noch zwanzig Minuten Zeit hatte bis zu meiner Verabredung mit dem neuen Abteilungsleiter, machte ich mich daran, das Gebäude ein wenig auszukundschaften.

Wenige Schritte durch den ersten Gang führten mich zur neuen Bibliothek. Die Bibliothek des Century House war ein trostloser Ort gewesen, voller Metallregale, die mit uralten

Büchern und vergilbten Schachteln voller Zeitschriften gefüllt waren. Die neue Bibliothek dagegen wirkte weitaus gepflegter und heller, mit teuer aussehenden Lesetischen und leise schnurrenden Schieberegalen. Jenny, die fröhliche Bibliothekarin, lächelte mich hinter ihrem Schreibtisch hervor an. »Wie geht es Ihnen?«, begrüßte sie mich erfreut. »Wie war Bosnien?« Sie erzählte, dass sie während des Umzugs zur leitenden Bibliothekarin befördert worden war, während man Sandra, ihre ältere und daher auch teurere Vorgesetzte, entlassen hätte. »Es tat mir so Leid für sie«, sagte Jenny leise. »Zwanzig Jahre hat sie im Century House gearbeitet, und dann wollte ihr die Personalabteilung nicht einmal einen Besucherausweis ausstellen, damit sie sich das neue Gebäude mal von innen ansehen konnte. Sie war schrecklich wütend.«

Jenny stempelte die Verteilerliste der Morgenzeitungen. »Haben Sie gesehen, was sie mit den Putzleuten gemacht haben?«, fragte sie und zeigte mir einen erst kürzlich erschienen Artikel aus dem *Mirror*. In der zynischen Absicht, Geld zu sparen, hatte die Personalabteilung den 47 Reinigungskräften, die im Century House angestellt gewesen waren, gekündigt und plante, sie für ein niedrigeres Gehalt in Vauxhall Cross wieder einzustellen. In einem beispiellosen Schachzug brachten die erbosten Putzleute mithilfe der örtlichen Parlamentsabgeordneten, der Labour-Hinterbänklerin Kate Hoey, den MI6 daraufhin vor das Arbeitsgericht. Zuvor hatte der MI6 jeden erdenklichen juristischen Trick angewandt, um den Reinigungskräften dieses grundlegende Menschenrecht zu verweigern, und behauptete, selbst deren Identität sei zu geheim, um sie in einem Gerichtsverfahren öffentlich zu machen. Nach einem langen und teuren Rechtsstreit wurde den Reinigungskräften jedoch schließlich gestattet, vor Gericht zu gehen, und der *Mirror* zeigte ein ulkiges Foto von den Putzfrauen im Zeugenstand. Sie mussten hinter einer Leinwand stehen, sodass man von ihnen nur eine Reihe von Gesundheitsschuhen sehen konnte. Sie gewannen den Prozess und erhielten neben einer Entschädigung auch ihre Arbeitsstellen zurück. Dies war ein peinlicher Rückschlag für die neuen Direktoren des MI6, nicht nur in der Öffentlichkeit, sondern auch innerhalb des Geheimdienstes. Sofort begannen sie ein Manöver zur Schadensbegrenzung und beschwerten sich in dem internen Rundbrief und in öffentlichen Kommentaren darüber, dass das Finanzministerium ihnen diese Budgetkürzungen »aufgezwungen« hätte. Es wäre ihnen niemals eingefallen zuzugeben, dass sie ganz einfach grundlegendes Arbeitsrecht missachtet hatten und dann das Geheimhaltungsgesetz dazu benutzen wollten, diesen Fehler zu vertuschen.

Auf dem Weg durch die Halle zu den Liften sah ich Bart, meinen alten Kollegen aus dem Einführunglehrgang, das Gebäude betreten. Er hielt einen Squash-Schläger in der einen Hand und verwendete die andere dazu, sich die Reste eines süßen Teilchens in den Mund zu schieben. »He, Alter«, grinste er und wischte sich mit dem Handrücken eine Johannisbeere aus dem Gesicht, die neben seinem Mund geklebt hatte. »Du warst in Bosnien, oder?«, fuhr er unbefangen fort.

Ich zeigte auf seinen Squash-Schläger. »Das Sportzeug – gehört das zu einem Undercover-Auftrag?«

»Nein, ich hab wirklich angefangen, Sport zu treiben. Hast du den Squashcourt schon gesehen?« Bart führte mich zu einer Stahltür neben dem Gang zur Bibliothek, durch die wir in ein kleines, mit grauem Teppich ausgelegtes Fitness-Studio mit Rudermaschinen und Hebebänken kamen. Aus einem tragbaren CD-Player dröhnte Tanzmusik, und eine große Frau mit ausladenden Hüften und einem viel zu engen, gepunkteten Gymnastikanzug strampelte im Rhythmus dazu, schwitzend, auf einem Fahrrad-Hometrainer, dessen Sitz viel zu niedrig eingestellt war. »Puh«, murmelte Bart ohne den leisesten Anflug von Sarkasmus in der Stimme, »nicht schlecht, was?«

Dann zeigte Bart mir noch den übrigen Sportbereich. Der Architekt des Gebäudes hatte diesen Raum ursprünglich für ein Schwimmbad nutzen wollen, aber die Direktoren hatten sich entschieden, dass dieser Luxus nur schlechte Presse zur Folge haben würde. Einige ehemalige Militäroffiziere hatten sich daraufhin sehr für einen Pistolenschießstand eingesetzt, aber schließlich siegte die Vernunft, und der Raum wurde in eine Sporthalle mit mehreren kleinen Fußball- und Badmintonfeldern verwandelt.

Ich hatte meinen Rundgang durch das neue Gebäude inzwischen schon zu sehr ausgedehnt, und es war höchste Zeit, nach oben zu gehen und meine neue Abteilung kennen zu lernen. »Wie ist denn die PTCP so?«, fragte ich Bart, weil ich wusste, dass er die Abteilung erst kürzlich verlassen hatte, um sich für eine Versetzung nach Ungarn vorzubereiten.

»Du wirst für Badger arbeiten. Er hebt ganz gerne mal einen.« Bart tätschelte wissend seinen Bauch und versicherte mir, dass mich eine gut gelaunte Abteilung erwarten würde. Dann machte er sich auf den Weg zu seinem Squashmatch, während ich zu den Aufzügen ging.

Der angenehm schnelle Fahrstuhl brachte mich rasch in den vierten Stock, wo sich die Türen zu einer kleinen Empfangshalle mit den üblichen grauen Teppichfliesen und den kahlen weißen Wänden einer Handelsbank aus den Achtzigerjahren öffneten. Ein oder zwei Sekunden lang studierte ich den kleinen, bunten Lageplan, der neben dem Fahrstuhl hing und begab mich durch das Labyrinth der Flure zu dem mir zugewiesenen Zimmer.

Das Großraumbüro des PTCP hatte eine schöne Aussicht auf die geräumige Terrasse des Gebäudes und die Themse und beherbergte etwa ein halbes Dutzend Mitarbeiter und Sekretärinnen. Einige von ihnen blickten fragend auf den Neuankömmling, während andere unverwandt auf ihre Akten oder Computerbildschirme sahen. Der Mann neben der Tür erhob sich und streckte mir seine Hand entgegen. »Hallo, Sie müssen Richard Tomlinson sein«, sagte er. Sein dicht gelocktes, graublondes Haar war an den Schläfen schon etwas dünn, wuchs jedoch noch üppig auf der Stirn und den Seiten, sodass es von vorn so aussah, als würden drei breite Streifen pelziger Haare seinen Kopf bedecken. Das war offenbar Badger. »Setzen Sie sich doch. Ich erkläre Ihnen, was Sie zu tun haben.«

Badger war ungewöhnlich spät zum Geheimdienst gekommen. Er hatte in Genetik promoviert und zunächst als Wissenschaftler, dann als Unternehmensberater gearbeitet, ehe er mit etwa 35 Jahren dem Geheimdienst beitrat. Zuerst war er nach Nicaragua versetzt worden, anschließend nach Costa Rica. Badgers Begeisterung und seine vielseitigen Arbeitserfahrungen machten ihn zu einem erfolgreichen Mitarbeiter, trotzdem würde er niemals zu den Aufsteigern in der Zentrale gehören – dazu war er nicht berechnend genug. »Ich möchte, dass Sie die Leitung von BELLHOP übernehmen, die derzeit größte Operation unserer Abteilung«, erklärte er mir enthusiastisch.

Nach dem iranisch-irakischen Krieg von 1985 bis 1989, in dem viele tausend iranische Soldaten durch die chemischen Waffen des Irak umgekommen waren, wollten die Iraner ihr eigenes Arsenal an chemischen und biologischen Waffen aufbauen, nur fehlte es ihnen dazu im eigenen Land an Möglichkeiten. Sie mussten die Technologie, die Ausrüstung und die Vorläuferchemikalien von technisch fortschrittlicheren Ländern kaufen. Obwohl nach den internationalen Konventionen ein Export solcher Materialien in den Iran untersagt war, hielt das die Iraner nicht von dem Versuch ab, sich die Ausrüstung heimlich zu besorgen. Allerdings würde jeder Iraner, der offen versuchte, diese verbotenen Materialien zu kaufen, sofort die Aufmerksamkeit westlicher Geheimdienste auf sich ziehen. Daher machte sich der Iran daran, ein Geflecht aus westlichen Händlern und Ingenieuren anzuwerben, welche die Drecksarbeit erledigten – diese Leute waren sich entweder nicht bewusst, auf was sie sich einließen, oder sie ignorierten die Illegalität ihres Tuns absichtlich. »Ihre Aufgabe besteht darin«, erklärte Badger, »sich heimlich in dieses Netz einzuschleusen und mit den iranischen Drahtziehern Freundschaft zu schließen.« War das geschehen, konnte ich die Operation nach eigenem Ermessen weiterführen, je nachdem, was für Möglichkeiten sich boten. Badger hoffte, mittels der Infiltration nachrichtendienstliche Informationen zu sammeln oder vielleicht sogar einen der Iraner zu rekrutieren, wenn sich die Gelegenheit ergab, und dann deren Vorhaben zu durchkreuzen. Er warf mir einen schweren, rosafarbenen Aktenordner mit der Aufschrift P/54248 zu. »Lesen Sie das und kommen Sie zu mir, wenn Sie einen Plan ausgearbeitet haben.«

Dieser Auftrag wird mir gefallen, dachte ich bei mir – jede Menge Freiheit, um meine eigene Operation aufzubauen, ein wirklich lohnendes Ziel und ein guter Chef, für den ich arbeitete. Begeistert machte ich mich unverzüglich an die Lektüre der BELLHOP-Akte.

Die Lektüre einer MI6-Akte ist eine langwierige und mühsame Aufgabe. Die Unterlagen sind chronologisch geordnet, aber darüber hinaus sind sie nicht sortiert. Sie enthalten ein umfangreiches Sammelsurium an Informationen aus vielen verschiedenen Quellen: Telegramme, Briefe, Berichte des Special Branch der Polizei, Kopien von Unterlagen der Armee und der Sozialversicherungsbehörde über einzelne Personen, die in der Akte erwähnt werden, Leckerbissen von der Geheimdienstabteilung des Verteidigungsministeriums, Kontaktberichte, Überwachungsfotos. Viele Dokumente beziehen sich wiederum auf andere Akten, und um sie zu verstehen, muss man erst zur zentralen Registratur gehen und die Akte anfordern. Einige Schriftstücke sind möglicherweise nur von peripherer Bedeutung für die Operation, andere jedoch können entscheidende Hinweise liefern. So kann man leicht ein wichtiges Detail übersehen und den Überblick über das Gesamtbild verlieren, wenn man sich nicht sehr konzentriert. Es dauerte eine Woche, bis ich die sechs Aktenordner durchgeackert hatte und mich sicher genug fühlte, einen Plan zu entwickeln.

Die Akte begann mit der Festnahme von Nahoum Manbar Ende der Achtzigerjahre auf dem Flughafen Heathrow in London. Manbar war ein israelischer Geschäftsmann aus Nizza, der im Verdacht stand, eine enge, wenn auch dornige Beziehung zum Mossad zu unterhalten. Der Zoll und die Steuerfahndung hatten bei einer Routinedurchsuchung seines Aktenkoffers Papiere und Pläne gefunden, die den Vorgang der Senfgasherstellung zu beschreiben schienen. Manbar kam in Polizeigewahrsam. Er behauptete in seinem Verhör, er sei ein Agraringenieur und die Formeln würden sich auf die Produktion eines neuen Insektizids beziehen. Obwohl diese Unschuldsbeteuerungen kaum glaubhaft waren, gab es nicht genug Beweise, um ihn eines Verbrechens anzuklagen. Er durfte nicht nach Großbritannien einreisen und wurde in das nächste Flugzeug zurück nach Nizza gesetzt. Der MI6 bat anschließend den französischen Geheimdienst für Spionageabwehr DST (Direction de la Surveillance du Territoire), ihn im Auge zu behalten.

Durch das Abhören des Telefons in Manbars Wohnung und Informationen aus anderen Quellen fand der DST heraus, dass Manbar 1988 die Pläne für eine Senfgasfabrik in die Hände bekommen und sie mit einem schönen Gewinn an Dr. Tehrani Fahd verkauft hatte, einen iranischen Diplomaten in Wien, der in Wirklichkeit ein leitender Mitarbeiter des iranischen Geheimdienstes war, und dem die Aufgabe oblag, das Chemiewaffenprogramm des Iran aufzubauen. Diese Pläne waren jedoch erst der Anfang. Fahd wollte auch die besonderen Geräte und chemischen Substanzen erwerben, die nötig waren, um die Fabrik tatsächlich zu bauen. Dazu bat er Manbar um Hilfe.

Obwohl Manbar die Millionen Dollar, die ihm der Abschluss dieses Geschäfts bringen würde, nur zu gern haben wollte, zögerte er anfangs ein wenig, noch weiter in die Angelegenheit verwickelt zu werden, weil er wusste, dass er dabei in noch trübere und tiefere Gewässer der Illegalität geriet. Während er seine Möglichkeiten überdachte, entdeckte der Mossad Manbars Kontakte mit Fahd und bestellte ihn laut der Telefonprotokolle des DST zu einem Treffen in die israelische Botschaft in Paris. Es gab keine Aufzeichnungen darüber, was bei diesem Treffen gesprochen wurde, doch das Ergebnis war, dass sich Manbar mit einem auf mysteriöse Weise entfachten Eifer in das Projekt mit Fahd stürzte. Er begab sich auf die Suche nach einer zuverlässigen Marionette, die unwissentlich die vermutlich illegale Vorarbeit erledigte, um den Iranern die gewünschte Ausrüstung zu beschaffen.

Durch einen seiner geschäftlichen Kontakte machte Manbar die Bekanntschaft von Mrs. Joyce Kiddie, einer britischen Geschäftsfrau, die in dem Städtchen Girton bei Cambridge lebte. Kiddie hatte fast ihr ganzes Leben als Sekretärin in einer örtlichen Schreibwaren- und Bürobedarfsfirma gearbeitet, doch als der leitende Direktor – zufällig ein ehemaliger MI6-Agent – in Pension ging, bot er die Firma meistbietend zum Verkauf. Kiddie war damals in den Vierzigern, zum zweiten Mal verheiratet und hatte eine Handvoll Töchter zu versorgen. Dennoch benutzte sie wagemutig ihre gesamten Ersparnisse und einen Bankkredit, um die Firma zu kaufen. Sie erwies sich als unternehmerisches Naturtalent und begann innerhalb weniger Jahre das Geschäft auszuweiten. Sie baute Kontakte mit China auf, anfangs nur im Schreibwarenbereich, doch später auch beim Handel mit Chemikalien und Pharmazeutika. Manbar war beeindruckt von ihrer Vielseitigkeit und ihrem Eifer und machte sich daran, ihre Freundschaft zu suchen, um sie als seine Marionette einzuspannen. Der DST schnappte Manbars zunehmend häufigere Telefongespräche mit Kiddie auf und gab dem MI 6 einen Hinweis. Wir erhielten eine so genannte FLORIDA-Ermächtigung, um ihr Telefon abzuhören, sowie eine ACANTHA-Ermächtigung für die Überwachung ihrer Post, und zudem bat man den Special Branch in Cambrigdeshire, ein Auge auf sie zu haben. Manbar begann, ihr zunehmend merkwürdigere Aufgaben anzuvertrauen. Einmal bat er sie, einen geeigneten jüdisch-amerikanischen Basketballspieler aus der NBA zu finden und zu kaufen, der nach Israel auswandern sollte, um die israelische Nationalmannschaft zu verstärken. Kiddie bestand diese und andere Prüfungen mit Bravour. Mitte des Jahres 1993 war Manbar davon überzeugt, dass sie zuverlässig und vertrauenswürdig war, und wollte sie mit Fahd bekannt machen.

Kiddie freute sich über die Verbindung zu einem neuen und lukrativen Handelspartner und flog nach Österreich, um Fahd dort zu treffen. Im Wiener Hilton-Hotel bat Fahd sie darum, einige Tonnen Thionylchlorid zu kaufen, eine »Bausteinchemikalie«, die bei der Herstellung vieler legaler Produkte verwendet wird, doch gleichzeitig auch eine wichtige Grundsubstanz für die Herstellung von Senfgas und Nervengiften wie Sarin darstellt. An dem Kauf war nichts Illegales – solange die Chemikalie nicht in die falschen Hände geriet, wurde dadurch kein internationales Recht gebrochen.

Nach sechs Monaten der Recherche, vielen Telefonanrufen und zwei Reisen in abgelegene Gegenden in China brachte Kiddie die Thionylchloridlieferung in den Iran auf den Weg. Fahd war erfreut und entschied sich dazu, ihr ein wenig mehr Verantwortung anzuvertrauen. Nun, da er über die Pläne und eine sichere Quelle der wichtigsten chemischen Substanz verfügte, bat er sie, einige Geräte für die Fabrik zu besorgen. Dies war jedoch nicht so einfach wie der relativ unkomplizierte Erwerb der Chemikalien, denn der Verkauf aller Ausrüstung dieser Art unterliegt internationalen Kontrollen, und für bestimmte Länder, vor allem Iran, Irak und Libyen, ist es schwierig, derartige Gerätschaften offen zu erwerben, selbst wenn sie für gänzlich harmlose Zwecke gedacht sind. Fahd gab Kiddie die Entwürfe für einige einfachere Ausrüstungsstücke und bat sie zu sehen, was sie machen konnte.

Kiddie nahm die neue Aufgabe mit Wonne an, stellte dann jedoch fest, dass sie damit überfordert war. Sie hatte keinerlei technisches Know-how und konnte die Beschreibungen und Zeichnungen der Geräte nicht verstehen. Sie brauchte jemanden mit einer technischen Vorbildung, und aus diesem Grund warb sie Albert Constantine an, einen alten Freund ihres ersten Mannes. Der sechzigjährige Constantine, ein ehemaliger Seemann bei der Handelsmarine und Mechaniker, war als Warenhändler bei einer Import-Export-Handelsgesellschaft in London tätig und freute sich sehr, als Kiddie ihn um Hilfe bat. Er hatte Mühe, mit seinem schlechten Gehalt über die Runden zu kommen, und konnte das zusätzliche Geld gut gebrauchen. Wenige Monate später, im April 1994, trafen sich Kiddie und Constantine an einer Autobahnraststätte nördlich von London, ohne zu wissen, dass ihr Treffen beobachtet wurde. Zwei PTCP-Mitarbeiter, die sich als Vertreter ausgaben, saßen an einem benachbarten Tisch und zeichneten das Gespräch mit einem modernen Richtmikrofon auf, das in einem Aktenkoffer versteckt war. Aus diesem Gespräch sowie den Telefonprotokollen von Constantine wurde ersichtlich, dass er die technischen Beschreibungen von Fahd ebenfalls nicht verstand. Doch das würde er Kiddie unter keinen Umständen verraten – er wollte auf jeden Fall an dem Geschäft beteiligt sein.

Wenn der MI 6 quasi-kriminelle Machenschaften wie Kiddies Geschäfte mit Fahd unterwandern wollte, versuchte man normalerweise, einen der Hauptbeteiligten, also zum Beispiel Kiddie oder Constantine, zu rekrutieren. Doch Badger war fest davon überzeugt, dass Kiddie in Panik geriete, wenn der MI 6 sich an sie wenden würde, und sich dann aus dem Geschäft zurückzöge, was uns wiederum um die Gelegenheit brächte, die iranische Operation zu durchkreuzen. Er schloss auch die Anwerbung von Constantine aus. Dieser machte zwar einen vernünftigeren Eindruck, war aber seinen Freunden treu ergeben und würde daher vermutlich Kiddie davon erzählen. Badger bestand darauf, dass die einzige Möglichkeit, mich in die Operation einzuschleusen, darin bestünde, mich Kiddie oder Constantine verdeckt zu nähern, ihr Vertrauen zu gewinnen und dann zu hoffen, dass sie mich an Manbar oder Fahd weiterempfahlen.

Es würde schwer werden, an Kiddie auf direktem Weg heranzukommen. Sie arbeitete alleine zu Hause und war nur schlecht über Dritte zugänglich. Zudem zeigten die Telefonprotokolle, dass sie Fremden gegenüber äußerst misstrauisch war und ihnen nur vertraute, wenn sie ihr von einem Bekannten empfohlen wurden. Ich musste also zunächst Kontakt zu Constantine herstellen, in der Hoffnung, dass er mich dann mit Kiddie bekannt machen würde.

Gründliches Stöbern in den Akten brachte Constantines Heimatadresse in Southampton an der Südküste Englands zum Vorschein. Eine kurze Aufklärungsfahrt auf meinem Motorrad ergab, dass das Haus neben seinem Reihenhäuschen leer stand. »Warum mieten Sie es nicht und lernen ihn als Nachbarn kennen?«, schlug Badger vor. Als ich jedoch in der darauf folgenden Woche nach Southampton zurückkehrte, um mich mit dem Immobilienmakler zu treffen, entdeckte ich, dass es bereits zu spät war – ein junges Paar war gerade in das Haus eingezogen. Ich musste mir etwas anderes ausdenken.

Nachforschungen über Constantines Arbeitgeber in der zentralen Datenbank brachten glücklicherweise eine positive Fährte. Es existierte bereits eine Akte über die Bari Trading, eine Handelsgesellschaft im vornehmen Londoner Stadtteil Mayfair. Der Geschäftsführer wurde von einem Mitarbeiter des MI 6 geführt, dem Leiter der Abteilung für natürliche Tarnung für den Iran. Ein kurzer interner Anruf genügte, und beim nächsten Treffen mit seinem Agentenführer erklärte sich der Manager bereit, mich vorübergehend bei der Bari Trading anzustellen. Er würde als Einziger in der Firma über die Operation im Bilde sein, darum musste ich mir eine Geschichte ausdenken, um die anderen Angestellten zu täuschen.

Der zuständige Mitarbeiter für operative Sicherheit der PTCP-Abteilung stimmte zu, dass ich noch einmal den Huntley-Decknamen verwendete, der für meine Reise nach Russland entwickelt worden war. Streng genommen sollte man für jede Operation einen neuen Decknamen entwickeln, doch diese Regel wurde gelegentlich gelockert, um Zeit und Geld zu sparen. Der zuständige Sicherheitsbeauftrage, SBO/5, war jedoch der Ansicht, dass meine Huntley-Tarnung in Russland höchstwahrscheinlich nicht aufgeflogen war, und außerdem lagen die Operationen geografisch weit voneinander entfernt. Zudem besaß Huntley bereits eine Sozialversicherungskarte, was die Schreibarbeit für die Bari Trading verringerte. Allerdings bestand der Sicherheitsbeauftragte darauf, dass ich einen Antrag für den neuen Außenminister Malcolm Rifkind verfasste, da es peinlich werden könnte, wenn die Operation aufflog. Die Anträge waren dazu gedacht, sicherzustellen, dass potenziell empfindliche Operationen einer gesetzlichen Rechenschaftspflicht unterlagen, aber da es keine unabhängige Überprüfung gab, lag die einzige Kontrolle über die Urteilskraft und Ehrlichkeit des verfassenden Mitarbeiters in der Sorgfalt des Außenministers. Das Verfassen der Anträge für Douglas Hurd war eine zeitraubende Aufgabe gewesen, weil er eine fehlerlose Argumentation und einen perfekten Stil forderte, doch Rifkind war bereits bekannt dafür, dass er alles, was der MI6 ihm auf den Tisch legte, wohlwollend beurteilte.

Obwohl ich wieder in meine vertraute Huntley-Haut schlüpfte, gab es immer noch eine Menge Arbeit zu erledigen. Aus der Durchsicht der Telefonprotokolle wussten wir, dass Kiddie und Constantine einen qualifizierten Chemieingenieur brauchten, jemanden, der die technischen Zeichnungen, die sich in ihrem Besitz befanden, problemlos deuten konnte und der wusste, wo man die Komponenten auftrieb. Zwei Wochen später, nach vielen Stunden in der Bibliothek für Chemieingenieure der Imperial University, saß ich neben Constantine im Büro der Bari Trading, nur einen Steinwurf von dem Hilton Hotel am Hyde Park entfernt. Meine Tarnung lautete, ich sei ein anglo-argentinischer Chemieingenieur, der sich eine neue Karriere auf dem Gebiet des Chemikalienhandels aufbauen wollte. Mein erfundener Vater war angeblich der Manager einer Fabrik in Buenos Aires und mit dem Geschäftsführer der Bari Trading befreundet, der eingewilligt hatte, mich für die Dauer von sechs Wochen in seiner Firma zu beschäftigen, damit ich das Geschäft des Import-Export-Handels erlernen konnte. Die Geschichte schien Constantine und den anderen Mitarbeitern in dem schmuddeligen und voll gestopften Büro zu genügen. Dort arbeiteten noch Patricia, eine junge hübsche Anglo-Indianerin aus Guyana und Fazad, ein Ketten rauchender Iraner in seinen Sechzigern. Constantine war ein freundlicher und hilfsbereiter Mensch und überhäufte mich mit Büchern und Artikeln über »Seefrachtbriefe« und »Import-Export-Zölle«. Die Arbeit war langweilig, aber ich arbeitete schließlich nicht zum Spaß dort. Mein Ziel war es, mich mit Constantine anzufreunden, daher ergriff ich jede sich bietende Gelegenheit für einen Plausch, eine Teepause oder ein abendliches Bier mit ihm, ohne jedoch darin zu übertreiben und sein Misstrauen zu erregen.

In der Zwischenzeit arbeiteten Badger und seine Mannschaft weiter an anderen Aspekten des Falls. Eines Morgens kam eine Mitarbeiterin der Transkriptionsabteilung mit einem pinkfarbenen FLORIDA-Gesprächsprotokoll in der Hand ins Büro geeilt. Normalerweise gab sie die Protokolle der aufgezeichneten Gespräche in die Hauspost, sodass sie einen Tag später bei uns auf dem Tisch lagen. Doch dieses Protokoll erforderte Badgers sofortige Aufmerksamkeit. Kiddie hatte von ihrem Haus in Girton aus mit Fahd in Wien telefoniert und ein eiliges Treffen vereinbart, bei dem die Einzelheiten des Vertrags besprochen werden sollten. Sie hatten verabredet, sich zwei Tage später in der Lobby des Hilton Hotels in der Amsterdamer Innenstadt zu treffen. Das Transkript zeigte, dass Fahd ihr weitere Unterlagen über die Bauteile der Chemiefabrik aushändigen wollte.

Badger stürzte sich sogleich auf diese Gelegenheit. Wenn wir die Unterhaltung belauschen könnten, würden wir vielleicht etwas über Fahds Absichten und den aktuellen Stand des iranischen Chemiewaffenprogramms erfahren. Doch noch wichtiger waren die Unterlagen. Ein genauer Blick auf die Pläne für die Anlage wäre unbezahlbar für uns. Daher ordnete Badger an, dass die gesamte PTCP-Abteilung alles stehen und liegen ließ und sich nur noch um diese dringende Angelegenheit kümmerte.

Kiddie plante, vom Flughafen in Stansted nach Schiphol und wieder zurückzufliegen. Badger wandte sich darum an die Zoll- und Steuerfahndung in Stansted und vereinbarte, dass sie bei ihrer Rückkehr nach England durchsucht werden sollte. Damit Kiddie keinen Verdacht schöpfte, schlug der Zoll vor, auch alle anderen Passagiere zu durchsuchen und einen Undercover-Agenten in der Warteschlange zu postieren, der das Gerücht verbreitete, dass man nach Drogen suche.

Das Abhören des Treffens in der Hotellobby erwies sich jedoch als problematisch und erforderte daher die Zusammenarbeit mit dem holländischen Geheimdienst. Glücklicherweise ist der BVD (Binnenlands Villigheidsdienst) einer der engsten Verbündeten des MI6 im Ausland. Er gilt als zuverlässig, effizient und äußerst kooperativ, wenn es darum geht, dem MI6 in einer dringenden Sache zu helfen. Der MI6 ist immer noch ein mächtiger Spieler in der Hierarchie der Geheimdienste der Welt, daher sind die kleineren Geheimdienste stets bereit, ihre Unterstützung anzubieten. Sie wissen, dass ihnen das ein Mittel in die Hand gibt, gegebenenfalls auch den MI6 um eine Gefälligkeit zu bitten. Badger schickte ein Eiltelegramm der höchsten Priorität an die MI6-Station in Den Haag und setzte sofort alle Hebel in Bewegung.

Der stellvertretende Leiter der MI6-Station in Den Haag, HAG/2, fuhr mit dem Verbindungsoffizier des holländischen Geheimdienstes nach Amsterdam, um die Abhörmöglichkeiten des Treffens zu erkunden. Als sie die Hotellobby betraten, stellten sie fest, dass inmitten der Tische, Stühle und Sofas ein großer Springbrunnen stand. HAG/2 begriff sogleich, wie schwierig es sein würde, eine verwertbare Aufnahme des Treffens zu erhalten. Es ließ sich unmöglich vorhersagen, an welchem Tisch Kiddie und Fahd sitzen würden. Und an jedem

Tisch eine Wanze zu installieren, wäre zu teuer und zeitraubend, zumal das Plätschern des Springbrunnens genau jene Sorte weichen Rauschens darstellte, das alle weit entfernten Unterhaltungen ausgezeichnet übertönt. Diese Probleme entmutigten die tatkräftigen Holländer jedoch nicht im Geringsten. Sie zogen alle Register und entwickelten einen komplizierten und arbeitsintensiven Einsatzplan.

Jeder Gast des Amsterdamer Hilton Hotels, der am Dienstag, dem 7. Februar 1995, ein gemütliches Mittagessen in der Eingangshalle zu sich nehmen wollte, erlebte eine kleine Enttäuschung. Der schöne Springbrunnen war abgeschaltet, und ein großes Schild verkündete, dass er aus »Wartungsgründen« außer Betrieb sei. Zudem war ein Großteil der Lobby wegen einer angeblichen »Grundreinigung« durch Seile gesperrt worden. Wie bei den meisten Hiltons weltweit war auch hier der Sicherheitschef des Hotels ein Informant des örtlichen Geheimdienstes, und der BVD bat ihn, die Lobby zeitweilig umzugestalten. Dann installierte man an einem leeren Tisch ein Abhörmikrofon. Um zu verhindern, dass zufällig Vorbeikommende sich dort niederließen, platzierte man dort einige »Geschäftsleute«. Auch alle übrigen Tische waren von Geschäftsleuten besetzt, die ebenfalls zum BVD oder MI 6 gehörten, darunter auch Badger, HAG/2 und einige weitere Mitglieder der PTCP-Abteilung. Alles war also vorbereitet, als Kiddie auf dem Amsterdamer Flughafen landete. Bereits auf dem Weg in die Amsterdamer Innenstadt mit dem Shuttle-Bus wurde sie observiert.

Der akribisch durchdachte Plan begann jedoch aus dem Ruder zu laufen, als Kiddie im Hotel eintraf. Sie bemerkte die beiden Geschäftsmänner nicht, die sich erhoben und den verkabelten Tisch freigaben. Vielmehr warf sie einen Blick auf das rege Treiben in der Lobby und entschied, dass ihr das nicht gefiel. Unbeirrt ging sie zu dem abgeteilten Bereich, öffnete das Absperrseil und setzte sich in die Ecke, die eigentlich aus »Reinigungsgründen« geschlossen sein sollte. Vermutlich konnte man es an diesem Morgen hinter einer großen Anzahl von Kaffeetassen leise auf Holländisch fluchen hören. Es war ein peinlicher Fehlschlag für den BVD vor ihren Gästen vom

MI 6. Die Holländer versuchten ihr Bestes, um die Situation zu retten. Ein Agent mit einem Aktenkoffer, der mit einem Richtmikrofon ausgestattet war, setzte sich in Kiddies Nähe ebenfalls an einen Tisch in dem abgeteilten Areal. Als Fahd zehn Minuten später auftauchte und sich zu ihr gesellte, gelangen dem Agenten einige Aufnahmen, das Band aber erwies sich trotz der späteren Bearbeitung im Computer als unverständlich. Alles, was wir von diesem Treffen erhielten, waren einige Fotos, die von einer Kamera in der Aktentasche eines Geschäftsmannes geknipst wurden und zeigten, wie Fahd Kiddie einen dicken Stoß Papiere reichte.

Glücklicherweise zahlten sich Badgers hektische Arbeitstage schließlich doch noch aus, weil der andere Teil des Plans weitaus glatter lief. Wie geplant wurden alle ankommenden Passagiere in Stansted aufgehalten und durchsucht. Schließlich war Kiddie an der Reihe. Während ein Beamter sorgfältig ihr Handgepäck durchwühlte und sie dadurch ablenkte, indem er ihre persönlichen Sachen besonders genau unter die Lupe nahm, durchsuchte ein anderer ihren Aktenkoffer. Sobald der Beamte Fahds Dokumente entdeckt hatte, ließ er sie unauffällig durch ein Fotokopiergerät laufen und legte die Originale sofort wieder in ihre Tasche. Wie wir gehofft hatten, handelte es sich um erstklassige nachrichtendienstliche Informationen, die mir bei meinen Bemühungen, über Constantine an Kiddie heranzukommen, sehr hilfreich waren.

Einige Tage später saß ich in Vauxhall Cross an meinem Schreibtisch, studierte die Unterlagen und versuchte, die technischen Beschreibungen der Geräte zu verstehen, als mein Privattelefon klingelte. Es war Sarah. »Hallo Liebling, wie geht's Moneypenny?«, lachte sie. Aber ich wusste sofort, dass etwas nicht stimmte. Ihre Stimme klang schwach und angespannt und der tapfere Ton war nur gespielt. »Mit dir ist irgendwas, oder?«, fragte ich leise.

»Ja...«, antwortete sie. »Es ist wieder da.«

Sarah war an diesem Morgen wieder zu einer Kontrolluntersuchung im Krankenhaus gewesen. Die Ärzte hatten entdeckt, dass der Krebs sich auf ihre Lymphdrüsen ausgebreitet hatte und sie sofort zur Chemotherapie ins Krankenhaus eingewiesen. Auch wenn sie es nicht sagte, so konnte ich doch an ihrer Stimme hören, dass die Prognose sehr schlecht aussah. Zwei Monate später starb sie.

Ich legte den Hörer auf und stützte den Kopf in die Hände. Ich fühlte eine dumpfe Übelkeit in mir und wollte weinen. Meine Arbeit schien plötzlich völlig unwichtig zu sein und ich schob die Papiere auf meinem Schreibtisch voller Verachtung beiseite. Ich musste hinaus an die frische Luft. Es war fast halb eins und die Bar in der Zentrale öffnete jeden Moment. Normalerweise trank ich niemals Alkohol zum Mittagessen, aber an diesem Tag war alles anders.

Ich nahm ein Glas Bier mit auf die Terrasse vor der Bar und setzte mich in eine Ecke, von wo aus man die Themse und das Parlamentsgebäude überblicken konnte. Es war ein schöner Vorfrühlingstag, die Sonne schien und eine erfrischende Brise wehte vom Fluss zu mir herüber. Doch als ich an Sarah im Krankenhaus dachte und an das zerfetzte Mädchen in Bosnien, fiel es mir schwer, nicht in Tränen auszubrechen, und ich musste mir die Hände vors Gesicht halten, um mich wieder zu fangen. Ich wusste, dass ich es an diesem Nachmittag nicht mehr an meinem Schreibtisch aushalten würde. Badger stand mit einigen Kollegen auf der Terrasse, und ich ging zu ihm und fragte, ob ich den Rest des Tages frei haben könne. »Möchten Sie darüber reden?«, fragte er mich.

»Nicht jetzt«, erwiderte ich.

Am nächsten Morgen saß ich wieder an meinem Schreibtisch und bemühte mich nach Kräften, mich auf die Arbeit zu konzentrieren und bei der Interpretation der Pläne für die Chemiefabrik Fortschritte zu machen. Das Telefon klingelte. Es war die Personalabteilung, die mich so bald wie möglich sehen wollte. Schweren Herzens vereinbarte ich einen Termin für den nächsten Tag. Ich wusste zwar noch nicht, was sie von mir wollten, aber ein Treffen mit ihnen war nie eine Freude.

Die Personalabteilung war für alle Personalentscheidungen innerhalb des MI6 zuständig, und von ihr war auch die Entscheidung gekommen, mich nach Bosnien zu entsenden. Doch ihre Machenschaften und die Gründe für ihre Entscheidungen und Vorgehensweisen waren stets in einen Nebel aus

Intrigen und Geheimniskrämerei gehüllt und verbargen sich in einem Gewirr aus inoffiziellen Äußerungen von Abteilungsleitern und geheimen Absprachen während feuchtfröhlicher Mittagessen. Ihre Mitarbeiter hatten keine Ausbildung im Personalwesen absolviert, sondern waren als Agenten die Karriereleiter hinaufgeklettert. Daher konnten sie nicht widerstehen, ihr Handwerk auch auf diesem vorübergehenden Posten auszuüben und operierten wie ein Minigeheimdienst innerhalb des Geheimdienstes. Sie behandelten die Angestellten wie zu rekrutierende Agenten und wandten uns gegenüber die gleichen fadenscheinigen Bluffs und falschen Schmeicheleien an, die sie früher auch bei nigerischen Generälen und brasilianischen Gouverneuren eingesetzt hatten. Uns war nicht einmal gestattet, die Protokolle unserer eigenen Gespräche mit der Personalabteilung zu lesen oder gegenzuzeichnen, obwohl diese Aufzeichnungen einen wichtigen Teil unserer persönlichen Unterlagen darstellten, anhand derer die Versetzungsentscheidungen gefällt wurden. Diese Geheimhaltung ließ einem Personalmanager völlig freie Hand, die Karriere eines Kollegen zu fördern oder zu vernichten, da es keine Kontrolle gegen offenkundige persönliche Abneigungen, Begünstigungen oder Vetternwirtschaft gab. Das allgemeine Misstrauen gegenüber der Personalabteilung wurde durch den häufigen Wechsel ihrer Mitarbeiter noch verstärkt, denn diese konnten sich selbst auf die besten Auslandsposten versetzen lassen, sobald diese verfügbar waren.

Aus diesem Grund war ich etwas beunruhigt, als ich im Aufzug hinauf zum achten Stock fuhr, um meinen neuen Personalbetreuer kennen zu lernen. Aufgrund seiner kleinen Statur und seiner aggressiven Selbstdarstellung hatte ihm seine vorherige Abteilung den Spitznamen »Giftzwerg« verliehen.

»Was haben Sie neulich auf der Terrasse gemacht?« PD/2s Stimme klang anklagend und streitlustig. Er spulte ohne jede Überzeugung die üblichen Höflichkeitsfloskeln herunter und startete dann ohne Umschweife seinen sorgfältig geplanten Hinterhalt. »Sie wurden dort draußen gesehen, wie Sie ganz alleine ein Bier tranken und alle anderen ignorierten. Haben Sie überhaupt noch Interesse an Ihrer Arbeit? Wollen Sie hier überhaupt arbeiten?« Nach einem solch unberechtigten und unfreundlichen Angriff brachte ich es nicht über mich, dem Giftzwerg von Sarah zu erzählen. Selbst wenn er Mitgefühl und Verständnis heuchelte, konnte ich darauf verzichten. »Gibt es etwas, das Sie mit mir bereden möchten?«

»Nein, nichts«, erwiderte ich unbeteiligt.

»Nun, ich habe gerade die Beurteilung über Ihre Zeit in Bosnien erhalten. P4 hat Ihnen nur ein Box 4 gegeben, und, offen gesagt, überrascht mich das nicht. Ihre Leistung in Bosnien war einfach miserabel.« Giftzwerg warf das braune Bewertungsformular auf den Kaffeetisch zwischen uns. »Lesen Sie das und erklären Sie mir, was mit Ihnen los war«, befahl er.

Bei der Lektüre des Berichts überkam mich Übelkeit und ich fühlte mich von Netzhemd im Stich gelassen. Als er mich in Bosnien besuchte, hatte er keine kritischen Bemerkungen über meine Leistung dort gemacht, und sein Bericht stank nach einer Falle. Er gab sich große Mühe, meine Tätigkeit zu kritisieren und ignorierte all die gute Arbeit, die ich geleistet hatte, machte beispielsweise ein großes Problem daraus, dass ich während des Treffens der Diplomaten mit Karadžić keine Krawatte getragen hatte.

»Ich finde es einfach unglaublich, dass Sie ohne Krawatte dort auftauchten«, grollte der Giftzwerg im Hintergrund, während ich den Bericht studierte.

Ich beachtete ihn nicht und las weiter in Netzhemds Gehässigkeiten. Er kritisierte mich hart dafür, dass es mir nicht gelungen sei, DONNE nach einem entscheidenden Treffen der bosnisch-muslimischen Anführer in Sarajevo zu besuchen und zu befragen. Zweifellos hätte DONNE einige nützliche CX-Informationen über das Treffen liefern können, doch Netzhemd versäumte es bequemerweise zu erwähnen, dass der Flughafen geschlossen und die Stadt über Land ebenfalls nicht zu erreichen gewesen war. Zudem hatte ich eine sehr schwere Aufgabe zu bewältigen gehabt, verglichen mit meinen Kollegen aus dem Einführungslehrgang, die sich immer noch auf ihre ersten Auslandsposten vorbereiteten. Spencer besuchte einen Deutschkurs für die Versetzung an die Vier-Mann-Station in Wien. Castle, der wie immer sein Bankkonto und seinen komfortablen Lebensstandard im Blick hatte, stand in der Warteschlange für einen Posten in Genf – wo selbst ein untergeordneter Mitarbeiter ein großes Haus mit Swimmingpool sowie eine großzügige Vergütung erhielt – und nahm deswegen an einem einjährigen Französischkurs teil. Barking hatte sich entschieden, ein Arabienexperte zu werden, und besuchte einen zweijährigen Arabischkurs in Kairo. Forton lernte ebenfalls Französisch als Vorbereitung für eine Stelle in Brüssel, Bart lernte Ungarisch und Hare Spanisch, um sich für die Stelle der Nummer zwei in Chile vorzubereiten. Keiner von ihnen war bereits vor Ort in einer Station gewesen, und selbst wenn sie dort eintrafen, erwartete man während der ersten sechs Monate nicht mehr von ihnen als sich in die örtlichen Gegebenheiten einzuarbeiten. Die Umstände meiner eigenen Versetzung standen in keinem Verhältnis dazu, doch Netzhemd zeigte offenbar nicht das geringste Entgegenkommen.

Der Bericht roch stark nach einem Ränkespiel der Personalabteilung und war, so vermutete ich, dem intriganten Fowlecrooke zuzuschreiben, aber das konnte ich natürlich nicht beweisen. Am besten vergaß ich den Vorfall schnell wieder und gab mir in meinem neuen Job in der PTCP-Abteilung besondere Mühe. Badger war ein ehrlicher und ehrenhafter Boss, und Fowlecrooke würde es niemals wagen, ihn unter Druck zu setzen, damit er mich schlecht bewertete.

Ich erhob mich und verließ das Zimmer des Giftzwergs in der Hoffnung, er würde sich bald einen Auslandsposten verschaffen, sodass ich nie wieder etwas mit ihm zu tun haben müsste.

Während meiner Arbeit für die PTCP-Abteilung erhielt ich einen aufschlussreichen Einblick in die Anzahl der Telefonüberwachungen. Jeder Mitarbeiter erhielt nur Einsicht in Protokolle, die sich auf Operationen bezogen, die er oder sie gerade betreute; für gewöhnlich waren es etwa zwei oder drei Protokolle pro Tag, die in meinem Eingangsfach landeten. Ein weiterer Indikator für die Anzahl der Abhörgenehmigungen des MI6 war die Größe der Abteilung, die für die Transkription der Protokolle zuständig war. Diese Abteilung befand sich in einem Büro in der Vauxhall Bridge Road 60 und wurde intern als VBR bezeichnet. Sie bestand aus etwa zwanzig Mitarbeitern und arbeitete eng mit dem OND zusammen, einer Sondereinheit erfahrener Techniker der British Telecom, die dem MI 6 untergeordnet war und die Abhörvorrichtungen betreute. Jeder Mitarbeiter der Transkriptionsabteilung war ein begabter Linguist und beherrschte oft fünf oder sechs Sprachen, dazu arbeitete er an Computern, die sich auf dem neuesten Stand der Technik befanden und von Besuchern anderer Geheimdienste übrigens sehr bewundert wurden. An einem guten Tag konnten sie je rund zwanzig Gespräche bearbeiten, etwas weniger, wenn die Sprache schwierig oder die Aufnahme von schlechter Qualität war.

Nach den Bedingungen des Abhörgesetzes von 1975 durfte eine Genehmigung nur dann ausgestellt werden, wenn das Zielobjekt im Verdacht stand, gegen britisches Gesetz zu verstoßen, oder wenn die Überwachung nachrichtendienstlich relevante Informationen erbringen konnte. Nach dieser Maßgabe hatte ich keinerlei Bedenken, die Protokolle eines iranischen Terroristen oder eines russischen Geheimdienstoffiziers zu lesen. Doch wir hatten viele Überwachungen laufen, die unter keine dieser Kategorien fielen. Selbst unser Lauschangriff auf Kiddie und Constantine erfüllte streng genommen keine dieser Voraussetzungen. Die beiden würden nur gegen britisches Recht verstoßen, wenn sie Material zur Herstellung chemischer Kampfstoffe aus dem Land exportierten, und außerdem konnten wir nicht ein einziges Mal als Resultat eines ihrer Telefongespräche einen CX-Bericht abliefern. Das, was sie taten, mochte vielleicht ein wenig unmoralisch sein, aber es war nicht unsere Aufgabe, darüber zu urteilen. Anders als in allen anderen Ländern der westlichen Welt werden Abhörgenehmigungen in Großbritannien nicht von einem Richter unterzeichnet, sondern vom Innenminister oder dem Außenminister, was erklärt, warum die Geheimdienste so viele Genehmigungen erhalten.

Der MI 6 missbrauchte das Vorrecht des Abhörgesetzes (Interception of Communications Act, abgekürzt IOCA) noch auf andere Art und Weise. Die Mitarbeiter in der Vauxhall

Bridge Road waren eigentlich angewiesen, persönliches Geplänkel zu ignorieren und nur die für eine Operation relevanten Informationen auf den pinkfarbenen FLORIDA-Formularen zur Verteilung in Vauxhall Cross zusammenzufassen. Diese Verpflichtung hatte es dem MI 6 ermöglicht, das Finanzministerium von der Notwendigkeit zu überzeugen, die Mitarbeiter der Transkriptionsabteilung isoliert in der Vauxhall Bridge Road unterzubringen und sie nicht in das neue Gebäude einzugliedern. Dennoch warf eines Tages ein Kollege einen dieser Berichte auf meinen Schreibtisch und kicherte: »Lies dir das mal durch. Es ist zu komisch!« Die Zielperson war in seiner Freizeit ein Transvestit und der Abhörbericht führte Wort für Wort ein intimes Gespräche mit seinem Liebhaber auf. Zugegeben, es war amüsant zu lesen, aber es fügte unserem Wissen für die Operation nichts hinzu und verstieß damit eindeutig gegen das Abhörgesetz.

In der Zwischenzeit hatte BELLHOP eine neue und interessante Wendung genommen. Badger war als übergeordneter Leiter der Operation verantwortlich für die Koordination mit den verbündeten Geheimdiensten im Ausland. Wie viele Informationen über die Operation weitergegeben wurden, hing davon ab, für wie vertrauenswürdig man den anderen Nachrichtendienst hielt und wie viele eigene nützliche Informationen dieser beisteuern konnte. Der MI 6 pflegte immer schon ein warmes und herzliches Verhältnis zu den Verbindungsagenten von der CIA, weil die Amerikaner über ausgezeichnete Hilfsquellen verfügten. Bei Operation BELLHOP verfügte Badger ebenfalls über gute Beziehungen zum französischen DST. Nur mit dem Mossad konnte Badger nie eine ebenso problemlose Zusammenarbeit aufbauen. Es blieb uns immer ein Rätsel, warum seine Mitarbeiter sich so unkooperativ verhielten, denn wir hatten eigentlich erwartet, dass sie sehr daran interessiert wären, die Versuche des Iran, Chemiewaffen herzustellen, auszukundschaften – immerhin handelte es sich um einen ihrer meistgefürchteten Feinde. Doch die Treffen mit ihren Offizieren verliefen jedes Mal sehr angespannt und jede Seite gab kaum etwas von ihren Informationen preis. Die Abteilung vermutete, der Mossad habe noch einen weitergehenden, verborgenen Plan, in den wir nicht eingeweiht waren. Dieser Verdacht verstärkte sich noch, als Badger ihnen Kopien der Waffenfabrik zeigte, die wir bei der Durchsuchung von Kiddies Tasche in Stansted erhalten hatten. Sie täuschten zwar Interesse vor, allerdings nicht sehr überzeugend, und Badger kam daraufhin der Verdacht, dass die Israelis bereits eigene Kopien der Pläne besaßen. Weitere Hinweise diesbezüglich kamen von der Station in Warschau. Eine Untersuchung der Pläne durch Experten des Verteidigungsministeriums ergab, dass die Fabrik auf veralteten polnischen Plänen beruhte, ein Relikt des polnischen Chemiewaffenprogramms aus Zeiten des Kalten Krieges. Badger bat den Leiter der Warschauer Station herauszufinden, wie diese Pläne in Manbars Hände gelangt sein könnten. Der polnische Geheimdienst durchlief zu diesem Zeitpunkt gerade eine Umstrukturierung von einer KGB-ähnlichen Geheimpolizei in einen westlich orientierten, nach europäischem Vorbild organisierten Nachrichtendienst, doch diese Neuorganisation war noch nicht abgeschlossen. Viele Offiziere der alten Garde waren noch zu sehr vom Kalten Krieg durchdrungen, um westlichen Geheimdienstmitarbeitern zu vertrauen, und unser leitender Mitarbeiter in Warschau, H/WAR, hatte bestenfalls ein wechselhaftes Verhältnis zu ihnen. Die Polen wollten noch nicht einmal zugeben, dass die Pläne aus ihrem Land stammten, trotz der Zusicherungen von H/WAR, dass der Westen die Bestätigung eines ehemaligen Chemiewaffenprogramms nicht politisch ausnützen würde.

Die Informationen der Polen lieferten dennoch einen wichtigen Hinweis. Sie stellten uns ihre Berichte von der Überwachung eines polnisch-jüdischen Geschäftsmanns zur Verfügung, der bekanntermaßen mit dem Mossad in Verbindung stand und eine enge Beziehung zu einem der leitenden Staatsbeamten pflegte, der für Polens »chemisches Verteidigungsprogramm«, zuständig gewesen war, eine verharmlosende Bezeichnung für ihr Chemiewaffenprogramm. Zwischen den Zeilen ließ sich die Andeutung herauslesen, dass die Pläne für die Fabrik von dem Beamten an den jüdischen Geschäftsmann weitergeleitet worden waren und dann zum Mossad gelangten, mit der stillschweigenden Einwilligung des polnischen Geheimdienstes. Die verhaltene Reaktion des Mossad auf unsere Kopien war nun klar: Wie Badger es vermutet hatte, war er bereits ihrer habhaft geworden.

Andere interessante Teile dieses riesigen Puzzles fügten sich nun ebenfalls zusammen. Wir hatten nie genau gewusst, woher Manbar die Ausrüstungsliste für die Fabrik bekommen hatte – vielleicht stammte sie von Fahd, doch Aufzeichnungen der Gespräche zwischen den beiden legten nahe, dass Manbar sie bereits vor Fahd in seinem Besitz gehabt hatte. Da sie sich nie offen unterhielten, sondern Codewörter verwendeten und auf Farsi miteinander sprachen, konnten wir uns dessen aber nie ganz sicher sein. Um die gleiche Zeit traf sich Manbar mehrere Male diskret mit Angehörigen des Mossad in der israelischen Botschaft in Paris. Die einzige Theorie, die all diese Teile miteinander verband, war die, dass der Mossad Manbar benutzte, um indirekt mit dem Iran Geschäfte zu machen, aus Gründen, die sich uns noch nicht ganz erschlossen hatten. Der Schlüssel zu diesen Vorgängen lag bei Manbar, und wir mussten noch viel mehr über seine Bewegungen und Aktivitäten herausfinden, als uns die Protokolle des französischen Geheimdienstes enthüllten.

Badger entschied, Manbars persönliche Sekretärin Andrea genauer unter die Lupe zu nehmen. Sie war eine attraktive, vierzigjährige, geschiedene Deutsche, die seit vier oder fünf Jahren für Manbar arbeitete. Badger bat den französischen Geheimdienst darum, sie anzuwerben. Da sie sich auf französischem Gebiet befand, wäre es unhöflich gewesen, den Franzosen nicht den Vortritt zu lassen. Während der MI6 es gewöhnlich vermeidet, die Zielpersonen in eine Liebesfalle zu locken, weil man erkannt hatte, dass sexuelle Anziehung zu unberechenbar ist, um sie vorherzusagen oder zu kontrollieren, war der französische Geheimdienst da nicht so zurückhaltend. Andrea aß jeden Tag im selben Bistro zu Mittag, daher schickten die Franzosen einen männlichen Offizier dorthin, der versuchen sollte, sie zu verführen. An jenem Abend beinhaltete die Telefonaufzeichnung jedoch eine wortreiche Beschwerde Andreas gegenüber ihrer Mutter in

Deutschland über einen aufdringlich parfümierten Franzosen, der zu denken schien, er sei Gottes Geschenk an die Frauen, und sie beim Mittagessen belästigt habe. Der verlegene Gigolo der französischen Spionageabwehr verteidigte sich daraufhin in seinem Kontaktbericht lahm damit, dass es sich bei ihr vermutlich um eine Lesbe handle.

Während all dieser Entwicklungen schuftete ich weiter in meinem Undercover-Job als Angestellter im Büro der Bari Trading. Die Arbeit war nicht interessanter geworden, aber meine Annäherung an Constantine machte Fortschritte. Wir tranken gelegentlich eine Tasse Tee im Büro, gingen ab und zu zum Mittagessen ins nahe gelegene Hilton und unterhielten uns bisweilen bei einem Bier nach der Arbeit. Allmählich begann er, mich zu akzeptieren und mir zu vertrauen. Er knabberte schon an meinem Köder und stellte mir bei jedem Treffen mehr und mehr Fragen über das Ausmaß meines Wissens über chemische Stoffe.

Wir wussten von der Telefonüberwachung, dass Constantine im verschlossenen obersten Schubfach seines Schreibtischs eine Kopie der Fabrikpläne aufbewahrte. Einmal sah ich, wie er sie herausnahm und sich in einem Gespräch mit Kiddie auf sie bezog. Als ich später am Abend noch in meinem Büro in Vauxhall Cross saß und die Gesprächsaufzeichnungen durchlas, erfuhr ich, dass sie versuchten, die Beschreibung eines Glasventils herauszufinden, dessen Nummer auf den Plänen nicht zu erkennen war. Experten für Chemiewaffen aus dem Verteidigungsministerium halfen mir, die genaue Beschreibung des Teils herauszufinden, und nannten mir die Firmen – eine in Deutschland und zwei in der Schweiz –, die es liefern konnten.

Einige Tage später tat ich so, als wäre ich in einen dicken Stapel Frachtbriefe vertieft, während ich die Ohren spitzte und einem Telefongespräch zwischen Constantine und Kiddie lauschte. Die meiste Zeit sprach sie, und wenn Constantine doch einmal zu Wort kam, entschuldigte er sich für die langsamen Fortschritte. Irgendwann platzte es aus ihm heraus: »Hör zu, Joyce, ich habe bei diesem Projekt wirklich alles getan, was ich konnte, aber nun komme ich auch nicht mehr weiter. Ich kenne aber jemanden, der uns weiterhelfen kann, und er sitzt direkt hier neben mir im Büro.« Sie berieten sich noch eine Weile, und nachdem Constantine den Hörer aufgelegt hatte, rief er zu mir herüber: »He, Alex, ich habe ein Problem, bei dem Sie mir vielleicht helfen können.«

»Ach ja?«, erwiderte ich möglichst wortkarg und schlenderte gemächlich zu seinem Schreibtisch hinüber, wo er die Pläne ausgebreitet hatte.

»Können Sie damit etwas anfangen?«, fragte Constantine und betrachtete mich hoffnungsvoll.

Obwohl sie mir mittlerweile bis ins Detail vertraut waren, täuschte ich Verwirrung vor und studierte die Zeichnungen einige Minuten prüfend. »Offenbar sind es Pläne für irgendeine Chemiefabrik. Und offenbar wird dort mit ätzenden Stoffen gearbeitet, wegen der vielen Glasbehälter. Ich denke, es könnte vielleicht eine Aspirinfabrik sein«, erklärte ich dann.

Constantine wirkte erfreut. »Vollkommen richtig, aber wissen Sie auch, was das für ein Teil ist?«, fragte er und deutete auf das geheimnisvolle Ventil. Ich rasselte die Beschreibung und die möglichen Lieferquellen herunter. »Sie kennen sich wirklich gut aus, was?«, sagte Constantine erfreut. »Hören Sie, ich habe eine Freundin, die etwas Unterstützung bei diesem Projekt gebrauchen könnte. Hätten Sie nicht Lust, ihr zu helfen?«

»Gerne«, erwiderte ich und versuchte, mein Frohlocken möglichst zu verbergen.

Sogleich rief Constantine bei Kiddie an und machte uns über das Telefon miteinander bekannt. Nach einem kurzen Plausch lud sie mich ein, sie in Girton zu besuchen.

Als ich später zurück in mein Büro beim MI 6 kam, empfing mich Badger voller Lob, weil er die Gesprächsprotokolle bereits gesehen hatte. »Gute Arbeit«, grinste er. »Jetzt müssen wir die nächste Phase vorbereiten – gehen wir kurz an die frische Luft.« Das war Badgers Ausdruck dafür, eine Zigarette rauchen zu gehen. Weil das Rauchen im neuen Gebäude verboten war, mussten sich die Raucher auf die Cafeteria oder die Feuerleitern beschränken.

»Wenn es sein muss«, seufzte ich mit gespieltem Unmut und dachte an das kalte, zugige Treppenhaus.

Während sich Badger eine Zigarette anzündete, besprachen wir noch einmal die Fortschritte, die wir bislang erzielt hatten. Wir hatten bereits eine gute Vorstellung von dem, was mich bei dem Treffen mit Kiddie erwartete, da wir ja ihre Telefongespräche der vergangenen drei Monate abgehört hatten. Außerdem hatte uns der Special Branch in Cambridgeshire einen aufschlussreichen Bericht zur Verfügung stellen können, weil einer ihrer Beamten eng mit ihrem zweiten Mann, Len Ingles, befreundet war. »Kiddie verlässt sich wirklich auf Len«, sagte Badger. »Sie tut niemals etwas, ohne es vorher mit ihm zu besprechen. Wenn Sie ihr Vertrauen gewinnen wollen, dann müssen Sie zuerst seines gewinnen. Bauen Sie irgendwas in Ihre Tarnung ein, das ihn für Sie einnimmt.«

»Am besten fahre ich mit dem Motorrad zu ihr«, schlug ich vor. »Len ist verrückt nach Motorrädern; wenn ich auf einem ankomme, wird er sich bestimmt dafür interessieren.«

Mein eigenes Motorrad, eine zerbeulte Honda Africa Twin mit vielen Kilometern auf dem Buckel, wurde von SBO/5 als zu unsicher verworfen, weil sie auf meinen eigenen Namen registriert war. Also mietete ich eine schnelle Honda Fireblade von einer Mietfirma, die sich gegenüber von Vauxhall Cross in einem der Bögen unter den Bahnbrücken der Südwestlinie befand. Es war ein klarer, frischer, aber sonniger Februartag, perfekt für eine Motorradtour. Als ich auf der Autobahn nach Girton dahineilte, dachte ich darüber nach, wie glücklich ich mich schätzen konnte, einen solch wunderbaren Beruf zu haben. BELLHOP lief gut, Badger war ein prima Chef, und die Atmosphäre in der Abteilung war fröhlich und freundlich, ganz anders als die misstrauische Stimmung im geheimniskrämerischen osteuropäischen Kontrollgremium.

Kiddies persönliche Akte enthielt mehrere Fotos von ihrem Haus aus den Beständen des Special Branch, daher war es nicht schwer, in dem hübschen Städtchen Girton die richtige Adresse zu finden. Kiddie hörte das Knattern meines lauten Motorrads in ihrer Kieseinfahrt und kam aus dem Haus, um mich mit einem freundlichen Händeschütteln zu begrüßen. Sie war eine etwas mollige Frau mittleren Alters, mit einem Paar enger Leggins bekleidet, die ihr nicht gerade schmeichelten. Auf den ersten Blick wirkte sie nicht gerade wie eine Person, von der man vermuten würde, dass sie im Zentrum einer komplizierten Geheimdienstoperation stand. »Ich bin so froh, dass Sie vorbeikommen konnten, Alex«, begrüßte sie mich gut gelaunt. »Albert hat mir so viel von Ihnen erzählt! Wir kämpfen schon seit Monaten mit diesem Projekt.« Ihre Erscheinung und ihre Stimme waren mir von der Akte und den Telefonaufzeichnungen schon so vertraut, dass es seltsam war, ihr persönlich gegenüberzustehen, ähnlich wie bei einem Treffen mit einem berühmten Filmstar. Sie brachte mich in ihr Büro und erklärte mir dann bei einer Tasse Kakao ihr Projekt. Da mir die Einzelheiten schon bis ins Detail bekannt waren, musste ich Neugier und Überraschung vortäuschen, während sie die ganze Geschichte vor mir ausbreitete.

Kiddie erzählte auch von ihrem Treffen mit Fahd in Amsterdam. »Es war wirklich komisch. Ich bin im Hotel angekommen und alles war zum Putzen abgesperrt«, kicherte sie. »Ich musste mich in einen gesperrten Bereich setzen, um auf Mr. Fahd zu warten!« Sie erinnerte sich sogar an die unangenehme Verzögerung am Stansted-Flughafen bei ihrer Rückkehr. »Die haben meine ganzen Unterhosen durchwühlt, die kleinen Schweine. Doch anscheinend haben sie nur nach Drogen gesucht«, fügte sie nichts ahnend hinzu. Sie hatte keinerlei Verdacht gegen mich geschöpft; wie wir gehofft hatten, reichte Constantines Empfehlung aus, damit sie mir vertraute. Und wie wir bereits anhand der Telefongespräche vermutet hatten, war sie sich nicht bewusst, dass sie von Fahd und Manbar zu illegalen Geschäften benutzt wurde.

Bereits nach einer halben Stunde schlug Kiddie vor, dass ich Fahd kennen lernen sollte. »Ich mühe mich schon seit Monaten erfolglos mit diesem Projekt ab«, fuhr sie fort. »Ich habe außerdem mit meiner Wohltätigkeitsarbeit viel zu tun und bin es leid, ständig zu verreisen. Es wäre großartig, wenn Sie mir behilflich sein könnten.«

»Gerne«, erwiderte ich und versuchte, nicht allzu begeistert zu klingen. »Wie sollen wir vorgehen?«

»Wenn Sie nichts dagegen haben«, erwiderte Kiddie, »werde ich Fahd jetzt gleich anrufen, dann können Sie selbst mit ihm reden – er hat mir gesagt, er wäre diese Woche in Teheran.« Sie zog einen Projektordner von dem Regal über ihrem Schreibtisch, suchte darin Fahds Nummer in Teheran und griff nach dem Telefon. Natürlich hatte sie keine Ahnung, dass sie nicht bei Fahds angeblicher Firma in Teheran anrief, sondern direkt mit dem Hauptquartier des iranischen Geheimdienstes verbunden wurde. Ich konnte es kaum abwarten, den Hörer in die Hand zu bekommen. Doch leider war Fahd nicht in seinem Büro und sie erreichte nur seinen Anrufbeantworter. »Macht nichts, dann rufen wir ihn eben an, wenn Sie das nächste Mal hier sind.«

Kiddie erzählte voller Begeisterung von ihrer ehrenamtlichen Arbeit. Sie leitete einen Gebrauchtwarenladen in Cambridge, und ein Teil der Gewinne ging an ein Projekt, das Schulbücher für Kinder in einem Armenviertel in Rio de Janeiro stiftete. Ich hatte schon seit einiger Zeit eine Reise nach Brasilien geplant, weil die PTCP-Abteilung einen argentinischen Atomphysiker mit Codenamen GELATO auf der Gehaltsliste stehen hatte, der schon längst wieder einmal befragt werden sollte. Kiddies Wohltätigkeitsarbeit dort bot eine gute Gelegenheit, sich noch weiter bei ihr einzuschmeicheln: »Ich fliege in ein paar Wochen geschäftlich nach Rio. Kann ich etwas für Ihr Projekt tun, während ich dort bin?«

»Aber sicher«, erwiderte sie, »es gibt immer etwas zu tun.« Sie beschrieb das Projekt voller Enthusiasmus und erklärte mir genau, wie ich ihr behilflich sein könnte. Das Gespräch wurde unterbrochen, als ein altes Motorrad krachend in die Einfahrt bog. »Das ist bestimmt mein Mann Len. Kommen Sie, ich mache Sie mit ihm bekannt.«

Wir gingen nach draußen, wo Len seine ramponierte Triumph parkte und meine Fireblade bewundernd betrachtete. »Das sind wirklich Furcht erregende Maschinen«, grinste er und streckte mir seine behandschuhte Hand zur Begrüßung entgegen. »Passen Sie auf, dass Sie sich damit nicht umbringen.« Nachdem Kiddie uns einen kleinen Imbiss zubereitet hatte, verbrachten wir noch einige anregende Stunden über Tee und belegten Broten und unterhielten uns über Fahd, das Wohltätigkeitsprojekt und natürlich Motorräder, bis ich mich schließlich wieder auf den Weg machte.

Zurück in London zeigte sich Badger sehr erfreut über den Verlauf des Treffens. Ich hatte seine Zielvorgaben für das erste Treffen nicht nur erfüllt, sondern sogar noch übertroffen. Kiddie und Ingles waren auf meine Deckung hereingefallen und wollten, dass ich Fahd so bald wie möglich kennen lernte. »Ausgezeichnete Arbeit. Ich hörte, dass Kiddie versucht hat, Fahd anzurufen. Schade, dass sie ihn nicht erreicht hat«, grinste Badger.

Da ich Kiddie nun kennen gelernt hatte, brauchte ich mich nicht länger um Constantines Freundschaft zu bemühen. Während eines letzten Besuchs bei der Bari Trading verabschiedete ich mich von Constantine, Patricia und Fazad mit der Begründung, ich müsste aus familiären Gründen dringend nach Südamerika zurückkehren.

GELATO war ein Atomphysiker, der während der Siebziger- und Achtzigerjahre an Argentiniens expandierendem Atomwaffenprogramm mitgearbeitet hatte. Er wurde Mitte der Achtzigerjahre von einem der Stationsmitarbeiter in Buenos Aires angeworben und von wechselnden Führungsagenten betreut. Da man die argentinische Spionageabwehr für recht effektiv hielt, fanden die Abschöpfungsgespräche in Rio de Janeiro statt, und GELATO bekam für jedes Treffen einige tausend Pfund auf ein Geheimkonto in Luxemburg überwiesen. Er lieferte über die Jahre hinweg einige gute CX-Berichte, aber seine Nützlichkeit schwand, nachdem Argentinien sein Atomwaffenprogramm Ende der Achtzigerjahre aufgegeben hatte. Meine Aufgabe war es, ihn ein letztes Mal zu treffen und – vorausgesetzt, er bot uns nichts Brauchbares mehr an – ihn aufzugeben. Ich schickte ein Telegramm nach Buenos Aires und bat die Station, ihm über den vereinbarten Weg – eine Notiz in seinem Schließfach in seinem Country Club – mitzuteilen, er solle »David Lindsey« anrufen, so lautete der Deckname meines Vorgängers. Einige Tage später meldete er sich und der Anruf wurde über die Telefonzentrale des MI6 an mich weitergeleitet. Wir vereinbarten ein Treffen am Abend des 12. April 1995 im Hotel President an der Copacabana.

Das zweite Ziel meiner Reise bestand darin, meine Beziehung zu Kiddie zu festigen, indem ich die kleine Waisenschule in einem Armenviertel Rios aufsuchte, die von ihrer Wohltätigkeitsorganisation unterstützt wurde. Nach mehreren Telefonaten mit Kiddie und Brasilien hatte ich einen Termin für Freitag, den 21. April, vereinbart, also neun Tage nach meinem Treffen mit GELATO. »Es lohnt sich kaum, zwischen den beiden Terminen nach England zurückzufliegen, oder?«, fragte ich Badger hoffnungsvoll.

Er lachte. »Also gut. Sie können drüben bleiben – aber kommen Sie mir bloß nicht in Schwierigkeiten. Sie haben sich eine Pause verdient, nach der guten Arbeit, die Sie hier in der Abteilung geleistet haben. Hier ist Ihr interner Bewertungsbericht.« Badger schob mir das Bewertungsformular hinüber, das er eben erst für die Personalabteilung ausgefüllt hatte. Ich las es mit Befriedigung. Es glänzte vor Lob für den Erfolg bei Operation BELLHOP und stellte damit eine solide Grundlage für die Bitte um eine Versetzung ins Ausland dar, diesmal jedoch eine normale Versetzung wie die meiner anderen Kollegen aus dem Einführungslehrgang.

Das Treffen mit GELATO in Brasilien verlief ohne Probleme, und er ärgerte sich nicht darüber, dass die Zusammenarbeit mit ihm beendet wurde. Die Telefonprotokolle zeigten außerdem, dass der Leiter des Waisenhauses sich Kiddie gegenüber lobend über meinen Besuch äußerte. Die Zeit zwischen den Treffen gab mir die Gelegenheit, Rio de Janeiro und die umliegenden Berge zu erforschen sowie mich mit dem Leiter des dortigen Stützpunktes zum Essen zu treffen, der mir erzählte, dass sie derzeit eine unbesetzte Stelle hätten. Der Job klang interessant, und auch die Umgebung machte einen sehr angenehmen Eindruck, daher entschloss ich mich, bei meiner Rückkehr nach Vauxhall Cross einen Antrag auf Versetzung nach Brasilien einzureichen.

Montag, der 24. April, brach mit einem Frühlingsregen an. Vor den Sicherheitstüren wartete schon eine ungeduldige und durchnässte Schar an Leuten, die ihre Schirme zusammenklappten und Regenmäntel auszogen. Als ich an der Reihe war, zog ich meine Karte durch den Schlitz, tippte meinen

PIN-Code ein und wartete auf das vertraute, grüne Licht. Doch stattdessen blinkte es wütend rot. Ich nahm an, den Code falsch eingegeben zu haben, und versuchte es noch einmal. Wieder mit dem gleichen Ergebnis. Beim dritten Versuch wurde der Alarm ausgelöst und im Raum der Sicherheitsbeamten blinkten Lichter und piepten Sirenen. Einige Sicherheitsleute eilten herbei und sahen mich misstrauisch an. Ich zeigte ihnen meinen Ausweis durch das Glas und sie öffneten von Hand den Seiteneingang für Besucher. Hinter mir hatte sich bereits eine Schlange tuschelnder Kollegen versammelt, die darauf warteten, ins Gebäude zu gelangen, und ich war erleichtert, als ich endlich die Tür passiert hatte. »Arbeiten Sie hier, Sir?«, fragte mich einer der Wachmänner.

»Ja, natürlich. Ich bin PTCP/7, Personalnummer D/813317.«

Die Wachmänner führten mich in ihren Kontrollraum, tippten meine Personalnummer in den Computer und warfen einen kurzen Blick auf die Mitteilung auf dem Bildschirm. »Tut uns Leid, Sir, aber Ihr Ausweis ist nicht mehr gültig. Man hat uns gebeten, Sie in die Personalabteilung zu bringen.«

Zwei Sicherheitsbeamte geleiteten mich vor den Augen einer großen Zuschauermenge durch die Eingangshalle. Guy Wheeler, Mitarbeiter der Station in Moskau, als ich Simakows Aufzeichnungen zu den Raketentests beschaffte, wartete vor dem Aufzug und betrachtete lieber seine Schnürsenkel anstatt mich zu grüßen. Irgendetwas musste passiert sein, wenn man mich auf diese Art und Weise zur Personalabteilung beorderte, aber ich hatte keine Ahnung, was das sein konnte. Meine Gedanken rasten verzweifelt. Bestimmt war alles nur ein Missverständnis, und bald schon würde sich alles aufklären, beruhigte ich mich selbst.

Die Wachmänner begleiteten mich hinauf ins achte Stockwerk, wo der Giftzwerg bereits auf mich wartete. Er führte mich sogleich in sein Büro und bat mich, Platz zu nehmen. Dann legte er los, ohne seine Worte mit irgendwelchen Höflichkeiten zu mildern. »Wie Sie wissen, habe ich Sie bei unserem letzten Treffen gewarnt, dass Sie nicht bei uns bleiben können, wenn sich Ihre Leistung nicht verbessert. Da Ihre Arbeit jedoch keine Fortschritte aufweist, werden Sie entlassen.«

Es dauerte eine Weile, bis die Worte bei mir angekommen waren. »Wie können Sie etwas derartig Absurdes behaupten?«, platzte es aus mir heraus, als der erste Schock sich gelegt hatte. »Der Leiter der PTCP-Abteilung hat mir eben erst eine glänzende Bewertung erteilt.«

Der Giftzwerg ging einfach über meine Worte hinweg und versicherte mir, dass die Zentrale eine andere Arbeit in der Londoner Geschäftswelt für mich finden würde, aber ich war zu sprachlos, ungläubig und niedergeschlagen, um ihm richtig zuzuhören. Giftzwergs selbstsicheres Auftreten machte deutlich, dass er mit Unterstützung der Beamten über ihm handelte. Mit ihm zu streiten, war sinnlos, zumal sich die Atmosphäre zwischen uns zusehends verschlechterte. »Meine Sekretärin bringt Sie hinaus. Gehen Sie nach Hause und kommen Sie nicht wieder hierher, bis wir uns bei Ihnen melden.« Mit diesen Worten entließ mich der Giftzwerg schließlich.

Zuhause lag ich zutiefst erzürnt und verwirrt auf meinem Sofa. Der Giftzwerg hatte mir keine plausiblen Gründe für die Entlassung genannt, und seine Behauptung, er habe mich verwarnt, war eine freche Lüge. Badger hatte mir eben erst eine ausgezeichnete Beurteilung gegeben, das konnte also nicht der Grund sein. Ich vermutete, dass der hinterhältige Fowlecrooke seine Hand dabei im Spiel hatte, aber ich konnte nichts machen, bevor sich nicht die Personalabteilung bei mir meldete.

Nach einigen verzweifelten Tagen erhielt ich einen Anruf von einer der Sekretärinnen der Personalabteilung. Ich sollte für ein Gespräch mit dem Abteilungsleiter, Julian Dimmock, in die Zentrale kommen. Ich hatte den Abteilungsleiter zuvor noch nie getroffen, aber ich wusste, dass er ein ehemaliger Marineoffizier war, der außerhalb des MI6 über keine beruflichen Erfahrungen verfügte und immer noch eine Menge militärischer Prinzipien mit sich herumtrug. Ihm gefiel die Uniform der Wirtschaftskapitäne mit dem eleganten Nadelstreifenanzug und den teuren Schuhen, und in der Zentrale gingen Gerüchte um, er sei hinter einem Job als Personalmanager bei einer der Banken her, die ehemalige MI6-Mitarbeiter im Gegenzug für geheime Wirtschaftsinformationen beschäftigten. Er war nicht gerade der ideale Mann für die Leitung der Personalabteilung, aber der MI6 berief oftmals ehemalige Militäroffiziere auf diese Stelle, weil man fälschlicherweise annahm, dass ein paar Jahre bei der Armee alles waren, was man für den Job benötigte. Nun, er konnte jedenfalls nicht schlimmer sein als der Giftzwerg oder Fowlecrooke.

»Weswegen haben Sie mich gefeuert?«, fragte ich kampfbereit, sobald wir uns die Hände geschüttelt hatten.

»Warum, um alles in der Welt, wollen Sie die Gründe dafür wissen?«, erwiderte Dimmock glatt, während er es sich in seinem Sessel hinter dem Couchtisch bequem machte. »Das hilft Ihnen auch nichts. Und überhaupt wird jemand wie Sie sicherlich keine Probleme haben, einen guten Job in der Wirtschaft zu finden.«

»Laut englischem Gesetz sind Sie verpflichtet, mir die Gründe für die Entlassung zu nennen«, erwiderte ich und wich keinen Zentimeter von meinem Standpunkt ab. Der Nachmittag, den ich in der Bibliothek damit zugebracht hatte, die Arbeitsgesetzgebung zu studieren, hatte sich gelohnt.

»Der für Sie zuständige Mitarbeiter der Personalabteilung hat Ihnen die Gründe für die Entlassung bereits bei Ihrem letzten Treffen mitgeteilt«, schnaubte Dimmock.

»Nein, er hat mir gar nichts gesagt«, erwiderte ich nachdrücklich. Dimmock sah sich nun in die Enge getrieben und wand sich unbehaglich. Ich sicherte mir sogleich meinen Vorteil und verlangte: »Bitte nennen Sie mir die Gründe, und zwar sofort.«

Dimmock überlegte einen Augenblick. »Sie lassen sich nur durch Herausforderungen motivieren.«

Über diese nichts sagende Behauptung konnte ich nur lachen. »Was soll das bedeuten und warum ist das so schlecht?«

Darauf hatte er keine Antwort. »Sie zeigen nicht genügend Engagement«, behauptete er deshalb.

»Ja, natürlich«, antwortete ich sarkastisch. »Darum haben Sie mich auch nach Bosnien versetzt.«

Wieder konnte er seine Ausrede mit keinerlei Beweisen belegen oder erklären, warum dies ein Grund sein sollte, mich zu entlassen. Also erfand er etwas anderes. »Sie können nicht im Team arbeiten«, erwiderte er.

»Und wieso war dann P4 so voll des Lobes für meine Zusammenarbeit mit der 602-Truppe in Bosnien?«, erkundigte ich mich wütend.

Dimmock krümmte sich, während er noch weitere Vorwände vorbrachte, die wie die anderen vage und nichts sagend waren. Ich konnte alle problemlos widerlegen, zumal sie von den Berichten meiner Abteilungsleiter in keinster Weise erhärtet wurden. Dimmocks fadenscheinige Argumente gründeten sich auf irgendwelche Beschuldigungen von Giftzwerg oder Fowlecrooke. Er selbst hatte die Angelegenheit offensichtlich noch kein bisschen durchdacht.

»Ich möchte, dass die Gründe schriftlich dargelegt werden; das steht mir nach dem Arbeitsrecht zu«, verlangte ich.

»Sie wissen, dass wir Ihnen unmöglich etwas Schriftliches geben können. Das würde gegen das Geheimhaltungsgesetz verstoßen«, protestierte Dimmock schwach.

Aber ich gab nicht nach. »Ich will das Papier morgen sehen.«

»Also gut, ich werde sehen, was sich machen lässt«, stimmte Dimmock ergeben zu.

Aber das reichte mir noch nicht. »Und ich schlage vor, dass Sie dabei nach Recht und Ordnung verfahren, denn wenn Sie mich ungerechtfertigt entlassen haben sollten, werde ich den MI 6 vor dem Arbeitsgericht verklagen.«

Nun blickte Dimmock wirklich entsetzt. Als ihm die Konsequenzen meiner Ankündigung bewusst wurden, erwiderte er: »Wir hoffen wirklich, dass Sie das nicht tun werden. Es würde eine Menge schlechter Publicity für uns zur Folge haben. Und was versprechen Sie sich überhaupt davon? Selbst wenn Sie gewinnen sollten, würden wir Ihnen den Job nicht wieder zurückgeben. Niemand befiehlt dem Leiter des MI 6, was er zu tun hat.«

Dieser letzte Satz Dimmocks war sehr scharfsinnig, auch wenn er selbst dies nicht erkannte. Denn eben diese Überzeugung, die er mit vielen anderen leitenden Beamten des MI 6 teilte, steckte hinter dieser offenkundig ungerechten Entlassung und führte letztendlich auch zu der langen Auseinandersetzung zwischen dem MI6 und mir. Dimmock glaubte ernsthaft, dass der MI6 über den Gesetzen des Landes stand. Zwar gab es Mechanismen wie jene Anträge für Operationen, die dem Außenminister und dem Premierminister eine nominelle Verantwortung übertrugen, aber für Dimmock und seinesgleichen waren dies nur einige unwichtige bürokratische Formalitäten, die erfüllt werden mussten, um die wichtigen Operationen durchführen zu können. Demokratische Aufsicht bezog sich nicht auf so etwas Triviales wie Arbeitsrecht. In Dimmocks Augen war der MI6 nicht verpflichtet, mich davor zu warnen, dass mein Job in Gefahr war, oder mir irgendwelche Erklärungen zu geben, die meine Entlassung rechtfertigten. Er erwartete, dass ich den Rausschmiss standhaft ertrug, mich weder beschwerte noch eine Erklärung verlangte und demütig und gefasst ihr Hilfsangebot annahm. »Wir besorgen Ihnen auf jeden Fall einen Job in der Wirtschaft«, versprach Dimmock hilflos, während ich mich wütend erhob.

»Lassen Sie mich mit Ihren jämmerlichen Ambitionen in Ruhe«, rief ich und stürmte aus seinem Büro.

Auf keinen Fall würde ich mich Dimmocks willkürlicher Autorität beugen. Ich würde den MI6 nicht mit einem derartig eklatanten Machtmissbrauch davonkommen lassen und beschloss in diesem Augenblick, bis ans Ende gegen sie zu kämpfen. Und zwar nicht nur aus dem Grund, weil ich meinen Job liebte oder weil ich keine Lust hatte, in die Wirtschaft zu gehen. Hier ging es um's Prinzip. Ich wusste, wenn ich nicht gegen sie kämpfte, würden sie immer wieder mit ihren Mitarbeitern so verfahren.

Wenige Tage später gestattete mir die Personalabteilung, für eine Stunde ins Hauptquartier zu kommen und beim Leiter des Geheimdienstes, David Spedding persönlich, Einspruch einzulegen. Zwar hatte Dimmock mir versichert, mein Einspruch würde unvoreingenommen geprüft und Spedding sei über die Hintergründe meines Falles nicht informiert. Doch bereits die ersten Worten des Gesprächs zeigten deutlich, dass dies nicht der Wahrheit entsprach. Spedding war bereits genau instruiert worden; die Entscheidung stand fest, und es bestand keinerlei Aussicht für mich, dass sie revidiert würde. Schließlich entließ mich Spedding mit einer Handbewegung und fügte hinzu: »Wie ich gehört habe, hat die Personalabteilung bereits einige interessante Möglichkeiten in der Geschäftswelt für Sie gefunden.«

Meine unüberlegte Entlassung war ein klassisches Beispiel dafür, wie beim MI 6 aufgrund der letztendlich fehlenden Verantwortlichkeit seines Leiters regelmäßig Entscheidungen hinter geschlossenen Türen getroffen wurden. Dimmock hatte auf überhebliche Weise bereits darauf hingewiesen, dass der Leiter des Geheimdienstes niemandem Rechenschaft ablegen muss. Er muss niemals eine Entscheidung rechtfertigen, ganz gleich wie weitreichend oder dumm sie auch sein mochte, weder vor einem parlamentarisch gewählten Ausschuss noch vor dem Außenminister oder dem Premierminister; daher gibt es für ihn keinen Anreiz, Empfehlungen, die ihm zugetragen werden, genauer zu hinterfragen. Seine nicht existierende Verantwortlichkeit gegenüber einer höher stehenden Autorität bedeutet, dass er sich lediglich der Unterstützung der unter ihm stehenden Drahtzieher versichern muss. Daher akzeptiert er Empfehlungen gerne, wenn sie politisch keine Probleme bereiten, wie beispielsweise die Entlassung eines untergeordneten Mitarbeiters, denn dadurch stärkt er seine Machtbasis für schwierigere interne Entscheidungen. Wie in einer Diktatur zieht sich dieser schludrige Prozess der Entscheidungsfindung durch den gesamten Machtapparat, was erklärt, wie meine Entlassung zustande kam. Der Giftzwerg hatte entschieden, dass er mich loswerden wollte, und schrieb eine entsprechende Empfehlung an Fowlecrooke, der sie unterzeichnete und die Leiter hinauf an Dimmock weiterreichte. Dieser wiederum unterschrieb ebenfalls, ohne sich die Mühe zu machen, selbst mit mir zu sprechen und sich ein eigenes Urteil zu bilden, und reichte die Entscheidung an die höchsten Ebenen des Nachrichtendienstes weiter. Wie viele ehemalige Militärs kannte auch Dimmock keinen Unterschied zwischen »Führung« und »Sturheit«, und als er mich dann endlich persönlich kennen lernte, wagte er es nicht, seine Entscheidung rückgängig zu machen.

Frustriert und wütend verließ ich Speddings Büro. Diese letzte Chance war nichts weiter als Heuchelei gewesen. Ich wartete im Flur vor dem Büro auf die Sicherheitsleute, die mich aus dem Gebäude geleiten sollten, aber nach ein paar Minuten wurde mir klar, dass sie mich vergessen hatten. Mein erster Impuls war, pflichtgemäß sofort nach Hause zu gehen, aber in mir kochte bereits die Rebellion. »Mistkerle«, dachte ich. Sie hatten mir nicht einmal gestattet, meinen Schreibtisch auszuräumen und mich von Badger zu verabschieden. »Zur Hölle mit ihnen, ich werde trotzdem bei ihm vorbeigehen.« Es war jedoch zu riskant, offen durch das Gebäude zu seinem Büro zu laufen, da man mich vielleicht festhalten würde. Da es aber kurz vor elf war, hoffte ich, Badger gönnte sich auch an diesem Vormittag seine morgendliche Ration »frischer Luft« auf der Feuertreppe. Ich schlüpfte im Erdgeschoss durch die Notausgangstür neben dem Fitnessraum und begab mich durch den klammen Verbindungsgang zur Feuerleiter der PTCP-Abteilung.

Dort stand tatsächlich Badger und rauchte, ausnahmsweise allein. »He, wie geht es Ihnen«, begrüßte er mich erfreut. »Tut mir wirklich Leid, was die mit Ihnen angestellt haben. Sobald ich davon erfahren habe, bin ich zur Personalabteilung gerannt, um Dimmock davon zu überzeugen, dass er einen Fehler macht, aber er wollte nicht auf mich hören«, erklärte er zornig. »Damit haben sie BELLHOP ruiniert«, fuhr er fort. »Ohne Sie bleibt uns nichts anderes übrig, als die Operation aufzugeben. Und dabei hatten wir eben erst einen großen Durchbruch erzielt. Kiddie hat Fahd gestern angerufen. Er wollte, dass Sie nach Wien fliegen und ihn dort treffen.« Badger warf seinen Zigarettenstummel voller Wut auf den Boden. »Dimmock sagte noch etwas sehr Merkwürdiges zu mir«, fügte er hinzu. »Er sagte, sie hätten Sorge, einen potenziellen Alridge Ames in ihrem Dienst zu haben.«

»Wie bitte?«, fragte ich ungläubig. »Was um alles in der Welt hat denn Ames mit mir zu tun?«

»Ich habe keine Ahnung«, erwiderte Badger mitfühlend, »er wollte nicht näher darauf eingehen.«

Wir unterhielten uns noch ein paar Minuten, aber da ich mich sehr bemühen musste, meine Gefühle zu kontrollieren, verabschiedete ich mich schließlich von Badger und verließ ein letztes Mal das Gebäude.

Ames war ein Offizier der CIA, der kürzlich in Amerika verhaftet und zu einer lebenslangen Haftstrafe verurteilt worden war, weil er systematisch über viele Jahre hinweg Geheimnisse an den russischen Geheimdienst verraten und dafür Millionen von Dollar erhalten hatte. Bis heute weiß ich nicht, ob Dimmocks Bemerkung tatsächlich andeuten sollte, ich würde ein potenzielles Sicherheitsrisiko darstellen, aber es war nichtsdestotrotz eine höchst unfreundliche und unprofessionelle Bemerkung von ihm, für die es keinerlei Rechtfertigung gab.

Die Personalabteilung bezahlte mir nach dem Hinauswurf noch drei Monate lang mein Gehalt. Sie erwarteten von mir, mich in dieser Zeit mit meiner Entlassung abzufinden und eine neue Arbeit zu finden. Ich musste jedoch noch eine Hypothek abzahlen und hatte noch andere finanzielle Verpflichtungen, zudem hatte ich keine Ahnung, was für eine berufliche Laufbahn ich einschlagen sollte. Selbst wenn ich ihren Rat ergeben annehmen und in die Wirtschaft gehen würde – eine Aussicht, die mir zutiefst zuwider war –, bedeutete das, in einem fremden und sehr viel langweiligeren Beruf wieder von ganz vorn zu beginnen. Ich hätte ein solches Elend ohne Klagen hingenommen, wenn meine Entlassung verdient gewesen wäre, doch das war nicht der Fall.

Also suchte ich Dimmock auf und teilte ihm meinen Unmut mit, aber er fühlte sich sicher in dem Wissen, dass seine Entscheidung nicht hinterfragt würde, und hatte daher wenig Zeit für meine Beschwerden. »Der Karriereberater der Personalabteilung, PD/PROSPECT, hat bereits einige Vorstellungsgespräche für Sie bei verschiedenen Firmen vereinbart«, drängte er mich, »aber wenn Sie unbedingt eine Beschwerde einreichen wollten – hier haben Sie die Adresse des Personalrats.« Mit erkennbarem Verdruss reichte er mir die Visitenkarte von Sir Christopher France.

Der Personalrat war ein leitender Staatsbeamter, der vom MI6 einer Sicherheitsüberprüfung unterzogen worden war und angeblich unabhängig arbeitete. An ihn konnten sich Angehörige des MI5, MI6 und der Geheimdienstabteilung des Verteidigungsministeriums mit ihren Beschwerden oder ihren Sorgen über die Führung der Geheimdienste wenden. Er war dann ermächtigt, »Nachforschungen« dazu anzustellen. Dieser Mechanismus sollte es den Mitarbeitern der Nachrichtendienste ermöglichen, ihren Dampf intern abzulassen, und damit etwaige Prozesse vor Gericht verhindern. In Wirklichkeit war dies jedoch nur eine reine Scheininstitution, um Kritik seitens der Gesetzgeber abzuwehren. Dimmock zeigte seinen Verdruss deshalb, weil er wusste, dass meine Beschwerde die Entscheidung nicht ändern, aber ihm zusätzliche Schreibarbeit bringen würde. Dennoch vereinbarte ich einen Termin und suchte France am darauf folgenden Tag in seinem Büro in Whitehall auf. Er hörte sich meine Beschwerde geduldig an und notierte sich interessiert die Einzelheiten. Ich hatte das Gefühl, wenigstens auf einen mitfühlenden Verbündeten gestoßen zu sein.

Einen Monat später lud mich France wieder in sein Büro ein und teilte mir das Ergebnis seiner Nachforschungen mit. »Ich habe den Geheimdienstleiter persönlich aufgesucht«, verkündete er stolz, »und Sir David Spedding versicherte mir, dass seine Personalabteilung alles für Sie getan habe, was möglich war.«

»Aber haben Sie denn nicht nach den Unterlagen gefragt, von denen ich Ihnen erzählt habe? Diese Protokolle, die die Personalabteilung selbst erstellt hat, widersprechen den Behauptungen, die sie nun gegen mich vorbringen«, erwiderte ich mit schlecht verhülltem Ärger.

»Oh, ich hätte unmöglich darum bitten können, die Unterlagen des Geheimdienstes einzusehen«, entgegnete France entsetzt. »Dies würde ja bedeuteten, dass ich am Wort Sir Davids zweifeln würde«, fügte er hochmütig hinzu.

Der Verzweiflung nahe verließ ich das Gebäude. Wut stieg in mir hoch, doch nicht deswegen, weil sich das Verfahren als derart nutzlos erwiesen hatte – das hatte ich bereits erwartet. Aber France hatte bei unserem ersten Treffen den Anschein erweckt, meine ungerechte Behandlung mache ihn wirklich betroffen. Dass er nun nach einem kurzen Gin Tonic mit dem Chef meine Version der Ereignisse für nichtig erklärte und mich damit praktisch zum Lügner stempelte, erfüllte mich mit Zorn. Unabsichtlich hatte France den Keil zwischen dem MI6 und mir noch tiefer getrieben.

Die einzige Möglichkeit, die Rechtmäßigkeit meiner Entlassung des MI6 unabhängig prüfen zu lassen, bestand nun darin, sich an eine Stelle außerhalb des Geheimdienstes zu wenden, und das bedeutete den Gang vor ein Arbeitsgericht. Eine kurze Suche im Telefonbuch brachte mir die Nummer einer kleinen Anwaltskanzlei in Nordlondon namens Bashi and Partners, die auf Arbeitsstreitigkeiten spezialisiert war und mit der Schlagzeile warb: »Kein Sieg, kein Honorar«. Diese Garantie war für mich sehr reizvoll, da meine wenigen Ersparnisse für ein Anwaltshonorar nicht ausreichten. Außerdem gefiel mir, dass die Partner alle farsische Namen trugen. Beim Gedanken an Dimmocks Gesicht, wenn er einen Antrag auf Akteneinsicht von einem iranischen Anwalt erhielt, musste ich unwillkürlich lächeln. Schnell vereinbarte ich einen Termin mit der Kanzlei. Zwei Tage später hatten sie dem MI6 eine vorgerichtliche Ankündigung geschickt, in der sie Kopien aller meiner persönlichen Unterlagen anforderten.

Mein Gefühl hatte mich nicht getäuscht: Dimmock rief mich sogleich zu Hause an. »Wir können es nicht zulassen, dass Sie uns tatsächlich vor Gericht zerren. Die gesamte Presse Londons wird sich vor dem Gerichtsgebäude drängeln«, jammerte er. »Warum kommen Sie nicht vorbei und treffen sich mit dem Karriereberater? PD/PROSPECT hat eine wirklich gut bezahlte Stelle in der Wirtschaft für Sie aufgetrieben.«

»Ich habe Ihnen bereits mitgeteilt, dass ich kein Interesse daran habe, in der Geschäftswelt zu arbeiten, also bitte hören Sie auf, Ihre eigenen Karriereversäumnisse auf mich zu projizieren«, entgegnete ich kühl. »Ihr Mistkerle habt mich illegal entlassen, und es ist mein Recht, euch dafür vor ein Arbeitsgericht zu bringen.« Ungehalten legte Dimmock den Hörer auf.

Ein paar Tage später schickte er mir einen Brief, indem er mich nun nicht mehr mit »Richard«, sondern mit »Mr. Tom-

linson« ansprach. Dimmock wollte, dass ich zu einer »etablier-
teren« Kanzlei wechselte, und bot mir an, das Honorar zu
übernehmen. Oberflächlich sah dies nach einem sehr generö-
sen Angebot aus, aber heute weiß ich positiv, dass hinter dieser untypischen Großzügigkeit der Personalabteilung die verborgene Absicht steckte, die Klage zu meinen Ungunsten zu
beeinflussen. Ich ließ mich auf den Handel ein und eine weitere Suche im Telefonbuch, diesmal bei den teureren Kanz-
leien mit den großen Anzeigen, brachte mich auf die renom-
mierte Anwaltskanzlei von Herbert Smiths. Die tüchtige
Empfangsdame verband mich mit John Farr, dem auf Arbeitsrecht spezialisierten Partner der Kanzlei. Während der nächsten Wochen stellten wir eine detaillierte Klageschrift zusammen und reichten sie bei Gericht ein. Wenige Tage später
erhielt ich meinen letzten Gehaltsscheck vom Büro für den
Monat August. Es würde drei oder vier Monate dauern, bis die
Klage vor Gericht kommen würde, daher musste ich in der
Zwischenzeit von meinen begrenzten Ersparnissen leben. Ich
machte mir nicht allzu große Sorgen – meine Begründung für
eine Klage wegen unrechtmäßiger Entlassung war keineswegs
weit hergeholt, und nach meinem unweigerlichen Sieg wäre
der MI6 gezwungen, mich bei voller Bezahlung wieder einzustellen.

Mein Optimismus war naiv und ich unterschätzte die Win-
kelzüge der Personalabteilung. Eines Tages rief mich Farr zu
Hause an und bat mich, ihn in seinem Büro in der Nähe der
U-Bahnstation Liverpool Street aufzusuchen.

»Es hat eine interessante Entwicklung gegeben«, verkündete er hinter seinem Designerschreibtisch. »Ihre Klage ist
aufgrund eines Public Interest Immunity Certificate, also
einer Immunitätsbescheinigung abgewiesen worden.«

»Wie bitte?«, rief ich entsetzt aus. »Wie zum Teufel begründen sie denn das?« Diese Immunitätsbescheinigungen
sind ein legales Hilfsmittel – ähnlich wie die »Sie kommen aus
dem Gefängnis frei«-Karte beim Monopoly –, das der MI6
gelegentlich einsetzt, um sich aus schwierigen juristischen
Notlagen zu befreien. Eine derartige Bescheinigung wurde
beispielsweise 1996 von der Major-Regierung bei der »Matrix-

Churchill«-Affäre eingesetzt, um die Verstrickung des Kabinetts in illegale Waffenexporte an den Iran zu vertuschen. Diese Bescheinigungen, die der MI 6 mittels eines Antrags vom Außenminister erhielt, erlaubten es dem Geheimdienst, die Freigabe jeglicher Unterlagen an die Gerichte zu blockieren, wenn diese »die nationale Sicherheit gefährden« könnten. Farr erklärte, er habe am Vortag Besuch von drei juristischen Vertretern des Geheimdienstes gehabt, die ihm die Immunitätsbescheinigung überreicht und ihm mit ernster Miene erklärt hatten, dass jegliche Diskussion meines Falles vor Gericht, selbst in einer geschlossenen Verhandlung unter Ausschluss der Öffentlichkeit, »die nationale Sicherheit ernsthaft gefährde«. Daher seien sie »widerwillig gezwungen worden, Außenminister Malcolm Rifkind zu bitten, die Immunitätsbescheinigung zu unterschreiben«.

Natürlich war dies die Unwahrheit. Meine Personalakte enthielt nicht mehr Geheimnisse als die Unterlagen eines Angestellten bei den Gaswerken. Die Erörterung der Umstände meiner Entlassung durch die zuständigen Anwälte in einer geschlossenen Verhandlung ohne die Anwesenheit von Journalisten oder der Öffentlichkeit hätte die nationale Sicherheit in keinster Weise gefährdet. Der wahre Grund, warum sich der MI 6 diese Bescheinigung verschafft hatte, war der, dass sie wussten, sie würden den Prozess verlieren. Mit Dimmocks absurden und aus der Luft gegriffenen Gründen für meine Entlassung, die mir durch meine Hartnäckigkeit nun auch schriftlich vorlagen, hätten sie sich vor Gericht schlichtweg lächerlich gemacht. Außerdem hätte der Giftzwerg zugeben müssen, dass er mir in Wirklichkeit keine Abmahnung erteilt hatte, und so wäre der MI 6 letzten Endes zu einem peinlichen Rückzieher gezwungen worden.

Von tiefer Abscheu gegen den MI 6 erfüllt, verließ ich Farrs Büro und war gleichwohl unvermindert dazu entschlossen, mich zu wehren. Zwischenzeitlich hatte der MI 6 Farr mitgeteilt, dass man sein Honorar nicht länger bezahlen würde, nachdem er eine erste Zwischenrechnung über 19.000 Pfund gestellt hatte. Ich musste mir also auch einen neuen Anwalt suchen.

In unserem Einführungslehrgang hatte uns ein Gastredner der Staatsschutzabteilung des MI5 spöttisch von den Aktivitäten einer Bürgerrechtsinitiative namens »Liberty« erzählt, die im Südosten Londons saß. Neben anderen Themen kämpften sie auch gegen übertriebene staatliche Geheimhaltung, die mangelnde Verantwortlichkeit der Nachrichtendienste und den Missbrauch von Immunitätsbescheinigungen, um Missgeschicke der Regierung zu vertuschen. Ich kontaktierte sie nervös aus einer Telefonzelle heraus – ich vermutete, dass der MI6 schon mein Telefon angezapft hatte – und vereinbarte einen Termin mit ihrem Anwalt John Wadham. Verzagt klopfte ich zum vereinbarten Zeitpunkt an die Tür ihrer etwas baufälligen Räumlichkeiten in der Tabard Street 21.

»Das einzige Rechtsmittel, das Ihnen nun noch zur Verfügung steht, ist ein Einspruch beim Intelligence Service Tribunal, dem richterlichen Gremium des Geheimdienstes«, erklärte Wadham mir bei einer Tasse Tee. »Das Gremium besteht aus drei hohen Richtern, die ermächtigt sind, die Gesetzmäßigkeit der Handlungen des MI6 zu untersuchen.« Das Intelligence Service Tribunal, kurz IST genannt, wurde 1992 eingeführt, kurz nachdem die englische Königin die Existenz des MI6 erstmals öffentlich bestätigt hatte. In der Theorie konnte dort jedes Mitglied der Öffentlichkeit eine Beschwerde über illegale Aktivitäten des MI6 einreichen, und das IST war verpflichtet, Nachforschungen darüber anzustellen. Aber die Macht des Gremiums war zu vielen Einschränkungen unterworfen, und es gab zu viele Schlupflöcher, die der MI6 ausnutzen konnte, sodass es sich letztlich doch nur um eine Scheinautorität handelte. »Das IST wird möglicherweise zustimmen, Ihre Klage wegen ungerechtfertigter Entlassung zu untersuchen«, riet Wadham skeptisch, »aber Ihre Gewinnchancen liegen bei null, ungeachtet der juristischen Sachlage Ihres Falles. Das IST hat noch nie zugunsten eines Klägers entschieden.«

Da dies jedoch mein einziges verbleibendes Rechtsmittel war, versuchte ich es trotz Wadhams pessimistischer Einschätzung. Das IST traf die ungewöhnliche Entscheidung, mich persönlich zu befragen, und beraumte für Ende Oktober ein

Treffen in einem Sitzungsraum im Old Bailey, dem Londoner Hauptkriminalgericht, ein. Das Gremium bestand aus Lord Justice Simon Brown vom Berufungsgerichtshof, einem schottischen Amtsrichter und einem erfahrenen Rechtsberater und thronte imposant um einen schweren, erhöhten Tisch, auf dem dicke Aktenordner lagen, vermutlich die Unterlagen zu meiner Person, die ihnen der MI 6 ausgehändigt hatte. Der Gerichtsdiener ließ mich an einem Tisch in würdigem Abstand zum Gremium Platz nehmen. Lord Justice Brown, der Vorsitzende, sprach zuerst. Er erklärte ihre Untersuchungsbefugnisse und skizzierte ihr Verständnis meines Falles. Es dauerte einige Minuten, bevor ich mich äußern durfte. »Kann ich denn davon ausgehen, dass Ihre Entscheidung nur auf den Unterlagen beruhen wird, die ich persönlich auch einsehen konnte?«, fragte ich, Wadhams Warnung noch im Kopf.

Lord Justice Simon Brown überlegte einen Augenblick, ehe er antwortete. »Uns liegen tatsächlich Dokumente vor, die Sie nicht gesehen haben und nicht einsehen werden«, gab er schließlich feierlich zu und deutete auf den dicken Papierstapel, anhand dessen sie ihre Entscheidung trafen. Ihm war sichtlich unwohl angesichts dieses Verstoßes gegen die juristischen Grundsätze. »Es tut mir Leid, Ihnen sagen zu müssen, dass wir Ihnen gegenüber nicht offener sein können. Aber wir können lediglich innerhalb der Vorschriften des Gesetzes arbeiten.« Der riesige Papierstapel, den sie untersuchten, umfasste weitaus mehr, als die Personalabteilung mir jemals gezeigt hatte. Es war nicht gerade ein ermutigender Anblick. Die Personalabteilung hatte vermutlich einen Großteil davon neu geschrieben, im Wissen, dass ich den Wahrheitsgehalt nicht anfechten konnte. Damit hatte ich praktisch keine Aussicht auf Erfolg.

Im November flog ich für einen kurzen Urlaub nach Südafrika, um meinen Onkel und meine Tante zu besuchen und einige Spiele der englischen Crickettournee zu verfolgen. Ich konnte mir die Reise eigentlich nicht leisten, hatte sie aber schon lange vor meiner Entlassung geplant. Später erfuhr ich, dass mein Urlaub den MI 6 noch weitaus mehr gekostet hatte. Besorgt, dass ich in meinem unzufriedenen Zustand vielleicht

für die Anbahnungsversuche der südafrikanischen Spionageabwehr empfänglich sein könnte, holten sie meinen Freund
Milton aus Südafrika zurück und bliesen die gesamte verdeckte Operation, die dort lief, ab. Tatsächlich ließen mich die
Südafrikaner völlig in Ruhe, und selbst wenn man mich kontaktiert hätte, wäre ich niemals zu einer Zusammenarbeit
bereit gewesen. Doch anstatt mich einfach nach meiner Rückkehr zu befragen, schrieb der MI 6 einfach tausende Pfund aus
der Tasche der britischen Steuerzahler in den Wind.

Das Gremium hatte mir weder ein Datum noch irgend-
einen zeitlichen Rahmen für ihre Entscheidung mitgeteilt.
Während der nächsten Monate schrieb mir Dimmock mehrere Briefe, in denen er mich drängte, die Hilfe des Karriere-
beraters anzunehmen, aber sie wanderten sofort in den
Papierkorb. Ich würde niemals eine Krücke von jemandem
akzeptieren, der mir kurz zuvor ein Bein gestellt hatte. Es war
auch sinnlos, mich an Händen und Füßen zu einer ihrer Part-
nerfirmen in London zerren zu wollen. Meine früheren
Erfahrungen bei der Unternehmensberatung waren so frust-
rierend gewesen, dass ich es vermutlich keine Woche dort aushalten würde.

Ich hatte daher jede Menge freie Zeit zur Verfügung – doch
mein Geld ging langsam, aber sicher zur Neige.

11

DIE VEREINBARUNG

Dass PD/PROSPECT, der Karriereberater, zu spät kam, überraschte mich nicht. Mike Timpson hatte mich gebeten, ihn um zwei Uhr nachmittags im Lavender Café an der Kennington Road zu treffen, nur einen Steinwurf von meiner Wohnung in Richborne Terrace entfernt. Es war Montag, der 25. März 1996; die Uhren waren am Wochenende wegen der Sommerzeit eine Stunde vorgestellt worden, und normalerweise dauerte es rund einen Tag, bis alle Wanduhren in der Zentrale wieder die richtige Zeit zeigten. Ich nahm also an, dass Timpson etwa um drei Uhr auftauchen würde, daher bestellte ich einfach noch einen Kaffee und dachte erneut über die Ereignisse der vergangenen vier Monate nach.

Das Intelligence Service Tribunal brauchte bis zum 12. März, um die Kündigung des MI 6 zu bestätigen. Obwohl das Urteil mich eigentlich nicht überraschte, war es dennoch ein harter Schlag, dass sich nun auch meine letzte mögliche Rechtshilfe in Luft aufgelöst hatte. Bis zu diesem Tag hatte ich mich geweigert, die Hilfe des MI 6 bei der Suche nach einer neuen Arbeit anzunehmen. Es ging nun mal um's Prinzip: Hätte ich das Angebot akzeptiert, wäre dies wie ein Einlenken in meinem Kampf gegen die ungerechtfertigte Entlassung gewesen. Ich hatte ein paar Vorstellungsgespräche geführt, beispielsweise mit Patrick Jephson, dem Privatsekretär der Prinzessin von Wales, wegen einer Stelle in ihrem Büro, aber keine Zusage erhalten. Ich ging auch zu einigen Vorstellungsterminen bei Unternehmen in der Londoner City, aber vermutlich war meine mangelnde Begeisterung für diese berufliche Karriere allzu deutlich spürbar. Da ich nun schon seit fast acht

Monaten kein geregeltes Einkommen mehr hatte, war, obwohl ich sehr sparsam lebte und gelegentlich als Meldefahrer jobbte, mein Konto schon weit überzogen. Schließlich blieb mir keine andere Wahl, als meinen Stolz herunterzuschlucken und die Hilfe von Vauxhall Cross anzunehmen.

Zehn Minuten vor drei kam Timpson in das Lokal, im Glauben, es sei noch reichlich Zeit bis zu unserer Verabredung. Ich war ihm ein paar Mal begegnet und mochte ihn. Er war erst spät zum Geheimdienst gekommen und hatte zuvor als humanitärer Helfer in Afrika gearbeitet. Er blieb weiterhin auf Afrika spezialisiert – eine ungewöhnliche Erscheinung für den MI6, wo man Expertentum mit Misstrauen beobachtet – und wurde schließlich sogar Leiter des Afrika-Kontrollgremiums. Doch dann kam seine Karriere ins Stocken, vielleicht aufgrund seiner mangelnden Erfahrungen außerhalb des schwarzen Kontinents, aber vermutlich auch deswegen, weil er seine Ellenbogen nicht rücksichtslos genug einsetzte.

»Vielen Dank, dass Sie sich mit mir treffen«, sagte er vorsichtig, als wir uns an einen Tisch setzten. Er bemühte sich sehr, weder scheinheilig zu klingen, weil ich die Zentrale erst jetzt kontaktiert hatte, noch triumphierend, weil ich nun schließlich doch gezwungen war, ihre Hilfe anzunehmen. »Ich habe eben erst ein Buch gelesen, dass mich sehr an Sie erinnerte. Es handelte von einem jungen Kerl namens Christian Jennings, der sich in einer ebenso verzweifelten Situation befand wie Sie – pleite, ohne Arbeit und ohne Wohnung. Er ist losgezogen und hat sich der französischen Fremdenlegion angeschlossen. Später hat er dann ein Buch über seine Erfahrungen geschrieben, mit dem Titel *A Mouthful of Rocks*. Und so haben sich die Dinge am Ende für ihn dann doch zum Guten gewendet.«

»Wollen Sie damit sagen, dass ich der Fremdenlegion beitreten soll?«, fragte ich.

»Nein, nein«, stotterte Timpson. »Ich wollte damit nur sagen, dass sich die Dinge auch für Sie schließlich zum Guten wenden werden.« Wir unterhielten uns eine Stunde darüber, welche Hilfestellung der MI6 mir bei der Arbeitssuche anbieten konnte, doch Timpson hatte ebenso wenig Ideen wie ich.

Wenigstens schlug er mir nicht vor, in die freie Wirtschaft zu gehen. »Ich musste noch niemals jemandem wie Sie beraten, der ganz offensichtlich den Dienst nicht verlassen möchte – die meisten Leute, die von der Personalabteilung gekündigt werden, sind froh darüber.«

»Das ist die erste vernünftige Bemerkung, die ich bislang über die Personalabteilung gehört habe«, erwiderte ich. »Aber hören Sie, ich muss möglichst schnell eine Arbeit finden. Ich bin seit Monaten arbeitslos, habe Schulden und kann nächsten Monat meine Hypothek nicht mehr bezahlen. Wenn Sie mir schon nicht dabei helfen können, wenigstens vorübergehend eine Stelle zu finden, könnte die Zentrale mir dann nicht wenigstens mit einem Kredit aushelfen?« Schließlich hatte Dimmock Badger gegenüber angedeutet, er hielte mich für ein potenzielles Sicherheitsrisiko, dabei hatte ich damals sogar noch über ein geregeltes Einkommen und einen interessanten Job verfügt. Also müsste es doch auch in seinem Interesse liegen, dass ich in meiner Wohnung bleiben und von dort aus auf Arbeitssuche gehen konnte.

»Ich weiß um Ihre finanziellen Probleme«, antwortete Timpson mitfühlend, »aber das kommt nicht infrage. Julian Dimmock hat mich eigens darauf hingewiesen, dass ich Ihnen keinen Kredit anbieten darf. Aber ich werde Ihre Bedenken zu Papier bringen, wenn ich wieder in die Zentrale komme.« Vorsichtig fügte er hinzu: »Die Personalabteilung hat offenbar einige schwer wiegende Fehlentscheidungen getroffen. Aber, offen gesagt, bezweifle ich sehr, dass man diesbezüglich etwas unternehmen wird. Die Entscheidung wurde gefällt, und es wäre zu peinlich, nun alles rückgängig zu machen und den Fehler zuzugeben.« Timpson konnte nichts weiter für mich tun als mich an einen externen Karriereberater zu vermitteln, mit dem die Zentrale zusammenarbeitete.

Auf dem Weg zurück in meine Wohnung grübelte ich über Timpsons Rat nach. Natürlich war es keine Lösung, der französischen Fremdenlegion beizutreten, aber die zweite Idee gefiel mir immer besser. Wie wäre es, wenn ich ein Buch schriebe? Das war natürlich vollkommen ungesetzlich – selbst die Enthüllung der Teppichfarbe im Hauptquartier des MI6 wäre ein Verstoß gegen das britische Geheimhaltungsgesetz, den Official Secrets Act. Ein Mantel der Geheimhaltung schützte den Geheimdienst wirksam vor jeglicher Verantwortung und schuf ein Klima, in dem nicht nur meine Rechte, sondern auch die unzähliger anderer Angestellter wie selbstverständlich mit den Füßen getreten wurden. In mir wuchs die Überzeugung, dass dieser Amtsmissbrauch die Beziehungen zwischen dem MI 6 und der gesamten Gesellschaft vergiftete. Dagegen musste ich etwas tun. Denn wenn ich den Vorfall einfach vergäße, würde der MI 6 seine Mitarbeiter weiterhin so ungerecht behandeln wie mich.

Der Drang, meine Seite der Geschichte öffentlich zu machen, verstärkte sich in den folgenden Wochen immer mehr. Die Nachricht von meinem Streit mit dem MI 6 hatte sich in Whitehall herumgesprochen, und der Geheimdienst hatte heimlich seinen Einfluss dazu benutzt, mich in Misskredit zu bringen und die Entscheidung zu rechtfertigen. Einige Freunde in Vauxhall Cross standen noch unerlaubt mit mir in Verbindung und erzählten mir, die Personalabteilung streue Gerüchte und behaupte, sie hätten »alles in ihrer Macht stehende« für mich getan. Nachdem einige Zeitungen davon berichtet hatten, dass meine Klage aufgrund einer Immunitätsbescheinigung abgewiesen worden sei, behauptete der interne wöchentliche Rundbrief, die Zeitungen hätten die Geschichte falsch dargestellt, und der MI 6 sei gezwungen gewesen, eine solche Bescheinigung zu beantragen, weil ich »auf Publicity aus« sei und die Möglichkeit eines Arbeitsprozesses nutzen wolle, um den Geheimdienst »anzuschwärzen«. Vor meiner Entlassung wäre mir die Vorstellung, mit dem MI 6 zu brechen und die Aufmerksamkeit der Öffentlichkeit zu suchen, ein Gräuel gewesen, doch nun trieb mich das Vorgehen meines früheren Arbeitgebers psychisch und finanziell derart in die Enge, dass mir das Schreiben eines Buches der letzte Ausweg zu sein schien.

Robin Ludlow, der vom MI 6 überprüfte, externe Karriereberater, erzählte, er habe den Großteil seines Berufslebens bei der Armee verbracht und als Personalmanager gearbeitet, bevor er seinen jetzigen Posten annahm. Seine Vorgeschichte ähnelte der von Dimmock und Fowlecrooke und er schien von ihnen auch schon instruiert worden zu sein. »Sie müssen versuchen, einer Karriere in der Wirtschaft etwas positiver gegenüberzustehen. Mit Ihrer Begabung werden Sie bald ein Vermögen verdienen.«

»Man müsste mir kein Vermögen bezahlen, sondern die Hände auf dem verfluchten Schreibtisch festnageln«, erwiderte ich. »Mir gefiel mein Job beim MI 6, weil ich die Arbeit an komplexen Teamprojekten mit interessanten, intelligenten Kollegen als geistige Herausforderung empfinde. Mir gefiel die Möglichkeit, im Ausland zu leben und zu arbeiten, Sprachen zu lernen und die Kultur meines Gastlandes kennen zu lernen. Außerdem trifft man viele faszinierende und unterschiedliche Leute, die Arbeit ist vielfältig und unberechenbar, und es erfüllt mich mit Befriedigung, im Dienst der Allgemeinheit für mein Land tätig zu sein. Können Sie mir sagen, wo ich so etwas in der Privatwirtschaft finde?« Ludlow musterte mich erstaunt. Diese Kriterien überforderten ihn sichtlich. »Hören Sie«, sagte ich, »ich weiß, das wird nicht leicht für Sie, aber können Sie mir wenigstens dabei helfen, schnell einen vorübergehenden Job zu finden? Ich bin finanziell wirklich am Ende und komme schon mit meiner Hypothek in Verzug.«

Ludlow überlegte einen Moment. »Wie wäre es mit Taxifahren?«, schlug er dann vor. »Gehen Sie stempeln und lassen Sie sich die Hypothek vom Sozialamt bezahlen, während Sie nebenher als Taxifahrer arbeiten, um Ihren Lebensunterhalt zu finanzieren.« Bei diesen Worten stand ich sofort auf und verließ das Büro. Ludlows Vorschlag war ungesetzlich. Ich würde ins Gefängnis kommen, wenn man mich dabei erwischte, wie ich das Sozialamt betrog.

Mir fiel noch eine letzte Möglichkeit ein, wie ich gegen den MI 6 vorgehen könnte. Streng genommen galt es zwar als Verstoß gegen den Official Secrets Act, wenn ich dem Abgeordneten meines Wahlkreises erzählte, dass ich beim MI 6 angestellt gewesen war – ganz zu schweigen davon, über den Zwist zu berichten und um Unterstützung für eine Lösung zu bitten. Praktisch jedoch würde es dem MI 6 sehr schwer fallen, mich dafür zu belangen. Ein kurzer Anruf aus einer Telefonzelle beim

Wahlkreisbüro der Labour-Hinterbänklerin Kate Hoey informierte mich über die Zeiten und Daten ihrer Sprechstunde.

Hoeys Büro lag nur wenige Straßen von meiner Wohnung entfernt, aber ich nahm das Motorrad, da ich später noch mit Freunden zum Skaten am Trafalgar Square verabredet war. Als ich vor ihrem Büro vorfuhr, sah ich sie die Stufen hinunter zu ihrem Auto eilen. »Miss Hoey?«, rief ich, stieg von meinem Motorrad und folgte ihr zu Fuß. Sie hielt an und drehte sich zu mir um. »Kann ich kurz mit Ihnen reden?«, fragte ich höflich und hielt etwas Abstand im Bewusstsein, dass sie sich vor einem großen Mann in schwarzer Motorradkleidung, der sie an einem dunklen Abend in einer nicht ganz sicheren Gegend Londons ansprach, vielleicht fürchten könnte.

»Es tut mir wirklich schrecklich Leid, aber ich bin sehr in Eile, weil ich einen offiziellen Termin wahrnehmen muss – könnten Sie sich bitte an einen meiner Assistenten in meinem Büro wenden?«, erwiderte sie hilfsbereit.

»Ich würde gerne persönlich mit Ihnen sprechen – es geht um den Official Secrets Act und ich weiß nicht, ob es mir gesetzlich überhaupt gestattet ist, mit einem Ihrer Assistenten zu sprechen.«

»Das ist schon in Ordnung. Gehen Sie hinein und wenden Sie sich an meine Assistenten«, beharrte sie. Sie hatte es eilig, und es wäre unhöflich gewesen, sie weiter zu bedrängen.

»Also gut. Bitte entschuldigen Sie die Störung«, erwiderte ich mit einem Lächeln.

Vor dem Büro standen bereits zahlreiche Leute Schlange, also setzte ich mich auf einen der Plastikstühle und geduldete mich. Als ich an die Reihe kam, führte mich der junge Assistent in ein Sprechzimmer und fragte nach meinem Problem.

»Ich habe einen Streitfall, zu dessen Lösung ich gerne Miss Hoey um Hilfe bitten würde. Ich kann Ihnen jedoch nicht mehr darüber erzählen, weil ich sonst gegen den Official Secrets Act verstoße. Wäre es möglich, einen Termin zu vereinbaren, um Miss Hoey persönlich zu sprechen?«, fragte ich.

»Nun, das ist etwas ungewöhnlich«, erwiderte der Assistent zweifelnd. Vermutlich fragte er sich insgeheim, warum zu ihm immer nur die Verrückten kamen. »Ich denke, es ist am besten, wenn Sie ihr schreiben«, fuhr er fort. »Hier ist ihre Adresse.« Er reichte mir eine Visitenkarte mit der Adresse des Wahlkreises und ihrer Telefonnummer und lächelte mich an, zum Zeichen, dass ich nun gehen sollte.

Hoey antwortete überraschend schnell mit der Nachricht, sie habe an den Leiter des Geheimdienstes, David Spedding geschrieben und hätte eine Einladung zum Essen von ihm erhalten, um das Problem persönlich zu besprechen. Vauxhall Cross lag ebenso wie Century House in ihrem Wahlkreis, daher hatte sie die verschiedenen Geheimdienstchefs sicher schon des Öfteren getroffen. Speddings Londoner Domizil befand sich sogar ganz in der Nähe meiner Wohnung, vielleicht gehörte er auch zu ihrer Wählerschaft. Doch meine Hoffnung, dass Hoey vielleicht erfolgreich vermitteln könnte, zerschlug sich schnell. Kurz nach ihrem Treffen mit Spedding schrieb sie mir wieder einen Brief und teilte mir mit, dass der Geheimdienstchef ihr versichert habe, dass ich »anständig behandelt« worden sei und dass die Personalabteilung »alles, was möglich war«, für mich getan hätte.

Wenige Wochen später zwang mich die immer höhere Überziehung meines Kontos dazu, meine Sachen zu packen und meine Wohnung zu verlassen. Wenigstens würden die Mieteinnahmen ausreichen, um die monatliche Hypothekenschuld zu begleichen. Nach einem kurzen Besuch bei meinen Eltern packte ich möglichst viele meiner Habseligkeiten auf meine zuverlässige Honda und machte mich auf den Weg zu den Kanalhäfen. Ich hatte kein bestimmtes Ziel im Sinn; ich wollte nur irgendwohin, wo es warm war und billig.

Soweit es den Zoll betraf, war Richard Tomlinson nirgends zu sehen, als ich die Hafenanlage in Portsmouth betrat, dem Fort über die Pier hinweg einen bösen Blick zuwarf und den Beamten den abgenutzten Pass mit meinem Bild und dem Namen Alex Huntley reichte. Ich war so plötzlich nach meiner Rückkehr aus Rio gefeuert worden, dass es keine Gelegenheit mehr gegeben hatte, den falschen Pass, den Führerschein und die anderen Dokumente an die Zentralverwaltung zurückzugeben. Wenn dies bislang noch nicht aufgefallen war, dann würde man es vermutlich überhaupt nicht mehr bemerken.

Der falsche Name sollte mir ermöglichen, an meinem Buchvorhaben zu arbeiten, ohne dass der MI6 sich einmischte. Obwohl ich Großbritannien schon unzählige Male mit falschen Papieren verlassen hatte, war es diesmal anders. Noch hatte ich nicht gegen den Official Secrets Act verstoßen, doch indem ich Huntleys Pass verwendete, überschritt ich eine Grenze. Da das Leben mit einem falschen Pass zu Problemen führen konnte, rollte ich als Vorsichtsmaßnahme vor dem Verlassen Cumbrias meinen echten Pass, Führerschein und etwas Geld zusammen, steckte das Bündel in eine leere Shampooflasche, beschwerte diese noch mit einigen alten Angelgewichten und schob sie durch den Einfüllstutzen in den Benzintank meines Motorrads. Selbst wenn der Zoll mein Motorrad beim Betreten der Fähre durchsuchte, würde er dieses Versteck bestimmt nicht finden.

Die nächsten zwei Wochen kurvte ich über Frankreichs Landstraßen und zeltete mit meinem Schlafsack und meinem Regenumhang in kleinen Wäldchen und an Bergbächen. Alle paar Tage, wenn mich der Drang nach einer warmen Dusche und einem bequemen Bett überkam oder wenn ich von einem Frühlingsregen durchweicht worden war, hielt ich an einer billigen Pension. Ich hatte kein festes Ziel, ich wählte die Landstraßen, die interessant aussahen, und mied jene, die auf dunkle Regenwolken zusteuerten. Diese zufallsgelenkte Reiseroute führte mich von Calais in die Industriestadt Le Mans, hinunter nach Poitiers, über das Zentralmassiv nach Marseille, durch den Languedoc und dann über die Pyrenäen nach Spanien. Dort war die Sprache einfacher und es regnete weniger. Ich trieb ziellos die Mittelmeerküste entlang, bis meine Reise in dem andalusischen Küstenstädtchen Fuengirola unterbrochen wurde, weil die Kette meines Motorrads sprang. Der örtliche Honda-Händler sagte, es würde einige Tage dauern, bis das Ersatzteil lieferbar sei.

Ich war durch die lange Reise ebenso erschöpft wie mein Motorrad, und als mir auf der Hafenpromenade ein Ganove, der Ferienwohnrechte verschacherte, erzählte, er kenne jemanden, der bis zum Beginn der Touristensaison eine Wohnung vermieten würde, schien dies der richtige Ort für eine

Pause zu sein. Am 15. Mai zog ich in das möblierte Zimmer, packte meine wenigen Habseligkeiten aus und richtete mich ein. Das Geld, das ich in meinem Benzintank versteckt hatte, reichte aus, um etwa vier Monate sparsam davon zu leben, und wenn es nötig sein sollte, konnte ich immer noch meine Honda verkaufen und meinen Aufenthalt dadurch verlängern. Dies sollte ausreichen, um ein Konzept für das Buch fertig zu stellen. Ich packte meinen alten Laptop aus und schrieb drauflos. Die Ungerechtigkeit, meine Wohnung verlassen zu müssen, sowie der Verlust meines geregelten Einkommens und meines sorgenfreien Lebensstils nagten schwer an mir; es war daher ein gutes Gefühl, die Geschichte endlich zu Papier zu bringen.

Eine Woche nach meinem Verschwinden begann der MI6 nach mir zu suchen, alarmiert durch das Schweigen meines Telefons. Da sie nicht wussten, dass ich nun als Alex Huntley unterwegs war, suchten sie jedoch erfolglos nach Richard Tomlinson. Mein Bankkonto in England wurde vom Cumbria Special Branch untersucht, brachte aber keine Hinweise, weil ich die ganze Reise hindurch mit Bargeld bezahlt hatte. Auch das Abhören des Telefons meiner Eltern ergab keinen Hinweis auf meinen Aufenthaltsort, weil ich mich mit einem GSM-Handy zu Hause meldete, mit einer austauschbaren SIM-Karte, wodurch sich der Anruf nicht zurückverfolgen ließ. Bald erhielten einige meiner Freunde in London einen Anruf von einem »Mr. Sturton« vom Außenministerium. Der MI6 hatte ihre Namen und Telefonnummern durch die Überwachung meines Telefons herausbekommen. »Sturton« täuschte Mitgefühl vor und behauptete, das Außenministerium würde sich gerne vergewissern, dass es mir gut ging, weil man fürchtete, ich könnte selbstmordgefährdet sein. Es war naiv zu glauben, dass meine Freunde auf diese plumpe Taktik hereinfallen würden. Sie riefen mich alle sogleich an und berichteten von dem Täuschungsversuch.

Eines Nachmittags tauchten zwei MI6-Mitarbeiterinnen aus London bei meinen Eltern auf, ohne den Anstand zu besitzen, vorher um einen Termin zu bitten. Meine Eltern waren jedoch zu höflich, um die beiden nach ihrer langen Reise abzuweisen, und baten sie auf eine Tasse Tee ins Haus. Die Frauen blieben über zwei Stunden und versuchten unter dem Vorwand, sie seien um meine Sicherheit besorgt, meine Eltern dazu zu bringen, ihnen meinen Aufenthaltsort zu verraten. Es war jedoch ein aussichtsloses Unterfangen, da meine Eltern voll hinter mir standen, und schließlich mussten die Agentinnen mit leeren Händen wieder gehen.

Dem MI6 beizutreten ähnelt ein wenig der Mitgliedschaft in einer religiösen Sekte. Der Einführungslehrgang war unsere Weihe. Mit großen, unschuldigen Augen gingen wir hinein, ein weißes Blatt, dem die Ausbilder ihre Anschauungen einprägen konnten. Der Eindruck, unsere Arbeit wäre nützlich und gerechtfertigt, wurde durch eine sorgsam gehegte Kultur innerhalb des Geheimdienstes gepflegt. Ständig wurden wir auf subtile Art und Weise daran erinnert, dass wir besondere Verantwortung trugen, und diese Gehirnwäsche flößte uns mit der Zeit eine noch tiefere Loyalität ein. Selbst nach der schäbigen Behandlung durch die Personalabteilung war ich dem MI6 treu ergeben. Es war zwar nicht mehr die gleiche, bedingungslose Loyalität wie zuvor, doch der Funke glühte noch und hätte leicht wieder entfacht werden können. Wenn man mich durch eine seltsame Fügung des Schicksals angerufen, sich bei mir entschuldigt und mir meinen Job wieder angeboten hätte, wäre ich sofort darauf eingegangen.

Dieses Gefühl der Verbundenheit war derart ausgeprägt, dass mich immer wieder Zweifel wegen meines Vorhabens plagten. Manchmal wachte ich morgens in meinem Zimmer auf und brannte vor Wut, sodass die Worte später nur so aus mir herausströmten. Doch öfter noch fühlte ich mich schuldig, weil ich die immer noch in mir schlummernde Loyalität gegenüber dem Geheimdienst missachtete, und fürchtete mich vor der Auseinandersetzung, die eine Veröffentlichung provozieren würde. Gäbe es eine andere Lösung, um den Streit beizulegen, würde ich sofort danach greifen. Alles, was ich wollte, war die Gelegenheit, den Geheimdienst vor das Arbeitsgericht zu bringen, und mir selbst, meinen Freunden, meiner Familie und Leuten wie Kate Hoey und Malcolm Rifkind zu beweisen, dass meine Entlassung nicht rechtens war.

Es gab zwar keine Möglichkeit mehr, die Stelle zurückzubekommen, aber wenigstens könnte ich bei einem Vorstellungsgespräch mit einem zukünftigen Arbeitgeber erhobenen Hauptes erklären, dass die Entlassung sich als ungesetzlich entpuppt hätte.

Der MI6 saß in der ganzen Sache am längeren Hebel und verspürte daher natürlich keinen Drang, mit mir zu verhandeln. Sie hatten ungerührt zugehört und zugesehen, wie mein Leben in London in sich zusammengefallen war, also würden sie auch jetzt nicht freiwillig zu Gesprächen bereit sein. Die einzige Möglichkeit, den MI6 wieder an den Tisch zu bringen, bestand darin, auf terroristische Aktivitäten zurückzugreifen: Einige pikante Details in den Zeitungen würden sie sicherlich wachrütteln.

Ende Mai veröffentlichte die *Sunday Times* einen kleinen Bericht über die Spionageoperationen des MI6 gegen die Franzosen. Terry Forton hatte mir einmal beim Mittagessen in Vauxhall Cross erzählt, dass er verdeckt als Journalist arbeitete und einen französischen Ingenieur auf der Marinebasis in Brest führte. Forton bezahlte den ahnungslosen Informanten für Informationen über eine geheime französische Technik zur Verfolgung von U-Booten mithilfe von Satelliten, die den kaum messbaren Oberflächensog aufspürten, den die U-Boote selbst bei einer Tauchfahrt hinterließen. Die Informationen, die ich der *Sunday Times* gegeben hatte, waren unbewiesen und vage, weil ich sie nur aus zweiter Hand von Forton erhalten hatte, und die Zeitung hatte daher ein wenig journalistischen Einfallsreichtum eingesetzt, um die Geschichte auszuschmücken. Es war nur ein kleiner Artikel auf der letzten Seite, aber er würde dennoch sicherlich für einige Aufregung in Vauxhall Cross sorgen.

Ein paar Tage später fuhr ich die Küste entlang nach Gibraltar. Dort faxte ich meine Handynummer an die Zentrale und ersuchte sie, mich zu kontaktieren. Der MI6 kannte die Nummer zwar sicher längst, weil sie meine Telefonate mit meinen Eltern abgehört hatten, aber sie würden es nicht wagen, mich anzurufen, bis ich ihnen die Nummer »offiziell« mitgeteilt hatte.

Zwei Wochen lang hörte ich nichts, dann rief ich noch einmal bei der *Sunday Times* an. Dort lauschte man sehr interessiert meinen heiklen Informationen über mögliche bosnisch-serbische Spenden an die Konservativen. Diesmal brachten sie den Artikel auf der ersten Seite, mit einem Hintergrundbericht etwas weiter hinten. Der Bericht verursachte großen Aufruhr bei der Londoner Presse. Alle großen Blätter zogen am Montag mit einer Geschichte darüber nach und brachten in den darauf folgenden Tagen weitere Folgeartikel. Es muss sehr peinlich für die Konservativen gewesen sein, und ich hoffte, dass die wütenden Tory-Minister den MI 6 zum Handeln zwangen.

Einige Tage später, als sich der Mediensturm wieder gelegt hatte, bat mich eine ernst klingende Nachricht auf meiner Mailbox, eine Nummer in London anzurufen. Auf meinen Anruf meldete sich Geoff Morrison, ein Mitarbeiter der Personalabteilung, den ich schon einmal kurz getroffen hatte. Er stand kurz vor der Pensionierung und war vermutlich gebeten worden, diese letzte Aufgabe zu übernehmen, weil die Feindseligkeit zwischen mir und den anderen Mitgliedern der Abteilung bereits zu groß war. »Wären Sie denn bereit, sich mit mir zu treffen?«, fragte Morrison.

»Natürlich, deswegen habe ich mich ja mit Ihnen in Verbindung gesetzt«, erwiderte ich. »Aber zuerst möchte ich Ihr Ehrenwort, dass Sie mich weder verhaften noch observieren, um meinen Aufenthaltsort herauszubekommen.« Sobald meine Position einmal bekannt war, könnte der MI 6 die spanische Polizei darum bitten, mich zu verhaften, weil ich mit der *Sunday Times* gesprochen oder, schlimmer noch, weil sie mir ein anderes Verbrechen angehängt hatten.

»Also gut, wir werden die Guardia Civil während unserer Verhandlungen nicht hinzuziehen«, versprach Morrison, »aber es hat keinen Sinn, überhaupt miteinander zu reden, wenn nicht auf beiden Seiten Vertrauen herrscht.« Zögernd akzeptierte ich Morrisons vages Versprechen, aber schließlich hatte ich mich sehr bemüht, so weit zu kommen.

Morrison bestand darauf, dass mich weder John Wadham noch sonst ein Anwalt vertreten konnte. »Sie wissen, dass wir Ihnen unmöglich einen Rechtsbeistand gewähren können«,

sagte er. »Das würde die nationale Sicherheit gefährden.«
Natürlich war das reiner Blödsinn, aber ich hatte keine andere
Wahl als mich darauf einzulassen. Auf Morrisons Wunsch
fand das Treffen in Madrid statt, damit er von der dortigen
Botschaft aus operieren konnte, und man bot mir an, meine
Reisekosten dorthin zu übernehmen.

Wir trafen uns das erste Mal am Donnerstag, den 14. November 1996, im Hotel Ambassador, das nur einen kurzen
Fußmarsch von der Botschaft entfernt lag. Ich wartete in der
Lobby mit meinem Handgepäck und war überrascht, dass
Morrison von einem jüngeren Agenten begleitet wurde, dessen Gesicht mir bekannt vorkam. »Hallo, Richard«, begrüßte
Morrison mich jovial. »Das ist Andy Watts. Ich habe gehört,
dass ihr euch schon einmal kurz begegnet seid. Ich habe ihn
mitgebracht, weil wir dachten, es wäre besser für Sie, wenn
noch jemand dabei ist, der ein paar Ideen einbringen kann.«
Diese zweite Runde ging eindeutig an den MI6 – nicht damit
zufrieden, mir die Hilfe eines Anwalts zu verweigern, beein-
flussten sie die Verhandlungen noch weiter zu ihren Gunsten,
indem sie ein Zweimann-Team hereinbrachten.

Von Beginn an wurde meine einzige Forderung, nämlich
die Möglichkeit, den Fall vor ein Arbeitsgericht zu bringen,
von Morrison und Watts stur abgelehnt. »Sie wissen doch,
dass dies die nationale Sicherheit gefährden könnte«, belehrte
mich Morrison.

»Also gut«, sagte ich und setzte dann alles auf eine Karte.
»Ich schlage vor, dass der MI6 den Richter für das Verfahren
auswählen kann, einen, den Sie gutheißen und der von Ihnen
überprüft wurde. Außerdem dürfen Sie nicht nur Ihren eigenen Anwalt bestimmen, sondern auch meinen, das heißt, Sie
können auch dafür jemanden einsetzen, der Ihnen genehm ist
und der einer Sicherheitsprüfung unterzogen wurde. Das Verfahren findet unter Ausschluss der Öffentlichkeit statt, an
einem geheimen Ort, und ich werde eine Vertraulichkeitser-
klärung unterzeichnen, in der ich mich verpflichte, nicht mit
der Presse über das Ergebnis zu sprechen.«

Morrison schüttelte nachdrücklich den Kopf. »Sie wissen
doch ganz genau, Richard, dass der Prozess selbst unter diesen

Bedingungen nicht sicher genug wäre.« Ungläubig schlug ich die Hände vor mein Gesicht. Wie konnten diese Leute nur so begriffsstutzig und unvernünftig sein? Es war absurd zu glauben, dass eine Anhörung, die unter solchen Bedingungen stattfand, die öffentliche Sicherheit mehr gefährdete als ein frei herumlaufender, höchst unzufriedener ehemaliger Mitarbeiter.

Wie ich befürchtet hatte, beschattete mich der MI6 auf meiner Rückreise. Ich bemerkte keinen Verfolger im Flughafen von Madrid oder an Bord des Flugzeugs, aber als ich den Flughafen in Málaga verließ, folgten mir zwei Autos und möglicherweise sogar ein drittes auf der Straße nach Fuengirola. Auf der Autobahn konnte ich sie nicht abschütteln, darum fuhr ich an Fuengirola vorbei und bog nach Marbella ab. Die historische Altstadt von Marbella besteht aus einem Gewirr enger, kopfsteingepflasteter Gassen, und ich nutzte die Geschwindigkeit und Wendigkeit meines Motorrads, meine Verfolger abzuhängen. Über wunderschöne, kurvige Bergstraßen fuhr ich anschließend wieder Richtung Osten nach Fuengirola. Sie würden sich schon etwas mehr Mühe geben müssen, wenn sie mein Versteck finden wollten.

Wenige Tage später war es ihnen dann doch gelungen. Vermutlich hatten sie das Nummernschild und die Beschreibung meines Motorrads an die Guardia Civil weitergegeben. Eine große, silberne Honda Africa Twin mit einem leuchtend gelben, britischen Nummernschild war sicherlich recht einfach aufzuspüren. Als ich eines Abends nach einem Tagesausflug in das Bergdorf Ronda nach Hause fuhr, hielten mich zwei Motorradstreifen der Guardia Civil wenige Kilometer vor dem Ort unter dem Vorwand an, meinen Führerschein überprüfen zu wollen. »Dónde vive usted?«, fragte der leitende Beamte. Sie gaben mir auch gleich zu verstehen, dass sie mir nach Hause folgen würden, damit ich nicht auf den Gedanken kam, eine Adresse zu erfinden. Mir blieb also nur die Wahl, meine Besitztümer, einschließlich des Laptops, im Stich zu lassen und zu einer neuen Adresse weiterzufahren oder die Wahrheit zu sagen. Ich entschied mich für Letzteres und führte die Beamten zu meinem Zimmer.

Eine Woche später bestellten mich Morrison und Watts zu einem weiteren Treffen nach Madrid. Diesmal waren sie mit mehreren dicken Aktenordnern bewaffnet, die mit meiner alten Personalnummer D/813317 beschriftet waren. »Wir haben uns entschlossen, eine besondere Ausnahme für Sie zu machen«, verkündete Morrison stolz und spähte durch seine dicken Brillengläser. »Wir werden Ihnen Einblick in Ihre eigenen Personalakten gewähren.«

Morrison hoffte, dass ich nach der Lektüre der Akten die Gründe meiner Entlassung besser verstehen und mein Ärger dadurch besänftigt würde. Das klang zwar vernünftig, war aber trotzdem falsch gedacht. Die Protokolle der Gespräche zwischen mir und den verschiedenen Mitgliedern der Personalabteilung während meiner vierjährigen Zeit beim Geheimdienst bestanden aus einer verlogenen, verfälschten Mischung von Vorurteilen, Fantasie, Gehässigkeiten und offenkundiger Unfähigkeit. Nirgends wurde die ausgezeichnete Arbeit erwähnt, die meine Abteilungsleiter gelobt hatten, während winzige Versäumnisse oder unbedeutende Fehler dagegen vernichtend kritisiert wurden. Die Tatsache, dass ich bei dem Treffen mit Karadzic keine Krawatte getragen hatte, hatte beispielsweise seitenlange Schmähungen zur Folge. Zudem zogen sich fundamentale Kommunikationsdefizite durch die gesamten Akten. Neue Mitarbeiter der Personalabteilung hatten die Berichte ihrer Vorgänger gelesen und es für bequemer gehalten, mit dem Strom zu schwimmen und noch mehr Schmutz auf mich zu werfen, anstatt mich zu einem Gespräch zu bitten und sich ihre eigene Meinung zu bilden.

Die Akten erklärten auch die besessene Idee der Personalabteilung, ich könnte Erfüllung durch eine Arbeit in der Wirtschaft finden. Während des Rekrutierungsprozesses hatte ein »Mr. Halliday« notiert, dass ich nur widerstrebend bereit sei, eine deutliche Gehaltskürzung im Vergleich zu meinem Gehalt bei Booz Allen & Hamilton in Kauf zu nehmen. Und in einer Beurteilung nach meinem Einführungslehrgang wenige Monate später riet Ball der Personalabteilung dazu, mir eine interessante und schwierige Aufgabe zu übertragen, da es eine Schande wäre, wenn ein solch hervorragender Kandidat aus

Langeweile den Geheimdienst wegen eines besser bezahlten Jobs verlassen würde. Aus dieser beiläufigen Bemerkung hatte sich dann im Verlauf der Jahre die feste Überzeugung entwickelt, dass ich drauf und dran sei, die Zentrale für ein Leben in Nadelstreifen und Hosenträgern zu verlassen.

Bei meinem letzten Treffen mit dem Giftzwerg hatte ich ihm vorgeworfen, er habe mir keine Abmahnung erteilt, wie es das britische Gesetz eigentlich vorschreibt. Später hatte der Giftzwerg jedoch arrogant darauf bestanden, er habe mir persönlich eine offizielle Abmahnung ausgesprochen. Doch eine sorgfältige Durchsicht seiner Berichte brachte nirgends einen Hinweis auf eine verbale Abmahnung, ganz zu schweigen von der Kopie einer schriftlichen. »Hätten Sie etwas dagegen, mir die Abmahnung meines Personalbetreuers zu zeigen?«, fragte ich Morrison.

»Ach, die wollen Sie sicher nicht sehen«, versuchte Morrison abzulenken.

»Doch, ich würde sie verdammt gerne sehen«, erwiderte ich beharrlich. »Und zwar auf der Stelle. Er besteht schließlich darauf, mich verwarnt zu haben, und ich möchte seinen Beweis dafür sehen.« Morrison wühlte zögernd in dem Papierhaufen und zog schließlich ein Blatt Papier hervor, an das er eine kleine Haftnotiz geklebt hatte. Es dauerte nur Sekunden, bis ich die beiden kurzen Absätze gelesen hatte. »Aber das wurde ja noch nicht einmal von PD/2 verfasst«, rief ich aus. Damit hatte Morrison stillschweigend zugegeben, dass die Behauptung des Giftzwergs, mir eine Abmahnung erteilt zu haben, eine glatte Lüge war. Dieses Dokument stammte nämlich von PD/1, also Fowlecrooke, und bezog sich auf seinen kurzen Besuch in meiner Wohnung in Richborne Terrace nach meiner Rückkehr aus Bosnien. »Und wieso stellt dies eine Abmahnung dar?«, fragte ich. »Fowlecrooke spricht mit keinem Wort davon, mich zu verwarnen, er bezieht sich lediglich auf meine nächste Versetzung in die PTCP-Abteilung.«

»Ich habe mit Rick gesprochen«, erwiderte Morrison, »und er sagte, er habe Ihnen eine mündliche Abmahnung erteilt.«

»Das hat er nicht«, erwiderte ich aufgebracht. »Ich kann mich noch sehr gut an das Treffen erinnern. Dabei ging es ausschließlich um meine nächste Versetzung. Und wenn Fowlecrooke mich tatsächlich abgemahnt haben sollte, warum hat er dann etwas derartig Wichtiges nicht schriftlich festgehalten?«

»Rick sagte mir, er habe keine Notwendigkeit gesehen, es ins Protokoll aufzunehmen«, antwortete Morrison und starrte unbehaglich durch seine Brillengläser. Er wusste genau, dass ich unfair und illegal gefeuert worden war, aber er wollte es nicht zugeben.

Nach unserem dritten Treffen in Madrid im Januar 1997 war klar, dass unsere Verhandlungen keine Fortschritte machten. Ich beharrte entschlossen auf meinem Standpunkt, dass sich diese Auseinandersetzung nur vor einem Arbeitsgericht zufrieden stellend lösen ließ. Morrison und Watts verweigerten mir jedoch dieses grundlegende Menschenrecht unnachgiebig, mit dem Hinweis auf die »Gefährdung der nationalen Sicherheit«, und boten mir lediglich an, bei der Suche nach einem neuen Job behilflich zu sein und mir einen kleinen Kredit zu gewähren, mit dem ich meine Schulden bezahlen konnte. Da ich keine Erfahrungen mit schwierigen Verhandlungen dieser Art hatte und mich nicht mit einem qualifizierten Anwalt beraten konnte, befand ich mich ihnen gegenüber beträchtlich im Nachteil.

Unser viertes Treffen im Februar 1997 fand in der britischen Botschaft in Madrid statt. Morrison und Watts hatten mich bei unserem vorherigen Treffen so lange mit dem Argument, es sei bequemer und billiger als eine Hotelsuite, dazu gedrängt, bis ich dem zugestimmt hatte. Technisch gesehen befand sich die Botschaft jedoch auf britischem Boden, und es bestand daher die Gefahr, dass die britische Polizei mich dort verhaften und festhalten könnte. Trotzdem willigte ich schließlich ein, um mein Vertrauen und meinen guten Willen zu zeigen.

Morrison und Watts trafen mich draußen vor dem Botschaftstor und geleiteten mich in ein Besprechungszimmer, das von einem hässlichen, modernen Sitzungstisch dominiert wurde. Wieder einmal hatten sie verschiedene Dokumente vorbereitet. »Wir haben unsere Vereinbarung aufgeschrieben«, kündigte Morrison stolz an und schob mir ein zweiseitiges Dokument zu.

Ich betrachtete es einen Augenblick lang verwundert. »Aber wir haben uns doch noch gar nicht geeinigt«, protestierte ich.

»Lesen Sie es. Ich bin zuversichtlich, dass Sie mit dieser Vereinbarung zufrieden sein werden«, fuhr Morrison entschieden fort. Die »Vereinbarung« versprach mir Hilfe bei der Suche nach einer neuen Arbeit und bot mir einen Kredit von 15.000 Pfund an, den ich innerhalb von zehn Jahren zurückzahlen musste. Im Gegenzug würde der MI6 mich bei meiner Rückkehr nach Großbritannien nicht wegen des kleinen Verstoßes gegen den Official Secrets Act verklagen, den ich durch meine Gespräche mit der *Sunday Times* begangen hatte. Außerdem sollte ich meine Forderung nach einem Prozess vor dem Arbeitsgericht aufgeben, meinen Laptop übergeben, damit die Festplatte formatiert werden konnte, die den Text meines Buches enthielt, und die Rechte für alles, was ich künftig über den MI6 schrieb, dem Geheimdienst übertragen. Es war ein absurder und einseitiger Vorschlag.

»Das werde ich mit Sicherheit niemals unterschreiben«, protestierte ich. »Darin steht nichts von meinem Recht, vor einem Arbeitsgericht zu klagen.«

»Aber wir haben Ihnen dafür eine fantastische neue Stelle besorgt«, entgegnete Morrison unbeeindruckt. »Eine ganz tolle Chance für Sie, in der Industrie.« Er betonte das letzte Wort ganz stolz und hielt einen Moment inne, um die Großartigkeit dieses Erfolgs wirken zu lassen. Die Personalabteilung ging immer noch davon aus, sie könne entscheiden, welche Art von Berufskarriere am besten zu mir passte. »Die Industrie« klang jedoch in meinen Ohren in etwa so reizvoll wie die Londoner Geschäftswelt, nur dass sie noch zusätzlich das zweifelhafte Vergnügen mit sich brachte, in einem Ort wie Coventry leben zu müssen. »Dort werden Sie ein viel höheres Gehalt bekommen als beim Geheimdienst«, versprach Morrison und schob seine Brille zurück.

Ich würde diese Vereinbarung auf keinen Fall unterzeichnen, solange mir darin nicht das Recht auf eine Klage vor dem Arbeitsgericht eingeräumt wurde. Und selbst wenn ich es unterzeichnete, würde ich mich unmöglich an diese Bedingungen halten können. »Nein, ich werde das nicht unterschreiben«, insistierte ich. »Wir müssen eine vernünftige Einigung aushandeln – es hat keinen Sinn, dass Sie einfach mit so etwas daherkommen.«

Die Atmosphäre des Treffens wurde zusehend hitziger und feindseliger. Doch anstatt über meine Einwände zu diskutieren, begann Morrison, auf mich einzureden und mich zu bedrohen. »Mehr können wir Ihnen nicht anbieten«, erklärte er. »Es gibt nichts weiter zu verhandeln. Wenn Sie das heute nicht unterzeichnen, ziehen wir die Vereinbarung zurück und brechen alle weiteren Verhandlungen ab.«

»Aber das ist doch lächerlich«, wandte ich ein. »Darin steht nichts über mein Recht auf einen Prozess. So funktioniert das nicht.« Der Geduldsfaden auf beiden Seiten wurde immer dünner. »Was werden Sie tun, wenn ich nicht unterschreibe?«, provozierte ich meine Gegner. »Sie werden die Guardia Civil niemals dazu bringen, mich deswegen zu verhaften, weil ich mit einer Zeitung gesprochen habe. Spanien hat nämlich im Gegensatz zu England die europäische Menschenrechtskonvention unterzeichnet, die einem das Recht auf freie Meinungsäußerung gewährt.«

»Ich an Ihrer Stelle wäre nicht so selbstbewusst«, fauchte Morrison drohend. Und auch Watts beteiligte sich nun an den Einschüchterungsversuchen. »Richard, Sie wissen, dass der MI 6 eine sehr mächtige Organisation ist, deren Einfluss sich über die ganze Welt erstreckt. Wenn Sie nicht unterschreiben, werden wir diesen Einfluss dazu benutzen, Sie für den Rest Ihres Lebens zu schikanieren, egal wohin Sie auch gehen. Wir werden dafür sorgen, dass Sie nie wieder einen anständigen Job bekommen und sich in keinem Land niederlassen können, das freundschaftliche Beziehungen zu Großbritannien unterhält.« Ich konnte Watts Worte kaum fassen. Bis zu diesem Morgen hatte er wie ein anständiger Kerl gewirkt.

Morrison erhob sich ungeduldig. Er schritt bis zum Ende des Zimmers, wo er auf dem Absatz kehrtmachte und mich böse anstarrte. »Wenn Sie diese Vereinbarung nicht SOFORT unterschreiben«, schrie er, »können wir für Ihre Sicherheit nicht mehr garantieren.« Nach diesem Zornesausbruch wirkte er einen Moment lang etwas verlegen, gewann dann jedoch seine Fassung zurück, indem er schnell seine Brille abnahm und die Gläser putzte. Nachdem er sich das Gestell wieder auf die Nase gesetzt hatte, starrte er mich durch die dicken Gläser böse an. Ich ließ seine Worte auf mich wirken und versuchte, mir vorzustellen, was er damit meinte.

»Aber Sie können mich nicht verhaften. Das haben Sie mir schriftlich zugesichert«, protestierte ich schließlich.

»Dieses Versprechen gilt nur, solange die Verhandlungen andauern«, bellte Morrison. »Wenn Sie nicht unterschreiben, werden wir die Verhandlungen abbrechen ...«

Mir blieb keine andere Wahl. Morrison hatte mich in die Enge getrieben. Erst hatte er mir einen Anwalt verweigert und Watts als Flügelstürmer mit ins Spiel gebracht, dann tat er freundlich und besorgt, damit ich ihm vertraute. Nachdem ich den Köder schließlich geschluckt hatte, lockte er mich auf den sicheren Boden der Botschaft. Sie würden keine leeren Drohungen von sich geben. Bestimmt warteten bereits Beamte des Special Branch mit Handschellen vor der Tür, um mich festzunehmen. Und selbst wenn sie entschieden haben sollten, dass sich eine Rückführung von der Botschaft aus juristisch zu problematisch gestaltete, würden sie mich eben unter einem Vorwand von der Guardia Civil verhaften lassen, mit falschen Beweisen für eine erfundene Anklage. Es bedurfte nicht viel Fantasie, sich das vorzustellen – es war ein Kinderspiel, Drogen in meinem Zimmer oder in meiner Honda zu verstecken.

Ich griff nach dem Kugelschreiber, der inmitten der Papiere auf dem Tisch lag und kritzelte meine vor Angst verzerrte Unterschrift auf das Blatt.

12

DER BRUCH

Als das Flugzeug der UK Air aus Málaga auf der Rollbahn auf-
setzte, bereute ich es bereits, Spanien verlassen zu haben. Ich
starrte aus dem Fenster des Airbus. Das Wetter dort draußen
spiegelte meine Stimmung wider: Es war öde, kalt, und es regnete – typisches Manchester-Wetter eben. Bei der Passkon-
trolle zeigte ich meinen eigenen Pass, dem die zwölf Monate
im Benzintank nicht geschadet hatten. Ich war sehr erleichtert, als ich problemlos durch den Zoll kam. Immerhin wäre es
ja möglich gewesen, dass der MI6 mich mit einer List zur
Rückkehr nach England verleitet hatte. Den Pass von Alex
Huntley hatte ich sorgsam in das Polster meiner ledernen
Motorradjacke eingenäht – er könnte mir immer noch nützlich sein.

Die erholsamen Tage in Cumbria taten mir gut. Ich genoss
das Essen meiner Mutter, die Spaziergänge mit der in die Jahre
gekommenen Jesse entlang des Flusses Eden und das Windsurfen an den ersten Sonnentagen draußen am Ullswater-See.
Aber ich konnte nicht für immer bei meiner Familie bleiben;
es war an der Zeit, über eine neue Arbeit nachzudenken und
eine neue Laufbahn einzuschlagen. Die nahe liegende Wahl
für jemanden wie mich, der die Uni mit Auszeichnung beendet hatte und verschiedene Sprachen beherrschte, kam für
mich definitiv nicht infrage – eine Rückkehr in die Welt der
teure Hemden tragenden und Champagner schlürfenden
Schnösel würde mich innerhalb einer Woche ersticken. Der
neue Job müsste ebenso herausfordernd und kurzweilig sein
wie die Arbeit für den MI6. Und so etwas war nicht gerade
leicht zu finden.

Morrison hatte mir in Madrid erzählt, dass der Geheimdienst einen Job in der »Industrie« für mich ausgesucht habe. Nun stellte sich heraus, dass es sich um eine Stelle in der Marketingabteilung eines Motorsportteams handelte, das dem ehemaligen Rennweltmeister Jackie Stewart gehörte und in der neu erbauten Stadt Milton Keynes in Buckinghamshire saß.

Der MI 6 arrangierte bei dem Unternehmen ein Vorstellungsgespräch für mich, und ich erhielt tatsächlich eine Zusage, was allerdings vermutlich eher auf die Überredungskünste des MI 6 als auf meine Zeugnisse zurückzuführen war. Allerdings lag das Gehalt um ein Viertel niedriger als mein Einkommen beim MI 6, trotz Morrisons anders lautender Versprechungen. Damit hatte der MI 6 seine eigene »Vereinbarung« bereits gebrochen. Eine kurze Rundfahrt durch Milton Keynes nach dem Vorstellungstermin bestätigte mir, dass der Ort seinen Ruf vollkommen zu Recht trug. Es war eine sterile, künstlich angelegte Stadt, die dem Wort »langweilig« eine gänzlich neue Bedeutung verlieh. Ich sagte die Stelle nicht sofort zu, sondern entschied mich, erst noch anderswo nach Arbeit zu suchen. Da ich wusste, dass es mir an einem attraktiven Ort im Ausland leichter fallen würde, das Geschehene zu vergessen und eine schlechtere Arbeit anzunehmen, entschloss ich mich dazu, mein Glück in Australien zu versuchen. Die Urlaube dort waren immer sehr aufregend gewesen und durch meinen neuseeländischen Pass genoss ich volles Aufenthaltsrecht.

Am 19. April flog ich mit einer Qantas 747 nach Sydney, in der Absicht, innerhalb der nächsten 14 Tage dort nach Arbeit und Wohnung zu suchen. Schon nach einer Woche in dieser fröhlichen, lebhaften und kosmopolitischen Stadt kam mir die Aussicht, nach Milton Keynes zurückzugehen und dort auf der untersten Sprosse der Karriereleiter in der Marketingabteilung einzusteigen, ganz grässlich vor. Darum rief ich bei Stewart Grand Prix an und schlug ihr Angebot aus. Sie baten mich, es mir noch einmal zu überlegen – vermutlich auf Geheiß des MI 6 und nicht aufgrund ihres aufrichtigen Wunsches, mich zu beschäftigen –, und sagten, sie würden mich eine Woche später noch einmal anrufen.

Weil es gegen den Official Secrets Act verstieß, von meiner früheren Beschäftigung beim MI6 zu erzählen, hatte mir die Personalabteilung befohlen, in meinem Lebenslauf zu schreiben, dass ich freiwillig meine Stelle beim Auswärtigen Amt aufgegeben hätte. Darauf fiel natürlich niemand herein. Kein Arbeitgeber würde mir glauben, dass ich freiwillig eine gut bezahlte und interessante Arbeit beim englischen Außenministerium gekündigt hatte, um irgendwo ganz unten für ein niedrigeres Gehalt in der Privatwirtschaft anzufangen. Ich hatte keine andere Wahl als die Wahrheit über meinen früheren Arbeitgeber und die Art und Weise meiner Entlassung zu erzählen. Es gab nichts, wofür ich mich schämen musste: Meine Entlassung war ungesetzlich gewesen, und ich sah es nicht ein, einen möglichen, zukünftigen Arbeitgeber zu belügen, nur um den MI6 nicht in Verlegenheit zu bringen. Trotzdem war die Arbeitssuche nicht einfach. Die australische Wirtschaft machte damals harte Zeiten durch und die Unternehmen entließen ganze Teile ihrer Belegschaft. Dazu kam, dass mein Lebenslauf selbst in wirtschaftlichen Blütezeiten einen unkonventionellen Eindruck machte, sodass die australischen Firmen angesichts der großen wirtschaftlichen Unsicherheiten nicht bereit waren, eine unbekannte Größe wie mich einzustellen. Während sich also die Ablehnungsbescheide bei mir stapelten, wuchs meine Wut auf den MI6. Die Idee, ein Buch herauszubringen, drängte sich wieder in meinen Kopf. Peter Wright war es gelungen, *Spycatcher** in Australien zu veröffentlichen – nun, warum sollte dieser Präzedenzfall nicht auch mir zugute kommen? Mit »A« beginnend telefonierte ich systematisch alle Verlage ab, die im Telefonbuch von Sydney aufgelistet waren. Die ersten Reaktionen waren entmutigend, da die meisten sagten, sie würden nur mit Literaturagenten verhandeln. Doch mein Glück wendete

---

* Der ehemalige Mitarbeiter des britischen Inlandsgeheimdienstes Peter Wright veröffentlichte 1987 unter dem Titel *Spycatcher* seine Memoiren mit vielen MI5-Interna. Das Buch war ursprünglich in Großbritannien verboten worden. (Anm. d. Übers.)

sich, als ich beim Buchstaben »T« angelangt war. Die Empfangsdame von Transworld Publishers in Neutral Bay verband mich sofort mit einer Lektorin namens Jude McGhee. Diese klang sehr interessiert und wir verabredeten uns für den folgenden Tag im populären Verona Café an der Oxford Street in Sydney. Das Treffen lief gut, und McGhee, eine junge Neuseeländerin, lud mich daraufhin in das Verlagsbüro ein, damit ich ihre Chefin kennen lernte.

Der 1. Mai 1997, ein Donnerstag, war ein prächtiger Herbsttag in Sydney, mit einem hellblauen Himmel, Temperaturen um die dreißig Grad und einer angenehmen Brise, die vom Hafen herüberwehte. Als ich die Fähre am Cremorne Point verließ und die wenigen hundert Meter zu dem Büro von Transworld Publishers in der Yeo Street ging, hoffte ich, dass das Treffen mit einem Vertragsabschluss endete. Der damit evidente Verstoß gegen das britische Geheimhaltungsgesetz schien mir nur gerechtfertigt: Der MI 6 konnte kaum annehmen, dass ich mich an meine »lebenslange Geheimhaltungspflicht« halten würde, wenn er seine eigene »Vereinbarung« nicht einmal 14 Tage lang halten konnte.

McGhee begrüßte mich am Empfang und führte mich in Shona Martyns Büro. Martyn, die ihrem Akzent nach ebenfalls aus Neuseeland stammte, war Anfang vierzig, und auf ihrem Schreibtisch standen Bilder ihrer jungen Familie. Sie stellte sich als Cheflektorin im Sachbuch für den Bereich Australasien vor und erzählte mir zunächst ein wenig von ihrer früheren Karriere als Journalistin, erst in Neuseeland und dann bei der angesehenen *Sydney Herald Tribune*. Während der nächsten Stunde sprachen wir über das Konzept meiner Geschichte, und ich warf ein paar Anekdoten ein, um die interessanten Punkte herauszustreichen. Dabei achtete ich jedoch darauf, Namen, Daten und operative Details zu verschleiern. Martyn ließ nicht erkennen, ob sie an dem Projekt interessiert war oder nicht. Bei einigen Details hörte sie aufmerksam zu, während sie im nächsten Moment wieder den Eindruck erweckte, sie wolle das Treffen am liebsten beenden. Für jemanden, der im Journalismus gearbeitet hatte, legte sie eine seltsam distanzierte Haltung an den Tag und forderte ständig Beweise, dass ich wirklich für den MI6 gearbeitet hatte.

»Die kann ich Ihnen natürlich nicht geben«, sagte ich ungeduldig, als sie das dritte Mal danach fragte, »denn wenn der MI6 es nicht einmal zulässt, dass meine Personalakte für einen Arbeitsprozess freigegeben wird, wird man sie Ihnen sicherlich erst recht nicht aushändigen.«

»Aber Sie müssen verstehen, dass ich nach den ethischen Grundsätzen des Journalismus Beweise dafür brauche, dass Sie wirklich für den MI6 gearbeitet haben«, erwiderte sie. »Und außerdem – warum wollen Sie das Buch überhaupt veröffentlichen?«

»Es liegt im Interesse der Öffentlichkeit, schlechtes Management innerhalb des MI6 zu entlarven«, erwiderte ich, »um den Geheimdienst zu ermutigen, seine Fehler zu korrigieren. Wenn ich es zulasse, dass man diese Fehler einfach so unter den Teppich kehrt, wird sich nichts ändern, und längerfristig gesehen ist dies für die nationale Sicherheit weitaus schädlicher.« Wenigstens dafür erntete ich ein zustimmendes Kopfnicken von Martyn. »Ich möchte dem MI6 nicht grundlos schaden, daher werde ich keine laufenden Operationen kompromittieren. Außerdem werde ich Decknamen für die Mitarbeiter verwenden und dem MI6 einen Entwurf des Textes vorlegen, damit dieser Passagen zensieren kann, deren Empfindlichkeit ich möglicherweise falsch eingeschätzt habe«, sagte ich.

»Oh, aber das könnte ich auf keinen Fall zulassen«, widersprach Martyn. »Das würde gegen alle meine ethischen Grundsätze als Journalistin und Verteidigerin der Meinungsfreiheit verstoßen.«

»Dann würden Sie es mir also nicht gestatten, das Manuskript beim MI6 einzureichen?«, fragte ich noch einmal, um es ganz genau zu wissen.

»Auf keinen Fall!«, erwiderte Martyn entschieden.

Da unsere Diskussion an diesem Punkt nicht weiterzukommen schien, stellte ich sie vor die Wahl: »Was ist, haben Sie Interesse an diesem Projekt oder nicht?«

Martyn überlegte einen Moment. »Können Sie mir das geben, was Sie bis jetzt geschrieben haben? Dann werde ich darüber nachdenken.«

»Nein, das kann ich nicht«, sagte ich ihr. »Bislang existiert erst ein Entwurf.« Es wäre zu riskant, mein bisheriges Konzept aus seinem Versteck im Internet hervorzuholen und ihr eine Kopie des Textes zu geben.

Martyn überlegte noch einmal. »Wissen Sie was? Schreiben Sie einfach eine Zusammenfassung, in der Sie den Inhalt jedes Kapitels skizzieren, und ich schaue es mir dann mal an«, schlug sie vor.

Ich war immer noch misstrauisch und zögerte. Es war mir nicht schwer gefallen, verbal gegen den Official Secrets Act zu verstoßen, da sich dies vor Gericht niemals beweisen ließ, doch bei schriftlichen Unterlagen sah die Sache schon anders aus. Wenn eine geschriebene Zusammenfassung in die falschen Hände geriet, konnte man rechtliche Schritte gegen mich einleiten. Allerdings hatte die ehemalige Journalistin eben erst das Hohe Lied auf die journalistische Ethik angestimmt. Es war das Risiko wert. »Also gut«, sagte ich, »ich werde Ihnen eine Zusammenfassung geben, aber ich verlasse mich darauf, dass Sie das niemandem zeigen werden.«

Martyn deutete auf den Aktenschrank in ihrem Büro. »Ich werde das Exposé darin einschließen. Der Text wird dieses Büro nicht verlassen.« Zum Abschied reichte sie mir noch ihre Visitenkarte. Ich verließ das Gebäude und schlenderte in der spätnachmittäglichen Sonne hinüber zur Fähre in Richtung Fisherman's Wharf.

An diesem Abend tippte ich in meiner Ferienwohnung in der Nähe des Bondi Beach eine oberflächliche und kurze Zusammenfassung. Am folgenden Tag brachte ich im Büro von Transworld Publishers einen versiegelten Umschlag vorbei. Ich wusste zwar nicht genau, wie meine Chancen auf einen Vertrag standen, aber ich vertraute darauf, dass Martyn ihr Wort halten und die Sache vertraulich behandeln würde.

Da mein Geld einmal mehr zur Neige ging und keine Arbeit in Sicht war, richteten sich meine Gedanken widerstrebend wieder nach England. Dort warteten zwar eine Menge Hindernisse auf mich, aber wenigstens hatte ich dort immer noch eine Stelle in Aussicht. Es war zwar kein attraktives Angebot, konnte mir jedoch nützliche Arbeitserfahrungen für die Zukunft bringen. Und womöglich war die Arbeit sogar interessanter sein als ich dachte. Und selbst wenn nicht, könnte ich immer noch nach Sydney zurückkehren, überlegte ich. Also rief ich bei Stewart Grand Prix an und akzeptierte ihr Angebot, woraufhin man mir meinen Eintrittstermin mitteilte.

Zurück in Milton Keynes sah alles zunächst einmal sehr rosig aus. Ich fand eine kleine Wohnung in Wavendon, einem Dorf, das nur wenige Kilometer von meiner Arbeitsstelle entfernt lag. Ein Autohändler, bei dem meine Mutter kürzlich ein Auto gekauft hatte, half mir freundlicherweise aus und lieh mir einen seiner Vorführwagen. Mit einer Wohnung, einem Job und einem Auto hob sich meine Stimmung beträchtlich. Der erste Arbeitstag bestätigte jedoch meine schlimmsten Befürchtungen. Im Gegensatz zu Morrisons Versprechungen war ich ein untergeordneter Angestellter in der Abteilung, ohne Einfluss auf die Planung, ohne Betätigungsfeld für meine Initiative oder die Möglichkeit, eigene Projekte zu entwickeln. Im Grunde war es eine Tätigkeit für einen Hochschulabsolventen und damit hatte der MI 6 eine weitere Klausel unserer »Vereinbarung« gebrochen. Zudem hing das Gefühl meiner Entlassung wie eine dunkle Wolke über mir, und es fiel mir schwer, mich einzugewöhnen und mich willkommen zu fühlen. Während der nächsten paar Wochen bemühte ich mich, etwas Besseres zu finden, und bewarb mich auf verschiedene Stellen, doch stets kam mir die unangenehme Frage in die Quere, warum ich das Außenministerium verlassen hätte. Nach vielen vergeudeten Kilometern in meinem geliehenen Auto schrieb ich erneut an den Karriereberater der Personalabteilung und bat ihn um Hilfe. Die Antwort kam wenige Tage später, jedoch nicht von dem freundlichen und mitfühlenden Timpson, sondern von einem anderen Mitarbeiter, dessen Namen ich nicht kannte. Er schrieb: »Durch die Vermittlung Ihres derzeitigen Arbeitsplatzes hat der Nachrichtendienst seine Verpflichtungen des Madrider Abkommens erfüllt. Wir haben daher nicht die Absicht, Ihnen noch weiter behilflich zu sein.«

Diese arrogante Antwort entfachte meine Wut erneut. Schließlich wäre es kein Problem für den MI6, seine Kontakte zu nutzen, um eine bessere Arbeit für mich zu finden. »Sollen sie sich die Verpflichtung zur lebenslangen Geheimhaltung doch sonst wohin stecken«, dachte ich bei mir. Ein Buchvertrag würde meine Fahrkarte weg aus Milton Keynes sein. Ich schrieb an den MI6 und erkundigte mich, wie ich vorgehen sollte, wenn ich einen Buchentwurf einreichen wollte, damit er im Hinblick auf eine mögliche Publikation begutachtet werden könne. Postwendend antworteten sie mir in einem sehr entschiedenen Ton, es sei mir gesetzlich verboten, einen solchen Entwurf zu schreiben. Weiter forderten sie von mir die Zusicherung, dass ich nicht bereits angefangen hätte, daran zu arbeiten. Nun, wenn sie sich nicht vernünftig mit mir einigen wollten, dann würde ich das Buch eben heimlich schreiben.

Der MI6 hörte sicherlich bereits das Telefon in meiner Wohnung ab, auch wenn sie mir in ihrer »Vereinbarung« versprochen hatten, meine Gespräche nicht aufzuzeichnen. Doch über meinen Computer bei der Arbeit hatte ich Zugang zum Internet und schrieb eine kurze E-Mail an Shona Martyn mit der Frage, ob sie noch Interesse an dem Projekt hätte. Da sie zwei Wochen danach immer noch nicht reagiert hatte, ging ich von einer negativen Antwort aus und dachte nicht weiter darüber nach.

Kurz darauf, es war mittlerweile der 8. September, rief mich meine Vermieterin ganz aufgeregt bei der Arbeit an. »Ich fürchte, in Ihre Wohnung ist heute Morgen eingebrochen worden. Erst habe ich nur bemerkt, dass das obere Fenster kaputt war, aber als ich durch Ihr Küchenfenster geschaut habe, konnte ich sehen, dass Ihre Wohnung durchwühlt wurde.«

Ich eilte sofort nach Hause. Zum Schein hatte man versucht, den Diebstahl als einen normalen Einbruch darzustellen: Der Inhalt des Kühlschranks war im Zimmer verteilt und meine Regale lagen umgekippt auf dem Boden. Doch die Identität der Täter war unschwer zu erraten, da als einziger wertvoller Gegenstand nur mein Laptop mit der Buchzusammenfassung fehlte. Der Fernseher, die Stereoanlage, der

Videorekorder und sogar kleinere Wertgegenstände waren nicht angerührt worden. Die Polizei kam und schaute sich etwas um, zeigte jedoch kein großes Interesse daran, irgendwelche Beweisspuren zu sichern.

Entgegen seines Versprechens überwachte der MI6 auch meine elektronische Post, und meine kleine Nachlässigkeit in puncto Sicherheit hatte nicht nur den Einbruch ausgelöst, sondern sollte auch zu weitaus bedeutsameren Ereignissen tausende Kilometer weit entfernt führen. Nachdem der Geheimdienst die Mail an Martyn gelesen hatte, war es nicht weiter schwer, ihre Identität zu ermitteln. Anhand der E-Mail-Adresse stellte man den Namen ihres australischen Internetproviders fest, der dem MI6 dann ihren Namen und ihre Anschrift mitteilte.

Am Freitag, dem 24. Oktober 1997, traf ein Mr. Jackson von der australischen Bundespolizei bei der Transworld Publishing ein und wollte mit Shona Martyn sprechen. Sie führte mit ihm ein zweistündiges Gespräch, in dessen Verlauf sie einen vollständigen und detaillierten Bericht über unser Treffen lieferte, meine Zusammenfassung herausgab und dann eine Zeugenaussage unterschrieb.

Am Freitag, dem 31. Oktober, hatte ich in der Mittagspause einen Friseurtermin in Wavendon und hielt unterwegs kurz bei mir zu Hause an, um etwas zu essen. Ich war gerade dabei, das Teewasser aufzusetzen, da klopfte es an der Tür. Vor mir stand der junge Wachtmeister von der Polizei in Buckinghamshire namens Ellis, der schon den mysteriösen Diebstahl meines Laptops untersucht hatte. Neben ihm stand ein stämmiger Kommissar in Zivil. »Hallo, Mr. Tomlinson, es hat ein paar neue Entwicklungen gegeben, die den Einbruch bei Ihnen betreffen, und wir würden Ihnen gerne noch ein paar Fragen stellen«, sagte Ellis recht freundlich und stellte mir dann seinen Kollegen als Inspector Garrold von der Kriminalpolizei vor. »Hätten Sie etwas dagegen, wenn wir reinkommen?«, fragte Ellis.

Mich überkam das gleiche Gefühl bevorstehenden Unheils, das ich auch in der Schule immer verspürt hatte, wenn mir wegen eines kleinen Vergehens der Hintern versohlt werden sollte. Aber wenn sie mich verhaften wollten, hatten sie ohnehin einen Durchsuchungsbefehl, und das Einzige, was mir eine Weigerung dann brächte, war eine zerbrochene Tür. »Natürlich, kommen Sie herein«, erwiderte ich und versuchte, möglichst gleichmütig zu klingen.

»Würden Sie sich bitte hinsetzen?«, sagte Garrold in einem Ton, der deutlich machte, dass ich eh keine andere Wahl hatte, als auf meinem Sofa Platz zu nehmen. Er und Ellis bauten sich drohend vor mir auf. »Sie sind verhaftet wegen Verstoßes gegen Paragraph 1 des Official Secrets Act von 1989«, verkündete Garrold. Dann packte er meine rechte Hand und Ellis die linke und schon trug ich Handschellen.

In der Kiesauffahrt vor dem Haus fuhren nun noch mehr Autos vor. Meine Wohnung füllte sich rasch mit Beamten in Zivil, deren Handys ständig klingelten. Zwei von ihnen bauten sich wie Garrold drohend vor mir auf. Dabei konnte ich einen Blick auf die Pistolenholster unter ihren Sportjacken werfen, für britische Verhältnisse ein beunruhigender Anblick, da die Polizeibeamten dort selten bewaffnet sind. Die Situation wurde noch unangenehmer, als der freundliche Ellis sich mit einem besorgten Gesichtsausdruck verabschiedete. Ein kleiner schnauzbärtiger Waliser kam gleich nach Ellis' Weggang zur Sache. »Also gut, Tomlinson, wo ist die verfluchte Pistole?«, fragte er barsch.

»Welche Pistole?«, fragte ich verwirrt.

»Die Pistole, verarschen Sie uns nicht, wo ist Ihre Pistole?«, blaffte er wütend. Sein Beharren darauf, dass ich bewaffnet sei, vergrößerte das Gefühl der Unwirklichkeit. Es kam mir fast so vor, als wäre dies nur eine weitere vorgetäuschte Verhaftung wie in meinem Einführungslehrgang.

»Ich habe keine Pistole. Ich habe noch nie eine gehabt und werde vermutlich auch nie eine besitzen wollen«, erwiderte ich völlig perplex.

Der Waliser spürte meine Verwirrung und mäßigte seinen Ton. »Wir verfügen über Informationen, dass Sie von Ihrer Tätigkeit in Bosnien eine Pistole mitgebracht haben. Wir wollen wissen, wo sie ist.«

»Ach, jetzt verstehe ich«, grinste ich erleichtert. »Die Pistole rostet auf dem Grund der Adria vor sich hin.« Der MI6 musste der Polizei gesagt haben, ich hätte sie behalten, vielleicht, damit sie die Verhaftung möglichst einschüchternd durchführten.

Garrold befahl mir aufzustehen. Er nahm mir die Handschellen ab und durchsuchte mich. Als er nichts von Interesse in meinen Taschen fand, stieß er mich wieder zurück auf das Sofa. Dort saß ich während der nächsten drei Stunden, wegen der eng befestigten, starren Handschellen in eine kauernde Haltung gezwungen, die Handgelenke unterm Kinn und die Ellbogen in meinem Schoß, wie ein gestopftes Huhn, und beobachtete, wie die Beamten mit ihren Handschuhen meine Wohnung auseinander nahmen. Sie suchten hinter jedem Bild, hoben den Teppich an den Rändern hoch, zogen das Bett ab und wühlten in meiner Schmutzwäsche. Jeder Gegenstand von Interesse wurden in einer Plastiktüte versiegelt und in einer großen, weißen Kiste verstaut, die sie eigens dafür mitgebracht hatten. Die Kiste füllte sich stetig. Zuerst wurde mein neu erworbener Organizer hineingelegt, den ich auf dem Couchtisch liegen gelassen hatte, dann meine sämtlichen Computerdisketten. Dann folgten unzählige Papierschnipsel, auf die unschuldige Telefonnummern gekritzelt waren, mein spanisch-englisches Wörterbuch, verschiedene Videos und mein Fotoalbum. Das alles bekümmerte mich nicht, bis ein kahlköpfiger Beamter, der meine lederne Motorradjacke untersuchte, plötzlich rief: »Sir, ich habe hier etwas.« Die anderen drängten sich um meine Jacke. Der Kahlkopf zog und zerrte an dem Futter und holte schließlich ein kleines Bündel hervor, das mit Klebeband umwickelt war. Mein Mut sank, denn es handelte sich natürlich um Pass, Führerschein und Kreditkarte von »Alex Huntley«. Die behandschuhten Finger legten das Päckchen sorgfältig in eine Plastiktüte, versiegelten diese und fügten sie dem wachsenden Haufen hinzu.

Gleichzeitig überfiel ein Durchsuchungskommando vom Special Branch in Cumbria das Haus meiner Eltern und ein drittes Team konfiszierte meinen Computer bei Stewart Grand Prix. Die Handys meiner Ergreifer klingelten unablässig, weil die drei Mannschaften über die Mobiltelefone ihre Razzien koordinierten.

Kurz nach fünf Uhr nachmittags, als die Dämmerung schon langsam hereinbrach, verkündete Garrold, es sei nun Zeit zu gehen. Meine Handschellen wurden kurz entfernt, damit ich die Toilette benutzen konnte, dann wurde ich, an einen anderen Beamten gekettet, in den Hof geführt und auf den Rücksitz eines dort wartenden dunkelgrünen Opel Vauxhall Omega befördert. Garrold setzte sich hinter das Steuer, und wir fuhren aus dem Hof und steuerten in Richtung Autobahn, vermutlich mit dem Fahrtziel London. Die zurückbleibenden Beamten durchkämmten weiter meine Wohnung.

Wegen des abendlichen Berufsverkehrs erreichten wir die Charing Cross Polizeistation erst gegen sieben Uhr. Dort parkten wir in einem Innenhof voller Einsatzfahrzeuge. Immer noch in Handschellen, wurde ich durch die schweren Türen eine Rampe hinauf zur Aufnahme geführt, wo man mich der Aufsicht eines wachhabenden Beamten übergab. Dieser nahm meinen Namen, Adresse und die Anklage zu Protokoll, ehe er mir gestattete, einen persönlichen Anruf zu machen und einen Anwalt zu kontaktieren. Ich rief meinen Vater an, der aufgrund der Durchsuchung seines Hauses schon wusste, was vorgefallen war. Er versuchte, munter und optimistisch zu klingen, aber ich hörte, dass er sich große Sorgen machte. Ich hoffte, dass meine Mutter den Schock gut verkraftete. Dann rief ich John Wadham an und fragte ihn um Rat. Er sagte seine abendliche Verabredung ab und machte sich sogleich auf den Weg zu mir. Zwei Beamte führten mich in den Zellentrakt, wo ich auf seine Ankunft warten sollte.

Als die Zellentür hinter mir ins Schloss fiel, beunruhigte mich meine Lage noch nicht allzu sehr. Meine früheren Erfahrungen mit Handschellen und zuknallenden Türen in der Territorial Army und während des Einführungslehrgangs erleichterten mir das ungewohnte Gefühl des Eingesperrtseins ein wenig. Ich rieb meine wunden Handgelenke und begutachtete meine neue Umgebung. Die Zelle war leer außer einem schmutzigen Klo, einer Betonbank mit einer Schaumstoffmatratze und einer schmuddeligen Decke. Ich rollte die Decke zu einem Kissen zusammen und legte mich auf die Matratze, um auf John Wadhams Ankunft zu warten.

Etwas später öffnete sich die Luke in der Tür, zwei Augen musterten mich prüfend, der Riegel wurde zurückgeschoben, und zwei Polizeibeamte betraten die Zelle. »Los geht's«, befahlen sie und führten mich dann in Handschellen zu den Verhörräumen, wo Wadham auf mich wartete. Wir unterhielten uns nur kurz. Er konnte nicht viel für mich tun, weil wir noch nicht wussten, welche Beweise der Special Branch hatte. Er gab mir die Biografie des ehemaligen britischen Premierministers Gladstone und ein wenig frisches Obst, damit ich den Abend angenehmer verbrachte.

Trotz der primitiven Schlafstätte schlief ich in dieser Nacht gut, da mir der Polizeiarzt ein Barbiturat gegeben hatte. Am nächsten Tag, nach einem faden Frühstück, das mich an das Essen bei der Armee erinnerte, geleitete mich der wachhabende Beamte wieder in das Verhörzimmer, wo Wadham und zwei Polizeibeamte saßen. Sie stellten sich als Detective Inspector Ratcliffe und Detective Inspector Durn von der Metropolitan Police vor. Den restlichen Morgen und bis spät in den Nachmittag hinein unterzogen sie mich unbarmherzig einem Verhör. Während das Bandgerät im Hintergrund surrte, traten allmählich ihre Beweise gegen mich zutage. Das waren zum einen die Kopie der Zusammenfassung, die ich Martyn gegeben hatte, und das Protokoll ihres Gesprächs mit der australischen Polizei. Des Weiteren das Protokoll eines zweiten Gesprächs mit Martyn, das Ratcliffe und Durn persönlich bei einem Besuch in Sydney mit ihr geführt hatten. Schließlich präsentierten sie noch die Papiere von »Alex Huntley«. Kurz vor 18 Uhr klagten sie mich dann des Verstoßes gegen Paragraph 1 des Official Secrets Act von 1989 an. Der Dienst habende Beamte weigerte sich, mich aus der Haft zu entlassen, und schickte mich wieder in Polizeigewahrsam, bis zum Haftprüfungstermin vor Gericht am darauf folgenden Montag.

»Wenigstens hat Ratcliffe nicht versucht, Sie wegen des Huntley-Passes anzuklagen«, erklärte Wadham mir mitfühlend, nachdem der Polizeibeamte für einen Moment aus dem Raum gegangen war. »Man hätte Sie nach dem Official Secrets Act von 1911 dafür verklagen können, der dafür eine

Höchststrafe von vierzig Jahren vorsieht.« Mehrere Monate später erfuhr Wadham, dass der MI6 die Polizei schwer bedrängt hatte, mich nach diesem Gesetz anzuklagen. Doch zum Glück hatte Ratcliffe dagegen eingewandt, dass die Anklage vor Gericht nicht standhalten würde, weil ich die Dokumente nicht wissentlich entwendet hätte.

Obgleich die Aussicht eines Gefängnisaufenthalts höchst unerfreulich war, machte ich mir keine allzu großen Sorgen. Stattdessen empfand ich fast ein Gefühl der Erleichterung. Indem man mich verhaftete und anklagte, enthüllte der MI6, wie scheinheilig seine Versuche waren, mich am Gang vor ein Arbeitsgericht zu hindern. Wenn der MI6 die Gerichte für »sicher« genug hielt, um mich wegen Verstoßes gegen das Geheimhaltungsgesetz anzuklagen, warum hatte man mir dasselbe Recht aus Sicherheitsgründen verweigert? Gewiss würde auch die Presse über meine Verhaftung berichten und längerfristig war dies für den MI6 peinlicher und schädigender als für mich. Ja, die Verhaftung hatte sogar einige positive Aspekte: Bis dahin war ich in Zeitungsartikeln immer als »Agent T« bezeichnet worden, weil der MI6 eine einstweilige Verfügung gegen eine Veröffentlichung meines richtigen Namens erwirkt hatte. Doch nun kursierte mein Name in der Öffentlichkeit, und ich könnte endlich ganz offiziell meinen Freunden, Verwandten und zukünftigen Arbeitgebern von meiner vorherigen Karriere und der schäbigen Behandlung, die ich erfahren hatte, berichten. Ich empfand es als große Erleichterung, endlich aus dem Schatten der Anonymität treten zu können, selbst wenn dies auf dem Umweg über eine dunkle Gefängniszelle geschah.

Später an jenem Abend schloss ein Beamter noch einmal meine Zelle auf und brachte mich ins gerichtsmedizinische Labor, wo Polizeitechniker meine Fingerabdrücke abnahmen, mich fotografierten und auch eine DNA-Probe von mir nahmen. Diese Daten würden im Zentralcomputer der Polizei aufbewahrt werden. »Wenn Sie von der Anklage freigesprochen werden«, erklärte der Techniker, »können Sie beantragen, dass diese Daten gelöscht werden. Aber bis dahin erst einmal willkommen in der Bruderschaft der Kriminellen.«

Das restliche Wochenende verbrachte ich in der schmutzigen Zelle in Gesellschaft der Biografie von Gladstone. Ich fragte mich, was der MI6 sich davon erhoffte, mich juristisch zu verfolgen. Die Weitergabe der Zusammenfassung an Martyn hatte keinerlei Schaden angerichtet. Vermutlich war der Text in ihrem Aktenschrank gelegen und hatte Staub angesammelt, bis Jackson zu Besuch gekommen war. Martyn hätte die Zusammenfassung sogar einem leitenden Offizier des KGB zeigen können, da ich die Namen verändert und auch sonst vieles abgewandelt hatte. Eine strafrechtliche Verfolgung meiner Person würde den Konflikt nicht lösen, sondern ihn nur verschlimmern. Selbst wenn ich die Höchststrafe von zwei Jahren erhielte, würde ich schon relativ schnell wieder aus dem Gefängnis kommen, und was wäre damit gewonnen? Nach meiner Entlassung wäre ich erneut arbeitslos und noch weitaus weniger gut auf den MI6 zu sprechen.

Sonntagnachmittag durfte mich mein Vater kurz besuchen. Er war eigens von Cumbria angereist, um mir frische Kleider und mein Waschzeug zu bringen, damit ich mich für den Haftprüfungstermin am folgenden Tag frisch machen konnte. Wadham kam noch später am Abend vorbei, um meinen Auftritt mit mir zu besprechen. »Ich habe einen guten Strafanwalt gefunden, der Sie vertreten wird«, verkündete er. »Owen Davies ist ein etwas ausgefallener Typ, der einen guten Ruf bei der Vertretung politischer Fälle und Menschenrechtsverletzungen hat. Er ist ganz erpicht darauf, Ihre Verteidigung zu übernehmen – es ist mal was anderes für ihn, als immer nur Todeskandidaten in Jamaica zu vertreten«, fügte John aufmunternd hinzu.

Vermutlich hatte die Presseabteilung das ganze Wochenende über hart gearbeitet, um sicherzustellen, dass der MI6 in den Artikeln über meine Verhaftung am Montag möglichst gut wegkam. Daher schlugen wir sogleich zurück und entwarfen eine kurze Gegendarstellung. Dies erwies sich als kluger Schachzug, denn die frühe Montagsausgabe der Zeitungen und die Nachrichten auf BBC zitierten anfangs ausnahmslos die Aussage des MI6, ich sei wegen des »Verkaufs von Geheimnissen« verhaftet worden. Erst als die Medien unsere Erklärung erhielten, mäßigten sie ihren Ton und berichteten, dass ich lediglich einem australischen Verlag eine kurze, verfremdete Zusammenfassung meiner Erlebnisse beim MI6 gezeigt hätte.

Sonntagabend bat ich den Dienst habenden Beamten, meine Zelle früh am nächsten Morgen aufzuschließen, damit ich mich waschen und rasieren könnte. Obwohl ich die Erlaubnis dazu erhalten hatte, wurde die Bitte einfach »vergessen«, sodass ich am nächsten Morgen unrasiert und ungewaschen in Handschellen zum Gerichtsgebäude in der Bow Street gebracht wurde. Es war ein einfacher, erniedrigender Trick, um sicherzugehen, dass ich so zwielichtig wie möglich aussah.

Ein Gefangenentransporter holte mich auf der Polizeistation ab und in den Zellen der Bow Street wurde ich von den dortigen Beamten noch einmal durchsucht. »Sie sind etwa in 15 Minuten dran«, erklärte mir der junge Wachhabende, »wollen Sie solange noch etwas zu trinken haben?« Ich setzte mich, nippte an dem überzuckerten Tee und versuchte, ein wenig in meinem Buch zu lesen.

Endlich öffnete sich die Zellentür, die Sicherheitsbeamten kamen herein und legten mir Handschellen an. Meine Zelle befand sich am Ende eines langen Ganges, und als wir der Reihe nach die anderen Zellen passierten, drückten die Gefangenen ihre Gesichter an die winzigen Türluken, um zu sehen, was dort draußen vor sich ging. »Mann, das is' ja mal 'n Süßer«, schrie eine Frau. »Steckt ihn ruhig zu mir rein, ich werd' ihm schon den Kopf zurechtsetzen für euch.«

»Halt den Mund, Mary«, lachten die Aufseher und schlugen ihre Luke zu, als wir an ihrer Zelle vorbeikamen.

Auf dem Gang außerhalb des Gerichtssaals wartete Wadham mit einem Anwalt, der eine Robe trug. »Guten Tag, ich heiße Owen Davies«. Der Anwalt streckte mir zur Begrüßung die Hand entgegen. An seinem Handgelenk hing eine Perlenkette in der Art, wie man sie sonst nur an Leuten sieht, die den ganzen Tag am Strand herumhängen. »Warum trägt er Handschellen?«, wollte Davies von den Beamten wissen, als er merkte, dass ich die Begrüßung nicht erwidern konnte.

»Wir haben Anweisung von oben, dass er in Handschellen vor Gericht erscheinen soll«, erwiderte ein junger Wärter schüchtern. Wenn ich unrasiert und in drei Tage alten Kleidern in Handschellen vor Gericht trat, würde ich auf die versammelten Pressevertreter einen gefährlicheren Eindruck machen als frisch geduscht und in einem neuen Anzug.

»Darauf lassen wir uns auf gar keinen Fall ein«, entgegnete Davies. Er scheuchte die Beamten davon, um unter vier Augen mit mir zu reden. »Bevor Sie vor Gericht erscheinen, werden wir erst einmal darauf bestehen, dass Sie keine Handschellen tragen müssen. Damit soll nur versucht werden, das Gericht gegen Sie einzunehmen.« Ich hatte vorher noch nie Ärger mit dem Gesetz gehabt, war noch nie gewalttätig gewesen und nur deswegen verhaftet worden, weil ich fünf Blätter voll geschrieben hatte. Trotzdem behandelte man mich wie einen Schwerverbrecher oder Terroristen. Davies und Wadham traten vor den Richter, um zu erreichen, dass ich nicht gefesselt erscheinen musste, während ich wieder zurück in die Zelle geführt wurde.

Dieses erste Scharmützel konnte Davies für sich entscheiden. Zwanzig Minuten später wurden meine Handschellen an der Tür zum Gerichtssaal geöffnet und ich konnte mit Würde die Anklagebank betreten. Der volle Gerichtssaal verstummte. Ich warf einen Blick auf die Zuschauerreihen und versuchte, meinen Vater zu erkennen, aber er ging in dem Meer fremder Gesichter unter. Links von mir drängten sich die Journalisten auf der Pressebank, viele der Gesichter waren mir aus dem Fernsehen vertraut. Ein Zeichner fing schon an, eine Skizze von mir anzufertigen, die man zur Illustration der Artikel in den Zeitungen des kommenden Tages abdrucken würde. Gegenüber von Wadham und Davies saßen die Staatsanwälte, darunter auch der gesetzliche Vertreter des MI6. Ich fragte mich, was für eine Befriedigung er wohl daraus zog, einen ehemaligen Kollegen vor Gericht anzuklagen.

Der Gerichtsdiener sagte, ich solle aufstehen und meinen Namen und meine Adresse bestätigen, dann eröffnete Colin Gibbs von der Königlichen Staatsanwaltschaft (Crown Prosecution Service) den Fall. Er argumentierte dafür, keine Haftaussetzung zu gewähren, weil ich sicherlich versuchen würde, mich abzusetzen. Gibbs räumte zwar ein, dass meine Pässe konfisziert worden waren, stürzte sich jedoch sogleich in einen unter anderen Umständen schmeichelhaften, wenn auch immens übertriebenen Bericht über meine Ausbildung im Gebrauch von Verkleidungen und im illegalen Passieren von Grenzen. Nachdem Gibbs mich eine Viertelstunde lang in Misskredit gebracht hatte, erhob sich Owen Davies und plädierte für eine Haftaussetzung gegen Hinterlegung einer Kaution. Als Sicherheit bot er das Haus meines Vaters und meine Wohnung an. Es war absurd zu glauben, dass ich angesichts einer Höchststrafe von zwei Jahren tatsächlich flüchten und meine Wohnung und das Haus meiner Eltern dafür opfern würde. Doch schon als der zuständige Richter den Fall noch einmal zusammenfasste, wusste ich, dass er sich gegen eine Haftaussetzung entschieden hatte. »Ich habe keinen Zweifel daran, dass Sie bei einer Haftaussetzung eine Gefahr für die nationale Sicherheit darstellen«, verkündete er ernst, als sei sein Entschluss schon gefallen, noch bevor er Davies' Argumente gehört hatte. Die Sicherheitsbeamten bedeuteten mir, die Anklagebank zu verlassen, und brachten mich hinunter in die Gerichtszellen.

Wadham und Davies kamen nach der Verhandlung bei mir vorbei und drückten mir ihr Mitgefühl aus. John spähte durch die Luke und sagte: »Es ist eigentlich nicht überraschend, dass man Ihnen keine Haftaussetzung gewährt hat. Die Richter haben großen Respekt vor dem Official Secrets Act.«

»Wir werden es nächste Woche noch einmal versuchen«, fügte Owen hinzu und seine verschmitzten Augen funkelten. »Betrachten Sie es einfach von der guten Seite. Im Gefängnis haben Sie weitaus bequemere Haftbedingungen als in einer Polizeizelle – dort können Sie wenigstens duschen.«

Und so nahm mein Leben eine neue Wendung, die noch vor kurzer Zeit unvorstellbar gewesen wäre. Auf dem Weg Richtung Süden zum Gefängnis von Brixton passierte das Fahrzeug in Sichtweite meines ehemaligen Arbeitgebers die Vauxhall Bridge. Ich schaute aus einem der kleinen Fenster auf das Gebäude, wo ich glücklichere Zeiten erlebt hatte, und bedauerte die Ereignisse, die mich in diese Situation gebracht hatten. In nur wenigen Jahren hatte ich mich vom Inhaber eines EPV-Zertifikats, dem man Geheimnisse anvertraute, über die sonst nur die höchsten Staatsbeamten informiert waren, in einen schmuddeligen, ungepflegten Gefangenen verwandelt, der sich auf dem Weg in eines der schäbigsten und berüchtigsten Gefängnisse Londons befand.

»He du, Basildon. Komm mit.« Ich blickte verwirrt zu dem tätowierten Gefängniswärter, der die verrauchte Zelle betreten hatte, in der ich seit meiner Ankunft im Gefängnis von Brixton vor einer Stunde eingesperrt war. Zwei weitere neu eingelieferte Häftlinge saßen mit mir in der Zelle. Einer war ein Italiener, der eine zwei Tage alte *Gazzetto dello Sport* umklammerte, kein Wort Englisch sprach und vollkommen verwirrt war von dem, was um ihn herum geschah. Der andere hatte ein aufgedunsenes Gesicht, das verschwitzt und aschfahl wirkte, und schaukelte die ganze Zeit den Oberkörper vor und zurück. Sein Schweigen wurde nur gelegentlich von einem Keuchen unterbrochen. »Ja, genau. Dich meine ich«, bedeutete mir der Wärter. »Basildon. So heißt du doch, oder? Wie der Bruder von James Bond.« Der Wärter lachte mit dem heiseren Kläffen eines Rauchers über seinen Witz. Und so hieß ich für die Dauer meines Aufenthalts im Brixton-Gefängnis nach der bekannten Schreibpapiermarke Basildon Bond, in Anlehnung an eine James-Bond-Parodie des britischen Komikers Ross Abbott. »Nimm deine Tasche und versuch bloß keine Kung-Fu-Tricks oder irgendwelches 007-Zeug.« Ich nahm den kleinen Koffer mit den wenigen Ersatzkleidern, den mein Vater mir gebracht hatte, und folgte dem Beamten den Gang hinunter, um die Aufnahmeprozedur hinter mich zu bringen.

Mein damaliges Wissen über das Gefängnisleben war recht dürftig, nichtsdestotrotz entschied ich mich, die Taktik des »grauen Mannes« anzuwenden, die man uns bei der Auswahl für den Special Air Service empfohlen hatte: unauffällig, aber immer aufmerksam, mit niemandem reden, es sei denn, man wird angesprochen, und allen Anweisungen schnell Folge leisten. Die Aufnahmeprozedur zog sich fast den ganzen Tag hin und zwischen den verschiedenen Formalitäten lagen lange Wartezeiten in der verrauchten Zelle. »Montags ist immer viel los bei uns«, erklärte mir ein Schließer, der mich zum Durchsuchungsraum führte, »wegen der ganzen Besoffenen und Junkies, die am Wochenende eingefahren werden.« Im Durchsuchungszimmer befand sich eine Röntgenmaschine wie am Flughafen, eine Fotoausrüstung und eine große Gummimatte, auf die ich mich auf Befehl der Schließer stellte. »Also gut, Basildon, Ihre Gefangenennummer ist BX5126. Merken Sie sich das gut«, erklärte der Schließer, »denn Ihre ganze Post muss diese Nummer tragen, sonst wandert sie sofort in den Mülleimer.« Diese Nummer prägte sich bald ebenso unauslöschlich in mein Gedächtnis ein wie meine Schüler- und meine Armeenummer. »Leeren Sie Ihre Sachen auf den Tisch und stellen Sie Ihre Tasche dazu«, befahl er, »und treten Sie dann zurück auf die Matte.«

Meine Besitztümer wurden minutiös untersucht. Geldbeutel, Geld, Kreditkarten, Telefonkarten, Briefmarken und alle anderen tauschbaren Gegenstände wurden konfisziert und in meiner persönlichen Akte notiert. Mein Waschbeutel wurde geleert, der Rasierer konfisziert und aufgelistet, doch Zahnbürste, Shampoo und Aftershave wanderten sofort in den Mülleimer. »Wir können nicht feststellen, ob darin nicht illegale Substanzen enthalten sind, wie zum Beispiel Crack«, erklärte der Schließer. Auch das Obst, das mir mein Vater mitgebracht hatte, wurde sofort entsorgt. »O. k., dann mal runter mit den Klamotten«, kommandierte der Wärter. Meine Kleider wurden alle mit dem Röntgengerät durchleuchtet, ehe ich mich wieder anziehen durfte. Nachdem man mich noch fotografiert und meine Fingerabdrücke abgenommen hatte, brachten mich die Schließer in eine andere Zelle, wo ich auf die medizinische Untersuchung warten musste.

Viele Häftlinge kommen in einem schlechten physischen und psychischen Zustand ins Gefängnis. Sie sind oftmals drogenabhängig und brauchen eine Dosis Methadon, um den Entzug zu lindern. Andere wiederum sind zu Beginn einer langen Haftstrafe selbstmordgefährdet. Zu ihrer Sicherheit und der Sicherheit der anderen Häftlinge ist daher eine medizinische Untersuchung erforderlich, ehe man sie einem Zellentrakt zuweisen kann.

Die beiden Beamten in der medizinischen Abteilung wussten bereits, wer ich war. »Ich kann's einfach nicht glauben, dass man Sie eingebuchtet hat«, kommentierte der Sanitäter, während er meine Unterarme und Handgelenke nach Einstichspuren oder Narben vergangener Selbstmordversuche absuchte. »Die haben sich wirklich selbst eins ausgewischt, indem sie Sie einbuchten, nur weil Sie ein Buch schreiben.« Der stämmige junge Wärter, der bei der Untersuchung zugegen war, für den Fall, dass es Ärger mit einem Gefangenen gab, gluckste zustimmend. »Echt verrückt. Aber sehen Sie's einfach von der guten Seite – wenn Sie herauskommen, können Sie Ihrem Buch noch ein Kapitel hinzufügen ...«

Ein Blick auf die Uhr ergab, dass es bereits halb sieben Uhr abends war, als ich die Aufnahme hinter mich gebracht hatte. Ich hielt einen schwarzen Müllsack mit den wenigen Besitztümern, die man mir noch gelassen hatte, in der Hand und folgte zwei Schließern einen langen Gang entlang. Dem Geruch von altem Kohl nach zu schließen, der mich an die Küche des Barnard Castle erinnerte, vermutete ich, dass sie mich in den Speisesaal brachten, damit ich noch etwas essen konnte. »Holen Sie sich da drin was zum Futtern, Basildon«, ordnete der Schließer an und zeigte auf einen Speisesaal voller Tische und Bänke. Etwa zehn andere Gefangene aßen bereits von ihren Blechtellern. Abgesehen von der gelegentlich gegrunzten Bitte um den Plastiksalzstreuer oder übrig gebliebenes Essen herrschte Stille. Ich stellte mich an und erhielt eine Portion Reis, Rindfleisch und gebuttertes Weißbrot, dann suchte ich mir mit meinem Tablett einen Platz. Wie die anderen Häftlinge fühlte ich mich deprimiert und ungesellig und aß schweigend. Der Italiener hatte immer noch die *Gazetto* vor sich liegen und starrte fragend auf sein unberührtes Tablett. Neben ihm saß ein Farbiger, tadellos mit einem brandneuen Anzug bekleidet, der still in seiner Bibel las und mit seinen Lippen die Worte formte. In der Ecke hockte ein vornehm wirkender und gut angezogener Mann, etwa Ende sechzig, der seinem zornigen Gesichtsausdruck nach zu urteilen eine Strafe absitzen musste, mit der er überhaupt nicht einverstanden war.

Mir am nächsten saß der Heroinabhängige, der vorhin die Zelle mit mir geteilt und unter Entzugserscheinungen gelitten hatte. Er lächelte mich schwach an. »Hast du vielleicht 'ne Kippe?«, bettelte er in einem heiseren Flüsterton.

»Tut mir Leid, ich rauche nicht«, erwiderte ich leise, weil ich die Stille nicht stören wollte.

»Glück gehabt«, sagte er. »Dir geht's viel besser im Knast, wenn du nicht rauchst. Und noch besser, wenn du keine Drogen nimmst.« Sein Kichern über diese selbstkritische Bemerkung endete in einem Hustenkrampf, und einen Augenblick lang dachte ich, er würde sich übergeben.

»Tomlinson, kommen Sie«, bellte schließlich der tätowierte Beamte, der mir den Namen »Basildon« gegeben hatte, zu mir herüber. Ich erhob mich und ließ mein Tablett auf dem Tisch stehen. »O.k., Basildon, Sie stehen im Buch, darum müssen wir Sie mit Handschellen zu Ihrem Trakt bringen.« Gekonnt packte er meine rechte Hand und fesselte mich an sein eigenes Handgelenk, während ein anderer stämmiger Schließer mit Vollbart das Gleiche mit meiner linken Hand tat. Als wir für den kurzen Weg zum benachbarten Gebäude hinaus in die feuchte Luft eines nebligen Londoner Abends traten, hätte ich gerne gefragt, was mit dem »Buch« gemeint war, doch ich entschied mich, weiter den grauen Mann zu spielen und nichts zu sagen. Während wir an einem sechs Meter hohen Drahtzaun entlangliefen, der oben mit Stacheldraht gesäumt war und von den Scheinwerfern in ein tristes gelbes Licht gehüllt wurde, lasen die Wächter wohl meine Gedanken. »Tut uns wirklich Leid, Basildon, aber das ist Vorschrift. Sie stehen im Buch, wissen Sie. Wissen Sie, was das bedeutet?«

»Nein…«, antwortete ich und nahm an, dass es etwas Schlimmes war.

»Nun, das bedeutet, dass der Direktor Sie als Gefangenen der Sicherheitsstufe A eingeordnet hat, im Gegensatz zu B, C oder D. Das wiederum heißt, dass Sie eine gefährliche Bedrohung für unseren Staat darstellen. Ich persönlich finde es ja ein wenig lächerlich, einen Typen wie Sie der Stufe A zuzuordnen«, erklärte der Tätowierte.

»Aber wer zum Teufel fragt uns schon nach unserer Meinung«, lachte der Bärtige.

Die Zellen im C-Trakt waren auf drei Stockwerken um einen zentralen Innenhof herum angeordnet. Über jedem Stock befand sich ein metallener Maschendraht, der Selbstmord- oder Mordversuche verhindern sollte. Ich erhielt Zelle Nr. 32. Der Trakt war erst kürzlich renoviert worden und die frische Farbe an den Eisentreppen leuchtete noch hell. »Machen Sie es sich bequem«, grinsten die Wärter und öffneten meine Handschellen in der Zelle. »Sie haben Glück – weil Sie im Buch stehen, müssen Sie die Zelle nicht mit einem anderen Scheißkerl teilen.« Sie schlugen die Tür hinter sich zu und zum ersten Mal seit Stunden war ich wieder allein. Meine neue Heimat war winzig, etwa dreieinhalb auf zwei Meter. An der einen Wand standen zwei Stockbetten. Ein vergittertes Fenster an der anderen Wand blickte auf einen Hof hinaus, darunter befand sich ein Waschbecken und ein Klo.

Ich machte es mir so bequem wie nur irgend möglich und packte die wenigen Kleider und Bücher aus, die ich behalten durfte, und verstaute sie ordentlich in dem kleinen Wandschrank. Mein Plastikbesteck, das man mir an der Torwache gegeben hatte, kam auf das schmale Fensterbrett. Die vorherigen Insassen waren starke Raucher gewesen und der Boden war übersät von Zigarettenkippen. In der Ecke stand ein Mob und ein Eimer, und ich bemühte mich, die Kippen, so gut es ging, damit aufzufegen. Dann wusch ich mich zum ersten Mal seit drei Tagen wieder und bezog das obere Bett mit den sauberen, aber abgenutzten Bezügen. Nach den drei Nächten in der Polizeizelle kamen mir Laken und Kissen wie ein himmlischer Luxus vor und ich schlief gut.

Kurz vor neun Uhr am nächsten Morgen wurden die Zellen aufgesperrt. Weil ich nicht sicher war, was ich nun tun sollte, blieb ich erst einmal einige Minuten in der Tür stehen und sah mich um. Die anderen Häftlinge drängelten sich die Metalltreppe zum Speisesaal im Erdgeschoss hinunter, also schloss ich mich ihnen an und stellte mich in die Schlange für das Frühstück. Das Essen wurde auf einem Blechtablett serviert, das wir zurück in unsere Zellen trugen. So gut es ging wurstelte ich mich durch die Routine des restlichen Tages. Niemand erklärte mir die unzähligen kleinen Regeln und Begriffe des Gefängnisalltags; ich musste alles um mich herum genau beobachten und dabei lernen. Um zehn Uhr wurden unsere Zellen wieder für den täglichen Hofgang aufgeschlossen und wir durften eine Stunde auf jenen Hof, den ich von meinem Fenster aus sehen konnte. Es war eine gute Gelegenheit, einen Blick auf meine Mitgefangenen zu werfen, die in kleinen Gruppen herumschlenderten oder sich gegen die Umzäunung drängten und selbst gedrehte Zigaretten rauchten. Einige lachten und scherzten, andere dagegen blickten verdrießlich und deprimiert. Manche Häftlinge hatten im Radio gehört, dass ich in Brixton einsaß, und kamen zu mir, um sich zu unterhalten. Keiner von ihnen konnte glauben, dass ich in den Knast gekommen war, weil ich ein Buch geschrieben hatte. »Das ist doch wohl dein verdammtes Recht«, kommentierte ein kahl rasierter Cockney, dessen Unterarme von den bläulichen Narben seiner Selbstmordversuche übersät waren.

Im Verlauf des Tages wurde ich mit dem Gefängnisvokabular vertraut. Ich lernte, dass »Aufschluss« die einstündige, freie Zeit des Tages war, in der wir unsere Zellen verlassen durften, um uns im Duschraum des Stockwerks zu duschen, fernzusehen oder einfach mit den anderen Gefangenen zu plaudern. »Kantine« war die Bezeichnung für die wöchentliche Gelegenheit, Obst, Süßigkeiten oder Tabak im Gefängnisladen zu kaufen. Ich musste den Schließer, der für mein Stockwerk zuständig war, einen fröhlichen, Zigarre rauchenden, nach Whiskey stinkenden Inder, um Erlaubnis fragen, wenn ich auf einen anderen Stock gehen wollte. Ich entdeckte außerdem, dass wir bis zu zwei Stunden am Tag an verschiedenen Workshops und Kursen teilnehmen konnten. Es gab eine breite Auswahl und ich trug mich in die Liste für Musikunterricht ein. Allmählich begann ich zu glauben, dass meine Haft vielleicht doch irgendwie erträglich sein würde.

Doch die Behörden hatten anderes mit mir vor. An diesem Abend kamen zwei Schließer in meine Zelle und brachten mich zum Büro des Direktors im Erdgeschoss. Sie standen hinter mir, als der Direktor, ein mürrischer Schotte, mir hinter seinem Schreibtisch hervor verächtlich erklärte: »Tomlinson, wie Sie wissen, haben wir Sie als Gefangenen der Sicherheitsstufe A eingestuft. Wenn diese Entscheidung vom Innenministerium bestätigt wird, werden Sie aus dem Brixton-Gefängnis verlegt. Wir sind hier nicht dafür ausgestattet, Kriminelle wie Sie unterzubringen.«

Am nächsten Morgen, es war Mittwoch, der 5. November, wurde meine Einstufung als Gefangener der Sicherheitsstufe A bestätigt. Zwei Schließer kamen in meine Zelle, durchsuchten mich und befahlen mir, den Trainingsanzug des Gefängnisses anzuziehen. Dann legten sie mir Handschellen an. »Wo werde ich hingebracht?«, fragte ich.

»Das können wir Ihnen nicht sagen, Basildon. Wir müssten Sie umbringen, wenn wir's täten.« Ich bemühte mich, über diesen Witz zu lächeln, obwohl ich in den letzten paar Tagen zu viele solcher Witze zu hören bekommen hatte.

Ich wartete zwei lange Stunden in einer Zelle an der Torwache, ehe sich endlich die Tür öffnete und die Beamten mir wieder Handschellen anlegten. »Die Verspätung tut uns Leid, aber es gab ein Problem mit dem Helikopter«, erklärte einer von ihnen.

Ich nahm an, er würde einen Scherz machen, doch später erfuhr ich, dass Gefangene der Sicherheitsstufe A standardmäßig von einem Helikopter eskortiert wurden. Sie führten mich in den grauen Herbstnachmittag zu einem Gefangenentransporter.

»Rein mit Ihnen«, befahl der Schließer und schob mich die Treppen hinauf in eine der kleinen Transportzellen, die gerade so groß waren, dass man darin sitzen konnte. Dann schloss er die Tür hinter mir, wobei er meinen linken Arm einklemmte, der immer noch an sein Handgelenk gefesselt war. Erst als er sich vergewissert hatte, dass ich wohlverwahrt war, wurde mein Handgelenk befreit und die Tür rasch verriegelt. Durch die kleine Luke aus verdunkeltem Sicherheitsglas beobachtete ich, wie wir auf der South Circular Road nach Osten fuhren, aber als wir in unbekannte Gegenden Ostlondons vordrangen, verlor ich allmählich die Orientierung.

13

HOCHSICHERHEIT

»Willkommen im Hochsicherheitsgefängnis Belmarsh«, grinste der Wärter, als er die Transportzelle öffnete und die Handschellen um mein linkes Handgelenk legte. »Glaub kaum, dass es Ihnen hier gefallen wird.« Dann führte er mich aus dem Wagen in einen düsteren Gefängnishof durch ein schwer bewachtes Tor zur Torwache. Die Aufnahmeprozedur wurde hier noch gründlicher durchgeführt als in Brixton, mit Leibesvisitationen und Durchleuchtungen zwischen jeder einzelnen Phase des Vorgangs. Ich musste noch mehr meiner wenigen Habseligkeiten abgeben, weil sie als unvorschriftsmäßig eingestuft wurden, einschließlich eines weißen Hemdes und einem Paar schwarzer Hosen. »Das könnte mit einer Wärteruniform verwechselt werden«, erklärte der Schließer kurz angebunden. Mein Taschenkalender wurde ebenfalls konfisziert, weil er eine Karte der Londoner U-Bahn enthielt, die mir »vielleicht bei der Flucht helfen« könnte. Hier wurde nicht gutmütig gescherzt wie in Brixton und ein Großteil der Prozedur fand in einschüchterndem Schweigen statt. Endlich wies man mich an, mein Eingangsprotokoll zu unterschreiben, und ich wurde durch ein Labyrinth düsterer und kalter Gänge zu Zelle Nr. 19, Trakt 1, Häuserblock 4 gebracht.

Das Hochsicherheitsgefängnis Belmarsh war 1991 eröffnet worden, um etwa neunhundert Häftlinge zu beherbergen, und ist eines von nur fünf Gefängnissen Großbritanniens, die dafür ausgerüstet sind, Häftlinge der höchsten Sicherheitsstufe A unterzubringen. Die meisten A-Häftlinge verbringen ihre Untersuchungshaft in Belmarsh und warten hier auf ihren Prozess, der in dem gesicherten Gerichtsgebäude stattfindet, das durch einen Tunnel mit dem Gefängnis verbunden ist. Nach ihrer Verurteilung werden sie dann in eines der Gefängnisse für die längerfristige Unterbringung von A-Häftlingen verschickt, wie zum Beispiel Durham, Parkhurst auf der Isle of Wight oder Long Sutton in den Midlands. Belmarsh ist zudem das örtliche Gefängnis für den Südosten Londons und beherbergt deswegen auch harmlosere Straftäter, die nur kurze Haftstrafen verbüßen müssen. Das Gefängnis wurde auf trocken gelegtem Sumpfland errichtet, das aufgrund von Ratten und Moskitos für eine normale Wohnsiedlung als ungeeignet eingestuft wurde. Die vier Gebäudeblöcke thronen an den Ecken eines großen Vierecks, an dessen Seiten sich die anderen Bereiche befinden, die für den Gefängnisbetrieb notwendig sind: Torwache, Besucherräume, Kapelle, Turnhalle, Krankenstation, Küchen und Werkstätten. Jeder Block bildet eine abgeschlossene Einheit für sich. Ein Kommando- und Kontrollraum, auch »die Blase« genannt, überwacht den einzigen Eingang, der aus zwei schweren, videoüberwachten Türen besteht, die elektronisch so miteinander verbunden sind, dass sich niemals beide gleichzeitig öffnen können. Im Innern des Blocks befindet sich ein Atrium – dort ist auch die Essensausgabe –, drei videoüberwachte Türen führen von dort zu den verschiedenen Trakten. Hinaus auf den Hof und zu den gesonderten Bereichen, in denen A-Häftlinge Besucher empfangen können, gelangt man durch einige weitere Ausgänge, die ebenfalls durch Videokameras und Metalldetektoren geschützt sind.

Von all den räumlichen Gegebenheiten hatte ich jedoch noch keine Ahnung, als ich kurz nach zwei Uhr nachmittags meine Tasche in die Ecke der Zelle fallen ließ und mich auf die fleckige Matratze setzte, um mein neues Zuhause zu begutachten. Es war scheußlich und schäbig, auch wenn die Zelle ein wenig größer war als die in Brixton. Die schwere Stahltür, die Unheil drohend hinter mir ins Schloss gefallen war, besaß eine kleine, stabile Luke aus Sicherheitsglas in Augenhöhe, die nur von außen geöffnet werden konnte. Durch ein vergittertes Fenster blickte man auf einen Hof mit einer sechs Meter hohen Umzäunung, auf dem ein paar Häftlinge ziellos herumschlenderten. Über den Hof waren außerdem dicke Kabel gespannt, damit keine Hubschrauber dort landen konnten. An einer Wand der Zelle hing ein stabiler Schrank, darunter war ein Metallbett fest am Boden verschraubt. Auf der anderen Seite befanden sich ein ebenfalls am Boden befestigter Tisch und eine Bank aus Metall und in der Ecke stand ein schmutziges Klo mit einem kaputten Deckel. Anders als in Brixton war die Toilette hier so angebracht, dass man ein Minimum an Privatsphäre hatte, doch um zu verhindern, dass man sich in der Zelle verstecken konnte, gab es über der Luke noch ein zusätzliches Fenster, durch das die Sicherheitsbeamten Einblick über den gesamten Raum hatten. Zwischen Klo und Tür war ein Porzellanwaschbecken in der Wand eingelassen, das offenbar seit Monaten nicht mehr geputzt worden war. Darüber hing ein unzerbrechlicher Rasierspiegel aus Plastik und eine Klingel, mit der man im Notfall einen Wärter herbeirufen konnte. Die Wände waren in einem deprimierenden Senfgelb gestrichen und mit Butterklumpen, erschlagenen Mücken, getrockneten Popeln und Zahnpastaklecksen verschmiert, mittels derer die vorherigen Bewohner offenbar ihre Bilder an die Wand gehängt hatten. Über dem Bett hatte jemand etwas mit einem blauen Stift an die Wand gekritzelt. »Methadon nimmt dir das Leben«, stand dort in einer zittrigen Handschrift. Eine andere Botschaft klang hoffnungsvoller: »Egal, wie lange du sitzt, irgendwann kommst du auch wieder raus …«

Unter dem Schrank stand ein einfaches spanisches Gebet an der Wand, hoch oben an allen vier Wänden konnte ich Muster aus Kreuzen und arabische Schriftzeichen erkennen, die vermutlich einem muslimischen Insassen als Gebetsstützen gedient hatten, und über dem Klo stand in großen, kindlichen Buchstaben etwas auf türkisch geschrieben. In diesem Dreck hatte ich keine Lust, meine Habseligkeiten auszupacken. Also legte ich mich auf die nackte Matratze und lauschte den gedämpften Geräuschen des Gefängnislebens. Insassen schrien sich durch die Zellenwände etwas zu, manchmal lachten sie dabei, manchmal beschimpften sie sich. Das laute Klappern eines Billardspiels tönte vom Erdgeschoss zu mir herauf, unterbrochen von Ausrufen in einer fremden Sprache. In der

Nachbarzelle hörte man jemandem geräuschvoll in einer Tasse herumrühren und dann vergnügt den Monty-Python-Song »Always look on the bright side of life« pfeifen. Alle halbe Stunde wurde die Klappe über meiner Türluke aufgeschoben und ein Paar glänzender Knopfaugen begutachtete mich einen Augenblick, bevor die Klappe wieder zugeknallt wurde. Gegen Abend steigerte sich der Geräuschpegel und das laute Klappern von Schlüsseln zeigte an, dass die Wärter unsere Zellen öffneten. Ich spähte vorsichtig aus der Tür und sah, wie die anderen Häftlinge sich in die Schlange für das Abendessen unten im Erdgeschoss einreihten. Also griff ich schnell nach meinem Plastikbecher und meinem Besteck und schloss mich ihnen an.

Nachdem ich wieder in meine Zelle eingeschlossen worden war, um alleine und schweigend das Abendbrot zu mir zu nehmen, stellte ich fest, dass das Essen nicht so schlimm war wie ich befürchtet hatte: Gulasch, zwei Gemüsesorten und Reis, ein Pudding mit Vanillesauce, ein großer Stapel gebuttertes Brot, eine Tasse mit heißem Wasser für Tee oder Kaffee, ein Apfel und ein kleiner Beutel mit Cornflakes und Milch für das Frühstück am nächsten Morgen. Eine halbe Stunde später wurden unsere Zellen kurz aufgeschlossen, damit wir die Tabletts vor die Tür stellen konnten, die dann von den Küchenhilfen eingesammelt wurden. Ein paar Stunden später kam noch einmal ein Wärter mit einer Kanne heißem Wasser vorbei, aus der wir unsere Tassen füllen konnten.

»He, du da drüben, gib das mal weiter«, rief eine heisere Stimme mit schottischem Akzent. Ich setzte mich auf und überlegte, ob ich wohl damit gemeint sei. Dann klopfte jemand nebenan gegen das Heizungsrohr, das sich durch das ganze Stockwerk zog und durch jede Zelle führte. »He, du …! Du Neuer da drüben. Nimm das und gib's weiter.« Ich hörte ganz in meiner Nähe das Rascheln von Papier, und als ich über den Rand meines Bettes schaute, sah ich einen Streifen sorgfältig zusammengefalteten Zeitungspapiers durch einen winzigen Schlitz zwischen dem Metallrohr und dem Beton der Zwischenwand hervorlugen. Schnell zog ich es in meine eigene Zelle. »Los, gib's schon weiter«, befahl die körperlose

Stimme ungeduldig. Doch meine Neugier gewann die Oberhand und ich faltete das Päckchen auf. Dabei offenbarten sich winzige Kristalle einer harten, weißen Substanz, LSD oder vielleicht Crack. Rasch wickelte ich das Papier wieder zusammen, trat an die gegenüberliegende Zellenwand, wo sich ebenfalls ein winziger Spalt neben dem Heizungsrohr befand, und schob das Papierpäckchen hindurch. Gierig wurde es mir aus den Fingern gerissen. Zehn Minuten später begann die Wirkung der Droge einzusetzen, denn mein Nachbar begann heiser einen Song der Popgruppe Oasis im Radio mitzugröhlen.

»He, Neuer!« Nach dem Aufschluss am nächsten Morgen schob sich ein kurz geschorener Kopf in meine Zelle. »Wenn ich dir sage, du sollst was rüberschieben, dann beeil dich das nächste Mal 'n bisschen, kapiert!«, befahl er.

»Tut mir Leid, ich kenne mich hier noch nicht so aus. Ich wusste das nicht«, entschuldigte ich mich.

Mein Nachbar musterte mich durchdringend, offenbar misstrauisch geworden durch meinen Mittelklasseakzent. »Wieso bist'n hier?«, wollte er wissen. Ich erklärte ihm mein Vergehen. »He, ich hab gestern was im Radio über dich gehört«, rief er, und auf seinem grobem Gesicht machte sich Bewunderung breit. »Was dagegen, wenn ich auf'n Schwätzchen zu dir reinkomme?« Er setzte sich auf mein Bett und stellte sich als Paul Dobson vor. Er erklärte, er sei in Untersuchungshaft, weil er angeblich ein gegnerisches Bandenmitglied während der Bandenkämpfe um den Schmuggel von illegal hergestellten Alkohol erschossen hatte. Dann stellten wir fest, dass wir unsere Jugend in unmittelbarer Nähe verbracht hatten: Dobson hatte sich eine Zeit lang in der Einrichtung für jugendliche Kriminelle aufgehalten, die nur ein oder zwei Kilometer von Barnard Castle, meiner alten Schule, entfernt lag. Später hatte er einige Jahre im Durham-Gefängnis gesessen, daher waren die sechs Monate Untersuchungshaft ein Kinderspiel für ihn. »Ich bekomm' automatisch lebenslänglich, wenn 'se mich verurteilen, aber ich bin ja unschuldig«, behauptete er optimistisch.

Später tauchte auch mein anderer Nachbar aus seiner Zelle auf, blinzelnd und mit roten Augen, um sich beim mittäglichen Aufschluss eine Tasse heißes Wasser zu holen. Er steckte seinen rasierten, vernarbten Kopf durch meine Tür, als ich mir gerade eine Tasse Tee machte. »Hallo, Nachbar! Tut mir Leid wegen dem Lärm letzte Nacht. Ich war völlig von der Rolle.« Er rieb sich die trüben Augen. »Ich bin Craggsy«, sagte er und streckte mir die Hand zu einer freundlichen Begrüßung entgegen. Seine Augen verengten sich jedoch drohend, als ich meinen Namen nannte. »He, du bist doch wohl kein Kinderficker, oder?«

»Nein, auf keinen Fall«, wehrte ich ab.

»Dann ist's ja gut«, grinste er und entblößte eine Reihe lückenhafter Zähne. Craggs hatte eine zwölf Jahre lange Haftstrafe für bewaffneten Raubüberfall verbüßt, doch während der Überführung in ein anderes Gefängnis waren er und drei weitere Häftlinge aus dem Gefangenentransporter geflüchtet, nachdem sie den Fahrer und die Wärter überwältigt hatten. Zwei Wochen war er auf der Flucht gewesen und nun wartete eine weitere Verurteilung wegen tätlichen Angriffs auf einen Polizeibeamten auf ihn. Sein Fluchtversuch hatte ihm außerdem seine »Streifen« eingebracht, einen Jeansanzug, an dessen Seiten sich auffallende gelbe Streifen entlangzogen.

Normalerweise verbrachten neue Insassen in Belmarsh die erste Woche ihrer Haft im Aufnahmetrakt in Block 1, um die Gefängnisregeln mittels einer »kurzen, harten Schocktherapie« zu lernen. Der Flügel hatte von den anderen Gefangenen den Spitznamen »Beirut« erhalten, und die Bedingungen dort waren so schmutzig, mies und hart, dass die Verlegung in einen anderen Trakt hinterher wie ein Umzug in verhältnismäßig luxuriöse Verhältnisse wirkte. Mir war dieses »Privileg« nicht zuteil geworden, weil es für Häftlinge der Sicherheitsstufe A als zu unsicher betrachtet wurde. Während dies für die meisten anderen A-Häftlinge kein Problem war, weil sie normalerweise schon jede Menge Gefängniserfahrungen gesammelt hatten, bedeutete es für mich, die Regeln in Belmarsh durch Trial und Error zu lernen.

Jeden Morgen nach dem Aufschluss hatten wir vor dem Frühstück zwanzig Minuten Zeit, um unsere Post zu holen, uns in die Listen für die Benutzung der Sporthalle oder des

Telefons einzutragen oder den Dienst habenden Arzt aufzusuchen. Am zweiten Morgen war der Himmel sehr bewölkt, und es drang kaum Tageslicht durch die verdreckten und vergitterten Fenster des Duschraums, den ich in dieser Zeit aufsuchte. Weil ich mehr Licht brauchte, um dem schlimmsten Schmutz und den Sumpffliegen auszuweichen, drückte ich auf einen Druckknopf neben der Tür. Sofort ertönte ein lautes Hupen und bei den Schließern eine Etage tiefer brach eine heillose Aufregung aus. »Wo ist es? Was ist los?«, schrien sie und stürmten die Treppen zu den Stockwerken hinauf. Die schweren Türen, die vom Innenhof abgingen, sprangen auf, und Verstärkung aus den benachbarten Trakten strömte hinein. Die Beamten rannten die Etagen entlang und befahlen den paar anderen Häftlingen, die noch unterwegs waren: »Gut, Leute, zurück in eure Zellen. SOFORT!« und schlugen dann die Zellentüren zu. Ich beobachtete das Ganze zunächst verwirrt und eilte dann ebenfalls zurück in meine Zelle. Durch die Türluke beobachtete ich, wie die aufgeregten Schließer umher hasteten und beunruhigt nach etwas suchten. Weil ich keine Ahnung hatte, was los war, nahm ich mir vor, Dobson danach zu fragen.

Zehn Minuten später wurden wir wieder aus unseren Zellen gelassen und der Gefängnistrott ging ganz normal weiter. Zurück im Duschraum betrachtete ich den angeblichen Lichtschalter etwas genauer. Unter ihm war das Wort »Alarm« eingraviert.

»Du bescheuerter Arsch«, sagte Dobson mit breitem Grinsen mittags in der Warteschlange vor der Essensausgabe zu mir und erklärte dann: »So'n Knopf ist nur dazu da, falls es 'ne Klopperei gibt oder so. Du kriegst 'ne Woche Isohaft im Bunker, wenn sie rauskriegen, dass du da dran rumgemacht hast. Da sitze dann ganz allein in 'ner leeren Zelle, kriegst nur nachts 'ne Matratze, musst alleine zum Hofgang, sodass kein Arsch mit dir reden kann und hast nix zum Lesen außer der verdammten Bibel. Da wirste echt verrückt.«

Nach den Gefängnisregeln stand uns jeden Tag rund eine Stunde »Aufschluss« zu, der in wechselndem Rhythmus morgens oder abends stattfand. Die Zellentüren mussten hinter uns verschlossen werden, damit die Gefangenen sich nicht außer Sichtweite der Schließer treffen konnten, und die Türen zu den oberen Stockwerken wurden versperrt. Alle hundert Häftlinge des Traktes drängten sich im winzigen Erdgeschoss zusammen. Wir konnten Billard oder Tischfußball spielen, telefonieren oder einfach herumsitzen und bei einer Tasse Tee miteinander reden. Vor dem Fernseher standen zehn bequeme Stühle, und es gab stets ein wildes Gedränge, um dort einen Platz zu bekommen. Auch über die Programmauswahl gab es immer heftige Auseinandersetzungen. Beliebte Sendungen waren Polizeiserien wie *The Bill* (von Craggs auch gerne als »Trainingvideos« bezeichnet) oder auch *Crimewatch*, die britische Version von *Aktenzeichen XY – ungelöst* in der BBC, das gerne angeschaut wurde, weil dort gelegentlich über Bekannte berichtet wurde. Die unbestrittene Lieblingssendung aller war jedoch die Musiksendung *Top of the Pops*, die jeden Freitagabend ausgestrahlt wurde. Wir konnten sie allerdings nur alle 14 Tage sehen, wenn die Aufschlusszeiten mit der Sendezeit zusammenfielen.

An den Wochenenden genossen wir den Luxus von vier Stunden Aufschluss am Tag, zwei morgens und zwei abends. Wenn es nicht regnete, durften wir uns eine Stunde am Tag in dem kahlen Betonhof aufhalten, und Sonntags bekamen wir sogar manchmal zwei Stunden, wenn die Schließer gut gelaunt waren. Für A-Häftlinge gab es darüber hinaus kaum Gelegenheiten, die Zellen zu verlassen. Es war äußerst langweilig und qualvoll, bis zu 22 Stunden am Tag in einer Zelle eingesperrt zu sein. Selbst mit einem guten Buch war es schwierig zu vergessen, dass man nicht einmal aufstehen und sich eine Tasse Tee machen konnte. A-Häftlinge waren auch dann Einschränkungen unterworfen, wenn wir nicht in unseren Zellen waren. Jede Bewegung, die wir außerhalb der Zellen machten, sei es der Hofgang, das Anstehen für die Essensausgabe oder ein Telefonanruf, wurde von Mr. Richards, dem immer fröhlichen, leitenden Beamten unseres Trakts, in einem kleinen schwarzen Buch notiert. Für die trivialsten Dinge mussten wir schriftliche Anträge einreichen, die die wiederum schriftliche Genehmigung des Gefängnisdirektors erforderten, sei es nun für einen Haarschnitt, das Wachsenlassen des Bartes oder gar die Pflege der Fußnägel, für die man die Benutzung einer Nagelschere beantragen musste, und die überdies nur unter Aufsicht eines Schließers stattfinden durfte. Meinen Mithäftlingen war meine Sicherheitsstufe ein Rätsel. Selbst Mr. Richards konnte die Logik dahinter nicht verstehen. »Da hat man Sie ganz schön verarscht«, lachte er. »Sie waren noch nie im Gefängnis, haben keine Vorstrafen, sitzen nur ein, weil Sie gegen irgendwelche Vorschriften verstoßen haben, und dann gibt man Ihnen auch noch Sicherheitsstufe A! Irgendjemand da oben hat ganz gewaltig was gegen Sie, wenn Sie mich fragen!«

Der Morgen des 10. November war als Datum für meinen zweiten Haftprüfungstermin vor dem Gericht in der Bow Street festgesetzt worden. Morgens um sechs weckten mich zwei Schließer und unterzogen mich einer Leibesvisitation. Dann brachten sie mich zur Torwache, wo ich mich wieder ausziehen musste, während sie meine Kleider durchleuchteten. Anschließend führten sie mich in Handschellen zum Gefangenentransporter und schlossen mich dort in eine der Transportzellen ein. »Wir sind noch ein bisschen zu früh dran für die Polizeieskorte, Sie müssen also noch etwas warten«, sagte der Schließer durch das Gitter und schnallte sich in seinem Sitz mir gegenüber fest. »Ich warne Sie: Wenn Sie hier drinnen pissen, kommen Sie nach Ihrem Gerichtstermin eine Woche in den Bunker.« Die Zelle stank nach Urin; der Häftling vor mir musste sehr verzweifelt gewesen sein.

Ich saß erst wenige Minuten in der Wartezelle des Gerichts in der Bow Street, da öffnete sich die Klappe, und ein Augenpaar musterte mich, diesmal jedoch intelligent und freundlich. »Die Staatsanwaltschaft möchte wieder, dass Sie gefesselt auf der Anklagebank sitzen«, erklärte Davies. »Ich werde jedoch beantragen, dass Sie ohne Handschellen vor Gericht erscheinen.« Auch diesmal konnte er sich durchsetzen und eine halbe Stunde später nahmen mir die Sicherheitsbeamten vor der Tür des Gerichtssaals die Handschellen ab und ließen mich alleine zur Anklagebank vorgehen. Davies legte zuerst die Gründe dar, weswegen eine Haftaussetzung gewährt werden sollte. Ein befreundeter Anwalt hatte sich angeboten, seine Wohnung ebenfalls als Sicherheit zu hinterlegen. Daher konnte Davies nun zusammen mit meiner Wohnung und dem Haus meiner Eltern Eigentum im Wert von über 500.000 Pfund als Sicherheit anbieten. Nach einer Woche in Belmarsh war ich mittlerweile auch sehr erpicht darauf, dass der Richter dieses Mal den Haftprüfungstermin zu meinen Gunsten entschied. Der Vertreter der Staatsanwaltschaft, Colin Gibbs, verkündete jedoch, er hätte einen Sachverständigen, der seinen Standpunkt, keine Haftaussetzung zuzulassen, unterstütze. Er bat das Gericht um die Erlaubnis, die Anhörung unter Ausschluss der Öffentlichkeit fortzusetzen. Der Richter stimmte dem zu, und die Gerichtsdiener schickten Zuschauer und Pressevertreter hinaus, sodass nur noch Davies, Wadham und ich, Gibbs als Vertreter der Staatsanwaltschaft, sein Assistent und der Vorsitzende Richter anwesend waren. Das waren genau die Bedingungen, die der MI6 als nicht »sicher« genug befunden hatte, um meine Unterlagen für einen Prozess vor dem Arbeitsgericht freizugeben. Der Sachverständige, der nun den Raum betrat, stellte sich als der zweite »Mr. Halliday« heraus, der mich angeworben hatte. Er begann sofort, mich völlig unberechtigt persönlich anzugreifen, erfand fiktive Gründe für meine Entlassung und ließ mir keine Möglichkeit, mich zu verteidigen. Nur mit Mühe gelang es mir, meine Zunge im Zaum zu halten. Ich wusste, dass ich nun kaum noch eine Chance hatte, aus dem Gefängnis frei zu kommen, da jegliches Verständnis, das der Richter für meine Lage möglicherweise empfunden haben mochte, nun sicherlich verflogen war. Und so war es auch, wie sich wenige Minuten später herausstellte, als er sich erhob, um das Urteil zu verkünden.

Davies und Wadham kamen hinunter zu den Gerichtszellen und sprachen mir ihr Bedauern aus. Ihre Augen glänzten durch die winzige Türluke. »Man ist fest entschlossen, Sie im Gefängnis zu behalten. Und zwar nicht, weil der MI6 Angst hätte, Sie könnten flüchten, sondern weil man möchte, dass Sie ein Schuldeingeständnis ablegen«, erklärte Wadham. »Die wissen natürlich genau, dass Sie wegen des großen Rückstands an Fällen noch mindestens ein Jahr in der Untersuchungshaft auf Ihren Prozess warten müssen, wenn Sie nicht gestehen. Bekennen Sie sich jedoch schuldig, wird Ihre Hauptverhandlung schon innerhalb weniger Wochen stattfinden, weil sich dies leichter in den Terminkalender des Gerichts einfügen lässt. Ein Schuldeingeständnis wird zudem strafmildernd angerechnet und Sie werden nicht länger als Häftling der Sicherheitsstufe A klassifiziert.«

»Ich verstehe«, sagte ich. »Der MI 6 hat den Direktor des Belmarsh dazu gebracht, mich als A-Häftling einzustufen und dann dafür gesorgt, dass ich keine Haftaussetzung bekomme, sodass ich noch ein Jahr unter diesen harten Bedingungen vergeude, wenn ich mich nicht schuldig bekenne.«

»Genau«, mischte sich Davies ein. »Der MI 6 weiß, dass Sie vor einem Geschworenengericht vermutlich gewinnen würden, also sorgt man dafür, dass diese Option so unangenehm wie möglich für Sie ist. Denn selbst wenn Sie den Prozess vor einem Geschworenengericht verlieren sollten, wäre es immer noch sehr peinlich für den Geheimdienst, weil Sie eine längere Zeit in Untersuchungshaft verbracht hätten als Sie selbst nach einer Verurteilung verbüßen müssten.« Die Höchststrafe bei einer Verurteilung würde zwei Jahre betragen und automatisch auf zwölf Monate verkürzt werden, solange ich mich in der Haft anständig aufführte. »Sie missbrauchen das System ganz offenkundig, um Sie zu einem Schuldeingeständnis zu bewegen, weil sie wissen, dass jede Jury aus rechtschaffenen Engländern Ihnen wohlgesonnen wäre und Sie freisprechen würde«, fügte Davies hinzu.

Ich hatte an diesem Nachmittag viel Zeit, über meine Wahl nachzudenken. Es waren keine Transporter für A-Häftlinge verfügbar, und ich musste fünf Stunden in der spartanischen Gerichtszelle warten, in der lediglich eine Holzbank stand und wo es nichts zu lesen gab. Die Vorstellung, noch ein Jahr in Belmarsh zu verbringen und auf meinen Ruhmestag vor Gericht zu warten, war nicht gerade erfreulich. Schon die Woche, die hinter mir lag, war mir wie ein ganzer Monat vorgekommen. Bei einem Schuldeingeständnis dagegen würde der Richter automatisch ein Drittel meiner Strafe abziehen.

Das bedeutete, dass ich höchstens acht Monate im Gefängnis verbringen musste – vermutlich als Häftling einer niedrigeren Sicherheitsstufe und in einem angenehmeren Gefängnis als Belmarsh. Der Gedanke, mich dem Ränkespiel des MI6 zu beugen, war zwar unerträglich, aber es schien leider dennoch die weitaus pragmatischere Wahl zu sein. Während ich zu meiner mir nun schon vertrauten Umgebung nach Belmarsh mit seiner Mannschaft aus Gaunern und Verrückten zurückkehrte, kam ich zögernd zu dem Entschluss, dass es am vernünftigsten wäre, mich schuldig zu bekennen.

Mrs. Thatchers Entscheidung Ende der Achtzigerjahre, das psychiatrische Krankenwesen Großbritanniens zu demontieren, hatte unter anderem zur Folge, dass sich die Gefängnisse des Landes schnell mit ehemaligen Insassen der Psychiatrie füllten. Ihre Langzeitaufenthalte in psychiatrischen Kliniken wurden abrupt vorzeitig beendet, doch viele kamen mit dem Leben draußen nicht zurecht und wurden kriminell, um zu überleben. Im Gefängnis gab es keine Einrichtungen für die Behandlung psychisch Kranker, sodass sich ihr Geisteszustand weiter verschlechterte. Da andere Gefängnisse Belmarsh gerne als Müllhalde für unangenehme Häftlinge verwendeten, hatte wir einen überdurchschnittlich hohen Anteil an »Fraggles«, so wurden die Verrückten im Gefängnisjargon genannt. Die meisten waren harmlos und lustig, so wie Eric Mockalenny, ein untersetzter Nigerianer, dessen Geschichte typisch für viele war. Er saß im Gefängnis, weil er bei seiner Verhaftung wegen unsittlicher Entblößung vor dem Buckingham Palace einen Polizisten angegriffen hatte. Im Gefängnis verschlechterte sich sein Geisteszustand immer mehr. Eines Tages kam er nach dem Mittagessen in meine Zelle und stellte sich vor. »Guten Morgen, Mr. Tomlinson, ich bin Eric Mockalenny. Hätten Sie vielleicht eine Briefmarke für mich? Ich muss unbedingt einen Brief an Prinzessin Anne schreiben«, sagte er und zeigte eine Reihe großer, weißer Zähne. Seine Bitte wurde so höflich vorgetragen, dass ich mich verpflichtet fühlte, ihm zu helfen. Mockalenny dankte mir huldvoll und tippelte mit einem dankbaren Grinsen auf dem Gesicht aus meiner Zelle.

Kurz darauf nahm mich der junge Schließer zur Seite, der die Aufgabe hatte, ihn im Auge zu behalten, und ermahnte mich: »Tomlinson, geben Sie Mockalenny keine Briefmarken mehr. Er schreibt drei Briefe am Tag an Prinzessin Anne, in denen er fragt, ob sie sich an einem Krabbenzuchtunternehmen in Nigeria beteiligen möchte und schickt ihr ständig Besuchsantragsformulare.«

Mockalennys Mätzchen wurden meistens sowohl von den Häftlingen als auch von den Schließern toleriert, doch einige der anderen »Fraggles« waren weitaus unangenehmer. Stonley zum Beispiel hatte neun Jahre in einer psychiatrischen Klinik verbracht, ehe er während einer Initiative zur gemeindegestützten Versorgung behinderter und psychisch kranker Menschen wieder entlassen wurde. Er hatte kein Zuhause und landete schließlich wegen einer Reihe kleinerer Einbrüche in Belmarsh. Er sprach mit niemandem, wusch und rasierte sich nicht und wechselte nie seine Kleidung. Die Aufschlusszeiten verbrachte er damit, wie wild in einem kleinen Kreis herumzulaufen, wobei er seinen Bart umklammerte und vor sich hin murmelte. Weil er so abscheulich stank, näherte sich ihm auch niemand, und so war er gefeit gegen Schikanen oder Einschüchterung.

Wie für viele Häftlinge gehörten auch für mich die Besuche der Gefängnissporthalle zu den Höhepunkten des Tages. An Tagen, an denen genug Schließer vorhanden waren, um auch die A-Häftlinge aus dem Trakt zu bringen, konnte jene, die sich morgens nach dem Aufschluss schnell genug vor Mr. Richards Schreibtisch angestellt und in die Liste eingetragen hatten, in die Sporthalle gehen anstatt in den Hof. In der gut ausgestatteten Halle konnten wir Gewichte heben, Badminton oder Softball-Tennis spielen oder uns im Hallenfußball mit Mannschaften aus fünf Spielern gegeneinander messen. Es gab auch ein Rudergerät, und ich begann ein manisches Fitnessprogramm zu absolvieren, wobei ich abwechselnd 5.000 und 10.000 Meter pro Sitzung zurücklegte – sonntags, wenn wir die doppelte Zeit in der Sporthalle verbringen durften, waren es sogar zwanzig Kilometer. Meine körperliche Fitness zu verbessern war das beste Gegenmittel zu meinem ansonsten nutzlosen und sinnlosen Aufenthalt im Gefängnis.

Es war uns gestattet, eine Tageszeitung und ein paar Zeitschriften pro Woche zu kaufen. Dafür mussten wir unser privates Geld verwenden, das bei der Torwache hinterlegt war, welche die Zeitungen gesammelt bei einem benachbarten Zeitungshändler bestellte. Nur Pornohefte und Waffenmagazine waren verboten. Die mit Sehnsucht erwartete Tageszeitung erhielten wir kurz nach dem Mittagessen, und bei der Schlange für das Abendessen fand ein improvisierter Flohmarkt statt, bei dem die Zeitungen dann getauscht wurden. Diese Zeitungen sowie das kleine Radio, das ich in meiner Zelle haben durfte, erlaubten es mir, den Ereignissen außerhalb des Gefängnisses zu folgen. Über meine Verhaftung war ausführlich berichtet worden und es gab kleine Folgeartikel über die Ablehnung meines Antrags auf Haftaussetzung. Die Presse war mittlerweile weit weniger voreingenommen in ihrer Berichterstattung, nachdem trotz der Negativpropaganda, die die Presseabteilung des MI6 eifrig zu meiner Person betrieb, die Wahrheit über mein geringfügiges Vergehen zutage getreten war. Jedes Mal, wenn mein Antrag auf Haftaussetzung wieder einmal abgelehnt wurde, klangen die Berichte mitfühlender.

»He, Rich! Ich bin jetzt noch berühmter als du!« Zwiebelkopf, ein fröhlicher Liverpooler mit einem roten Gesicht und einem blonden Haarbüschel wie der junge Reporter Tim aus den Tim & Struppi-Comics, winkte mir eines Morgens mit einer Boulevardzeitung zu. »Sie haben sogar mein Kopfbild und meine Nummer veröffentlicht, wie bei Hugh Grant, nur dass ich besser aussehe, finde ich!«, rief er und drückte einen Kuss auf sein eigenes Konterfei. In der Zeitung zu stehen, steigerte das Ansehen, und Zwiebelkopf zeigte mir stolz den Artikel über sich. Er gehörte zu einer Bande, die eine Reihe von Häusern reicher Familien in den Grafschaften um London überfallen und die Hausbesitzer mit vorgehaltener Pistole ausgeraubt hatte. Am Tag zuvor war das Urteil verkündet worden, nachdem Zwiebelkopf ein Jahr in Untersuchungshaft verbracht hatten. Der *Mirror* hatte eine ganze Doppelseite über die Bande veröffentlicht, die Zwiebelkopf nun stolz präsentierte.

»Was hast du bekommen?«, fragte ich.

»16 Jahre«, erwiderte er fröhlich und leckte über sein Zigarettenblättchen. »Der blöde Richter hat einfach seine Lottozahlen genommen, dieser Wichser. Steve hat 25 bekommen, Neil 19 und Owen 22«, fügte er hinzu. »Trotzdem, man muss das positiv sehen. Ich werd' mich einfach anständig aufführen und meine Hütte immer sauber halten. Dann muss ich nur noch 418 Folgen von *Top of the Pops* anschauen, bis ich auf Bewährung rauskomme und wieder ein freier Mann bin«, lachte er und zündete sich seine Zigarette an. Sein vorlauter Optimismus munterte mich auf; die zwei Jahre, die ich als Höchststrafe zu erwarten hatte, kamen mir im Vergleich dazu unbedeutend vor.

Eines Morgens im November verging die übliche Aufschlusszeit um halb neun ohne das gewohnte Geräusch von klappernden Schlüsseln und aufschlagenden Türen. Während die Minuten verstrichen, bekundeten die Gefangenen ihre wachsende Ungeduld, indem sie mit ihren Abfalleimern gegen die Zellentüren schlugen. »Was ist los?«, rief ich Dobson durch das Loch beim Heizungsrohr zu.

»Keinen Schimmer, ich frag mal nach und sag's dir dann.« Er kontaktierte seinen Nachbarn und rief mir nach einigen Minuten zu: »Irgendein Bürschchen im anderen Trakt, Colligan heißt er, hat letzte Nacht den Löffel abgegeben, dieser blöde Scheißkerl. Die Schließer haben ihn heute Morgen gefunden.«

»Wie hat er denn das geschafft?«, fragte ich. Es war nicht leicht, sich in Belmarsh umzubringen; es gab keine scharfen Gegenstände, um sich die Pulsadern aufzuschneiden, keine offenen Balkone zum Herunterspringen oder Seile, mit denen man sich erhängen konnte.

»Angeblich hat er ein Laken auseinander gerissen, eine Schlinge daraus gedreht und um seinen Hals gelegt und sich dann so lange in seinem Bett hin und her gerollt, bis er erstickt ist«, antwortete Dobson leise. Ich kannte Colligan, ein Typ Anfang zwanzig, der in Untersuchungshaft saß, weil er angeblich die Frau eines Millionärs getötet hatte, nur vom Sehen, trotzdem war dies eine traurige Nachricht. Offenbar lagen gegen ihn so zwingende Beweise vor, dass er eine lebenslange Haftstrafe zu erwarten hatte. »Typen wie der, die lieber sterben wollen, sollten um eine tödliche Injektion bitten dürfen«, fügte Dobson heiser hinzu. »Es ist einfach unfair, jemanden so zu quälen, dass er sich auf die Art um die Ecke bringt.«

Wir durften erst aus unseren Zellen, nachdem ein Arzt Colligan untersucht und einen Totenschein ausgestellt hatte. Dann wurden noch gerichtsmedizinische Beweisstücke gesammelt, der Leichnam wurde fotografiert und schließlich aus der Zelle gebracht. Den restlichen Tag über herrschte im ganzen Trakt gedrückte Stimmung.

Während dieser ersten Zeit in Belmarsh beschäftigte es mich, was die anderen Häftlinge wohl über mein Vergehen dachten. Ehemalige Mitarbeiter der Justiz, vor allem Polizisten, werden gewöhnlich schikaniert und müssen oft nach Paragraph 43 der Haftordnung eine getrennte Unterbringung beantragen. Die meisten Häftlinge, die nach diesem Paragraphen getrennt von den anderen untergebracht sind, sind Sexualstraftäter – die so genannten »Kinderficker«, die Craggs dermaßen hasste. Doch meine Befürchtungen, man könnte mich für einen »Anscheißer« halten (Gefängnisslang für Spitzel), waren unbegründet. In der Gefängnishierarchie, in der bewaffnete Bankräuber ganz oben und diejenigen, die wegen kleinerer Delikte wie Handtaschenraub einsaßen, ganz unten standen, erwiesen mir die meisten für mein Vergehen »Respekt«. Damit hatte ich Glück, denn eines freitagabends wurde ich Zeuge der Behandlung, die den »Kinderfickern« zuteil wurde. Es lief gerade Top of the Pops, und der Trakt hatte sich vor dem Fernseher versammelt und jubelte Mockalenny zu, der völlig unpassend zu einer Celine Dion-Single einen Breakdance aufführte. Ein junger Schwarzer, der gerade eben erst aus »Beirut« zu uns gekommen war, saß still etwas abseits und nippte an einer Tasse Kakao. In dem allgemeinen Tumult füllte Craggs unbeachtet einen Plastikbecher mit kochendem Wasser aus dem Kocher, schlich sich heimlich von hinten an den Schwarzen heran und schüttete ihm das siedend heiße

Wasser über den Kopf. Dieser fiel zu Boden, umklammerte seinen Kopf und schrie vor Schmerzen. Craggs sprang sofort mit erhobenen Armen zurück und protestierte vehement: »Tut mir Leid, Kumpel, das war ein Versehen, ehrlich.« Andere Insassen eilten herbei, als das Opfer aufsprang und sich in blinder Wut auf seinen Peiniger stürzte. Ehe ein Kampf ausbrechen konnte, drückte jemand den Alarmknopf, und die gewohnte Horde an Wärtern brach über uns herein und scheuchte uns zurück in unsere Zellen. Als seine Tür zuschlagen wurde, beteuerte Craggs immer noch seine Unschuld, nicht gerade mit überzeugender Aufrichtigkeit, sondern um die anderen wissen zu lassen, wie die Version der Ereignisse lautete, die man den Schließern erzählen sollte.

Ich lag mit dem Gesicht nach unten auf dem Bett und fragte Dobson durch die Spalt, was denn los war. »Das war ein verdammter Kinderficker«, flüsterte er. »Wir haben es eben vom anderen Block erfahren. Er hat 'ne Tussie vergewaltigt. Die hätten eigentlich wissen müssen, dass es keinen Sinn hat, den bei uns unterzubringen. Ich wollte ihm schon selbst eins verpassen, aber Craggsy ist mir zuvorgekommen. Den werden wir bestimmt nicht wiedersehen.«

Ein weiterer Häftling namens Michaels kam wenige Tage später in den Genuss der Craggsschen Überprüfung, als er sich in seiner neuen Gefängniskluft am Ende der Warteschlange für das Mittagessen anstellte und an seiner Cartier-Uhr herumspielte. »Weswegen bist'n hier, Kumpel«, fragte Craggs mit einem streitsüchtigen Unterton in der Stimme.

Michaels, ein älterer und gebildet wirkender Mann, zögerte einen Moment, weil er es nicht gewohnt war, von einem narbigen Skinhead angesprochen zu werden. »Wegen Betrugs«, erwiderte er nervös und rückte seine Brille zurecht.

»Ach, wie interessant, wegen Betrugs«, imitierte Craggs den vornehmen Akzent für sein Publikum. »Was haste dafür bekommen?«, fragte er immer noch misstrauisch.

»18 Monate«, erwiderte Michaels vorsichtig.

»Nur 18 Monate! Aber das ist ja nichts, gar nichts. Reicht grade mal zum Scheißen und Rasieren«, spottete Craggs. »Wie viel haste denn dafür geklaut?«, fragte er dann.

»Der Richter sagte, es würde sich insgesamt auf 600.000 Pfund belaufen, über einen Zeitraum von rund zehn Jahren«, sagte Michaels nervös.

Craggs runzelte die Stirn, während sein Hirn eine schnelle Rechnung anstellte. »Was, du hast dir 600.000 verschissene Pfund unter den Nagel gerissen und nur 18 Monate dafür bekommen?« Michaels sah zu Boden und spielte nervös mit seiner Uhr. »Ich hab nur verfluchte fünftausend abgezogen und dafür 15 Jahre bekommen«, rief Craggs ungnädig.

»Alter, aber du hast dabei den Bankmanager erschossen«, mischte sich Zwiebelkopf beschwichtigend ein.

Doch Craggs hatte kein Einsehen. »600.000 verschissene Pfund und 18 verschissene Monate«, wiederholte er nachdenklich. »Hol mich der Teufel, das mache ich auch, wenn ich hier rauskomme. Ich mach einen auf Betrug. Das muss doch funktionieren, was?« Mit diesen Worten stieß er Zwiebelkopf triumphierend zwischen die Rippen, so freute er sich über diese Idee. »Genau, das mach ich«, wiederholte er zuversichtlich, sichtlich zufrieden mit seinem Geistesblitz. Doch langsam verzog sich sein vernarbtes Gesicht zu einem Stirnrunzeln und seine Miene verdunkelte sich. »Verflucht noch eins, wenn ich nur lesen und schreiben könnte!«

Die meisten der Gefangenen in meinem und dem benachbarten Trakt, mit denen ich gemeinsam Hofgang hatte, kannten mich von der Berichterstattung in den Medien, und gelegentlich brachte der eine oder andere seine Abscheu darüber zum Ausdruck, dass ich für das Schreiben eines Buches im Gefängnis saß. Sie interessierte außerdem sehr meine angebliche Sachkenntnis, weil sie fälschlicherweise davon ausgingen, dass ich mich in der Arbeitsweise jeder unbedeutenden Polizei- oder Zollabteilung bestens auskannte, in allen Belangen des Strafrechts bewandert und ein Experte auf dem Gebiet der Schusswaffen sei. Meine Stunde auf dem Hof, wo wir uns außer Hörweite der Schließer unterhalten konnten, bestand deshalb hauptsächlich in der Behandlung von Fragen wie »Was ist besser – eine Uzi oder eine Heckler & Koch?«, »Können SMS-Botschaften zwischen Handys überwacht werden?« oder »Wie merkt man, ob man von der Polizei observiert wird?«. Diese Fragen brachen das Eis und ermöglichten es mir, meine Mitgefangenen auch über ihre eigenen Delikte auszufragen. So entwickelten sich die Hofgänge allmählich zu inoffiziellen Symposien über das kriminelle Handwerk. Ich lernte, wie man Autos knackte, wo man falsche Pässe besorgte, wie man Großbritannien ohne Papiere verlassen konnte und in welchen Ländern man einer Verhaftung und Auslieferung am besten entgehen konnte.

Ein weiteres beliebtes Gesprächsthema waren die relativen Vorzüge verschiedener Gefängnisse. Belmarsh war nach übereinstimmender Meinung das schlimmste Gefängnis, das alle erlebt hatten. Der Mangel an Freiheit und Umgang mit anderen war selbst für Berufsverbrecher belastend. Der anerkannte Gefängnisexperte war Ronnie, ein Cockney, der in so vielen ausländischen Gefängnissen gesessen hatte, dass er den Knastjargon in mehreren Sprachen fließend beherrschte. Seine letzte Haftstrafe hatte er im Gefängnis von Monaco abgesessen. Eines Nachmittags, als wir uns mit Dobson und Zwiebelkopf zum Abendessen anstellten, erzählte er uns, wie er dort gelandet war. Er war kraft eines »kleinen Unternehmens« zu Geld gekommen und entschied sich, seiner Mutter ein Wochenende in Monte Carlo zu spendieren. »Ich komme also aus diesem bescheuerten Casino heraus«, fuhr er fort, »fein herausgeputzt in meinem Smoking, und da parkt dieser hellgelbe Lamborghini Diabolo vor der Tür. Ich denke mir: ›Den will ich haben‹, also geh ich zu dem Garçon und sag ihm, er soll mir die Schlüssel für die macinino ganz pronto holen. Der kleine Gauner saust los, holt den Lambo von seinem Parkplatz und gibt ihn mir! Meine Mutter war dabei und sagt die ganze Zeit, ›Nein Ronnie, tu das nicht, tu das nicht‹, aber ich schieb sie einfach auf den Beifahrersitz und sag ihr, sie soll die Klappe halten. Wir waren schon fast an der Costa Brava, als uns die Flics wieder eingesackt haben.« Für Ronnie war das Gefängnis in Monaco »die reinste Erholung«. Auch holländische Knäste waren völlig locker. »Sie wollten dauernd, dass ich eine Drogentherapie mache, aber ich war die ganze Zeit so breit, dass ich immer wieder von vorne anfangen musste.« Schweizer Gefängnisse waren »wie das verfluchte Hilton«

und auch spanische, französische und deutsche Knäste waren alle »harmlos« im Vergleich zu britischen Gefängnissen.

Selbst Dobson und Craggs mit ihren Erfahrungen bewunderten Ronnies Gefängniswissen. »Und wo, findest du, gibt es die besten Gefängnisse?«, fragte Dobson, der daran dachte, seine Tätigkeit ins Ausland zu verlagern, wenn er wieder frei kam.

Ronnie runzelte kurz die Stirn. »Keine Frage, versuch's mal mit dem Knast auf Island. Das ist 'ne verdammt feine Sache. Ich hab hundert Pfund die Woche bekommen, um den Hof zu fegen, nur dass ich's nie tun musste, wenn Schnee lag, und das war das ganze verfluchte Jahr über der Fall. Ich bin reich wie ein Lumpensammler wieder rausgekommen.«

An einem bitterkalten Nachmittag lief ich wütend auf dem Hof umher und versuchte trotz des beißenden Windes warm zu bleiben. Dabei verfluchte ich wieder einmal die Umstände, die zu meiner Haft geführt hatten. Die meisten anderen Gefangenen drängten sich in den Ecken des Hofes zusammen und suchten Schutz vor dem Wind. Nur Mockalenny hatte sein Hemd ausgezogen und tanzte wie wild in einer Pfütze herum, das Vaterunser singend und die Hände zum Himmel gestreckt. Plötzlich legte sich eine fleischige Pranke auf meine Schulter. Ich wirbelte herum, stieß die Hand des Angreifers zur Seite und machte mich auf Ärger gefasst. Voller Erleichterung sah ich das Grinsen auf dem mürrischen, aber doch freundlichen Gesicht eines älteren Häftlings von Trakt 2. »Du bist doch der Spion, stimmt's?«, fragte er. Bevor ich antworten konnte, stellte er sich schon vor. »Heiße Henderson, Pat Henderson …« Bei diesem mir mittlerweile nur allzu bekannten Witz legte er sein Gesicht in Falten. »Ich würde gerne mit dir reden«, fuhr er fort. »Kennst du einen Typen namens George Blake?«

»Ich habe von ihm gehört«, erwiderte ich, »wenn wir denselben George Blake meinen.« George Blake war der letzte MI6-Mitarbeiter gewesen, der wegen Verstoßes gegen den Official Secrets Act 1950 ins Gefängnis kam. Nachdem er sechs Jahre im Gefängnis verbüßt hatte, brach er aus und floh nach Moskau. »Doch, das ist er«, lachte Henderson. »Ich bin damals mit ihm in Wormwood Scrubs gesessen, vor vielen Jahren. Ein witziger Typ. Eines Nachts ist er dann über die Mauer.«

Ich lachte angesichts der Ironie, mit jemandem im Knast zu sitzen, der Blake gekannt hatte.

»Wie geht's ihm denn so?«, fragte Henderson.

»Ich glaube, er lebt in Moskau«, erwiderte ich.

»Also, wenn du ihm mal über den Weg läufst, dann vergiss nicht, ihn von mir zu grüßen«, strahlte Henderson.

Die Schließer brachten mich am Montag, dem 17. November, zu meiner dritten und letzten Haftprüfung erneut zum Gericht in der Bow Street. Sie führten die übliche Leibesvisitation mit mir durch, doch diesmal erhielt ich keine Polizeieskorte. Die Behörden hatten nun vermutlich erkannt, dass sie keinen gefährlichen Häftling vor sich hatten, trotz der Behauptungen des MI6. Zu diesem Zeitpunkt spielte es kaum noch eine Rolle für mich, ob der Antrag auf Haftaussetzung durchkam oder nicht, da ich mich damit abgefunden hatte, längere Zeit im Gefängnis zu verbringen. Meine einzige Chance, frei zu kommen, lag in der winzigen Möglichkeit, dass Generalstaatsanwalt John Morris die Anklage fallen ließ. Verstöße gegen den Official Secrets Act werden nicht automatisch verfolgt, dafür muss erst ein besonderer Erlass vom Generalstaatsanwalt ausgestellt werden. Angeblich liegt diese Entscheidung allein bei ihm, in Wirklichkeit aber entscheiden die Nachrichtendienste darüber. Sie sind stets die ersten Regierungsstellen, die Verstöße gegen den Official Secrets Act aufdecken, und wenn sie an einer Strafverfolgung nicht interessiert sind, wie im Fall von Melissa Norwood, die erst kürzlich im hohen Alter als KGB-Spionin entlarvt wurde, dann halten sie einfach still. Wenn sie aber eine Person vor Gericht bringen wollen, wie es offensichtlich bei mir der Fall war, dann setzen sie jeden Hebel in Whitehall in Bewegung. Der MI6 würde Morris daher schwer bearbeiten. Doch dieser hatte offensichtlich nicht gleich nachgegeben, was nahe legte, dass er zumindest einige Zweifel hegte. Wie Premierminister Tony Blair und das übrige Labourkabinett hatte auch Morris 1999 gegen den Official Secrets Act gestimmt. Doch Owen verkündete mir gleich als Erstes die schlechte Nachricht durch die

Zellenluke. »Morris hat gerade eben den Erlass per Fax geschickt. Ich fürchte, jetzt gibt es keinen Ausweg mehr.« Es traf mich zwar hart, aber ich hatte darauf geachtet, nicht zu sehr auf eine Entlassung zu hoffen. Es war nun sinnlos, auf eine Haftaussetzung zu plädieren. Angesichts des nun vorliegenden Erlasses des Generalstaatsanwalts würde nur ein sehr mutiger Richter dem noch stattgeben. Außerdem hatte die Untersuchungshaft auch Vorteile, weil diese Zeit auf mein Urteil angerechnet würde.

Drei Tage später hörte ich im Radio eine Neuigkeit, die ein Licht auf die politische Natur der strafrechtlichen Verfolgung in Bezug auf den Official Secrets Act warf. Chris Patten, ein ehemaliger Tory-Minister und prominenter Politiker, der bei den letzten Wahlen seinen Sitz im Parlament verloren hatte, war zum Gouverneur von Hongkong ernannt worden, wo er die letzten Jahre vor der Machtübergabe an China überwachen sollte. Als Gouverneur hatte er den Official Secrets Act ebenfalls unterschrieben, weil er regelmäßig Geheimberichte erhielt. Er autorisierte den Journalisten Jonathan Dimbleby, eine offizielle Biografie über ihn zu verfassen, die seine Gouverneurstätigkeit glorifizieren sollte und den Titel *The Last Governor* trug. Um bestimmte Aspekte des Buches glaubhaft zu machen und zweifellos auch um die Verkaufszahlen in die Höhe zu treiben, übergab Patten die Kopien vieler CX-Berichte an Dimbleby. Dieser unverschämte Verstoß gegen den Official Secrets Act war weitaus schwerwiegender als die Übergabe einer nichts sagenden Zusammenfassung an eine Lektorin, die zudem niemals veröffentlicht wurde. Die Polizei und die Königliche Staatsanwaltschaft wollten dann auch eine strafrechtliche Verfolgung einleiten, doch Morris weigerte sich, den dafür notwendigen Erlass auszustellen, mit dem Argument, eine Verfolgung Pattens habe »keinen sinnvollen Nutzen«.

Wenn Verstöße gegen den Official Secrets Act nicht durchgängig auf alle Täter angewandt werden, ungeachtet ihrer Position, dann handelt es sich nicht um ein strafrechtliches Vergehen, sondern um einen politischen Tatbestand. Von meiner Gefängniszelle aus schrieb ich Morris und bat ihn, mir diesen Widerspruch zu erklären. Ich wollte wissen, was für einen »sinnvollen Nutzen« er denn darin sähe, mich strafrechtlich zu verfolgen. Er hat mir nie geantwortet.

Eine der vielen Einschränkungen, denen A-Häftlinge unterworfen sind, ist die strenge Kontrolle der Besuche. Wir durften nur Besuche von der engsten Familie erhalten, und auch dann nur, wenn sie von der Polizei und der Gefängnisleitung genehmigt worden waren. An meinem ersten Tag in Belmarsh notierte ich auf einem speziellen Antragsformular den Namen meiner Mutter als erste Besucherin. Dieser Antrag wurde an den Special Branch in Cumbria weitergeleitet und sie wurde daraufhin von zwei Beamten zu Hause verhört. Erst drei Wochen nach meiner Verhaftung wurde sie als unbedenklich eingestuft und konnte die siebenstündige Fahrt in den Südosten Londons antreten, um mich für die Dauer von vierzig Minuten zu besuchen. Zwischen uns befand sich eine dicke Scheibe aus Sicherheitsglas, um jeden körperlichen Kontakt zu verhindern, und wir mussten uns über eine Gegensprechanlage unterhalten, die unser Gespräch aufzeichnete. Für meine Mutter war dieser Besuch traumatisch, und obwohl sie versuchte, ein tapferes Gesicht zu machen, konnte ich sehen, dass sie den Tränen nahe war.

Häftlinge der Sicherheitsstufe A durften bis zu vier Briefe am Tag empfangen, die von der Gefängnisleitung zensiert und, in meinem Fall, für den MI6 kopiert wurden. Der Großteil meiner Post stammte von meiner Familie und von Freunden, und ich konnte schon immer an der Handschrift und dem Poststempel erkennen, von wem der jeweilige Brief stammte. Eines Tages erhielt ich Post in einer mir unbekannten Handschrift. Selbst nachdem ich den Brief gelesen hatte, dauerte es mehrere Minuten, ehe ich begriff, dass er von einer ehemaligen Kollegin stammte. Sie schrieb, dass mein Delikt in ein paar Jahren sicher als rein politisches Vergehen gewertet werden würde, ein ermunternder Ansporn von jemandem, der eigentlich auf der anderen Seite stand. Kurz nach Erhalt ihres Briefes fand ich ein weiteres überraschendes Schreiben in meiner Post, das, der Handschrift auf dem Umschlag nach zu schließen, von einem gebürtigen Russen stammte. Noch geheimnisvoller war die Entdeckung, dass der Brief von dem Häftling Nr. XM2920 aus dem Gefängnis in Wormwood Scrubs stammte. Ich musste den Brief erst einige Male überfliegen, bis ich einen Zusammenhang mit dem Namen der Unterschrift herstellen konnte.»Nueman« war der neue englische Name für NORTHSTAR gewesen, jenes russischen Überläufers, mit dem zusammen ich vergeblich versucht hatte, einen russischen Journalisten als Informanten für Militärgeheimnisse aufzubauen. Ich wusste von ihm nur noch, dass er plante, ein Wirtschaftsstudium anzufangen. In seinem Brief erzählte er mir von seinem jüngsten Werdegang. Nachdem er seinen Abschluss gemacht hatte, gründete er ein Unternehmen, das Konferenzen über westliche Geschäftspraktiken für russische und ukrainische Geschäftsleute organisierte. Doch leider kassierte er nur die beträchtlichen Anmeldegebühren und »vergaß« dann, das andere in die Wege zu leiten. Als einige der angemeldeten Teilnehmer ihr Geld zurückverlangten, floh er nach Genf. Nach einem längeren juristischen Scharmützel wurde er nach Großbritannien ausgeliefert, wo er wegen Betrugs zu einer Haftstrafe von drei Jahren verurteilt wurde. Wir schrieben uns ein paar Mal und begannen dann, eine Partie Fernschach zu spielen, die er bald elegant gewann.

Selbst A-Häftlinge haben ein Recht darauf, vertrauliche Gespräche mit ihren Anwälten zu führen, das sieht zumindest Paragraph 37 der Haftordnung vor. Wenn ich also Wadham anrufen wollte und dies Richards vorher ankündigte, musste das automatische Aufzeichnungsgerät eigentlich ausgeschaltet sein. Auch ein Briefumschlag, der nach Paragraph 37 abgestempelt war, durfte angeblich von den Zensoren nicht geöffnet werden. Doch wie die meisten anderen Häftlinge hatte auch ich wenig Vertrauen, dass diese Vorschrift eingehalten wurde, besonders als meine Vorverhandlung näher rückte. Der MI6 würde sicher nur zu gerne wissen, ob ich ein Geständnis ablegen wollte, denn dann könnten sie mithilfe der Presseabteilung die Berichterstattung der Medien zu ihren Gunsten beeinflussen. Später erfuhr ich, dass meine Bemühungen um Diskretion vergeblich gewesen waren und der MI 6 immer schon im Voraus über meine Absichten informiert war. Mein Misstrauen wurde aber zudem durch einen Vorfall in Trakt 1 bestätigt: Dort saßen drei algerische Studenten, die sich seit fast einem Jahr aufgrund des Gesetzes zur Verhinderung terroristischer Straftaten in Haft befanden. Ironischerweise war ich schon während meiner Arbeit in der PTCP-Abteilung auf ihre Akten gestoßen. Der französische Geheimdienst hatte den MI 5 gebeten, sie wegen ihrer angeblichen Verbindungen zur FIS, der fundamentalistischen Heilsfront Algeriens, zu verhaften. Der MI 5 jedoch hatte gezögert, seine begrenzten Überwachungsressourcen dafür einzusetzen. Als Vergeltung kündigten die Franzosen die Zusammenarbeit bei Operationen wie BELLHOP auf, und nach einigen internen politischen Kämpfen ließ sich der MI 5 schließlich doch dazu herab, sich für die Studenten zu interessieren. Ihre Telefone wurden angezapft, sie wurden observiert und schließlich verhaftet, weil sie angeblich heimlich geplant hatten, explosive Stoffe zu besorgen. Die Beweislage war jedoch schwach und die drei beharrten auf ihrer Unschuld. Ihr Prozess vor dem Old Bailey sollte kurz vor meiner Vorverhandlung beginnen. Allerdings beging die Staatsanwaltschaft den großen Fehler, in ihrem Eröffnungsplädoyer Dinge darzulegen, welche die Algerier nur ihren Verteidigern in den Behördenbesuchsräumen des Belmarsh-Gefängnisses preisgegeben hatten. Die Verteidigung wusste sofort, dass die Besuche heimlich abgehört worden waren, und verlangte sofort von der Staatsanwaltschaft, ihre Quelle zu nennen. Als die Staatsanwälte sich weigerten, wies der Richter die Klage ab, und die Angeklagten wurden freigelassen. Durch diesen illegalen Abhörvorfall gewarnt, kam es mir verdächtig vor, dass die Besuche von Wadham und Davies stets in demselben Raum stattfanden, den auch die Algerier benutzt hatten.

Unsere Zellen wurden regelmäßig von den Schließern durchsucht. Ohne Vorwarnung kamen eigens dafür ausgebildete, drei Mann starke Teams mit Spürhunden in den Trakt und wählten ein oder zwei Gefangene aus. Der Häftling wurde einer Leibesvisitation unterzogen und dann aus seiner Zelle gewiesen. Alles Unerlaubte in der Zelle wurde konfisziert und der Häftling kam zur Strafe eine Zeit lang in Isolationshaft. Verboten waren beispielsweise Alufolie, weil man darin das Heroin für die Injektion auflösen konnte, Streichhölzer, weil sich die Köpfe zum Feuerlegen benutzen ließen, und Plastikflaschen, weil man darin mit Obststücken und Zucker »Fusel« brauen konnte. Die Durchsuchungsteams brachten auch stets zwei große, strapazierfähige, schwarze Koffer in die Zellen. Niemand wusste, was sich darin befand, aber es gingen Gerüchte um, sie würden tragbare Fotokopiergeräte enthalten. »Du wirst schon sehen«, sagte mir Dobson. »Kurz bevor du vor Gericht musst, werden sie auch in deiner Zelle mit diesen Koffern auftauchen.« Und er sollte Recht behalten: Zwei Tage vor der Vorverhandlung wurde meine Zelle ausführlich durchsucht. Selbst wenn sie nicht bereits durch das Abhören meiner Gespräche mit Wadham und Davies über mein geplantes Schuldbekenntnis Bescheid wussten, so hätten sie es spätestens von den Kopien der eigentlich vertraulichen Anwaltskorrespondenz in meiner Zelle erfahren.

Am Montag, dem 24. November, brachten mich wieder zwei Schließer zum Gericht in der Bow Street. Auf der Anklagebank wies mich der Richter an, meine Daten zu bestätigen, dann verlas er die Anklage gegen mich. »Und wie lautet Ihre Antwort?«, fragte er schließlich.

Der Gerichtssaal verstummte erwartungsvoll, und auf den Pressebänken sah ich die Schreiber mit gezückten Stiften sitzen, um die Antwort des ersten MI6-Mitarbeiters zu hören, der seit Blake wegen Verstoßes gegen den Official Secrets Act angeklagt war. »Schuldig«, erwiderte ich und bemühte mich, meine Stimme so ruhig wie möglich zu halten. Die Pressevertreter eilten sogleich aus dem Gerichtssaal, um die Nachricht weiterzuleiten. Colin Gibbs und der Rechtsvertreter des Geheimdienstes zeigten dagegen überhaupt keine Reaktion.

Während ich im Gefangenentransporter zurück nach Belmarsh fuhr, wurde die sensationelle Nachricht meines Schuldbekenntnisses alle halbe Stunde im Nachrichtenüberblick verkündet. Am nächsten Tag stand es auf den Titelseiten der meisten Blätter. Die *Times* beschuldigte mich, ich hätte versucht, Geheimnisse an einen australischen Verlag zu verkaufen. Der *Telegraph* wiederholte nur lahm die Stellungnahme des MI6, ich hätte »die Leben von Agenten gefährdet«. Die Presseabteilung muss mit den Ergebnissen ihrer Bemühungen sehr zufrieden gewesen sein. Die sensationslüsterne Berichterstattung verstärkte den mythischen Status, den manche Kreise dem MI6 zusprechen, und erhöhte die geheimnisvolle Bedeutung ihrer Arbeit. Für mich lag eine der unmittelbaren Konsequenzen in der Gefahr, dass sich mein Strafmaß durch diese Medienberichte erhöhte, weil der Richter mich am Tag der Urteilsverkündung, der auf den 18. Dezember festgesetzt war, vielleicht deswegen zu einer längeren Strafe verurteilen würde.

Anfang Dezember passte mich Mr. Richards ab, als ich durch den Metalldetektor auf den Hof gehen wollte. »Tomlinson, kommen Sie zurück«, bellte er gut gelaunt. »Sie können heute nicht raus, Sie haben Besuch von der Polizei.« Meine Stimmung sank. Die Polizei besuchte Gefangene normalerweise nur dann, wenn sie noch weitere Anklagepunkte gefunden hatten.

Nach der Leibesvisitation begleiteten mich zwei Schließer zu dem Raum, der für die Behördenbesucher der A-Häftlinge vorgesehen war. Dort warteten bereits Inspector Ratcliffe und der Glatzkopf auf mich, die meine Wohnung bei meiner Verhaftung durchsucht hatten. Der Kahlköpfige stellte sich als Inspector Peters vor und erklärte, er sei Computerexperte. Wadham war ebenfalls anwesend, um mich zu beraten. »Richard, wir brauchen Ihre Hilfe, um das verschlüsselte Material auf Ihrem Organizer zu entziffern«, erklärte Ratcliffe verlegen.

Es überraschte mich, dass weder der Special Branch noch der MI6 oder die Geheimdienstabteilung des Verteidigungsministeriums den Text, den ich in Spanien geschrieben hatte, knacken konnten, da das Verschlüsselungsprogramm ganz winzig war und nur einen kleinen Code und ein einfaches Kennwort erforderte.

»Wir wollten fragen, ob Sie uns wohl das Passwort mitteilen könnten«, fragte Peters.

»Sie machen wohl Witze!«, lachte ich. »Warum sollte ich das tun?«

»Na, denken Sie mal drüber nach«, erwiderte Ratcliffe in einem Tonfall, der ankündigte, dass meine Weigerung möglicherweise unangenehme Konsequenzen für mich haben könnte.

Die Polizisten verließen den Raum für kurze Zeit, damit ich mich mit Wadham beraten konnte. »Sie führen sicher etwas im Schilde, wenn Sie das Passwort nicht verraten«, riet er mir. »Wenn Sie also nichts zu verbergen haben, würde ich es ihnen sagen.« Ich hatte noch eine Kopie des Textes im Internet versteckt, sodass ich nicht befürchten musste, die Dateien zu verlieren. »Außerdem«, fügte Wadham hinzu, »wird der Richter vermutlich ein paar Monate von Ihrer Strafe abziehen, wenn Sie kooperieren.« Wenige Minuten später kamen Ratcliffe und Peters wieder zurück. Ich erklärte: »Das Kennwort ist ›MI6 sind blöde Wichser‹.«

»Das hätten wir uns ja gleich denken können«, grinste Peters.

»Du siehst ja wie ein bescheuerter Hippie aus«, lachte Zwiebelkopf, als wir wenige Tage vor der Urteilsverkündung für das Mittagessen anstanden.

»Ich würde mir an deiner Stelle die Haare schneiden lassen«, riet auch Dobson. »Der Richter brummt dir sonst noch drei Monate mehr auf.«

Sie hatten Recht – ein Haarschnitt war schon überfällig gewesen, als mein Termin beim Friseur in Wavendon durch meine Verhaftung so plötzlich verhindert wurde. Während der Aufschlusszeit an diesem Abend füllte ich das Antragsformular für den Gefängnisdirektor aus, und Mr. Richards teilte mir am nächsten Tag mit, dass ich die Erlaubnis erhalten hätte.

»Sie werden der erste Kunde unseres neuen Friseurs sein«, grinste er. »Clarke! Komm her«, rief er durch den Trakt. »Deine Dienste werden verlangt!«

Der neue »Friseur« war ein bewaffneter Räuber aus Jamaica, der erst am Tag zuvor in Untersuchungshaft gekommen war. Er schlenderte aus seiner Zelle, während er das Band an seiner Jogginghose zuzog. Er litt unter einem schlimmen nervösen Zucken, das dazu geführt hatte, dass seine Schrot-

flinte bei einem Banküberfall in Southall versehentlich los-
ging. Obwohl er zum Glück niemanden getroffen hatte, musste
er als Folge dieses fahrlässigen Schusses dennoch mit einer
höheren Haftstrafe rechnen. Er hatte zwar noch nie in seinem
Leben Haare geschnitten, aber Mr. Richards hatte ihn trotzdem zum Friseur des Trakts ernannt, weil er den gleichen
Nachnamen trug wie Nicky Clarke, ein berühmter Londoner
Friseur. »Hier ist die Haarschneidemaschine«, bellte Mr. Richards fröhlich und reichte dem verwirrten Clarke eine kleine
Holzschachtel. »Holen Sie sich einen Stuhl und richten Sie
sich unter der Treppe ein.«

»Kannst du meine Haare bitte einfach nur ein bisschen
nachschneiden?«, fragte ich Clarke, als der Stuhl bereitgestellt
und die Maschine in die Steckdose gestöpselt war. »Ich muss
morgen zur Urteilsverkündung vors Gericht.«

Clarke murmelte etwas in einem unverständlichen, jamai-
kanischen Akzent, prüfte nach, ob der Stecker auch wirklich in
der Steckdose saß und stellte die Maschine an. Er hielt einen
Moment inne und betrachtete die summenden Scherblätter
prüfend, als überlege er, ob sie vielleicht bei einem Banküberfall nützlich sein könnten. Dann murmelte er wieder etwas.
Weil ich dachte, es sei unhöflich, ihn zu bitten, das Gesagte zu
wiederholen, lächelte ich nur aufmunternd. Zögernd lehnte er
sich über mich und begann, an der rechten Seite meines
Kopfes herumzuschneiden. Doch auf einmal bohrte sich
die Maschine schmerzhaft in mein Ohr. »Mist!«, murmelte
Clarke, trat einen Schritt zurück, um sich nach dem Krampf
wieder zu sammeln. Dann beugte er sich erneut über mich
und versuchte es noch einmal. Wieder durchfuhr ihn ein
Zucken. »Scheiße!«, murmelte er, und ein großes Haarbüschel
fiel zu Boden. Er runzelte vor Konzentration die Stirn und
begutachtete erst die rechte Seite meines Kopfes, dann die
linke, dann wieder die rechte, und schnitt schließlich weiter.

Im Trakt gab es keine Spiegel, daher konnte ich seine Fortschritte nicht überprüfen. »Bist du sicher, dass du weißt, was
du tust?«, fragte ich höflich.

Clarke brummte etwas als Antwort und fummelte an den
Klingen der Haarschneidemaschine herum. Er sah ein wenig

beleidigt aus, und ich dachte, es wäre besser, ihn nicht weiter zu drängen. Doch dem schnell wachsenden Haarhaufen auf dem Boden nach zu schließen, lernte er schnell, und er beendete den Schnitt mit einer letzten schwungvollen Handbewegung genau in dem Moment, als Richards den vertrauten Befehl bellte: »Trakt 1, zum Abendessen anstellen.« Rasch zog Clarke den Stecker aus der Steckdose und gab die Maschine an Mr. Richards zurück, während sich der Trakt in einer unordentlichen Schlange aufreihte.

Dobson und Zwiebelkopf standen wie immer ganz hinten, um die Zeit außerhalb der Zelle möglichst in die Länge zu ziehen, und nachdem ich meinen Plastikbecher und mein Besteck aus der Zelle geholt hatte, gesellte ich mich zu ihnen. »Du sieht ja wie ein verfluchter Schwerverbrecher aus«, lachte Zwiebelkopf, als er meinen neuen Haarschnitt sah.

»Du blöder Scheißkerl«, fügte Dobson hinzu. »Mit der Frisur wird dir der Richter drei Monate mehr verpassen.«

Ich erwachte um kurz nach fünf am Morgen des 18. Dezember, wusch und rasierte mich und polierte meinen kahlen Schädel. Dann setzte ich mich auf das Bett und las, bis die Schließer gegen sieben kamen, um mich ins Old Bailey zu begleiten. Da ich während des Aufschlusses am Abend zuvor einen dementsprechenden Antrag ausgefüllt hatte, brachte man mir meinen Anzug und meine Schuhe aus der Kammer an der Torwache. Zwei Stunden später machten wir uns auf die mittlerweile vertraute Fahrt durch das östliche London zum Old Bailey.

Die Anklagebank im Gerichtssaal Nr. 13 des Old Bailey befand sich seltsam hoch über dem Gericht, wie der Raum eines Vorführers im Kino, sodass ich einen schönen Überblick über den Richter, Recorder of London Sir Lawrence Verney, seine zwei Beisitzer, den Staatsanwalt, meine Verteidiger und die verschiedenen Gerichtsdiener und Stenografen hatte. Rechts von mir drängten sich die üblichen Gesichter auf der Pressebank. Hoch oben zur linken Seite befanden sich die ebenfalls voll besetzten öffentlichen Zuschauerränge, und merkwürdigerweise sah ich dort auch zwei Fremde sitzen, die mir die Daumen drückten. Rechts davon war ein kleinerer

Zuschauerrang mit weniger Leuten. Dort saßen Ratcliffe und Peters, vielleicht handelte es sich um die Plätze für die Beamten der Polizei, die an dem Fall arbeiteten. Ratcliffe und Peters hatten einen anständigen Eindruck auf mich gemacht, und ich fragte mich, ob es ihnen wirklich Befriedigung verschaffte, meinen Fall zu bearbeiten. Es war etwas einschüchternd, im Mittelpunkt von so viel Aufmerksamkeit zu stehen, und ich fühlte mich unsicherer als bei meinen vorherigen Auftritten vor Gericht.

Zuerst sprach der Staatsanwalt. Er argumentierte, dass meine Taten »die nationale Sicherheit extrem gefährdet« hätten, ohne jedoch einen Versuch zu unternehmen, »nationale Sicherheit« zu definieren, oder zu erklären, wie ich sie gefährdet hatte. Empörung stieg in mir auf, angesichts der Dummheit und der Ungerechtigkeit der Anschuldigungen, und ich vergrub meinen Kopf in meinen Händen. Gibbs wollte einen weiteren Sachverständigen aufrufen, und Verney gab ihm die Erlaubnis, die Verhandlung kurzzeitig unter Ausschluss der Öffentlichkeit weiterzuführen. Redd, der frühere Leiter der Station in Moskau, betrat die Zeugenbank und berichtete in weinerlichem Ton, dass meine Zusammenfassung »das Leben von Agenten« in Gefahr gebracht hätte. Davies verteidigte mich sehr geschickt und wies darauf hin, dass die Zusammenfassung nichts wirklich Wichtiges enthielt und den verschlossenen Aktenschrank nicht verlassen hätte, und forderte, dass mein Schuldgeständnis und meine Zusammenarbeit mit der Polizei ebenfalls berücksichtigt werden müssten. Ein Blick auf meine Uhr offenbarte, dass die Debatte schon fast eine Stunde ging, ehe Richter Verney die Verhandlung unterbrach, um sein Urteil zu fällen. Die Schließer legten mir Handschellen an und führten mich hinunter zu den Zellen, doch nach wenigen Minuten öffnete sich die Tür bereits wieder, und ich wurde zurück in den Gerichtssaal geführt.

Verneys einleitende Worte beschrieben »die Schwere meines Vergehens« und machten sogleich meine Hoffnungen zunichte, Weihnachten wieder zu Hause zu sein. Zwar berücksichtigte er bei seinem Strafmaß auch mein Schuldgeständnis sowie die Tatsache, dass es sich um mein erstes Vergehen handelte, dafür wertete er die Zusammenarbeit mit der Polizei überhaupt nicht. »Mir bleibt daher keine andere Wahl, als Sie zu zwölf Monaten Haft zu verurteilen«, verkündete er ernst. Mein Entlassungsdatum war damit der 1. Mai 1998 und laut Kalender waren es nur noch viereinhalb Monate bis dahin. In Belmarsh war dies jedoch eine lange Zeit.

Davies und Wadham kamen hinunter zu den Zellen, um mich zu ermutigen. »Sie wissen ja, dass Sie das Recht haben, gegen das Urteil Berufung einzulegen«, erklärte Wadham, »und vielleicht würden Sie wirklich ein paar Wochen weniger bekommen.« Doch ich lehnte das Angebot ab. Wadham und Davies hatten mich ohne Honorar vertreten, und ich wollte sie nicht ausnutzen und bitten, eine Berufung in die Wege zu leiten. Ratcliffe und Peters wollten mich ebenfalls noch aufsuchen, weil sie weitere Hilfe bei der Entschlüsselung meines Organizers brauchten, aber ich lehnte es ab, sie zu sehen. Der Richter hatte meine frühere Zusammenarbeit ja nicht honoriert, darum sah ich keinen Grund, ihnen jetzt noch zu helfen.

Die Rückfahrt war insofern ungewöhnlich, als dass sich ein weiterer Häftling außer mir im Transporter befand. Doch sobald ich wieder auf meinem Trakt war, wusste ich, warum. »Tomlinson, Sie sind aus dem Buch gestrichen worden«, verkündete Mr. Richards fröhlich. »Gleich nach Weihnachten werden Sie einer Arbeit zugeteilt werden.« Der Gefängnisdirektor hatte meinen Sicherheitsstatus von Stufe A auf Stufe B herabgestuft, was bedeutete, dass ich die Sporthalle häufiger nutzen konnte und Besuch von Leuten empfangen durfte, die nicht zur engsten Familie gehörten.

Während der Weihnachtsfeiertage bemühte sich die Belegschaft des Gefängnisses mittels eines kleinen Baums und etwas Rauschgold etwas Atmosphäre in den Trakt zu bringen. Am Weihnachtstag durften wir eine halbe Stunde länger schlafen und erhielten ein warmes Frühstück, danach war den ganzen Tag über Aufschluss. Wir wurden nur kurz wieder in unsere Zellen gesperrt, um unser Mittagessen zu verspeisen, das an diesem Tag aus einem Hühnerbein, Bratkartoffeln und Gemüse, Weihnachtspudding und einer Eistüte als Nachtisch bestand. Nachmittags hatte die Belegschaft ein Billardturnier organisiert (das Dobson mit Abstand gewann), und dann spielte eine junge Wärterin, die wir noch nie gesehen hatten, mit uns ein Bingo-Turnier, bei dem es als ersten Preis eine Telefonkarte im Wert von fünf Pfund gab, die Zwiebelkopf durch dreistes Beschummeln gewann.

»Das muss man den Schließern echt hoch anrechnen«, murmelte Dobson, als Zwiebelkopf zu der hübschen Wärterin schlenderte, um seinen Preis entgegenzunehmen, und ihr frech einen Kuss gab. »Sie verzichten auf ihren eigenen Weihnachtstag zu Hause und verbringen ihn hier drin bei uns Scheißkerlen.« Dobson hatte Recht damit, dass die Wärter des Belmarsh-Gefängnisses sehr gute Arbeit leisteten, und das nicht nur an Weihnachten. Die Beziehungen zwischen Belegschaft und Insassen waren im Allgemeinen freundlich, und man spürte wenig von dem feindlichen »Wir gegen sie«-Führungsstil, der in vielen anderen Gefängnissen herrscht. Dabei war es sicher nicht einfach, den ganzen Tag in einem Dampfkochtopf zu sitzen, mit einer brodelnden Mischung aus depressiven, psychopathischen oder gewalttätigen Kriminellen. Die Beamten wurden regelmäßig von wütenden Häftlingen beschimpft und angegriffen und waren sogar dem Risiko ausgeliefert, als Geisel genommen oder umgebracht zu werden. Und trotz dieser enormen Belastungen waren sie gezwungen, in einer der teuersten Städte der Welt von einem Gehalt zu leben, das sicherlich nur ein Bruchteil von dem betrug, was ich einst beim MI6 verdiente.

»Heute Abend werden dir die Ohren rausfallen, Rich«, erzählte Dobson mir an Silvester begeistert. »Wir werden 'ne richtige Party feiern!« Ein paar Häftlinge hatten einen Joint vorbereitet, und es kursierten Gerüchte, dass es Fusel gab.

Es war Sitte, dass die Gefangenen das neue Jahr begrüßten, indem sie mit harten Gegenständen gegen die Heizungsrohre, Zellentüren und Fenstergitter schlugen. Mir kam das etwas sinnlos vor. »Ich werde bei diesem Blödsinn jedenfalls nicht mitmachen«, erwiderte ich. »Ich leg mich ins Bett.« Ich tröstete mich damit, dass ich wenigstens einmal am Neujahrstag ohne Kater erwachen würde.

»Ach was, du Lusche«, höhnte Dobson, »du hämmerst wie wir anderen, wirst schon sehen.«

Das erste sporadische Klappern und Brüllen begann etwa um halb zwölf. Es nahm an Lautstärke zu, bis es mir schließlich unmöglich war, mich weiter auf mein Buch zu konzentrieren. Ich hatte schon das Licht ausgeschaltet, da prügelte jemand so wild auf das Heizungsrohr ein, dass ich wieder aufrecht im Bett saß. Bald gesellte sich noch jemand dazu, und während Mitternacht immer näher rückte, verwandelte sich das Getöse in einen schauerlichen Lärm, als jeder Gefangene den Frust eines ganzes Jahres mit wildem Gehämmer, Schreien und Toben aus sich herausließ. Dem Sog dieser kollektiven Katharsis konnte auch ich nicht mehr lange widerstehen, und so kletterte ich aus dem Bett, nahm meine Kiste und warf sie gegen die Tür, wieder und wieder, und schrie und brüllte wie die Übrigen.

Der einzige Vorteil, ein A-Häftling zu sein, war die Einzelzelle, die einem aus Sicherheitsgründen automatisch zugewiesen wurde. Da ich ja nun auf Kategorie B zurückgestuft worden war, hatte ich dieses Privileg verloren, und meine vergleichsweise luxuriösen Tage waren gezählt. Immer zur Aufschlusszeit sonntagmorgens, wenn wir mit sauberen Laken, Bettbezügen und Plastikrasierern ausgestattet wurden, teilten die Schließer die Zellen neu zu. Am ersten Sonntag im Januar brüllte Mr. Richards von seinem Schreibtisch unten im Erdgeschoss zu mir hoch: »Tomlinson, packen Sie Ihr Zeug zusammen.« Nun war also ich an der Reihe. Resigniert warf ich meine Habseligkeiten in einen Müllsack, rollte Matratze, Laken, Kissen und Decke zu einem Bündel zusammen und meldete mich dann bei ihm. »Hier rüber«, winkte er mir und zeigte mit seinem gewohnten Grinsen auf die Doppelzelle neben seinem Schreibtisch.

»Dieser Bastard«, murmelte ich. Er sollte die Worte eigentlich nicht hören, doch sie entschlüpften mir zu laut. »Tomlinson, ich stecke Sie in den Bunker, wenn Sie das noch mal sagen«, mahnte Mr. Richards, jedoch ohne drohenden Unterton in seiner Stimme. Zelle Nr. 2 befand sich genau neben seinem Schreibtisch, und normalerweise reservierte er sie für

problematische »Fraggles« oder Selbstmordkandidaten, damit
er sie genau im Auge behalten konnte. Zwei Fraggles oder
Selbstmörder durften nicht gemeinsam in einer Zelle sitzen,
darum musste ein pflegeleichter Häftling das andere Bett
nehmen. Somit war ich nun zum psychiatrischen Pfleger des
Trakts bestimmt worden. »Morgen Nachmittag kommt dein
neuer Zellengenosse«, grinste Mr. Richards boshaft.

Ich warf meine Schaumstoffmatratze und das Bettzeug auf
die Metallfedern des harten Eisenbettes und begutachtete
meine neue Zelle. Sie war starrend vor Schmutz, der Boden
war seit Wochen nicht mehr gewischt worden, und beim
Anblick der Toilette hätte sich selbst eine Schmeißfliege übergeben müssen. Den restlichen Sonntag verbrachte ich daher
damit, mit dem winzigen Stück Topfreiniger und dem kleinen
Stück Seife, die wir in unseren Zellen haben durften, meine
neue Heimat zu putzen. Als ich in dieser Nacht einem hefti-
gen Sturm lauschte, der über dem Gefängnis tobte, betete ich,
dass mein neuer Zellengefährte, ob Fraggle oder Selbstmörder, wenigstens sauber sein würde.

Als frisch zurückversetzter B-Häftling durfte ich nun auch
»arbeiten«, und am folgenden Morgen begann der ersten Tag
in meinem neuen Job. Durch die Arbeit kam ich öfter aus meiner Zelle, und mein tägliches Taschengeld erhöhte sich von
1,26 Pfund auf 1,76 Pfund, sodass ich nun zusätzlich Obst,
Essen und Toilettenartikel aus dem Gefängnisladen kaufen
konnte. Vor dem Hintergrund der Art meines Vergehens war
ich etwas überrascht, dass mich der Direktor dem Computer-
raum im Keller des Werkstattbereichs zugeteilt hatte. Mike,
der geduldige und freundliche Lehrer, erkannte schnell, dass
ich mich mit Computern bereits auskannte, und ließ mir freie
Hand, sodass ich dem Anfängerkurs nicht folgen musste.

Kurz nach meiner Rückkehr von meinem ersten Tag im
Computerlabor öffnete sich die Luke in meiner Zellentür. Mr.
Richards' kleine Augen begutachteten mich prüfend, dann
klapperten die schweren Türschlösser. »Tomlinson, hier ist Ihr
neuer Zellengenosse«, verkündete Richards mit einem teuf-
lischen Grinsen und riss die Tür auf. Ich legte mein kleines
Computerschachspiel zur Seite, um meinen neuen Mitbe-

wohner zu begrüßen. Mr. Richards hielt die Tür offen und winkte den Neuankömmling ungeduldig herein, doch der Geruch verriet Stonleys Anwesenheit noch bevor er sichtbar wurde. Instinktiv wich Richards vor dem Gestank in der Zelle zurück und schlug schnell die Tür hinter uns zu.

Stonley ging zu dem leeren Bett, legte seine einzigen Habseligkeiten, einen Plastikbecher und Besteck, auf den Tisch daneben und begann, wütend im Kreis zu laufen, während er seinen Bart umklammerte. Meine Anwesenheit schien er gar nicht zu bemerken. Ich beobachtete ihn ein paar Minuten lang, bis ich begriff, dass er damit nicht so bald aufhören würde. »Hey, Stonley«, sagte ich herzlich, »würde es dir was ausmachen, mal kurz stehen zu bleiben?« Stonley erstarrte auf dem Fleck und starrte mich so überrascht an, als sei ich ein sprechender Blumentopf. »Setz dich doch mal hin«, schlug ich vor. Er gehorchte sofort, als wäre er es gewohnt, schikaniert zu werden, und hockte sich auf die Kante seines Bettes. Wütend starrte er aus dem Fenster und hielt noch immer seinen Bart umklammert. »Ich bin Richard. Wie heißt du?«

Stonley schaute mir nicht in die Augen, spuckte jedoch nach einer kurzen Pause aus: »Stonley.«

»Nein, ich meine, wie heißt du mit Vornamen?«

Stonley drehte sich vom Fenster zu mir, warf mir einen zornigen Blick zu und erwiderte: »Weiß nich.« Dann richtete er seine wütenden Blicke wieder auf das Fenster. Obwohl Stonley reglos auf der Bettkante saß, wehte sein Gestank zu mir herüber, und ich musste mich auf die andere Seite des Bettes setzen.

Die Türluke öffnete sich, und Zwiebelkopf, der eben erst zum Putzmann des Trakts ernannt worden war und draußen die Tabletts vom Mittagessen einsammelte, schielte herein. »Alles klar, Rich?«, lachte er und verzog sein Gesicht zu einer übertriebenen Parodie von Stonleys Mimik. »Warte nur, bis er mal auf seiner rosa Oboe loslegt!« Ich zeigte ihm den Mittelfinger und er schlug die Klappe lachend wieder zu.

Ich musste irgendwie einen Weg finden, Stonley als Zellennachbarn loszuwerden, doch meine Möglichkeiten waren sehr begrenzt. Die Wärter waren normalerweise recht vernünftig und legten nur Zellengenossen zusammen, die auch zueinander passten, da es ihnen weniger Mühe machte, wenn die Häftlinge sich vertrugen. Doch aus der Sache mit Stonley würden sie mich nicht so einfach herauslassen. Niemand vertrug sich mit ihm, und die Schließer errieten ganz richtig, dass es nicht meine Art war, einen Streit mit ihm anzufangen, eine Taktik, die sein vorheriger Zellengenosse angewandt hatte, um eine Trennung zu bewirken.

Als die Zellen für den abendlichen Aufschluss geöffnet wurden, ging ich schnurstraks zu Mr. Richards. »Sie müssen mich da rausholen. Stonley gehört in eine Klinik, nicht ins Gefängnis. Ich werde auch noch zum Fraggle, wenn ich noch länger mit ihm in einer Zelle hocken muss«, bettelte ich.

Mr. Richards lachte. »Du wirst nirgendwo hingehen, Tomlinson. Ärztliche Anweisung. Stonley muss in einer Doppelzelle wohnen, damit er lernt, mit anderen Häftlingen zu kommunzieren.«

»Nun, wenn ich schon mit ihm in einer Zelle hocken muss, können Sie ihm dann nicht wenigstens sagen, dass er seine Kleider waschen und sich mal duschen soll?« Mr. Richards hatte ein Einsehen und befahl Stonley, eine Dusche zu nehmen. Die schmutzigen Kleider übergab man dem armen türkischen Reinigungsmann zum Säubern.

Als ich nach dem Aufschluss wieder in meine Zelle eingeschlossen wurde, entdeckte ich, dass Stonley das Klo benutzt und ziemlich daneben getroffen hatte. Er würde das sicher niemals aufwischen, also hatte ich keine andere Wahl, als es selbst zu tun. Er hockte immer noch auf der Bettkante, starrte wütend aus dem Fenster und spielte mit seinem Bart, als das Klo wieder sauber und mein letztes Stück Topfreiniger im Mülleimer gelandet war. Ich wagte es nicht, vor ihm einzuschlafen, daher blieb ich lange wach und spielte Schach mit meinem kleinen Computerschachspiel. Etwa um ein Uhr nachts benutzte Stonley kurz das Klo, dann legte er sich auf sein Bett, zog das Laken hoch und masturbierte.

Nach einer unruhigen Nacht kam mir am Morgen ein Geistesblitz. »Stonley, rauchst du?«, fragte ich, sobald er wach war.

»Weiß nich«, sagte er böse.

»Na, das wirst du doch wohl wissen, oder?«, erwiderte ich.

»Weiß nich«, brüllte er.

Sobald unsere Zellen aufgeschlossen wurden, nahm ich meine halb volle Telefonkarte, zwei Schokoriegel und eine Packung Vanillekekse und rannte hinüber zu Zwiebelkopf, der gerade eine Tasse Tee mit Dobson trank. »Alles klar, Rich?«, fragte er. »Wie geht's dem Fraggle? Hat er letzte Nacht endlich seinen Wurm herausgekotzt?«

»Schnauze, du Arsch«, erwiderte ich grinsend. »Zwiebelkopf, hast du Tabak?«

»Was'n mit dir los, Rich?«, spottete Dobson. »Fängste jetzt noch an zu rauchen? Isses so schlimm, oder was?«

Ich warf die Telefonkarte und die Süßigkeiten auf Zwiebelkopfs Bett. »Ich tausche all das gegen dreißig Gramm Tabak und fünf Blättchen.« Zwiebelkopfs Augen leuchteten auf – es war ein gutes Angebot – und er reichte mir die Überreste einer Packung Golden Virginia und ein paar Blättchen.

Als ich nach dem Frühstück wieder in meiner Zelle war, fragte ich Stonley, ob er gerne eine Zigarette rauchen würde. Misstrauisch starrte er mich an. Es war vermutlich das erste Mal, seitdem er im Gefängnis saß, dass ihm jemand etwas anbot. Ich zog den Tabak und die Blättchen hervor und schob sie zu ihm herüber. »Das gehört dir. Ich rauche nicht.«

Er betrachtete die Sachen voller Misstrauen, wie ein streunender Kater, der einen verlockenden Leckerbissen von einem Fremden bekommen hat, und stürzte sich dann darauf. Geschickt rollte er sich eine Zigarette und zündete sie an. Sobald die Zelle schön voller Rauch war, erhob ich mich und drückte den »Zimmerservice«-Knopf, um einen Schließer zu holen. Eigentlich durfte dieser Knopf nur in Notfällen benutzt werden, und ich riskierte einen Tag im Bunker für diesen Missbrauch. Nach wenigen Minuten kam Mr. Richards, um zu schauen, was los war. »Was wollen Sie, Tomlinson?«, fragte er ungeduldig durch das Sicherheitsglas.

»Mr. Richards, Sie haben mir ja gar nicht gesagt, dass Stonley raucht.«

Mr. Richards schaute mich fragend an. »Na und?«

»Haftordnung Paragraph 12a«, antwortete ich. »Ein nicht rauchender Häftling darf nicht gezwungen werden, gegen seinen Wunsch eine Zelle mit einem Raucher zu teilen.«

Mr. Richards starrte mich einen Augenblick lang böse an. »Tomlinson, eines Tages krieg ich Sie noch«, sagte er schließlich erbost. Aber er wusste, dass er verloren hatte. Die meisten Häftlinge kannten diese Regel nicht, aber meine Lektüre der Haftordnung während der Aufschlusszeiten hatte sich bezahlt gemacht. »Also gut, packen Sie Ihr Zeug. Zelle Nr. 8 auf der ersten Etage ist frei.« Mr. Richards hielt die Tür offen, während ich meine Sachen zusammensuchte, und begleitete mich dann in mein neues Zuhause, diesmal wieder eine Einzelzelle.

Obwohl Belmarsh ein Hochsicherheitsgefängnis war und es sorgfältige Vorkehrungen gab, die Häftlinge daran zu hindern, Schmuggelware auf die Trakte zu bringen, zirkulierte trotzdem eine beträchtliche Menge Drogen. Für einige Häftlinge, insbesondere jene, die lange Strafen absitzen mussten, stellte der Drogenrausch die einzige Erleichterung von der betäubenden Langeweile und dem erzwungenen Nichtstun des Gefängnislebens dar. Es gab zwei Wege, wie die Drogen in den Knast hineingeschmuggelt werden konnten: entweder über einen korrupten Schließer, der von einem ehemaligen Insassen angeworben worden war, oder über die Besuchsräume. Da ich nun ein B-Häftling war, konnte ich ebenfalls an den so genannten offenen Besuchen teilnehmen und sah, wie das Schmuggeln vor sich ging.

Die offenen Besuche fanden in einem großen Saal statt, in dem sechs Reihen von Besuchskabinen standen. In jeder Reihe befanden sich zwanzig Kabinen, die durch eine niedrige Trennwand geteilt waren. Außen um den Saal herum verlief eine Balustrade, von der aus die Schließer die Besuche beobachten konnten. Wir warteten in einer großen, verrauchten Wartezelle, bis wir der Reihe nach kurz durchsucht wurden und eine bunte Schürze mit einem Buchstabenaufdruck überziehen mussten. Die Farbe und der Buchstabe waren jeweils einer bestimmten Kabine zugeordnet. Wenn alle Gefangenen saßen, durften die Besucher den Saal betreten. Sie waren zwar zuvor mittels Drogenhunden auf Rauschgift untersucht worden, richtige Leibesvisitationen waren den Beamten aber nach dem Gesetz untersagt. Ehefrauen und Freundinnen der Häftlinge überlisteten die empfindliche Hundenase ohne Probleme, indem sie die Drogen in Folie wickelten und in ihren Körpern versteckten. Die Häftlinge durften ihre Freundinnen zu Beginn und am Ende des Besuchs kurz küssen und in diesem Moment wurde das Päckchen dann weitergereicht. Beim Verlassen der Besuchshalle wurden wir erneut durchsucht. Gefangene, bei denen zuvor beobachtet worden war, dass sie ihre Partnerin verdächtig lange küssten, wurden besonders gründlich überprüft, selbst die Mundhöhle wurde kontrolliert. Die Schmuggler hatten daher keine andere Wahl, als das Päckchen zu schlucken, was zum Tode führen konnte, wenn es im Körper platzte. Zu einem späteren Zeitpunkt holten sie das Päckchen, wie Ronnie mir erklärte, »aus der einen oder der anderen Öffnung« wieder aus ihrem Körper heraus.

Die Häftlinge wurden regelmäßig auf Drogen untersucht. Diejenigen, die man verdächtigte, Drogen zu konsumieren, wurden häufiger als andere aufgefordert, Urinproben abzugeben. Ich musste mich am 2. Februar das erste Mal einem solchen Test unterziehen. Ich wollte mich gerade auf den Weg zur Arbeit machen, als ein Schließer zu mir in die Zelle kam. »Keine Arbeit für Sie heute, Tomlinson. Trinken Sie diesen Tee möglichst schnell und gehen Sie nicht auf's Klo.« Er führte mich durch einige mir unbekannte Gänge zum Drogentestlabor und steckte mich mit mehreren anderen Häftlingen in eine Wartezelle.

Als ich an der Reihe war, musste ich bestätigen, dass ich keine Medikamente regelmäßig einnahm. »Sie haben also keine Rückenschmerzen?«, fragte der Schließer misstrauisch. Die meisten Drogen konsumierenden Insassen litten unter chronischen »Rückenschmerzen« und stellten sich jeden Tag bei der Krankenabteilung an, um vom Arzt eine Dosis Schmerzmittel zu bekommen. Dies verwischte die Marihuanaspuren in ihrem Blut, wodurch der Drogentest natürlich wertlos war. Ronnies Rückenschmerzen waren beispielsweise so schlimm, dass der Arzt angeordnet hatte, ihm eine zweite Matratze in die Zelle zu legen. Der Schließer führte mich zum Pissoir, reichte mir ein kleines Gefäß und befahl mir, es zu füllen. »Tomlinson, wenn Sie etwas über Drogenmissbrauch auf Ihrem Trakt erfahren, sagen Sie uns Bescheid, ja?«, fragte er mich hinterher etwas lahm. »Sie müssen sich schon etwas mehr anstrengen, wenn Sie mich anwerben wollen«, lachte ich.

Am 29. März musste ich mich bei meinem Bewährungshelfer melden. Beim Betreten der Räume für Rechtsbesuche traf ich eine junge Frau, die auf mich wartete. »Normalerweise führen wir schon drei Monate vor der Entlassung das erste Gespräch mit einem Häftling, aber wir haben erst vor zwei Tagen vom Innenministerium von Ihnen erfahren. Der Gefängnisdirektor möchte nach unserem Treffen mit mir über Sie sprechen«, erklärte sie mir. Ich hatte sogleich den Verdacht, dass hier wieder der MI 6 seine aufdringliche Hand im Spiel hatte, sagte aber nichts. Sie teilte mir mit, dass ich nach meiner Entlassung noch drei Monate Bewährung hatte und wieder ins Gefängnis kommen würde, wenn ich in dieser Zeit gegen meine Bewährungsauflagen verstieß. »Aber offen gesagt, für jemanden wie Sie, der als gewaltloser Ersttäter einsitzt, wird es vermutlich keine Auflagen geben, das heißt, wir werden Sie vermutlich nicht allzu sehr belästigen müssen.« Sie vereinbarte mit mir einen weiteren Termin drei Tage vor meiner Entlassung und wünschte mir für meine restliche Haftzeit alles Gute.

Die Stimmung im Trakt wechselte von Tag zu Tag, je nachdem welche Schließer Dienst hatten. Wenn der gutmütige, fröhliche Mr. Richards Dienst schob, verliefen die Aufschlusszeiten im Allgemeinen ruhig und ohne Probleme. Doch wenn Mr. Richards frei hatte, vertraten ihn leitende Beamte aus anderen Trakten, und ihr unterschiedlicher Arbeitsstil sowie die Tatsache, dass sie mit den Marotten der problematischen Häftlinge nicht vertraut waren, konnte schnell dazu führen, dass sie den ganzen Trakt gegen sich hatten. Anfang April wurde die Stimmung so angespannt, dass selbst Mr. Richards seine Gelassenheit verlor. Zuerst wurde eine Flasche mit gärendem Fusel hinter der Waschmaschine gefunden, und weil keiner die Verantwortung dafür übernehmen wollte, wurde uns allen für den restlichen Tag der Aufschluss gestrichen. Kurz darauf machte der örtliche Zeitungshändler Pleite, und alle Gefangenen, darunter auch ich, verloren das Geld, das sie im Voraus für die Zeitungslieferung bezahlt hatten. Dann wurde uns erneut ein Aufschluss gestrichen, weil die meisten Schließer frei genommen hatten, um an der Beerdigung eines Kollegen teilzunehmen, der sich erhängt hatte. Aufgrund dieser Zwischenfälle befand sich der gesamte Trakt in reizbarer Laune und in der Schlange zur Essensausgabe mittags gab es einige kleinere Raufereien. Der Nachmittagsaufschluss fand später statt als sonst, weil ein Schließer krank geworden war und man so schnell keinen Ersatz finden konnte. Daher kamen wir zu spät in die Sporthalle und unsere Trainingsstunde war kürzer als sonst. »Trakt 1, in die Zellen. Keine Dusche, kein heißes Wasser«, brüllte Mr. Richards, sobald wir zurück in unserem Trakt waren. Die Störung des Zeitplans zwang ihn dazu, die zehn Minuten zu streichen, die uns normalerweise zur Verfügung standen, um uns zu duschen und eine Tasse heißes Wasser zu holen. Eine Tasse Tee bei jedem Einschließen war ein wichtiger Teil der täglichen Routine, und es war demoralisierend, dies verwehrt zu bekommen.

»Mr. Richards, du fetter, fetter Arsch«, schrie Zwiebelkopf von der oberen Etage herunter und tauchte dann schnell in seine Zelle ab, damit Richards ihn nicht identifizieren konnte. Ein paar Häftlinge versuchten, noch schnell zum Wasserkocher zu eilen, doch Mr. Richards erwischte sie und leerte die Tassen derjenigen, die es bereits geschafft hatten, sie zu füllen. Andere Schließer begannen damit, Gefangene wie mich, die zögernd in ihre Zellen gegangen waren, einzuschließen, und der Trakt hallte vom Klappern der schweren Schlösser und dem Zuschieben der Luken wider. Ein zorniger Häftling begann damit, seinen blechernen Mülleimer gegen die Zellentür zu schlagen, und bald schlossen sich ihm alle anderen an. Auch ich geriet in Rage und trat so fest gegen die Zellentür, dass ich meinen Zeh verletzte, was meine Wut nur noch steigerte.

Einige Häftlinge, die noch nicht in ihren Zellen waren, protestieren heftig, Craggs am lautesten. Ich hörte, wie Mr. Richards Craggs brüllend den Befehl erteilte: »In die Zelle, Craggs!« Offenbar hatte selbst seine Gutmütigkeit ihre Grenze erreicht.

»Ich will meine verfluchte Tasse Wasser haben«, schrie Craggs zurück.

»Craggs, gehen Sie SOFORT in Ihre Zelle!«

Die Stimmung wurde immer hitziger und ich hüpfte zu meiner Luke. Der Schließer hatte sie so hastig zugeschlagen, dass sie wieder ein bisschen zurückgesprungen war, und so konnte ich sehen, was im Erdgeschoss vor sich ging. Mr. Richards stand vor dem Kessel mit dem heißen Wasser und versperrte dem rebellierenden Craggs den Weg. »Craggs, wenn Sie auch nur einen Schritt näher kommen, stecke ich Sie in den Bunker.«

Craggs starrte Mr. Richards aggressiv an. Dann stürmte er vor und sprang ihm an den Hals. Mr. Richards hatte gerade noch Zeit, den Alarmknopf an seinem Gürtel zu drücken, ehe der tobende Häftling ihn übermannte. Craggs Moment der Rache und des Ruhms war ebenso rasch wieder vorbei. Schnell wurde er von den Schließern, die vom anderen Trakt hereingestürmt kamen, überwältigt und in den Block mit den Isolationszellen gebracht. Er kehrte nie wieder in den Trakt zurück.

Die Spannungen dieses Tages waren zu viel für Mockalenny. Als wir an diesem Abend zur Essensausgabe aus unseren Zellen kamen, erschien er nur mit seinen Unterhosen bekleidet und sang »God Save Our Princess Anne« zur Melodie der britischen Nationalhymne. Er hatte sich mit Zahnpasta eine Kriegsbemalung ins Gesicht gemalt, aus den Wollfäden seiner Decke ein Stirnband gefertigt und schwang drohend einen Billardstock wie einen Speer. Die Schließer ließen ihn singend und speerschwingend sein Abendessen holen. Als er seine Mahlzeit beendet hatte und wir alle wieder eingeschlossen waren, wurde er aus dem Trakt gebracht. Auch ihn sahen wir nie wieder.

Wenige Tage vor meiner Entlassung holte Mr. Richards mich zu einem weiteren Besuch bei meinem Bewährungshelfer. Während ich zu den Besuchszellen ging, erwartete ich, wieder die hübsche, junge Beamtin vorzufinden. Doch diesmal war es ein älterer Mann, der weder lächelte noch mir zur Begrüßung die Hand reichte. »Tomlinson, hier sind Ihre Bewährungsauflagen.« Er reichte mir ein zweiseitiges Dokument. »Sie dürfen nach Ihrer Entlassung das Land nicht verlassen und Sie müssen sowohl Ihren englischen als auch Ihren neuseeländischen Pass der Metropolitan Police aushändigen. Sie dürfen mit keinem Journalisten oder sonstigen Pressevertretern sprechen. Wenn Sie das tun, kommen Sie sofort wieder in Haft. Haben Sie das verstanden?« Ich nickte, obwohl es mir schwer fiel zu glauben, dass man mir derart stalinistische Zwänge auferlegen durfte. »Und außerdem dürfen Sie weder das Internet nutzen noch E-Mails verschicken.«

»Das kann nicht Ihr Ernst sein«, lachte ich. »Erzählen Sie mir jetzt bloß nicht, dass ich auch kein Telefon benutzen oder Zeitung lesen darf.«

Der Bewährungshelfer starrte mich nur humorlos an und antwortete nicht.

Dobson erzählte mir immer wieder, die letzten Tage vor der Entlassung würden die längsten meines Lebens sein, doch sie unterschieden sich kaum von den anderen Tagen hinter Gittern. Selbst als sich die verbleibenden Tage meiner Haft an den Fingern abzählen ließen, verließ mich keine Sekunde lang der tief sitzende Groll über meine Inhaftierung. Erst hatte der MI6 mich entlassen. Dann hatte er seine Macht missbraucht, um mich an meinem Recht, vor Gericht zu gehen, zu hindern, mit dem Argument, die Gerichte seien nicht »sicher«. Und schließlich hatte er mich heuchlerisch und hinterhältig mithilfe eben dieser Gerichte hinter Gitter gebracht. Meine eigene Machtlosigkeit angesichts dieser Behandlung quälte mich nach wie vor. Da ich mich nicht wie die anderen Häftlinge mit meinem Schicksal abfinden konnte, war selbst ein einziger Tag im Gefängnis zu viel für mich gewesen. So hatten die sechs Monate voller Langeweile und Frustration nur dazu geführt, mich in meinem Entschluss, das Buch zu veröffentlichen, zu bestärken.

14

AUF DER FLUCHT

»Morgen, Tomlinson, Sie sind ja schon früh auf den Beinen.«
Mr. Richards grüßte mich fröhlich, als er um sieben Uhr morgens meine Tür aufriss. Er musste schon viele andere Häftlinge in die Freiheit entlassen haben, aber es schien ihm
immer noch Freude zu bereiten. Am Vorabend hatte ich mein
restliches Essen und die Zeitschriften und Bücher verschenkt,
die ich nicht mitnehmen wollte. Nur ein paar Sachen waren
noch in der Mülltüte zu verstauen, während Mr. Richards die
Zellentür offen hielt. Er gab mir ein paar Augenblicke, um
mich von Dobson und Zwiebelkopf zu verabschieden. Wir
unterhielten uns durch die Türklappe.

»Viel Erfolg mit deinem Buch. Wenn du jemand brauchst,
der es ins Land schmuggelt, weißt du ja, wen du anrufen
kannst«, rief Dobson. Er war schon aufgestanden und saß
lesend am Tisch.

»Sag ihnen, dass ich unschuldig bin!«, brüllte Zwiebelkopf
von seinem Bett herüber. Mr. Richards geleitete mich über
die inzwischen wohlvertrauten Korridore zur Torwache.

»Und ich hoffe, dass ich Sie nie wieder zu sehen bekomme«,
sagte er mit einem Lächeln, als er mich an die Torwache übergab.

Obwohl meine Entlassung unmittelbar bevorstand, blieben
mir die gewohnten Leibesvisitationen, Röntgenuntersuchungen und langen Wartezeiten in verqualmten Arrestzellen
nicht erspart. »Nach allem, was wir von Ihnen wissen, könnten
Sie ja etwas mitgehen lassen«, sagte mir einer der Schließer.
»Gefängnishemden sind momentan der letzte Schrei, wie man
hört.«

Die Prozedur hatte schon drei Stunden gedauert, als ein Schließer in der Arrestzelle auftauchte. »Wer von euch ist Tomlinson?«, fragte er und sah uns der Reihe nach an. Ich hob die Hand. »Heute Nachmittag um 15 Uhr werden Sie bei Scotland Yard erwartet«, gab er mit ernster Miene bekannt, »und Sie sollen Ihre Pässe mitbringen.« Die übrigen Entlassungskandidaten johlten und pfiffen. »Am Montagmorgen biste wieder hier«, lachte ein Schwarzer. »Die hängen dir gleich heut' Abend was Neues an. Dann stecken sie dich übers Wochenende in 'ne Polizeizelle und pünktlich am Montagmorgen biste wieder hier.« Mir blieb das Lachen im Halse stecken, denn ich wusste: Möglicherweise lag er richtig. Wenn man beim MI6 mit einer neuen Anklage liebäugelte, dann würden sie damit am Freitagnachmittag auftreten. Und das brächte mir ein langes Wochenende in Polizeihaft ein, bis zum Gerichtstermin am Montag.

Das schwere Tor von Belmarsh öffnete sich für mich. Ich ging hinaus, hielt die Plastiktüte mit meinen Sachen ganz fest und empfand keine Jubelgefühle, nur eine leise Erleichterung, dass es vorbei war, und Wiedersehensfreude, als ich meine wartende Mutter sah. Zum Glück waren keine Journalisten da, nur ein paar Polizisten in einem Kleinbus, die unsere Begrüßung beobachteten. Meine Mutter fuhr mich nach Richborne Terrace. Dort duschte ich ausgiebig, zum ersten Mal seit einem halben Jahr, und aß vor meinem Termin bei Scotland Yard noch schnell zu Mittag.

In der Eingangshalle holte mich eine Polizistin ab. Sie brachte mich zu einem Verhörzimmer, in dem Ratcliffe und Peters auf mich warteten. Auf dem Tisch lag ein ganzer Haufen Plastiktüten, wie sie für die Aufbewahrung von Beweisstücken benutzt werden. »Um Sie gleich zu beruhigen, Richard«, begann Ratcliffe, »wir haben nicht vor, Sie erneut unter Anklage zu stellen. Wir wollen Ihnen nur Ihre Sachen zurückgeben.« Peters öffnete die Tüten, eine nach der andern, und reichte mir meine Besitztümer. Das war wie an Weihnachten beim Geschenkeauspacken. Die einzelnen Gegenstände waren mir so unvertraut, nachdem ich lange Monate in einer leeren Zelle verbracht hatte. Mein Psion-Organizer (in dem sie »versehentlich« alle Dateien gelöscht hatten), die Videokamera, einige Bücher, Videos und mein Handy.

»Es gibt da leider einige Sachen, die sie nicht zurückbekommen können«, sagte Peters, als alles auf dem Tisch ausgebreitet war. »Der MI6 hat uns erklärt, die Fotografien und Videofilme, die Sie in Bosnien aufgenommen haben, könnten die nationale Sicherheit gefährden«, sagte er mit einem Anflug von Sarkasmus in der Stimme. All diese Aufnahmen von ausgebrannten bosnischen Dörfern und von der Balkanlandschaft hatten keinerlei Bezug zu meiner Arbeit und hätten von jedem Soldaten stammen können, der dort Dienst tat. Peters zeigte erkennbare Skepsis gegenüber den Behauptungen des MI6.

»Noch etwas«, warf Ratcliffe ein. »Haben Sie Ihre Pässe mitgebracht?«

»Tut mir Leid«, log ich und versuchte dabei mithilfe meines MI6-Trainings überzeugend zu klingen.

Ratcliffe war verärgert. »O.k., da Sie gerade aus dem Gefängnis kommen, verschaffen wir Ihnen eine kurze Pause. Aber wir werden einen Termin beim zuständigen Polizeirevier vereinbaren. Dort sollten Sie die Pässe gleich morgen früh abgeben.«

»Einverstanden, ich gebe dort meinen britischen Pass ab«, antwortete ich selbstbewusst. »Das können Sie von mir verlangen, aber meinen neuseeländischen Pass gebe ich nicht her.« Meine Bewährungsauflagen empfand ich als derart unzumutbar und schikanös, dass ich entschlossen war, den beiden Schwierigkeiten zu machen. Ratcliffe schwieg und sah ein bisschen ratlos aus, also fuhr ich fort. »Mein neuseeländischer Pass ist Eigentum der neuseeländischen Regierung. Ausländische Polizei verstößt gegen internationales Recht, wenn sie ihn beschlagnahmt.« Ich war mir nicht sicher, ob diese Behauptung zutraf, trug sie aber im Brustton der Überzeugung vor. Ratcliffe schien mir zu glauben, vielleicht, weil er in dieser Frage selbst nicht Bescheid wusste.

»Nun, in diesem Fall verstoßen Sie gegen Ihre Bewährungsauflagen. Uns bleibt dann keine andere Wahl, als Sie wieder einzusperren«, antwortete er.

»In Ordnung«, erwiderte ich scheinbar unbeeindruckt. »Ich rufe jetzt das neuseeländische Hochkommissariat an und erzähle denen, dass Sie mich einsperren wollen, weil ich meinen Pass nicht herausgebe.« Ich nahm das Handy, das mir Peters eben erst zurückgegeben hatte, und wählte eine fiktive Nummer.

»O. k., vergessen Sie das mit der Abgabe des neuseeländischen Passes. Was halten Sie davon, ihn beim neuseeländischen Hochkommissariat abzugeben, bis die Bewährungsfrist abgelaufen ist?«, schlug Peters vor. Das war ein annehmbarer Kompromiss und ich hatte einen kleinen Sieg davongetragen. Wir vereinbarten, dass ich den Pass gleich am folgenden Morgen per Post an das Hochkommissariat schicken würde.

Ratcliffe, der seine Pflicht getan hatte, stand auf und ging. Peters blieb zurück. Er begleitete mich, als ich mit dem Müllbeutel, der mein Eigentum enthielt, dem Ausgang zusteuerte. In der Lobby schaute er sich vorsichtig um, bevor er zu sprechen begann: »Richard, ich möchte Ihnen sagen, dass ich auf Ihrer Seite bin. Diese Leute haben Sie beschissen behandelt und sollten dafür zur Rechenschaft gezogen werden. Aber wenn Sie Ihre Kampagne fortsetzen wollen, dann tun Sie das auf jeden Fall im Ausland. Hier haben wir damit nur einen Haufen Arbeit …« Leider sollte ich Peters nicht wieder begegnen.

Am nächsten Morgen ging ich mit meiner Mutter aus dem Haus, und es war offensichtlich, dass wir beschattet wurden. Auf der anderen Straßenseite, nur ein paar Meter weiter an der Kreuzung von Richborne Terrace und Palfrey Place, parkte ein grüner Vauxhall Astra, in dem zwei Männer saßen. Das war die einzige Stelle, von der aus man die Eingangstür und den Nebeneingang meiner Wohnung im Auge behalten konnte. Auf dem kurzen Spaziergang zur Oval Station in Kennington waren keine Verfolger zu sehen, aber als meine Mutter nach Hause zurückging, nutzte ich die Gelegenheit zu einigen einfachen Manövern, um die potenziellen Bewacher zu identifizieren. Der MI6 wollte unbedingt sicherstellen, dass ich in Großbritannien blieb, überlegte ich. Deshalb würde er mich beobachten, um zu prüfen, ob ich meinen neuseeländischen Pass auch tatsächlich beim Hochkommissariat abgab. Auf dem Weg zum Polizeirevier in der Kennington Road fiel mir dann auch eine Person auf, die für diese Aufgabe infrage kam, eine junge, etwas pummelig wirkende Frau. Ich entschloss mich, den MI6 herauszufordern, meinen Pass zu behalten und abzuwarten, was dann geschah.

Das Polizeirevier lag in unmittelbarer Nähe des Century House, das inzwischen leer stand und verbarrikadiert war. Es war Samstagmorgen, deshalb stand ein halbes Dutzend Leute im Revier herum. Sie wollten sich alle nach Verwandten erkundigen, die am Vorabend eingesperrt worden waren, oder mussten nach den üblichen Verkehrskontrollen am Freitagabend ihren Führerschein vorlegen. Ich setzte mich auf die Bank vor dem Schalter des Dienst habenden Wachtmeisters, griff zur Tageszeitung und stellte mich auf eine lange und ermüdende Wartezeit ein. Ich hatte eben mit der Lektüre eines interessanten Artikels über eine Bande begonnen, die in Belmarsh gelandet war, weil sie einen Geldtransporter ausgeraubt hatte, da hörte ich ein scharfes Klopfen an das Fenster des Schalters gegenüber. Der Dienst habende Wachtmeister, ein älterer Mann, sah mich über seine Zweistärkenbrille hinweg an. »Mr. Tomlinson, kommen Sie bitte hierher. Inspektor Ratcliffe erwartet Sie.«

»Woher wissen Sie meinen Namen?«, kam es von mir prompt zurück.

Der Wachtmeister war in Verlegenheit. Er hätte meinen Namen nicht sagen dürfen, weil er damit indirekt zugab, dass ich auf dem ganzen Weg zum Polizeirevier beschattet worden war. »Lassen Sie's gut sein und gehen Sie einfach dort hinein«, antwortete er ungeduldig und wies auf die Tür eines der Besprechungszimmer.

»Bitte schön, ganz wie gewünscht«, sagte ich voller Sarkasmus und knallte dort meinen britischen Pass auf den Tisch.

»Haben Sie Ihren neuseeländischen Pass an das Hochkommissariat geschickt?«, fragte Ratcliffe.

»O ja, natürlich habe ich das«, log ich dreist. »Wann und wo?«, fragte Ratcliffe misstrauisch. »Am Briefkasten bei der Oval Station, kurz nachdem ich mich heute Morgen von meiner Mutter verabschiedet hatte«, antwortete ich und verkniff mir ein Grinsen. Ratcliffe wusste, dass ich log, denn seine Leute hatten ihm nichts von einem Gang zum Briefkasten berichtet. Er konnte aber nicht zugeben, dass er mich beschatten ließ, deshalb musste er die falsche Behauptung akzeptieren.

Solange ich meinen neuseeländischen Pass noch in der Tasche hatte, blieb dem MI 6 nichts anderes übrig, als mich weiter zu observieren. Noch am selben Nachmittag würde ich ihnen reichlich zu tun geben. Während des Einführungslehrganges hatten wir eine ganze Reihe von Übungen zur Identifikation von Bewachern im Wettstreit mit Teams des MI 5 und des Londoner Special Branch absolviert. Dabei gab es zwei Teststrecken. Die eine führte von der Waterloo Station über die Themse zum Barbican Centre und war für Anfänger gedacht, denn sie war mit einfachen und offensichtlichen Fallen gespickt. Wenn ich diesen Weg nahm, würden sie auf jeden Fall bemerken, dass ich um die Überwachung wusste, und sich vielleicht zurückziehen. Die zweite, deutlich anspruchsvollere Route führte die Oxford Street entlang. Die Menschenmassen machten es dem Hasen und der Meute gleich schwer, aber es gab dort einige wirklich gute Fallen für Bewacher. Und ich hatte einen überaus plausiblen Grund, dorthin zu gehen: Ich musste mich unbedingt neu einkleiden.

Den ganzen Nachmittag marschierte ich die berühmte Einkaufsstraße auf und ab, täuschte Interesse an Kleidung vor und ließ keine der Fallen für Bewacher aus. Auf den in beide Richtungen verlaufenden Rolltreppen im Kaufhaus Debenhams konnte ich die untere Etage gut einsehen und entdeckte einen der Verfolger. In der U-Bahn-Station zwang eine wenig benutzte Abkürzung einen weiteren Verfolger dazu, sich zu exponieren. Er war bestrebt, meine Spur nicht zu verlieren, und kam aus dem Nebeneingang wie ein Kaninchen aus seinem Bau. Wahlloses Schmökern im Labyrinth der Regale bei Foyles in der Charing Cross Road zwang zwei weitere Beschatter zu ähnlichen Aktivitäten. Am Ende dieses unterhaltsamen Nachmittags hatte ich drei Verfolger mehrmals gesehen und sicher identifiziert und außerdem einen vierten Mann entdeckt, der ebenfalls für diesen Job infrage kam.

Am Sonntagmorgen war der Himmel blau und es wehte ein angenehmer Wind. Es war ein wunderbarer Tag, um im Park zu skaten und ganz nebenbei meine Bewacher zu peinigen. Die meisten Bewacherteams sind nur auf Fußgänger und Autofahrer eingestellt. Beobachtungsobjekte, die sich ungewöhnlicher Transportmittel bedienen, machen ihnen große Schwierigkeiten. Skaten war die ideale Methode, um sie ins Schwitzen zu bringen. Mit den Inline-Skates war ich für eine Verfolgung zu Fuß viel zu schnell und meine Bewacher würden sich wohl kaum in einem langsam fahrenden Auto zur Schau stellen. Gegen elf Uhr stieg ich in meine Skates, schnappte mir einen Walkman und verließ meine Wohnung über den Nebeneingang. Im Nu war ich über Palfrey Place und die Fentiman Road unterwegs in Richtung Vauxhall Cross. Es war ein herrlicher Morgen und ich genoss diese erste Ausfahrt nach meiner Gefangenschaft in vollen Zügen. Als ich Vauxhall Cross überquerte, entbot ich den Überwachungskameras einen ausgelassenen Gruß mit dem Mittelfinger. Der ebene Bürgersteig auf der Vauxhall Bridge gab mir die Gelegenheit, ein Stück weit rückwärts zu fahren. Dabei ich überzeugte ich mich gleich davon, dass keine sichtbaren Verfolger hinter mir waren. Zwanzig Minuten später kam ich am Hyde Park an, war bester Laune und außerdem überzeugt, den Bewachern entwischt zu sein.

»He, du!« Die Stimme klang vertraut. »Wo biste gewesen?« Ich drehte mich um und sah Winston und Shaggy winken, zwei witzige Schwarze mit Rastalocken, die zu einer Gruppe fanatischer Skater gehörten, die ich im Hyde Park kennen gelernt hatte. Sie hatten mich erkannt, obwohl auf dem breiten, geteerten Weg vor dem Kensington Palace sehr viele Fußgänger und Jogger unterwegs waren. »Wo zum Teufel biste denn die ganze Zeit gewesen, Junge?« Shaggy grinste und nahm die schweren Kopfhörer ab, um meine Antwort verstehen zu können.

»Ich hab' gerade meine Zeit in Belmarsh abgesessen«, antwortete ich mit einem verlegenen Lächeln.

Shaggy und Winston hatten wegen Drogendealerei kurze Haftstrafen in Brixton verbüßt. Belmarsh kannten sie bestimmt. Winston sah mich ungläubig an. »Was, Junge, erzähl keinen Scheiß! Weiße Jungs wie du, mit guter Schulbildung, die landen nich' im Knast!«

Ich erklärte ihnen, wie ich in Belmarsh gelandet war, aber sie glaubten mir immer noch nicht.

»Nee, du willst mich verarschen.« Winston lachte spöttisch. »In diesem Land wirste nich' eingesperrt, bloß weil du 'n Buch geschrieben hast.« Winston fuhr lachend davon.

»Na gut, Mann.« Shaggy klang misstrauisch, aber so, als ob er mir glauben würde. »Wenn du wirklich gesessen hast, wie nennste dann 'nen Typen wie Winston?«, wollte er wissen.

»Einen Fraggle?«, antwortete ich.

Shaggy lachte. »He, Winston, komm zurück, du Fraggle, der Junge *war* im Knast!«

Winston kam angerollt. »Wenn du wirklich in Belmarsh gesessen hast, dann sag ich: Respekt!« Ich streckte meine Hände aus und Winston klatschte mich begeistert ab. Er war höchst erfreut festzustellen, dass der studierte weiße Bursche in der Tat ein Ex-Knacki war.

»Scheiße, Mann, der Hubschrauber geht mir auf 'n Wecker«, rief Winston ein paar Minuten später. Er sah nach oben, wo in etwa dreihundert Metern Höhe ein Polizeihubschrauber kreiste. »Lasst uns mal zum See rüberfahr'n, mal seh'n, ob's da ruhiger ist«, schlug er vor.

Wir schlängelten uns durch die Fußgänger hinüber zum Serpentine Lake auf der anderen Seite des Parks, doch der Hubschrauber folgte uns und das Brummen wurde aufdringlich laut. »He, Winston, haste schon wieder gedealt?«, rief Shaggy. »Der beschissene Hubschrauber folgt dir«, lachte er. Winston kam zu uns herüber und sah nervös zum Hubschrauber hinauf. »Was haste dann ausgefressen, du Bösewicht?«, legte Shaggy nach, immer noch lachend.

»Ich war ganz anständig in letzter Zeit«, antwortete Winston. »Mir folgt er nich', keine Chance, Mann, aber er geht mir auf'n Sack.«

Ein Helikopter hatte den Gefangenentransporter begleitet, als ich von Brixton nach Belmarsh überführt wurde, bei Häftlingen der Sicherheitsstufe A jedoch eine reine Routinemaßnahme. Ich war schwer zu beschatten, solange ich mit Skates unterwegs war, aber sie würden doch wohl nicht den teuren Polizeihubschrauber benutzen, um mich zu verfolgen? Es gab nur eine Methode, das herauszufinden. »Lasst uns bis zum Trafalgar Square fahren«, schlug ich vor, »mal sehen, was da drüben los ist.« Wir stürzten uns in den dichten Verkehr auf dem Piccadilly. Winston betätigte seine Trillerpfeife, er fuhr rückwärts vor jedem Taxifahrer her, der ihm in die Quere kam, stieß Beschimpfungen aus oder zeigte den Stinkefinger. Shaggy trug den Ghettoblaster auf der Schulter, sprang auf fahrende Busse auf und gleich wieder ab oder hielt sich an Motorradgepäckträgern fest. Die Tour dauerte nur wenige Minuten, aber der Helikopter schwebte unbeirrt über unseren Köpfen.

Winston wurde immer unruhiger. »Der Scheißkerl ist hinter mir her!« Wütend starrte er himmelwärts und dachte angestrengt nach, wie er mit dieser Störung einer harmlosen Sonntagstour fertig werden konnte. »He, Shaggy, hör mal, lass uns zurück zum See fahren, und wenn er uns immer noch folgt, kriegt er was Interessantes zu sehen.« Jetzt ging es zurück über den Piccadilly bis zur Hyde Park Corner, dann zum Serpentine Lake. Einige Minuten später war der Hubschrauber wieder da. Shaggy und Winston fixierten den Störenfried. »In Ordnung, die neugierigen Bastarde betteln darum«, verkündete Winston. Ohne ein weiteres Wort drehten sich die beiden um, beugten sich nach vorn und ließen die Shorts fallen. »Jetzt schaut euch mal mein Arschloch an!«, rief Winston fröhlich.

Die Hubschrauberaktion am frühen Sonntagnachmittag machte mir klar, dass der MI6 es mit der Überwachung ernst meinte. Und es war klüger, auf weitere Spielchen zu verzichten. Noch an diesem Abend lag mein Pass im Briefkasten, adressiert an das neuseeländische Hochkommissariat am Haymarket. Einige Monate später erzählte mir ein Bewährungshelfer, dass der Special Branch an diesem Wochenende auf Anweisung des MI6 meine erneute Verhaftung betrieben hatte, weil mein Pass am Samstagmorgen nicht wie vereinbart im Briefkasten gelandet war. Der Richter verwarf den Antrag mit der Begründung, Haftbefehle wegen Verletzung der Bewährungsauflagen müssten von der zuständigen Behörde beantragt werden, nicht von der Polizei. Der MI6 blieb unbeeindruckt und wies die Bewährungshilfe am Montagmorgen an, einen weiteren Haftbefehl einzureichen. Zu diesem Zeitpunkt war mein Pass aber bereits unterwegs, und sie hatten nichts mehr in der Hand, was eine Verhaftung rechtfertigte.

Nachdem ich meinen neuseeländischen Pass weggegeben hatte, waren keine Bewacher mehr zu sehen. Aber der MI6 hörte meinen häuslichen Telefonanschluss und auch mein Handy ab. Es ärgerte mich, dass mir in der Transkriptionsabteilung Leute, die ich kannte, beim Telefonieren zuhören konnten. Wann immer ich im Pub einen guten Witz hörte, rief ich zu Hause an und sprach ihn auf den Anrufbeantworter, um den Mitschreibern etwas Abwechslung zu verschaffen. Ich schickte einige Briefe an meine eigene Adresse und hatte bald die Gewissheit, dass meine Post ebenfalls kontrolliert wurde. Auch alle Briefe, die ich in unmittelbarer Nachbarschaft meines Hauses in der Richborne Terrace einwarf, wurden abgefangen.

Ich war froh, dem Gefängnis entronnen zu sein, aber jetzt, zurück im richtigen Leben, musste ich auch wieder an meine Zukunft denken. Die Hypotheken für die Wohnung waren auf mein Gehalt beim MI6 abgestimmt. Wenn ich weiter an diesem Ort leben wollte, musste ich eine Arbeit finden, die gleich gut bezahlt wurde. Dass meine Berufserfahrung beim MI6 schwer zu vermarkten war, wusste ich ja bereits, und um das Ganze für mich noch etwas zu erschweren, ließ mich mein ehemaliger Arbeitgeber wissen, dass man mir bei der Jobsuche nicht helfen würde. Ich wollte nicht noch einmal den zermürbenden Abstieg erleben, der mit hohen Schulden verbunden ist, und deshalb entschloss ich mich zu verkaufen. Meine Wohnung lag in der Londoner Innenstadt, hatte einen kleinen, aber sehr gepflegten Garten und eine Garage – schnell hatte ich das Ganze an den Mann gebracht. Der Abschied von meinem Zuhause war schmerzlich, aber Mitte Juni verstaute ich meine Sachen im Auto und fuhr zu meinen Eltern nach Cumbria, wo ich bis zum Ende der Bewährungszeit wohnen konnte. Sobald die Reisebeschränkungen aufgehoben waren, wollte ich nach Australien oder Neuseeland gehen. Dort würde mir ein beruflicher Neubeginn von ganz unten leichter fallen, ohne die schwere Bürde einer Wohnungshypothek. Ich kaufte mir einen Laptop, um im Internet nach Stellenangeboten zu suchen. Auch das war ein Verstoß gegen die Bewährungsauflagen, aber um eine erneute Verhaftung zu rechtfertigen, hätte der MI 6 zugeben müssen, dass das Telefon meiner Eltern abgehört wurde. Das Internet erwies sich als sehr ergiebig und schon bald hatte ich einige Adressen in Auckland und Sydney auf meinem Bildschirm. Fernsehjournalismus war der Beruf, der mich am meisten interessierte, deshalb knüpfte ich Kontakte zu Sendern in beiden Städten. Der australische Channel 9 TV war einer davon, und ich traf mich mit Kathryn Bonella, der jungen Londoner Korrespondentin des Senders, einige Male vor Ort, was natürlich heimlich geschehen musste. Ich suchte zwar nur eine neue Arbeit, der MI 6 aber würde sich die einmalige Gelegenheit, diese Treffen als Bruch der Bewährungsauflagen zu werten, um mich erneut zu verhaften, nicht entgehen lassen.

Das Ende meiner Bewährungsfrist nahte und meine Besorgnis wuchs. Die mangelnde Bereitschaft des MI 6, mir bei der Rückkehr ins bürgerliche Leben zu helfen, verhieß nichts Gutes. Wenn sie mich für eine so große Bedrohung hielten, dass sie meine Pässe beschlagnahmten, mir den Zugang zum Internet verweigerten, mich von Journalisten fern hielten und mich zwangen, bis zum 31. Juli einmal pro Woche beim Bewährungshelfer zu erscheinen: Was hatten sie dann ab dem 1. August mit mir vor? Von diesem Tag an hatte ich das Recht, mit Journalisten zu reden, das Internet zu nutzen und ins Ausland zu reisen. Es war kaum anzunehmen, dass sie mir die Bewährungszeit so schwer wie möglich machten, nur um sich danach völlig zurückzuziehen.

Mir blieb nur eine Schlussfolgerung. Der MI 6 musste einen genauen, möglicherweise finsteren Plan in petto haben, um mich auch nach dem 31. Juli unter Kontrolle zu halten. Ich befürchtete, dass man mir ein Verbrechen anhängen wollte, für das ich eine längere Gefängnisstrafe erhalten würde. Sie hatten meine Fingerabdrücke und auch meinen genetischen Fingerabdruck, und es würde ihnen nicht schwer fallen, damit Beweismittel zu fingieren, zum Beispiel in einem Fall von Drogenschmuggel. Ich kam zu dem Ergebnis, dass es besser war, das Land zu verlassen, bevor sich mein Verdacht bestätigte. Ein solches Vorhaben würde bedeuten: Ausreise vor dem Ende der Bewährungsfrist und ohne Pass. Aber wie sollte ich das anstellen? Zum Glück konnte ich hier auf meine »Ausbildungszeit« in Belmarsh zurückgreifen.

Dobson hatte mir einen Tipp gegeben: Ein Weg über die Grenze führte mit der Fähre von Liverpool nach Belfast, dann mit dem Zug nach Dublin. Man brauchte keinen Pass für die Reise nach Nordirland, weil es zum Vereinigten Königreich gehörte. Auch an der Grenze zur Republik Irland gab es keine Passkontrollen, weil das die Bürger der Republik Irland verärgert hätte. Kam ich bis Dublin, könnte ich dort beim Generalkonsulat einen neuen Pass beantragen und ins Flugzeug steigen. Aber im Umfeld solcher Schlupflöcher wimmelte es nur so von Schnüfflern. Außerdem waren Überwachungskameras installiert, mit denen Einzelpersonen auch in überfüllten Bahnhöfen zu identifizieren waren. Und dieses Terrain war mir unbekannt. Dobson gab mir auch noch die Adressen einiger Zigarettenschmuggler in Dover, die schnelle Motorboote besaßen. Würde ich allerdings in einem Boot voller Schmuggelware aufgegriffen, dann wäre das ein gefundenes Fressen für den MI6. Bei kritischer Prüfung der verschiedenen Fluchtmöglichkeiten, die mir blieben, schien mir die dreisteste Methode die beste zu sein: Ich wollte mich einfach auf eine der Kanalfähren nach Frankreich schleichen. Dobson hatte mir erzählt, ihm sei das in der allgemeinen Hektik des Eincheckens schon einige Male gelungen, wenn die Kontrolleure durch den starken Andrang ganz in Anspruch genommen waren.

Für meine Flucht wählte ich den 27. Juli, einen Montag. Das war ein Tag in den Schulferien, an dem in den Häfen mehr Betrieb sein würde als an normalen Reisetagen. Der MI6 würde in der letzten Woche meiner Bewährungsfrist besonders wachsam sein, also war hier Einfallsreichtum gefragt. Am

12. Juli rief ich ein Reisebüro an und buchte für den 2. August einen Flug von Manchester nach Sydney. Das war der Tag nach dem Ende der Bewährungsfrist, und genau dann würde der MI 6 mit meiner Abreise rechnen. Freunde, die mich anriefen, erhielten den Bescheid, dass die letzte Juliwoche für eine Fahrradtour in Schottland reserviert war. All das würden die Telefonprotokollanten getreulich mitschreiben und es würde in Vauxhall Cross die Runde machen.

Ein unerwarteter Besuch am 22. Juli zwang mich, meine Pläne zu forcieren. Gegen elf Uhr morgens saß ich zu Hause in meinem Zimmer und surfte im Internet, als ich den Kies in der Toreinfahrt unter den schweren Schritten zweier Besucher knirschen hörte. Hinter dem Vorhang hervorspähend, sah ich an der seltsamen und unpassenden Kleidung, dass dies zwei Herren vom Special Branch waren. Der Ältere trug einen dunklen Nadelstreifenanzug und derbe Straßenschuhe, der Jüngere war in Jeans und hatte eine blaue Fleecejacke an. Wahrscheinlich wollten sie mich verhören, obwohl ich keine Ahnung hatte, weswegen. Ich hatte mir nichts zuschulden kommen lassen und Nachforschungen über Verletzungen von Bewährungsauflagen gehörten nicht zu den Aufgaben des Special Branch. Ich reagierte nicht, als sie an der Haustür klingelten, und ignorierte auch das Klopfen an der Hintertür. Sie mussten durch die Überwachung wissen, dass ich zu Hause war, denn so schnell gaben sie nicht auf. Sie klingelten und hämmerten gegen die Tür, bis sogar die mittlerweile fast völlig taube Jesse den Lärm hörte und zu bellen anfing. Zum Glück hatte ich alle Türen verschlossen, deshalb konnten sie das Haus nicht betreten, ohne einzubrechen. Hätten sie einen Haftbefehl mitgebracht, wären sie mit mehr Leuten gekommen. Wenn ich mich also still verhielt, würden sie schließlich aufgeben und wieder verschwinden müssen. Sie schnüffelten noch im Garten und bei den Nebengebäuden herum, als ob sie das Terrain für eine spätere Verhaftung sondieren wollten, dann, etwa vierzig Minuten nach ihrem Erscheinen, räumten sie das Feld.

Sie würden mit einem Haftbefehl und mehr Leuten zurückkommen, das war klar, also hatte ich keine andere Wahl, als sofort zu verschwinden. Das Packen dauerte nur eine halbe Stunde. Nach der Rückkehr meiner Eltern blieb mir noch Zeit für ein hastiges Mittagessen und einen liebevollen Abschied von Jesse. Ich wusste, dass ich sie nicht wiedersehen würde. Dann verstaute ich die beiden Koffer auf dem Rücksitz des Saabs meiner Mutter. Für den Fall, dass der Special Branch Bewacher postiert hatte, versteckte ich mich wie einst Gordiewsky im Kofferraum, bis wir das Dorf verlassen hatten. Nach zwanzig Minuten erreichten wir den Bahnhof von Penrith. Von dort fuhr ich nach Poole, einer Hafenstadt im Süden Englands.

Der Morgen des 24. Juli war wolkig und trist, wie so viele andere im Sommer des Jahres 1998. Und wie erwartet wimmelte es am Fährterminal von Familien mit Kindern, die gleich an diesem Freitag, dem ersten Tag der Schulferien, nach Frankreich reisen wollten. Ich holte meine Geburtsurkunde heraus, den Führerschein und auch die Kreditkarten und erzählte der gestressten jungen Frau am Schalter der »Truckline«, dass mir vor wenigen Tagen der Pass gestohlen worden sei. Nach einigen beiläufigen Fragen und einem kurzen, aber für mich nervenaufreibenden Telefonat mit ihrem Vorgesetzten gab sie mir schließlich eine Bordkarte für die Fähre nach Cherbourg, die um 12.45 Uhr auslaufen sollte.

Ich verstaute mein Gepäck und ging aufs Promenadendeck, um einen letzten Blick in Richtung England zu werfen. Ich sah den unzähligen Windsurfern und Wasserskiläufern zu, die beim Auslaufen aus dem Hafen von Poole unseren Kurs kreuzten. Aber wie schon zwei Jahre zuvor, als ich nach Spanien ging, hegte ich weder Jubel- noch Triumphgefühle, weil ich dem MI 6 vor der Nase entwischt war. Ich war nur traurig darüber, dass dieser Konflikt überhaupt entstanden und bis zu diesem Tag nicht beigelegt war.

Bei der Ankunft in Cherbourg ließ ich den anderen Fußgängern den Vortritt und hielt mich ganz am Ende der Schlange. Ich dachte mir, dass es besser wäre, nicht die ganze ungeduldige Urlaubermenge im Rücken zu haben, falls mich die französischen Zollbeamten tatsächlich anhalten sollten. Das erwies sich als kluge Vorsichtsmaßnahme, denn die Zöllner hatten einen der periodisch wiederkehrenden scharfen Kontrolltage eingelegt. In dem Augenblick, in dem ich meine unzureichenden Dokumente auf den Tisch legen musste und dafür einen skeptischen Blick des Zöllners erntete, war mir klar, dass die Einreise ohne Pass nach Frankreich nicht so leicht sein würde wie die Ausreise in England. In meinem etwas eingerosteten Französisch erzählte ich dem ersten Zollbeamten meine Tarngeschichte: Ich hatte meinen neuseeländischen Pass in Paris vergessen und war mit dem britischen Pass nach England gereist. Dort war mir dieser Pass gestohlen worden, weshalb ich jetzt unbedingt nach Paris zurückmusste, um meinen zweiten Pass zu holen. Der Mann holte seinen Vorgesetzten, der sich die ganze Geschichte noch einmal von mir vortragen ließ. Dann kam noch ein dritter Zollbeamter dazu und allmählich klang die Geschichte auch in meinen eigenen Ohren ziemlich dünn. »C'est impossible«, sagte mir der erste Zöllner immer wieder. »Sie müssen mit dem nächsten Schiff zurückfahren.« Aber nach langen Diskussionen, begleitet von lautem Murren und heftiger Kritik an den englischen Behörden, ließ mich sein Vorgesetzter schließlich durch. Ich schnappte mir mein Gepäck und ging auf dem schnellsten Weg zum Bahnhof, um Cherbourg zu verlassen, bevor sie ihre Meinung änderten. Am späten Abend, gegen 23 Uhr, hatte ich dann ein Zimmer in Paris, in einem billigen Hotel an der Rue d'Amsterdam in der Nähe des Bahnhofs St. Lazare. Die erste Etappe meiner Rückkehr nach Neuseeland hatte ich ohne größere Schwierigkeiten geschafft. Jetzt musste ich nur noch das neuseeländische Hochkommissariat in London dazu bringen, mir meinen Pass nach Paris zu schicken.

Die Telefonzentrale der neuseeländischen Botschaft in Paris war am Montagmorgen ab neun Uhr besetzt, und die Vermittlung stellte mich zu Kevin Bonici durch, dem stellvertretenden Botschaftsrat in der Konsularabteilung. Er versprach mir, das Hochkommissariat in London anzurufen und meinen Pass mit der nächsten Diplomatenpost anzufordern. Ich war erleichtert zu hören, dass er kein Hindernis für eine sofortige Rückgabe des Passes sah. »Natürlich können Sie ihn zurückhaben. Sie haben weder gegen neuseeländische noch gegen französische Gesetze verstoßen«, versicherte er mir. Diese vernünftige Auskunft gab mir neuen Mut, aber einige Stunden später rief Bonici zurück. »Wir haben neue Anweisungen aus Wellington erhalten. Ihr Pass soll erst nach Ablauf der Bewährungsfrist am 1. August zurückgegeben werden«, erklärte er mir. Ich staunte über die Tatsache, dass sich Wellington für eine solch triviale Angelegenheit interessierte. Der MI6-Verbindungsbeamte musste alle Register gezogen haben. War Neuseeland nicht ein souveräner Staat und vom Vereinigten Königreich völlig unabhängig? Wellington hatte keinen legalen Grund, die Rückgabe meines Passes zu verweigern. Mein Verstoß gegen den Official Secrets Act war in Neuseeland oder Frankreich nicht strafbar. Ich nahm an, dass Wellingtons Kapitulation vor dem Druck des MI6 auch die neuseeländischen Medien interessieren würde, und rief einige Journalisten an.

Deren Recherchen mussten in Neuseeland einige Unruhe ausgelöst haben, denn am folgenden Morgen erhielt ich kurz nach zehn Uhr einen Anruf von Mary Oliver, der Konsulin in Paris und Vorgesetzten von Kevin Bonici. »Natürlich bekommen Sie Ihren Pass zurück«, erzählte sie mir voller Begeisterung. »Jetzt gibt es eine neue Anweisung aus Wellington. Sie können den Pass am Freitagmorgen abholen, sobald er aus London eingetroffen ist. Kommen Sie um zwölf Uhr vorbei. Ich freue mich darauf, Sie zu sehen.«

An den beiden folgenden Tagen genoss ich bei herrlichem Wetter das Leben in Paris. Aber im Hinterkopf blieb doch eine gewisse Unruhe, was der MI6 wohl als Nächstes unternehmen würde. Wenn man an einem schönen Sommerabend an den Champs-Élysées sein Bier trank, dann war der Gedanke, die französische Polizei könnte einen auf Verlangen des MI6 verhaften, ein bloßes Hirngespinst. Der MI6 würde der Direction de la Surveillance du Territoire (DST), der französischen Spionageabwehr, nicht so schnell eine Gelegenheit verschaffen, mich zu den gegen Frankreich gerichteten Operationen zu befragen. Selbst wenn man mich festnahm, wie sollte die Anklage lauten? Eine eigenmächtige Verkürzung der Bewährungsfrist um wenige Tage war mit Sicherheit kein

Auslieferungsgrund. Aber das quälende Gefühl, dass meine erneute Verhaftung unmittelbar bevorstand, ließ mich nie ganz los. Ein Bündnis mit Journalisten hielt ich für den besten Schutz gegen die Übergriffe des MI6, also rief ich die *Sunday Times* an und erzählte die Geschichte meiner Flucht. David Leppard, ein Reporter des Blattes, war bereits zu Recherchen in einer anderen Angelegenheit in Paris. Wir verabredeten uns zu einem gemeinsamen Besuch bei der neuseeländischen Botschaft.

Der Freitagmorgen war feucht und warm und in der klimatisierten Eingangshalle von Leppards Hotel in der Avenue Lafayette fiel das Atmen sehr viel leichter. Nachdem ich von der Rezeption aus einige Male auf seinem Zimmer angerufen hatte, kam Leppard herunter. »Das blöde Telefon spielt verrückt. Es ist bestimmt angezapft.« Ich ließ das unkommentiert durchgehen, amüsierte mich aber darüber, dass selbst erfahrene Journalisten ein leichtes Knistern in der Leitung als Zeichen für Abhöraktivitäten nahmen.

Wir nahmen ein Taxi zur Botschaft, die in der Avenue Leonardo da Vinci untergebracht war, in der Nähe der Place Victor Hugo. Alastair Miller, ein Fotograf der *Sunday Times*, wartete bereits vor der Tür, als wir vorfuhren. Selbst die harten Burschen von der DST würden wohl vor einer Verhaftung unter den Augen eines Journalisten und eines Fotografen zurückschrecken. Mein Misstrauen gegenüber der neuseeländischen Botschaft erwies sich indessen als wohlbegründet. Sie hatte ihre Meinung ein drittes Mal geändert. »Wir haben neue Order aus Wellington«, erklärte mir Mary Oliver. »Sie können Ihren Pass erst morgen zurückhaben.«

Die Kapitulation der Botschaft vor dem Druck des MI6 in der Passfrage war eine Enttäuschung. Ich stürmte davon, ohne Mary Olivers Nettigkeiten zum Abschied weiter zu beachten. Draußen vor der Tür hatte ich wegen dieser Grobheit ein schlechtes Gewissen und wollte zurück, um mich zu entschuldigen, aber Miller bestand voller Ungeduld auf der Fortsetzung der Fotoserie. Wir gingen zur fünf Fußminuten entfernten Place du Trocadéro, wo der Eiffelturm einen passenden Hintergrund abgab, und nahmen in einem Bistro im Freien ein leichtes Mittagessen zu uns. Dann machte sich Miller an die Arbeit. Bald waren wir von einer kleinen Menschenmenge umringt, die wohl annahm, ich sei ein Rockstar oder ein Fußballspieler.

Gegen 14.30 Uhr waren wir fertig, und weil wir denselben Weg hatten, nahmen wir an der Place Victor Hugo gemeinsam ein Taxi. Auf der Schleichfahrt durch den dichten Pariser Verkehr hielt ich nach Bewachern Ausschau, ohne Ergebnis. Ich bat den Taxifahrer, mich am Bahnhof St. Lazare aussteigen zu lassen. Das war einfacher, als ihn zu meinem Hotel zu dirigieren. Der Bahnhof wurde gerade renoviert, Gerüste und schwere Plastikplanen verhüllten die bekannte Fassade, und ich war etwas desorientiert. Auf der Suche nach einem anderen Orientierungspunkt fiel mir ein dunkelgrauer VW Passat auf, der in etwa 150 Metern Entfernung anhielt. Ein ähnliches Fahrzeug hatte ich bereits in der Nähe des Taxistandes an der Trocadéro parken sehen. Ich hatte nicht auf das Kennzeichen geachtet und konnte mir deshalb auch nicht sicher sein, ob es dasselbe Auto war, aber diese Beobachtung steigerte meine Unruhe noch. Ich ging die Rue d'Amsterdam hinauf, an meinem Hotel vorbei, und kaufte mir in einem libanesischen Feinkostgeschäft eine Flasche Mineralwasser. Dann machte ich kehrt und ging zum Hotel zurück. Mir waren keine Verfolger aufgefallen.

Doch kaum hatte ich die Zimmertür hinter mir abgeschlossen und mich auf das schmale Bett gesetzt, da klopfte es auch schon an die Tür. Das war das harte, aggressive Signal eines befehlsgewohnten Menschen, nicht das sanfte, verlegene Klopfen eines Zimmermädchens.

»Ja, was wünschen Sie?«, rief ich auf Französisch, ohne mein Misstrauen verbergen zu können.

»Hier ist die Rezeption.« Die Stimme klang zu aggressiv, außerdem hätte die Rezeption auf jeden Fall das Haustelefon benutzt, wenn sie mich zu sprechen wünschte. Ich stand auf, holte tief Luft und drehte den Schlüssel um. Sie flog auf, als ob es draußen auf dem Gang eine Gasexplosion gegeben hätte. Drei muskulöse Männer stürzten zur Tür herein, schrien »Polizei! Polizei«, stießen mich um, sodass ich mit dem Kopf gegen die Tischplatte knallte, und drückten mich zu Boden. Widerstand wäre völlig zwecklos gewesen. Sie bogen mir die Arme auf den Rücken und legten mir Handschellen an. Ich war völlig wehrlos, und dennoch sausten Schläge auf meinen Hinterkopf nieder, bis mir schließlich ein gut gezielter Tritt in die Rippen den Atem nahm. Erst als ich völlig regungslos dalag, hörten die Misshandlungen auf. Die Angreifer stellten mich auf die Füße und warfen mich aufs Bett. Drei Schwergewichtler standen vor mir, der finstere Gesichtsausdruck war einem triumphierenden Grinsen gewichen. Einer lutschte an dem Fingerknöchel, den er sich bei der Attacke aufgeschlagen hatte. Hinter dem Trio standen zwei weitere Polizisten, deren Revolver auf meine Brust gerichtet waren. Der größere der beiden war der Anführer. Ein Wink mit der Pistole und die drei Gorillas begannen mit der Durchsuchung des Zimmers.

»Der Computer, wo ist der Computer?«, herrschte mich der Anführer an. Ich nickte in Richtung des umgeworfenen Tisches, daneben lag der Laptop, aufgeklappt, verkehrt herum, aber offensichtlich noch funktionsfähig. Einer der Schwergewichtler las ihn auf, staubte ihn kurz ab, klappte ihn zu und stopfte das Beweisstück in eine Plastiktüte. »Und der Organizer?«, fragte der Mann mit der Knarre. Ich gab ein Zeichen in Richtung des Nachttisches und der Typ mit dem lädierten Knöchel verstaute das Gerät in einer zweiten Tüte. Sie arbeiteten geräuschlos, sammelten meine restlichen Habseligkeiten und Kleider ein, stopften alles durcheinander in einen Koffer, mühten sich mit dem Reißverschluss ab, gaben schließlich auf und hielten den Koffer notdürftig mit meinem Gürtel zusammen. Ein Hosenbein und ein Hemdzipfel hingen heraus.

Ohne großen Lärm zerrten sie mich aus dem Zimmer und über den engen Gang zum Aufzug hin. Der Anführer drückte zunächst hektisch auf den Knopf, entschied sich dann aber doch für die Treppe. Es ging fünf steile Treppen hinunter, und einen Augenblick lang schoss mir durch Kopf, dass sie mich auch hinunterstoßen könnten. Dann führten mich die fünf Polizisten am Empfangstresen vorbei. Mein Haar war zerzaust, das Hemd, voller Blutflecken, hing aus der Hose, und ich versuchte dem Empfangschef eine Entschuldigung zuzulächeln. Er starrte mich an und dachte bestimmt, dass ich ein schlimmes Verbrechen begangen haben musste.

Draußen hatte sich bereits eine kleine Gruppe Schaulustiger versammelt. Zwei zivile Polizeiautos standen abfahrbereit, gleich dahinter auch ein Krankenwagen, was mir signalisierte, dass man mit einem Kampf gerechnet hatte. »Warum habt ihr mich zusammengeschlagen?«, fragte ich einen der Beamten, als er mich auf den Rücksitz des vorderen Autos bugsierte. Er brachte nur ein bedrohliches Grunzen hervor, und ich hielt es für besser, den Mund zu halten.

Ich saß im Fond, links und rechts mit Handschellen an einen Flic gefesselt. Wir fuhren in westlicher Richtung, dann wechselten wir auf das Südufer der Seine. Wieder die Freiheit zu verlieren war ein ekelhaftes Gefühl, und ich verspürte eine dumpfe, hilflose Resignation, wie ein Kaninchen, das in einer Schlinge festsaß und spürte, dass es ihm an den Kragen ging. Der MI6 hatte mich wieder an einem Freitagnachmittag geschnappt. Das bedeutete ein ganzes Wochenende in einer unbequemen Polizeizelle, bis zur Anhörung vor Gericht am Montag. Das einzig Gute war, dass die französischen Handschellen deutlich bequemer als die britischen waren. Und laut Ronnie waren die französischen Gefängnisse nicht allzu schlimm.

Sobald wir das Stadtzentrum hinter uns gelassen hatten, wurde der Verkehr flüssiger. Wir fuhren jetzt zügig am Südufer entlang, bogen plötzlich links ab, fuhren unter einer Metrolinie hindurch und dann abrupt nach rechts. Über eine steile Rampe ging es in eine unterirdische Anlage hinein.

Meine Häscher zerrten mich aus dem Wagen, führten mich ein paar spärlich beleuchtete Korridore entlang und schubsten mich in eine Arrestzelle. Ich gab der Unterkunft nur zwei Sterne: keine Toilette, kein Fenster, nur eine hölzerne Bank mit einer schmutzigen Decke und weder Matratze noch Kopfkissen. Britische Polizeizellen waren da eine Klasse besser. Die Wand auf der Gangseite bestand aus dickem, durchsichtigem Sicherheitsglas, sodass die Wachen jede Bewegung des Häftlings beobachten konnten. Die Handschellen wurden gelöst, und die Schwergewichtler befahlen mir, mich auszuziehen.

Nach der Durchsuchung bekam ich die Kleider zurück, bis auf den Gürtel und die Armbanduhr. Wortlos verließen die Polizisten den Raum und schlossen mich ein. Ich setzte mich auf die Bank und vergrub das Gesicht in den Händen. Ich hatte keine Ahnung, wie lange sie mich festhalten wollten, und bereitete mich innerlich auf das Schlimmste vor.

Etwa eine Stunde später kamen sie zurück, legten mir wieder Handschellen an und eskortierten mich über einen kurzen Gang in einen fensterlosen, schlecht gelüfteten Verhörraum, der von flackernden Neonröhren beleuchtet wurde. Dort stand ein langer Tisch, hinter dem fünf Polizisten saßen. Unter ihnen war Ratcliffe, der triumphierend grinste, als mich die Gorillas auf einen Stuhl setzten. Unsere Blicke trafen sich. Ratcliffe als Erster: »Es wird Sie nicht überraschen, mich hier zu sehen, Richard.«

Mir war klar, dass er nur seine Arbeit tat und Befehle von oben ausführte, aber es fiel mir schwer, für den Mann, der diesen ganzen Schlamassel organisiert hatte, keine Feindseligkeit zu empfinden. Ich ignorierte ihn und sprach den Beamten, der bei meiner Verhaftung das Kommando geführt hatte, auf Französisch an. »Verzeihen Sie, aber ich möchte dem Inspektor hier nicht ohne Ihre Erlaubnis auf Englisch antworten.« Für einen Engländer gab es keine bessere Methode, einen Franzosen gegen sich aufzubringen, als in dessen Land Englisch zu sprechen, so wie Ratcliffe es getan hatte. Wenn ich Französisch sprach, konnte das für mich nur nützlich sein. Der zuvor unnahbare Polizist zeigte so etwas wie den Anflug eines Lächelns und stellte sich als Kommandeur Broisniard von der DST vor. Neben ihm saß Hauptmann Gruignard, ein neues Gesicht, das bei meiner Verhaftung nicht dabei gewesen war. Vor Gruignard stand ein kleiner Laptop, den die französische Polizei statt eines Tonbandgeräts für das Aufzeichnen von Verhören benutzte. Inspektor Mark Whaley, ein weiterer Beamter des Special Branch, saß neben Ratcliffe, und zwischen den britischen und französischen Beamten war ein Dolmetscher platziert. Vor ihnen, über den ganzen Tisch ausgebreitet, lagen mein Laptop, der Organizer, das Handy und verschiedene Papiere und Faxe.

»Sie sind auf der Grundlage des Gesetzes zur gegenseitigen Amtshilfe verhaftet worden«, erklärte mir Broisniard auf Französisch. Dieses Abkommen verpflichtet eine ausländische Polizei, eine bestimmte Person auf Anfrage der zuständigen nationalen Polizei ohne Rücksicht auf den konkreten Vorwurf festzunehmen. Es war ein Gesetz, das dem Missbrauch Tür und Tor öffnete, und der Special Branch hatte in meinem Fall die Grenzen getestet. »Es tut mir Leid«, erklärte Broisniard, »aber wir mussten Sie verhaften.« Er riet mir, mich bei diesem Verhör uneingeschränkt kooperativ zu verhalten, versicherte mir, dass Ratcliffe und Whaley mich nicht direkt befragen durften, und erklärte mir außerdem, dass dieses Verhör ausschließlich in französischer Sprache ablaufen würde. Die Beamten des Special Branch dürften über den Dolmetscher Fragen vorschlagen, aber nur er und Gruignard könnten auf französischem Boden dieses Verhör führen.

Während Broisniard mir diese Erklärung vortrug, fasste der Dolmetscher für Ratcliffe und Whaley den Inhalt immer wieder kurz zusammen. Sie waren der Unterhaltung auf Französisch bald müde, und in einer kurzen Gesprächspause warf Ratcliffe voller Ungeduld ein: »Wir gehen davon aus, dass Sie gegen Ihre Bewährungsauflagen verstoßen und das Internet benutzt haben.« Ich ignorierte ihn und sprach mit Broisniard weiter auf Französisch.

»Was hat er gesagt?«, fragte ich mit Unschuldsmiene.

Broisniard lächelte mich jetzt wirklich an. Der Dolmetscher übersetzte Ratcliffes Bemerkung ins Französische und Gruignard klappte den Laptop auf und fing an zu tippen. Er schien mit der Tastatur nicht vertraut zu sein und tippte im Zweifingersystem. Immer wieder unterbrach er den Schreibvorgang und suchte eine bestimmte Taste, während er mit der Unterlippe die Buchstaben nachsprach, die er in das Gerät hackte. »Voilà«, verkündete Gruignard schließlich, offensichtlich zufrieden mit seiner Arbeit. »Haben Sie das Internet benutzt?«, las er laut vor, während er die Worte noch einmal auf Tippfehler überprüfte.

Broisniard setzte seine Brille auf und beugte sich zu seinem Kollegen hinüber, um die Worte auf dem Bildschirm zu lesen.

»Haben Sie das Internet benutzt?«, wiederholte er mit ernster Miene.

»Jamais«, niemals, log ich mit Emphase.

Ratcliffe hatte noch genug Schulfranzösisch parat, um das verstehen zu können. Er wollte unbedingt mit dem Verhör fortfahren und setzte zu einer neuen Frage an. Aber Broisniard schnitt ihm das Wort ab. »Warten Sie, warten Sie einen Augenblick«, sagte er, hob die Hand und beugte sich über den Laptop, um Gruignard zuzusehen, der meine Antwort eingab.

Gruignards Unterlippe zitterte, als er, schön langsam und einen nach dem anderen, die Buchstaben J – A – M – A – I – S tippte und sein Arbeitsergebnis genau betrachtete. »Voilà«, rief er triumphierend, als das Wort schließlich vollständig war, und hieb auf die Eingabetaste.

Ratcliffe versuchte erneut, seine Frage anzubringen, aber wieder schnitt ihm Broisniard mit einer Handbewegung das Wort ab. Als Nächster hatte der Dolmetscher das Wort, der in seinem Stuhl zusammengesunken war. Ruckartig setzte er sich auf und übersetzte ins Englische: »Never!«

Broisniard sah jetzt zufrieden aus, und schließlich wurde Ratcliffe seine Frage noch los: »Wir gehen davon aus, dass Sie unter Verletzung Ihrer Bewährungsauflagen mit Kathryn Bonella gesprochen haben, einer australischen Journalistin.«

Ich wartete geduldig, bis der Dolmetscher dies ins Französische übersetzt, Gruignard das Ergebnis emsig in den Computer eingetippt und Broisniard mir die Frage dann in seiner Sprache gestellt hatte. Die ganze Prozedur verschaffte mir mindestens fünf Minuten Bedenkzeit, in der ich mir eine gute Antwort ausdenken konnte. »Ja, das stimmt, ich habe mich einige Male mit Mademoiselle Bonella unterhalten.«

Meine Antwort durchlief den Aufzeichnungs- und Übersetzungsprozess, während Ratcliffe ungeduldig mit den Füßen scharrte. Er war sich sicher, mich nun in der Zange zu haben, als die englische Übersetzung endlich bei ihm ankam. »Über was haben Sie mit ihr gesprochen?«, verlangte er mit Nachdruck zu wissen. Und wieder trat zuerst der Dolmetscher in Aktion, dann tippte Gruignard die Antwort langsam, aber sicher in den PC, und Broisniard stellte mir die Frage.

»Über eine Arbeit für mich«, antwortete ich, und das Prozedere begann erneut. Broisniard wirkte inzwischen etwas irritiert. Nicht die anfängerhafte Tipperei seines Kollegen, auch nicht meine dreisten Antworten, Ratcliffes banale Fragen irritierten ihn. Sie hatten mich unter Terrorismusverdacht und mit vorgehaltener Waffe verhaftet und jetzt fragte Ratcliffe nach dem Inhalt von Bewerbungsgesprächen und nach meinen Ausflügen ins Internet.

Die Verhörmethode ließ mir viel Zeit zum Nachdenken und ich ging in Gedanken den Speicherinhalt meiner beiden Computer durch. Ich war mir nicht sicher, ob sie nicht doch etwas Belastendes finden würden. Die Dateien des Laptops waren mit PGP verschlüsselt, die Festplatte war unlängst defragmentiert worden. Hier bestand also keine Gefahr. Das Problem war der Organizer. Auch dort war alles verschlüsselt, aber ich befürchtete, dass sie das einfache Verschlüsselungsprogramm knacken könnten. Außerdem würden sie die Computer möglicherweise behalten, und der Organizer enthielt wichtige Informationen über meine sämtlichen Kontakte und Nachfragen auf dem Arbeitsmarkt, alle Einzelheiten zur Kontoführung und meine PIN-Nummern. Ohne dieses Gerät war ich hilflos, und es lag auf dem Tisch, zwischen Broisniard und mir, verführerisch nah, in meiner Reichweite. Wenn ich es nur unbemerkt in die Finger bekäme!

Ich bat Broisniard um etwas zu trinken. Der Adrenalinschub durch die Verhaftung hatte mich durstig gemacht und im Verhörraum war es sehr warm. Broisniard bellte einen Befehl in die Sprechanlage. Wenige Minuten später erschien eine der Wachen und stellte eine Flasche Mineralwasser auf den Tisch. Ich nahm die Flasche mit gefesselten Händen auf, trank einen Schluck und stellte sie zurück, dicht neben den Organizer. Ratcliffe fragte nach dem Passwort für meine verschlüsselten Dateien. Während seine Frage übersetzt und getippt wurde, trank ich abermals einen Schluck Wasser und stellte die Flasche noch dichter neben das kleine Gerät. Broisniard stellte mir jetzt die Frage auf Französisch.

»Das Passwort ist ›Inspektor Ratcliffe ist ein Kinderficker‹«, log ich und benutzte dabei das englische Wort »nonce«.

»Was ist das, ein ›nonce‹?«, fragte Broisniard in allem Ernst nach. Ich erklärte es ihm. Der grinsende Broisniard wiederholte den Ausdruck für Gruignard, damit der ihn eintippte konnte, und der Dolmetscher lehnte sich herüber, um bei der korrekten Niederschrift behilflich zu sein. Aus den Augenwinkeln sah ich, wie sich Ratcliffe und Whaley mit gesenkten Köpfen berieten. Das war meine Chance. Ich griff nach der Wasserflasche, nahm einen Schluck, stellte die Flasche neben den Computer, fuhr mit den Händen an der Flasche herunter und schnappte mir das handtellergroße Gerät. Unter dem Tisch holte ich die briefmarkengroße zusätzliche Speicherdiskette heraus, stopfte sie in meinen Stiefel und legte den Organizer zurück. Keiner der fünf Beamten bemerkte etwas. Ich grinste still vor mich hin.

Das erste Verhör dauerte etwa eine Stunde, aber Ratcliffe bekam nicht das Geringste aus mir heraus. Die Schwergewichtler brachten mich in meine Zelle zurück und gaben mir eine Baguette, ein Stück Käse und eine Tasse Kaffee. Einer setzte sich vor der Zellentür an einen Tisch und sah sich in seinem tragbaren Fernseher eine Seifenoper an. Sobald erkennbar war, dass er mich überhaupt nicht mehr beachtete, zog ich den Stiefel aus und schob die Diskette unter das Sohlenfutter. Das drückte etwas auf den Zeh, aber ich konnte immer noch völlig unauffällig gehen.

Ratcliffe und Whaley fehlten beim zweiten Verhör. »Wo sind die Engländer?«, fragte ich höflich.

»Pah!« Broisniard machte eine verächtliche Handbewegung. Er erklärte, dass er mich auf der Basis von *garde en vue* festhielt. Das bedeutete bis zu 48 Stunden Haft ohne konkrete Anklage, ohne die Erlaubnis zu telefonieren und ohne die Möglichkeit, einen Rechtsanwalt zu sprechen. Nur ein Polizeianwalt durfte mich nach zwanzig Stunden besuchen und mir meine gesetzlichen Rechte erläutern. Nach dieser Einleitung setzte Broisniard das Verhör fort. Offensichtlich desinteressiert ging er eine Liste von Fragen durch, die ihm Ratcliffe gegeben hatte, während Gruignard meine banalen Antworten langsam in den Laptop tippte.

Der zunehmend gelangweilte Broisniard verhörte mich am Abend noch ein weiteres Mal, bevor er mich gegen 23 Uhr wieder in die Zelle sperren ließ. Zu essen gab es nur ein fettiges Specksandwich, dazu eine Flasche Mineralwasser. Schon unter normalen Umständen war es schwierig, auf einer harten Bank ohne Kissen zu schlafen, bei Neonlicht und unter den Augen eines Wächters. Erst als ich mich hinlegte, bemerkte ich, dass mir die Polizisten bei der Attacke im Hotelzimmer auch noch eine Rippe gebrochen hatten. Die Schmerzen ließen mich nicht auf der linken Seite schlafen, und selbst, wenn ich auf dem Rücken lag, tat jeder Atemzug weh. Es würde eine lange, schlaflose Nacht werden, mit viel Zeit, über die Ereignisse des Tages nachzudenken. Was für eine absurde Energie der MI6 doch darauf verwandte, mich zu terrorisieren! Was versprach er sich von meiner Verhaftung? Sobald die Einzelheiten an die Öffentlichkeit drangen, würde er eine Menge schlechter Publicity haben. Selbst wenn der Geheimdienst des Verteidigungsministeriums einen seiner Cray-Großrechner heißlaufen ließ und so vielleicht nach einem halben Jahr die verschlüsselten Dateien auf meinem Laptop knackte, was würde das beweisen? Die Franzosen würden mich niemals ausliefern, weil ich verschlüsselte Dateien besaß, die überdies niemand zu sehen bekam. Was drinstand, spielte keine Rolle. Ich tröstete mich mit der tausende Male wiederholten Botschaft, die sie finden würden, wenn sie tatsächlich die buchgroße Köderdatei auf meinem Laptop knacken sollten: »MI6, ihr seid ein armseliger Haufen von Deppen. Ihr verschwendet eure Zeit und das Geld der Steuerzahler.«

Broisniard kam gegen neun Uhr morgens in meine Zelle und brachte Kaffee mit, zuckersüßen Instantkaffee in der Plastiktasse. Es war Samstagmorgen, und er war vermutlich nicht besonders glücklich darüber, sein Wochenende an eine sinnlose Verhaftung verschwendet zu haben. Als ich meine Hände für die Fesselung hob, wehrte er verächtlich ab. »Keine Handschellen heute Morgen. Aber wenn Sie Unsinn machen, gibt es Prügel«, ermahnte er mich mit dem Zeigefinger.

Glücklicherweise herrschte im Verhörraum jetzt eine entspanntere Atmosphäre. Broisniard war locker, ja sogar respektlos. Er gab einige von Ratcliffes Fragen weiter, als ich ihm aber den gleichen Unsinn wie am Vortag erzählte, langweilte er sich bald und schlug einen anderen Weg ein. Das verunsicherte mich zunächst. Ich war mir nicht sicher, wie ich antworten sollte. »Wie oft waren Sie mit operativem Auftrag in Frankreich?«, fragte er mich und grinste dabei verschlagen. Das war eine direkte Frage. Ich war tatsächlich einige Male zu Operationen in Frankreich gewesen, die bei der DST nicht angemeldet worden waren. Erwartete Broisniard von mir tatsächlich die Bereitschaft zur Zusammenarbeit oder wollte er mich nur in eine Falle locken? Würde ich Einzelheiten über Operationen des MI6 gegen Frankreich berichten, dann wäre das ein Verstoß gegen eben jenes Gesetz, das der DST als Verhaftungsgrund gedient hatte.

Ich beschloss, auf Nummer Sicher zu gehen. »Es tut mir Leid, aber dazu kann ich Ihnen nichts sagen.« »Warum nicht?«, fragte Broisniard sichtlich enttäuscht.

»Die Briten könnten Sie deswegen um meine Verhaftung bitten«, erwiderte ich bedeutungsvoll.

Gegen Mittag gab Broisniard auf. Die Wachen brachten mich in meine Zelle zurück und gaben mir ein weiteres Sandwich und eine Flasche Mineralwasser. Da ich nun seit über zwanzig Stunden in Haft war, kam ein junger Polizeianwalt, um mich über meine gesetzlichen Rechte zu informieren. »Zur Mittagszeit«, erklärte er mir, »sind Sie bereits seit 24 Stunden in Haft. Deshalb wird ein Richter entscheiden müssen, ob die *garde en vue* verlängert wird. Vielleicht werden Sie auch freigelassen, schließlich haben Sie gegen kein französisches Gesetz verstoßen.« Ich gab die Hoffnung nicht auf.

Eine Stunde später kam Gruignard in meine Zelle, um mir zu sagen, dass der Richter eine Haftverlängerung um weitere 24 Stunden genehmigt hatte. Bis zu diesem Augenblick war ich in recht guter Stimmung gewesen, aber die Nachricht, dass ich nicht freigelassen würde, traf mich hart. Gruignard sagte mir, sie hätten die Dateien in meinem Computer immer noch nicht entschlüsselt, und vorher werde man mich nicht freilassen. »Aber es ist unmöglich, eine PGP-Verschlüsselung zu knacken«, erwiderte ich. »Dafür bräuchten Sie mit einem Cray-Großrechner mindestens ein halbes Jahr.«

»Dann geben Sie uns eben das Passwort«, antwortete Gruignard. Sie erpressten mich: ohne Passwort keine Freilassung. Glücklicherweise bluffte Gruignard nur. Gegen 22 Uhr hatten die beiden genug. Broisniard und Gruignard erschienen breit grinsend in meiner Zelle. »Sie sind frei«, verkündete Broisniard. »Sie haben gegen kein französisches Gesetz verstoßen.«

»Warum haben Sie mich dann verhaftet?«, fragte ich finster.

»Die Engländer haben darum gebeten«, antwortete Broisniard mit einem Achselzucken. »Sie haben uns erzählt, dass Sie ein gefährlicher Terrorist seien. Deshalb haben wir Sie auch verprügelt«, fuhr er in sachlichem Ton fort.

»Kann ich den Haftbefehl sehen?«, verlangte ich.

»Sie sind frei, niemand beschuldigt Sie eines Verbrechens. Warum wollen Sie einen Haftbefehl sehen?«, erwiderte Broisniard.

Gruignard wechselte jetzt das Thema: »Die Engländer wollen Ihre Computer haben.« Er zeigte mir den Organizer und den nagelneuen Laptop, beide Geräte verschnürt und mit rotem Wachs versiegelt, versandfertig für London, wo sie gründlich untersucht werden sollten. Erst fünf Monate später sollte ich sie zurückbekommen, trotz der energischen Interventionen von Anne-Sophie Levy, einer jungen Pariser Rechtsanwältin, die mir angeboten hatte, mich in dieser Sache zu vertreten. An Weihnachten 1998 rief sie mich an, um mir mitzuteilen, dass der Special Branch der Rückgabe endlich zugestimmt hatte. Sie hatten in keinem der beiden Computer irgendetwas Ungesetzliches gefunden und erhoben auch keine Anklage gegen mich. Der Special Branch schickte die Geräte per Post an mich zurück. Der Laptop kam unbeschädigt an, aber zu meiner großen Empörung sah ich den Organizer niemals wieder. Der Special Branch behauptete einfach, das Gerät müsse »in der Post verloren gegangen sein«. Obwohl ich die Speicherdiskette in meinen Besitz hatte bringen können, war dies ein herber Verlust für mich, denn auch die Festplatte des Organizers hatte wichtige persönliche Daten enthalten, die nun unwiederbringlich verloren waren.

»Ich will mit diesen blöden Engländern sprechen«, verlangte ich von Broisniard, denn ich hatte in der Tat vor, Ratcliffe und Whaley ordentlich die Meinung zu sagen.

»Sie sind ins Pigalle gegangen«, erwiderte er grinsend. Ich überlegte kurz, ob ich nicht mit meiner Kamera in das berüchtigte Rotlichtviertel gehen sollte, um die beiden dort aufzustöbern, entschied mich aber dann doch dafür, wieder einmal richtig auszuschlafen. Broisniard und Gruignard brachten mich zum Auto, diesmal ohne Handschellen, und fuhren mich zu einem in der Nähe gelegenen billigen Hotel. Sie überreichten mir meinen neuseeländischen Pass und verbanden das mit der Erklärung, die Engländer hätten ihn bei der Botschaft für mich abgeholt. Und sie gaben mir sogar die Hand, als sie sich in der Eingangshalle von mir verabschiedeten.

An diesem Wochenende hatte ich nur wenig geschlafen und war kaum mehr Herr meiner Sinne, aber es gab noch etwas zu tun. Schlechte Publicity würde den MI6 am ehesten davon abhalten, dasselbe Spiel noch einmal zu versuchen, und deshalb rief ich in London an. Die meisten britischen Tageszeitungen berichteten am nächsten Tag an prominenter Stelle über diese Geschichte – der MI6 kam ziemlich schlecht dabei weg.

Der Special Branch war an diesem Wochenende in London eifrig zugange gewesen. Am Freitag, dem Tag meiner Verhaftung, waren sie um sechs Uhr morgens in Kathryn Bonellas Wohnung im Süden Londons eingebrochen, hatten sie aus dem Bett geholt und zum Polizeirevier Charing Cross gebracht, um sie dort über ihre Treffen mit mir auszufragen. Kathryn musste schließlich wieder freigelassen werden, aber zuvor hatte ihr der Special Branch noch mit dem Entzug der Arbeitserlaubnis für Großbritannien gedroht.

Ich schlief ein paar Stunden, stand früh am Sonntagmorgen auf, packte meine Sachen und verließ das Hotel. Der MI6 war bestimmt enttäuscht darüber, dass man mich nicht hatte festhalten können, und arbeitete mit Sicherheit pausenlos an den Computern. Es war besser, verschwunden sein, bevor sie bemerkten, dass die Diskette des Organizers fehlte. Das würde zwar etwas Zeit in Anspruch nehmen, denn sie müssten, um dies feststellen zu können, zunächst die Sicherheitsdateien meines Laptops untersuchen – ich hatte alle Dateien meines Organizers auf das Laptop überspielt –, aber es hatte auch wenig Sinn, herumzusitzen und auf einen neuerlichen Plausch mit der DST zu warten. Ich fuhr also mit der Metro bis zum Gare du Nord. Dort gab es ein kleines unabhängiges Reisebüro, das auf billige Tickets nach Australien und Ozeanien spezialisiert war. Ich kaufte ein Ticket für einen Flug mit Nippon Airways nach Tokio, der spät am Abend vom Flughafen Charles de Gaulle abging. Von Tokio flog ich dann weiter nach Neuseeland.

* * *

»Sind Sie Richard Tomlinson?«, sprach mich ein pickeliger junger Mann im billigen Anzug an. Er hatte einen neuseeländischen Akzent.

»Nein«, erwiderte ich unwirsch und schob meinen Gepäckwagen unbeirrt durch die Menschenmenge im Flughafengebäude. Der junge Mann sah aus, als ob er in wichtiger Mission unterwegs wäre, aber ich hatte eben erst den langen Flug von Paris nach Neuseeland hinter mich gebracht und war nicht in Stimmung für ein Gespräch.

»Sie sind doch Richard Tomlinson, nicht wahr?«, insistierte er und marschierte ungeduldig neben meinem Wagen her.

»Der bin ich ganz gewiss nicht«, gab ich in einem im Monty-Python-Stil verfremdeten französischen Akzent zum Besten. »Ich bin Napoleon Bonaparte. Und wer sind Sie?«

Doch der Fremde blieb unbeeindruckt. »Sie sind Richard Tomlinson und hiermit übergebe ich Ihnen diese gerichtliche Verfügung«, verkündete er pompös. Dann warf er ein höchst offiziell aussehendes Papierbündel auf meinen Wagen und verschwand in der Menge, ohne sich vorzustellen.

Ich blätterte die 85 im Juristenjargon abgefassten Seiten durch, die mir jeglichen Umgang mit den neuseeländischen Medien verbieten sollten, und fragte mich, was dem MI6 solche Angst einjagte. Während meiner Zeit beim Geheimdienst hatte ich nichts erfahren, was die neuseeländischen Medien interessieren könnte. Diese Knebelverordnung, die die britische Öffentlichkeit eine Menge Geld gekostet hatte, sollte lediglich verhindern, dass ich den MI 6 für die Art kritisierte, in der er mit mir umgesprungen war. Während der Taxifahrt ins Copthorne Hotel im Hafenviertel von Auckland amüsierte mich der Gedanke, dass all diese Menschen im öffentlichen Dienst sich übers Wochenende damit abgemüht hatten, eine gerichtliche Verfügung gegen mich zusammenzustoppeln.

Der MI 6 hätte keine kurzsichtigere Taktik wählen können, denn jetzt wollte wirklich alle Welt den Grund für diese Knebelung erfahren. In den folgenden hektischen Tagen gab ich dem neuseeländischen Fernsehen und den Zeitungen des Landes ein Interview nach dem anderen. Die Neuigkeiten überquerten umgehend die Tasmansee: Auch die australischen Medien wollten mich interviewen. Selbst das Nachrichtenmagazin *Time* widmete der Geschichte einen ganzseitigen Artikel und berichtete über meine Verhaftung in Paris, die Schweigeverfügung und die dumme Obstruktionspolitik des MI 6, der sich nicht zu dem Grundkonflikt der ganzen Affäre bekennen wollte: zu den krassen Managementfehlern in den eigenen Reihen.

Die Verfügung bedeutete im Klartext, dass sich der neuseeländische Geheimdienst NZSIS (New Zealand Security & Intelligence Service) für mich interessieren würde. Die neuseeländische Gesetzgebung in Sachen persönlicher Freiheitsrechte gehört zwar zu den liberalsten auf der ganzen Welt. Das Vorgehen bei der Verfügung gegen mich hatte mir aber sofort gezeigt, dass man gewillt war, all diese Rechte ohne Zögern außer Kraft zu setzen, wenn der MI 6 darum bat. Der neuseeländische Geheimdienst arbeitet sehr eng mit dem MI 6 zusammen. Jedes Jahr wird ein neu eingestellter NZSIS-Beamter nach Großbritannien geschickt, um den Einführungslehrgang zu besuchen und anschließend einige Jahre in der Londoner Zentrale mitzuarbeiten. Wer die britische und die neuseeländische Staatsangehörigkeit besitzt, so wie ich selbst, ist nicht automatisch von einer Mitarbeit beim NZSIS ausgeschlossen, im Gegensatz zu Personen mit doppelter Staatsangehörigkeit, die aus anderen eng verbündeten Staaten kommen, etwa aus Kanada oder Australien. Und ich kenne mindestens einen waschechten Neuseeländer in Diensten des MI6. Mich ärgerte die Vorstellung, dass der neuseeländische Geheimdienst mein Telefon anzapfen und mich beschatten würde, denn das gab mir das Gefühl, in meinem Geburtsland unerwünscht zu sein.

Durch den Verlust des Organizers hatte ich auch fast alle Daten und Kontakte zu Arbeitsmöglichkeiten in Neuseeland eingebüßt, die ich von Großbritannien aus recherchiert hatte. Deshalb entschloss ich mich, das Land wieder zu verlassen und mein Heil in Australien zu versuchen. Ich hatte einige Freunde in Sydney und außerdem ein Stellenangebot einer dortigen Firma, deren Namen ich mir glücklicherweise eingeprägt hatte.

Da mich die neuseeländischen Behörden auf Schritt und Tritt beobachteten, musste ich mir schon etwas einfallen lassen, um heimlich nach Australien zu entwischen. Ich legte eine falsche Fährte und erzählte einigen Journalisten, ich würde das Wochenende auf der Coramandel-Halbinsel verbringen, einem sehr bekannten und wunderschönen Landstrich der Nordinsel. Ich war mir sicher: Auf irgendeinem Weg würde die Botschaft schon bei den Behörden ankommen, entweder durch das Abhören meines Hoteltelefons oder durch einen Informanten unter den Journalisten.

Meine Verhaftung durch die Franzosen war erst eine Woche her, als ich am späten Freitagnachmittag, es war der 7. August, meinen Koffer packte, das Copthorne verließ und ein Taxi zum Flughafen von Auckland nahm. Bei Qantas kaufte ich mir ein Ticket für den Flug nach Sydney, der eine Stunde später abgehen sollte. Vom Verlassen des Hotels bis zum Abheben des Flugzeuges würden kaum mehr als zwei Stunden vergehen. Dem Geheimdienst blieb nur wenig Zeit, um mich an der Ausreise zu hindern, selbst wenn man mich beim Verlassen des Hotels beobachtete. Und das würde hoffentlich reichen, um unbemerkt nach Australien hineinzukommen. Aber ich hatte die Entschlossenheit des MI6, mir das Leben so schwer wie möglich zu machen, grob unterschätzt.

»Mr. Tomlinson?« Ich schaute von meinem Sitz auf, in dem ich es mir gerade bequem gemacht hatte. Vor mir standen zwei Stewards. »Würden Sie bitte das Flugzeug verlassen, Mr. Tomlinson«, forderte mich einer der beiden auf, offensichtlich der Höherrangige. »Bitte nehmen Sie Ihr Gepäck mit«, fügte er noch hinzu und unterstrich damit, dass ich nicht nach Australien fliegen würde. Wenigstens war keine Polizei zu sehen, deshalb hoffte ich, ohne Verhaftung davonzukommen.

Die beiden Stewards brachten mich aus dem Flugzeug und eskortierten mich zurück durch den Zoll bis zum Qantas-Büro. Dort erklärte mir ein höherer Angestellter, was geschehen war. »Wir haben ein Fax der Geschäftsleitung in Canberra erhalten, in dem uns mitgeteilt wurde, Sie hätten kein Visum für Australien erhalten«, sagte der Mann, um Entschuldigung bemüht. »Im Moment halten wir noch das Flugzeug zurück, bis Ihr Koffer aus dem Laderaum geborgen ist. Es tut mir wirklich sehr Leid.« Er hatte mich im Fernsehen gesehen und wusste, wer ich war.

»Kann ich das Fax sehen?«, fragte ich, denn ich war misstrauisch und vermutete, dass hier getrickst wurde. Die australischen Behörden konnten erst vor wenigen Stunden von meinen Reiseplänen erfahren haben, wie sollten sie da so schnell ein Fax geschickt haben?

»Es tut mir Leid, wir haben strikte Anweisung, es Ihnen nicht zu zeigen. Sie können Marien Smith im australischen Konsulat in Auckland anrufen, sie wird Ihnen alles erklären.« Das Fax war wohl nur eine Erfindung, die ihnen Zeit und einen offiziellen Vorwand verschaffen sollte, um mich aus dem Flugzeug zu holen. Ich rief Marien Smith sofort an und mein Verdacht bestätigte sich: Sie räumte ohne Weiteres ein, nichts von einem verweigerten Visum zu wissen. Ich fühlte mich sowohl von der neuseeländischen als auch von der australischen Regierung im Stich gelassen. Sie leisteten dem MI 6 bei seinen Schikanen gegen mich bereitwillig Hilfestellung, ohne die Angelegenheit selbst zu prüfen und ohne sich auf der Grundlage ihrer nationalen Gesetzgebung ein eigenes Urteil zu bilden. Beide Regierungen zogen es vor, sich dem politischen Druck des MI 6 zu beugen, anstatt die Persönlichkeitsrechte zu verteidigen.

Als ich ins Copthorne zurückkehrte, erzählte mir der Empfangschef, das Hotel sei ausgebucht, aber er könnte mir die beste Suite zum Preis eines normalen Zimmers geben. Die Eingangshalle und das Restaurant waren menschenleer, das Hotel schien mir überhaupt nicht ausgebucht. Achselzuckend nahm ich den Schlüssel. Kaum war ich in der Suite, klingelte das Telefon. Das neuseeländische Fernsehen hatte erfahren, dass ich aus dem Flugzeug geholt worden war, und wollte mit einem Kamerateam vorbeikommen, um ein Interview für die Spätnachrichten zu machen. Ich stimmte zu und leerte in der Zwischenzeit meinen Koffer, der erst ein paar Stunden zuvor für die Reise nach Australien gepackt worden war. Die Fernsehleute kamen um 20 Uhr und zeichneten ein kurzes Interview auf, in dem ich vehement gegen die schikanöse Behandlung vonseiten der neuseeländischen Behörden protestierte. Anschließend eilte das Team sofort zurück zum Sender, um das Gespräch für die Hauptnachrichten um 21 Uhr zu schneiden.

Endlich war ich allein. Ich nahm mir ein Bier aus der Minibar und setzte mich auf das Bett, um zu überlegen, wie es weitergehen sollte. Ich war bitter enttäuscht, dass Australien mir die Einreise verweigert hatte. Normalerweise brauchten neuseeländische Staatsbürger kein Visum für Australien, aber im Abkommen zwischen beiden Ländern gab es eine Klausel, die es jedem Vertragspartner erlaubte, Bürger des Nachbarlandes wegen »charakterlicher Bedenken« auszusperren. Diese Klausel war eingefügt worden, um die Reisemöglichkeiten von Schwerverbrechern zu beschränken, betraf also zum Beispiel Mörder und Vergewaltiger. Australien hatte in meinem Fall diese Klausel bemüht, nicht weil die australischen Behörden etwas gegen mich gehabt hätten. Sie hatten sich nur genauso verhalten wie die neuseeländischen Kollegen: Der MI 6 hatte darum gebeten, mir Steine in den Weg zu legen, und man hatte kooperiert.

Auf dem Bett liegend, wählte ich die Nummer eines Freundes in Sydney, um ihm zu berichten, dass meine Reisepläne geplatzt waren. Er hatte sich eben gemeldet, als es sachte an die Tür klopfte. Ich bat meinen Freund, am Apparat zu bleiben, legte das Telefon auf den Nachttisch und stand auf. Meine früheren Verhaftungen hatten mich gegenüber unerwarteten Besuchern misstrauisch gemacht. »Wer ist da?«, fragte ich vorsichtig, ohne die Tür zu öffnen.

»Ich bin's, Susan. Ist Caroline da?«, fragte eine weibliche Stimme.

»Tut mir Leid. Sie haben sich in der Tür geirrt«, antwortete ich und ging zum Telefon zurück. Aber es klopfte ein zweites Mal, diesmal ungeduldiger. Ich war etwas irritiert und stand abermals auf, um nachzufragen.

»Ich bin's, Susan. Ich glaube, ich habe etwas im Zimmer vergessen.«

Es gab keinen Türspion, also legte ich die Kette vor und schloss auf. Die Tür flog auf, bis sie von der Kette gehalten wurde, einmal, zweimal, dreimal. »Hier ist die Polizei, öffnen Sie die Scheißtür«, brüllte eine gereizte männliche Stimme. »In Ordnung, in Ordnung, beruhigen Sie sich«, antwortete ich und löste die Kette, um mir eine dicke Rechnung des Copthorne zu ersparen.

Ein kämpferisch aussehender Maori war der Anführer bei dieser Attacke. »Da rüber, in die Ecke«, brüllte er und schubste mich rückwärts, von meinem halb ausgepackten Koffer weg. Ihm folgten noch zwei weitere Polizisten.

Sobald der Raum sondiert und ich unter Kontrolle war – ich hatte ja auch keinen Widerstand geleistet –, trat ein vierter Polizist ein. »Ich bin Kriminalinspektor Whitham vom Auckland Threat Assessment Unit*«, stellte er sich vor und hielt mir dabei seinen Ausweis entgegen. Der finster dreinblickende Maori war Wachtmeister Waihanari, der nun leicht

---

* Ein »Threat Assessment Unit« der neuseeländichen Polizei wird eigentlich nur für spezielle Anlässe gebildet, um Risikoanalysen zu erarbeiten und eventuelle Sicherungsmaßnahmen einzuleiten, etwa bei Staatsbesuchen oder großen Sportereignissen. Dabei wird auch mit ausländischen Sicherheitsbehörden und Geheimdiensten zusammengearbeitet. (Anm. d. Übers.)

enttäuscht wirkte, vielleicht, weil ich mich nicht gewehrt hatte und er nicht zum Zug gekommen war.

»Wir haben hier einen Durchsuchungsbefehl. Er betrifft Sie und Ihre Sachen«, erklärte Waihanari und fuchtelte mit einem Blatt Papier vor meiner Nase herum. »Ziehen Sie sich aus«, befahl er. Während sie meine Kleider durchsuchten, begannen eine Polizistin und ein korpulenter vierter Polizist, beide durch Gummihandschuhe geschützt, mit der sorgfältigen Durchsuchung meines Gepäcks. Das Telefon war noch nicht aufgelegt. Mein Freund in Sydney konnte alles mithören, bis die Polizistin den Hörer auf die Gabel knallte und zur Sicherheit gleich noch das Telefonkabel aus der Steckdose zog.

»Kann ich den Durchsuchungsbefehl sehen?«, verlangte ich von Waihanari, nachdem er mir erlaubt hatte, mich wieder anzuziehen. Ich prüfte das Schriftstück genau. Jede Unstimmigkeit hätte es wertlos gemacht und ich hätte die Polizisten hinauswerfen können. Aber alles stimmte, bis ins kleinste Detail, selbst die Zimmernummer war korrekt. Das erklärte dann auch, warum mir der Empfangschef unbedingt diese Suite geben wollte.

Ich hörte Stimmen draußen auf dem Korridor, dort schienen weitere Polizisten auf ihren Einsatz zu warten. Als ich den Haftbefehl durchgesehen hatte, traten diese Leute ein. Zu meiner Überraschung war auch Ratcliffe unter ihnen. »Was zum Teufel suchen Sie hier?«, rief ich und sprang auf, was Waihanari sofort in Kampfeslust versetzte. Ratcliffe war die weite Reise nach Neuseeland natürlich auf Kosten der britischen Steuerzahler und, wie ich später erfuhr, von Whaley begleitet, angetreten, um der schändlichen Behandlung gegen mich eine weitere Episode anzufügen. »Verlassen Sie sofort dieses Zimmer!«, schrie ich. Waihanari wärmte sich mit einem angedeuteten Haka* schon einmal auf, und ich wandte mich ihm zu: »Wenn er nicht sofort verschwindet, können Sie Ihren Spaß haben.« Ratcliffe hob beruhigend die Arme und

---

* Ein zeremonieller Tanz der Maori, der von Gesang begleitet wird. (Anm. d. Übers.)

ging rückwärts hinaus. Er wusste, dass ich der Presse umgehend von dieser jüngsten Affäre berichten würde, und wollte ganz bestimmt nicht ein weiteres Mal so schlechte Publicity haben wie bei seinem Auftritt in Paris.

Die neuseeländische Polizei durchsuchte mein Hotelzimmer gründlicher und professioneller als ihre französischen Kollegen. Alles, was sich auf- oder auseinander schrauben ließ, wurde zerlegt: sämtliche Lampen und Steckdosen, die Einzelteile des Schreibtisches wurden untersucht, und sie nahmen auch meine gesamte Habe auseinander. Nach eineinhalb Stunden fanden sie die zusätzliche Speicherdiskette des Organizers. Ich hatte sie in einem klobigen britischen Adapter versteckt. Der dicke Polizist grinste vor Freude, als er den Adapter öffnete und die Diskette herauszog. Und ich grinste in mich hinein, weil ich erst an diesem Morgen in einem Internetcafé in Auckland eine Kopie im Netz geparkt hatte.

Kurz nach 23 Uhr zog die Polizei wieder ab, mit der Diskette und einigen Papieren, die, so wurde mir erklärt, als Beweisstücke dafür dienten, dass ich »die Sicherheit Neuseelands gefährdete«. Ich kochte vor Wut und ging in Richtung Stadtzentrum, um mich zu betrinken. Im zweiten Pub, in dem ich landete, war eine Werbeaktion für einen Wodkacocktail im Gange. Dieses Dosengetränk hieß passenderweise »KGB«. Ich hatte etwa eine halbe Dose intus, als ein junger Mann zu mir herkam und mir auf die Schulter klopfte. »Ich kenne dich, Kumpel, die letzten Tage warst du jeden Abend im Fernsehen. Du bist der Typ, den diese Pommy-Bastarde um die ganze Welt gejagt haben.« Er grinste. »Trink noch einen KGB auf mich.« Er winkte den Kellner heran und gab mir einen aus.

Im Nu waren all seine Freunde zur Stelle, und mir war sofort klar, dass dieser Abend lange dauern und der folgende Tag hart werden würde. »Halt durch und zahl's den Pommy-Bastarden heim«, machten sie mir Mut. Ihr Kampfgeist und ihr Mangel an Ehrfurcht vor der Staatsgewalt unterschieden sich wohltuend von der devoten Einstellung vieler Menschen in England, die mir allein zur Kapitulation vor dem MI 6 geraten hatten.

Nicht nur die Zecher im Pub unterstützten mich. Während der nächsten Tage sprachen mich viele Leute auf der Straße an, einfache Bürger, die mir ihre Sympathie zeigten, einer wollte sogar ein Autogramm von mir haben. Dennoch kam ich zu dem Schluss, dass es nicht ratsam war, in Neuseeland zu bleiben. Wenn der MI6 so viel Druck auf die neuseeländischen Behörden ausüben konnte, dass die sich dazu hergaben, mein Eigentum zu beschlagnahmen, dann würden meine Ex-Kollegen über kurz oder lang auch dafür sorgen, dass Anklage gegen mich erhoben wurde. Ich beschloss, nach Europa zurückzufliegen, und ich entschied mich für die Schweiz, die den Ruf der Neutralität genoss.

Zunächst musste ich jedoch einen Rechtsanwalt finden, der dafür sorgte, dass ich mein Eigentum zurückbekam. War ich erst wieder in Europa, konnte ich das unmöglich selbst regeln. Der ständige polizeiliche und juristische Druck des MI6 sollte mich unter anderem dazu zwingen, meine gesamten Geldmittel für Rechtsanwälte auszugeben, die sich darum bemühten, mein – vom MI6 – beschlagnahmtes Eigentum zurückzuerlangen. Deshalb freute ich mich, als ich einen Rechtsanwalt fand, der bereit war, mich *pro bono*, ohne Honorar, zu vertreten. Warren Templeton, ein gewissenhafter und unabhängiger Rechtsanwalt in Auckland, hatte die Fernsehberichterstattung über meinen Fall verfolgt und mich im Copthorne Hotel ausfindig gemacht. Ich nahm sein freundliches Angebot gerne an. Seitdem arbeitet er unermüdlich an dem Ziel, den MI6-Aktionen gegen mich einen Riegel vorzuschieben, nicht nur in Neuseeland, sondern weltweit.

15

FINSTERE KREISE

Sonntag, 30. August 1998
JOHN F. KENNEDY AIRPORT, NEW YORK

»Guten Abend, meine Damen und Herren. Aus Sicherheitsgründen bitten wir alle Passagiere, wieder Platz zu nehmen.« Ein allgemeines Seufzen erhob sich, die Passagiere stopften ihr Handgepäck und ihre Mäntel wieder in die Gepäckfächer über den Sitzen zurück, während der Flugkapitän die Durchsage auf Französisch wiederholte. Ich hatte mich an dem hektischen allgemeinen Aufbruch gar nicht beteiligt und nahm, in die Lektüre des *Economist* vertieft, die Verzögerung kaum wahr. Mein Nachbar auf der Gangseite setzte sich voller Ungeduld wieder auf seinen Platz. »JFK ist ein elender Saftladen«, brummte er missmutig vor sich hin.

Von Auckland aus war ich über Singapur und Bangkok auf Umwegen nach München geflogen und hatte gehofft, der MI 6 würde unterwegs die Spur verlieren. Zwei Tage war ich in München geblieben und hatte fleißig mit meinen Skates geübt, um auch eventuellen Bewachern etwas Bewegung zu verschaffen. Dann war ich mit dem Zug über Zürich nach Genf gefahren, wo ich eine Unterkunft fand. Die Rechtsanwälte von Mohammed Al Fayed, dem Vater des am 30. August 1997 zusammen mit der Prinzessin von Wales bei einem Autounfall in einem Tunnel in Paris verstorbenen Dodi Al Fayed, meldeten sich bei mir und fragten mich über die Kontakte von Henri Paul zum MI 6 aus. Ein Jahr zuvor hatte ich einen Brief an Mr. Al Fayed geschrieben, da mir im Zuge einer Fernsehdokumentation über den Tod der Prinzessin und Dodis ein winziges, aber möglicherweise wichtiges Detail aufgefallen war, das ich der gerichtlichen Untersuchung der Todesfälle nicht vorenthalten wollte; ich hatte aber nie Antwort auf den Brief erhalten.

Als ich nämlich 1992 bei der Sowjetunion-Abteilung arbeitete und mich mit der Akte von BATTLE befasste, war mir ein Informant aufgefallen, der ohne Codenamen und nur mit seiner Personalnummer genannt wurde. Dadurch neugierig geworden, hatte ich seine Akte im Zentralregister angefordert und herausgefunden, dass es sich um den stellvertretenden Sicherheitschef des Ritz handelte, der von seinem MI6-Kontakt bar für seine Informationen bezahlt wurde. Nachdem ich die Dokumentation gesehen hatte, war mir klar geworden, dass dieser Informant identisch mit Henri Paul war, eben jenem Sicherheitschef des Ritz, der den Unfallwagen gelenkt hatte und ebenfalls tödlich verunglückt war. Ein Journalist, dem gegenüber ich ein halbes Jahr nachdem ich Al Fayed per Brief diese meine Beobachtung mitgeteilt hatte, zufällig das Thema streifte, erkannte sogleich die Brisanz dieser beiläufigen Bemerkung woraufhin sich ein Mitarbeiter von Mr. Al Fayed bei mir meldete und mir kategorisch versicherte, dass mein Brief nie angekommen sei.

Nun wollten Al Fayeds Rechtsanwälte eine vollständige Aussage von mir haben. Hervé Stephan, der Untersuchungsrichter, der für den tödlichen Unfall zuständig war, schickte mir wenig später eine Vorladung. In Paris sollte ich meine Aussage machen. Dieser Vorladung zu folgen bedeutete einen Bruch des Official Secrets Act, aber angesichts des weltweiten Echos auf die Tragödie, fühlte ich mich dazu berechtigt. Ich informierte Stephan über Pauls MI6-Akte, über die Berichte zu Pauls Treffen mit seinem Agentenführer im Jahr 1992 und über Fishs Mordplan gegen Präsident Milošević, der einen Autounfall in einem Tunnel vorsah, sowie über den Paparazzo-Fotografen, der für den UKN arbeitete, jene für die Überwachung und Gegenüberwachung zuständige Eliteeinheit. Mehr Anhaltspunkte zu den Implikationen dieses tödlichen Unfalls konnte ich nicht liefern. Aber ich bin überzeugt davon, dass sich noch heute in den MI6-Akten Informationen befinden, die für die Ermittlungen hilfreich sein könnten. Das gilt insbesondere für Henri Pauls Verhalten am Abend vor seinem Tod. Obwohl die Polizei diesen Zeitraum sehr gründlich untersucht hat, gibt es hier eine Zeitlücke von etwa einer Stunde.

Ich vermute, dass er mit seinem MI6-Agentenführer einen Drink zu sich genommen hatte, denn nach dem Unfall wurde in seinen Taschen ein hoher Geldbetrag gefunden. Ein Blick in Pauls MI6-Akte könnte hier für Klarheit sorgen und vielleicht auch Aufschluss geben über den hohen Gehalt an Alkohol und Kohlenmonoxid in seinem Blut. Zu meiner Enttäuschung forderte Untersuchungsrichter Stephan diese Unterlagen aber nie bei der britischen Regierung an.

Der Fernsehsender NBC wollte mich am 31. August 1998 in seiner Nachrichtensendung *Today* live zu diesem Thema interviewen. Auch die Hetzjagd rund um den Globus, die der MI6 gegen mich veranstaltet hatte, sollte zur Sprache kommen. Deshalb war ich nach New York geflogen. Jetzt sah ich eine Gruppe uniformierter und bewaffneter Männer zwecks systematischer Kontrolle aller Insassen auf mich zukommen. Der MI6 hatte wohl andere Pläne, was das Interview betraf.

Vier Beamte der US-Einwanderungsbehörde INS (Immigration and Naturalization Service) hielten an meiner Sitzreihe. Einer von ihnen, er war unglaublich dick, fragte mich höflich: »Kann ich bitte Ihren Pass sehen, Sir?« Ich gab ihm meinen Pass, aufgeschlagen auf der Seite mit dem Pauschalvisum, das ich während meiner Studienzeit am MIT erhalten hatte. Der Beamte schlug die Seite mit dem Passbild auf und prüfte kurz die Übereinstimmung mit dem Besitzer des Dokuments. »Bitte kommen Sie mit uns, Sir«, befahl er dann.

Mein missmutiger Nachbar stand auf, um mich durchzulassen, und als ich auf den Gang trat, griffen zwei der vier Männer zu und legten mir Handschellen an. »Wo ist Ihr Handgepäck?«, schnauzte mich einer der beiden an. Dann holte er meine Segeltuchtasche aus dem Gepäckfach, das ich ihm durch Nicken anzeigte. Die feindseligen Blicke meiner Mitpassagiere beantwortete ich mit einem Lächeln, als ich aus dem Flugzeug geführt wurde. Zwei Beamte gingen hinter mir, zwei vor mir. Über die Passagierbrücke brachten sie mich in die überfüllte Ankunftszone, dann weiter ins Innere des Flughafengebäudes. Der Arrestraum der Einwanderungsbehörde wurde von einem mächtigen Schreibtisch beherrscht, der auf einem Podest stand. Hinter diesem Tisch saßen zwei Beamte, auf einer Bank an der gegenüberliegenden Wand die Inhaftierten, die nicht aus den Augen gelassen wurden. Meine Häscher nahmen mir zuerst die Handschellen ab. Dann setzten sie mich auf die Bank, zwischen einen unter seinem Sombrero schnarchenden Mexikaner und einen Russen mit fettigen Haaren und engem T-Shirt, und fesselten mich mit Fußeisen an meine Sitzgelegenheit. »Ich dachte, Sie hätten Fußeisen für Neuankömmlinge vor zweihundert Jahren abgeschafft«, witzelte ich.

»Wir haben Anweisung, Sie nicht in die Vereinigten Staaten zu lassen«, war die humorlose Antwort. Sie kam von einem Beamten, der nur wenig schlanker war als der, der mich im Flugzeug nach dem Pass gefragt hatte. »Warten Sie, bis Sie an die Reihe kommen, und Sie erfahren schon, warum.«

Glücklicherweise musste ich auf mein Verhör nicht lange warten. »Setzen Sie sich dort drüben hin.« Der INS-Beamte wies auf einen Plastikstuhl in einer Ecke des kleinen Verhörzimmers, dessen weitere Einrichtung aus einem Schreibtisch und einem Computer bestand. Mein Gesprächspartner fuhr seinen PC hoch und setzte sich. »Mr. Tomlinson«, begann er die Unterhaltung, »wir haben hier eine Liste mit Standardfragen, die wir jedem Ausländer stellen, dem die Einreise in die USA verweigert worden ist. Ich nehme an, Sie wollen zuerst erfahren, warum Sie nicht einreisen durften?«

»Das weiß ich bereits«, antwortete ich. »Die CIA hat Sie angewiesen, mich nicht durchzulassen?«

»Woher wissen Sie das?«, fragte er zurück und bestätigte so meine Vermutung. Er schob eine Anweisung des Außenministeriums über den Tisch, der zu entnehmen war, dass mir die Einreise wegen eines entsprechenden Ersuchens einer »befreundeten Regierung« verweigert wurde.

»Aber welche Gründe können Sie mir dafür nennen?«, fragte ich. Ich wusste, dass das Ersuchen einer fremden Regierung keine ausreichende Rechtsgrundlage für eine solche Handlungsweise bildete, ganz egal, wie eng die freundschaftlichen Bande waren.

»So weit sind wir noch nicht«, antwortete er und tippte die Daten aus meinem Pass in seinen PC. »In Ordnung, erste Frage: Sind Sie jemals wegen Drogenverkaufs oder Drogenschmuggels verurteilt worden?«

»Nein«, erwiderte ich voller Zuversicht und wartete, bis er mit dem Tippen fertig war.

»Sind Sie jemals wegen eines Vergehens mit Schusswaffen verurteilt worden?«

»Nein.«

»Sind Sie jemals wegen irgendeines ernsten Vergehens zu mehr als einem Jahr Gefängnis verurteilt worden?«

»Nein«, antwortete ich wahrheitsgemäß.

»Haben Sie jemals irgendwelche Pseudonyme benutzt?«

»O ja, in der Tat«, antwortete ich fröhlich.

»Na, dann lassen Sie mal hören«, befahl er.

Und ich rasselte die Namen herunter: »Daniel Noonan, Richard Harwin, Richard Ledbury, Ben Presley, Tom Paine, Alex Huntley.« Der Beamte tippte einen Namen nach dem anderen in seinen Computer und ließ mich alle buchstabieren. Der Letzte musste im INS-Verzeichnis gespeichert gewesen sein, denn unmittelbar nach der Eingabe war mein Gesprächspartner einige Minuten lang mit dem beschäftigt, was er auf seinem Bildschirm sah.

»O.k., hatten Sie jemals etwas mit Spionage oder Terrorismus zu tun?«, fragte er mich schließlich.

Ich zögerte einen Augenblick. Nach britischer Rechtsprechung war es strafbar, sich als Angehöriger des MI6 zu erkennen zu geben, aber eine Lüge gegenüber der Einwanderungsbehörde wäre ein Grund, mir die Einreise in die USA zu verweigern. »Ja, ich habe für den britischen Geheimdienst gearbeitet«, gab ich schließlich zu.

Der Mann musterte mich skeptisch. »O.k., von wann bis wann und wo?« Etwa zwanzig Minuten lang fragte er mich systematisch über meine Arbeit und meine Operationen aus. Ich antwortete ausführlich und verhielt mich vollkommen kooperativ. Als das Verhör beendet war, griff der Beamte zu einem Stempel und drückte ihn in meinen Pass. »Mr. Tomlinson, Sie sind ein ehemaliger Geheimdienstbeamter, und nach den Bestimmungen 217.4(b), 212(a) und 212(c) des US-Einwanderungsgesetzes ist es Ihnen untersagt, das Territorium der Vereinigten Staaten von Amerika zu betreten.«

Er brachte mich in den Arrestraum zurück und fesselte mich dort wieder an die Bank. Diesmal saß ich unter chinesischen Arbeitern, die alle in dunkelblauen Mao-Uniformen steckten. »Mit dem nächsten Flug gehen Sie in die Schweiz zurück, in etwa sieben Stunden. Wir bringen Ihnen einen Big Mac mit Pommes frites.«

»Großartig!«, antwortete ich mit übertriebener Begeisterung. Der Hamburger kam, und ich gab ihn an meine chinesischen Leidensgefährten weiter, die aufgeregt losplapperten, als sie die übel riechende Pappschachtel öffneten. Ich durfte nicht einmal den NBC-Produzenten benachrichtigen, der mich in der Ankunftshalle erwartete.

Wie der INS-Beamte zugegeben hatte, stand hinter dieser Maßnahme die CIA. Man verweigerte mir auf Lebenszeit die Einreise in »das Land der Freien und die Heimat der Tapferen«, nur weil ich einen ausländischen Geheimdienst kritisiert hatte. Doch ganz unbeabsichtigt rettete mir der MI6 damit das Leben. Wäre alles nach Plan verlaufen, dann hätte ich am Mittwoch, dem 2. September 1998, mit dem Swissair-Flug SR-111 die Rückreise nach Genf angetreten. Die Maschine startete um 20.19 Uhr pünktlich vom Kennedy Airport und stürzte um 21.40 Uhr in den Atlantik. Alle 229 Passagiere und Besatzungsmitglieder kamen dabei ums Leben.

* * *

»Ich möchte klarstellen, dass Sie nicht unter Arrest stehen«, versicherte mir Polizeikommandant Jourdain mit sanfter Stimme, »aber wir sind der Ansicht, dass Sie uns helfen könnten, die Sicherheit der Schweiz zu gewährleisten.«

Inspektor Brandt, sein Kollege, nickte begeistert. »Wir würden von Ihnen gerne alles über die illegalen britischen Spionageoperationen gegen die Schweiz erfahren«, fügte er hinzu.

Jourdain arbeitete für die Schweizer Bundespolizei, Brandt für die Abteilung für Sonderermittlungen der Genfer Kantonspolizei. Einige Tage nach meiner Rückkehr aus den USA hatten mir die beiden ein *Convoqué* geschickt, eine verbindliche Vorladung. Ich sollte mich am Montag, dem 21. September 1998, im Genfer Polizeipräsidium melden. »Die Briten baten uns, Sie zu beschatten, als Sie in die Schweiz einreisten. Man erzählte uns, Sie seien ein gefährlicher Terrorist, der die Sicherheit der Schweiz gefährden könnte«, berichtete Jourdain und schob mir eine Kopie des MI6-Schreibens über den Tisch. »Wir beobachteten Sie während der ersten Wochen Ihres Aufenthaltes. Fiel Ihnen in dieser Zeit irgendetwas auf?«, fragte Jourdain.

»Nein, überhaupt nichts«, antwortete ich der Wahrheit entsprechend. Ich hatte mich gar nicht um eventuelle Überwachung gekümmert, wusste aber, dass die Schweizer Überwachungsteams zu den besten der Welt gehörten.

»Gut«, erwiderte Jourdain, dem es gefiel, dass seine Leute unerkannt geblieben waren. »Wir beobachteten Ihre Ankunft auf dem Züricher Hauptbahnhof am 17. August um 12.25 Uhr. Sie übernachteten im Hotel Berne.«

Wenn mich die Schweizer schon bei der Ankunft am Züricher Bahnhof erwartet hatten, mussten sie einen Tipp bekommen haben, dass ich aus München anreisen würde. Das hieß, dass der MI6 eine umfangreiche Operation gestartet haben musste, um mich von Neuseeland aus zu verfolgen.

»Wir beobachteten Sie bis zum 30. August, dem Zeitpunkt des Fluges nach New York«, fuhr Brandt fort. »Aber als wir erkannten, dass von Ihnen keinerlei Gefahr für die Schweiz ausging, beschlossen wir, Sie hierher einzuladen und um Ihre Hilfe zu bitten.«

Jourdain und Brandt brachten mich in eine schwierige Lage. Indem sie mich aufforderten, über die britischen Geheimdienstoperationen in der Schweiz zu berichten, ermunterten sie mich auch, gegen den Official Secrets Act zu verstoßen. Das wiederum konnte in Großbritannien zu einer erneuten Anklage führen. Andererseits waren die heimlichen Operationen des MI6 in der Schweiz nach dem dortigen Recht illegal. Die Verweigerung der Aussage in einem Ermittlungsverfahren der Kriminalpolizei wäre ein Vergehen, für das ich eingesperrt werden könnte, und ich hätte mit Sicherheit keine Chance mehr, eine Aufenthaltsgenehmigung für die Schweiz zu bekommen. Jourdain schien meine Gedanken lesen zu können. »Sollten Sie nicht mit uns zusammenarbeiten, würde das Ihren Antrag auf eine Aufenthaltsgenehmigung nicht fördern«, war seine drohende Ergänzung zu den Ausführungen des Kollegen.

Ich musste meine langfristige Zukunft im Auge behalten. Der MI 6 hatte seinen Einfluss geltend gemacht und mir damit jede Chance auf einen Neuanfang in Neuseeland oder Australien genommen. Auch die unermüdlichen Vorstöße von Warren Templeton und John Wadham, die versucht hatten, den MI 6 davon zu überzeugen, dass bei diesem unverständlichen Feldzug gegen mich für den Geheimdienst bestenfalls ein Pyrrhussieg herauskommen würde, waren erfolglos geblieben. Ich hätte mich mit der Rückgabe meines Computers und einem australischen Visum begnügt, aber der MI 6 hatte sich im Stil Margaret Thatchers auf eine kompromisslose Politik ohne jede Rückzugsmöglichkeit festgelegt. Angesichts dieser Unnachgiebigkeit entschied ich mich dafür, meine Zukunft in der Schweiz zu suchen, in der Hoffnung, dort eine unbegrenzte Aufenthalts- und Arbeitserlaubnis zu bekommen. Auf dieser Basis wollte ich dann eine neue, zukunftsträchtige und dauerhafte berufliche Perspektive entwickeln.

»O. k., wie kann ich Ihnen behilflich sein?«, fragte ich vorsichtig.

In den darauf folgenden drei Monaten schickte mir die Schweizer Polizei vier Vorladungen. Bei jedem dieser Gespräche beantwortete ich alle ihre Fragen und entwickelte eine gute persönliche Beziehung zu Jourdain und Brandt. Die beiden zeigten mir sogar die zunehmend ungehalten klingenden Amtshilfeersuchen des MI 6, der wollte, dass mich die Schweizer verhafteten und nach Großbritannien abschoben, mindestens aber des Landes verwiesen. Jourdain versicherte mir, sie hätten die Briefe ignoriert, da in der Schweiz nichts gegen mich vorliege.

* * *

»Das sollen wirklich Sie sein?« Der französische Zollbeamte lachte ungläubig und zeigte auf die Personenbeschreibung, die nach der Eingabe der Daten aus meinem Pass auf dem Bildschirm erschienen war. Unter einem Verbrecherfoto der Polizei war dort in französischer Sprache zu lesen:

Name: TOMLINSON Richard John Charles
Staatsangehörigkeit: britisch und neuseeländisch
Geburtsdatum: 13.01.1963
Geburtsort: Hamilton, Neuseeland
Wohnort: ohne festen Wohnsitz
Besonderheiten: Die betreffende Person ist ein ehemaliger Angehöriger einer Eliteeinheit der britischen Armee sowie des britischen Geheimdienstes. Ausgebildet im Gebrauch von Schusswaffen und Sprengstoffen, Kenntnisse in Selbstverteidigung und Flaschentauchen, Flugschein, Fallschirmspringer, Fachmann für Verschlüsselungen. Die Person ist eine Bedrohung für die Sicherheit Frankreichs.

»Das ist lächerlich«, gab ich zurück, »ein Scherz, die Briten machen Witze mit Ihnen.« »Setzen Sie sich dort drüben hin«, antwortete der Zollbeamte, der meine Proteste ignorierte. »Warten Sie, bis die Polizei da ist.« Er zeigte auf einen Stuhl in der Ecke des Zollhäuschens.

Zum sechsten Mal innerhalb eines Jahres wurde ich auf Veranlassung des MI6 festgehalten. Dies geschah am späten Abend des 6. Januar 1999, einem Mittwoch. Eben erst hatte ich meine Eltern mit einem Mietwagen vom Genfer Flughafen abgeholt. Wir hatten nur eine Stunde zu fahren und wollten zu einem Chalet in den französischen Alpen, unserem Quartier für einen einwöchigen Skiurlaub. Aber der MI6 hatte über das angezapfte Telefon meiner Eltern von diesem Vorhaben erfahren und beschlossen, uns den Urlaub zu verderben. Er informierte die französische Spionageabwehr DST von meinem bevorstehenden Grenzübertritt, und die DST hatte die

Zollbehörden angewiesen, uns an der schweizerisch-französischen Grenze zu stoppen. Jetzt musste ich warten, bis jemand vom regionalen Hauptquartier der DST in Grenoble erschien. Es war ein bitterkalter Abend. Mir war es im Zollhäuschen warm genug, aber meine Eltern warteten draußen im kalten Auto.

Um 22.30 Uhr erschienen vier Beamte der DST. Die Zollbeamten hatten mich unbewacht in ihrem Häuschen sitzen lassen, im berechtigten Vertrauen, dass ich keinen Ärger machen würde. Das beeindruckte die Polizisten nicht: Sofort legten sie mir Handschellen an. »Alors, wir haben einige Fragen an Sie, Monsieur Tomlinson«, eröffnete mir der Chef der Gruppe. Sie brachten mich vom Zollhäuschen in das große Polizeigebäude an der Grenze, setzten mich dort in ein Büro und verhörten mich neunzig Minuten lang. Sie stellten keine Fragen zu irgendwelchen kriminellen Aktivitäten, sondern interessierten sich ausschließlich für detaillierte Informationen über einen bestimmten MI6-Beamten. Dieser Mann besaß ein Chalet in Hochsavoyen, im Arbeitsbereich dieses Quartetts, das aus Grenoble kam. Ich verweigerte die Auskunft. Daraufhin legte man mir am Ende des Verhörs Papiere vor, die ein lebenslanges Einreiseverbot für Frankreich verfügten. Wie die Einwanderungsbehörden der USA musste sich auch die DST einen Grund ausdenken, um dieses Verbot zu rechtfertigen. Im Standardformular für ein Einreiseverbot wurden vier mögliche Begründungen aufgeführt. »Fehlende Papiere« konnten sie nicht ankreuzen, denn mein britischer Pass, den mein Vater nach Ablauf der Bewährungsfrist in London abgeholt und mir in die Schweiz geschickt hatte, berechtigte mich automatisch zur Einreise. Ich konnte außerdem nachweisen, dass ich über genug Geld verfügte, um in Frankreich zurechtzukommen, auch diese Möglichkeit schied aus. Ansteckende Krankheiten kamen ebenfalls nicht in Frage, also blieb ihnen nur noch die »Bedrohung der Sicherheit Frankreichs«. Der Chef der Gruppe kreuzte diese Rubrik mit sichtlichem Genuss an, stempelte das Dokument ab und händigte es mir aus. »Sie müssen in die Schweiz zurückfahren«, befahl er. »Wenn wir Sie in Frankreich antreffen, sperren wir Sie sofort sechs Mo-

nate lang ein, ohne weiteres Verhör und ohne Gerichtsver-
handlung.«

Sie brachten mich zum Auto zurück und zwei streng drein-
schauende Polizeibeamte blockierten den Weg nach Süden.
Sie wollten ganz sichergehen, dass ich nicht einfach in dieser
Richtung davonpreschte. Mir blieb keine andere Wahl: Ich
musste wenden und zu meiner Wohnung zurückkehren. Auch
für meine Eltern war es jetzt zu spät. Sie schafften es nicht
mehr bis zum gemieteten Chalet und mussten in einem Hotel
in Genf übernachten.

Die DST hinderte einen britischen Staatsangehörigen an
der Einreise nach Frankreich: Das war eine eklatante Verletzung des europäischen Rechts. MI6 und DST setzten natürlich darauf, dass ich nicht die Mittel für eine Klage vor dem
Europäischen Gerichtshof hätte, und sollte ich es doch versuchen, würde es viele Jahre dauern, bis diese Angelegenheit zur
Verhandlung käme. Zwei Tage bevor am 5. Mai 2000 vor dem
Bezirksgericht in Grenoble in erster Instanz über meine
Beschwerde verhandelt wurde, präsentierte die DST eine Verfügung, um die Anhörung zu verzögern. Diese Verfügung
machte mir einmal mehr klar: Bevor nicht alle Rechtsmittel
im betreffenden Land ausgeschöpft waren, würde ich meine
Klage nicht beim Europäischen Gerichtshof in Straßburg einreichen können. Bis zum heutigen Tag bleibt mir daher nichts
anderes übrig, als noch mehr Geld für Rechtsanwälte auszugeben und zu warten.

Ich fühlte mich in der Schweiz sehr wohl, hatte mir ein
soziales Umfeld aufgebaut und verdiente mit Gelegenheits-
jobs ein bisschen Geld. Aber es war schwierig, eine Arbeitserlaubnis zu bekommen, deshalb fand ich auch keine feste
Stelle. Mithilfe eines Anwaltsbüros in Canberra reichte ich
eine Beschwerde gegen das Einreiseverbot für Australien ein.
Mein Verdacht war, dass der MI6 seinen Einfluss beim australischen Geheimdienst ASIO (Australian Security and Intelligence Organisation) genutzt hatte, um ein solches Verbot zu
erreichen. Der MI6 bestritt dies und stellte in einem Brief an
mich sogar die frei fantasierte Behauptung auf, man »pflege
sich nicht in die Politik fremder Länder einzumischen«. Einige

Monate später fanden meine Rechtsanwälte jedoch den Beweis dafür, dass der MI6 log. Im Rahmen des Australian Freedom of Information Act verschafften sie sich Einsicht in amtliche Schriftstücke und kamen so in den Besitz der Kopie eines Telegramms, das der MI6 am 2. November 1997 an die ASIO geschickt hatte. Obwohl die Zensur viele Passagen geschwärzt hatte, ergab sich aus dem Text eindeutig, dass dies ein Ersuchen um die Verhängung eines Einreiseverbotes war. Und die Australier hatten der Bitte bereitwillig entsprochen. Außerdem war das Telegramm drei Tage nach meiner Verhaftung datiert, lange bevor ich wegen eines Verbrechens verurteilt wurde. Der MI6 gab sich nicht damit zufrieden, dass ich nur nach den britischen Gesetzen bestraft wurde. Man hatte beschlossen, noch eins draufzusetzen und mir die Auswanderung nach Australien unmöglich zu machen. Die Beschaffung eines Visums für Australien wurde zu einer meiner Hauptbeschäftigungen. Nachdem Tausende von Dollars aus meinen Ersparnissen für Anwalts- und Gerichtskosten draufgegangen waren, erkannte ich, dass ich im Begriff war, in eine eigens für mich aufgestellte Falle zu tappen: Der MI6 wollte mich finanziell zugrunde richten.

Alle Verhandlungen mit dem MI6 blieben ergebnislos, die energischen Bemühungen von Warren Templeton und John Wadham hatten keinen Erfolg. Mein einziges Druckmittel, das ihn an den Verhandlungstisch zurückbringen konnte, war, die Medien gegen ihn einzuspannen. Ende April 1999 kaufte ich Software für Webdesigns und lernte, wie man Internetseiten gestaltet. Meine erste Website war eine amateurhaft zusammengestoppelte Bastelarbeit, die am späten Abend des 1. Mai 1999, einem Samstag, auf dem Geocities-Server erschien. Die Seiten enthielten keine Staatsgeheimnisse und waren eigentlich nur eine leichtsinnige kleine Stichelei gegen den MI6. Auf der Titelseite gab es ein Foto von mir zu sehen, mit einem albernen Hut vor Vauxhall Cross posierend, und dazu spielte, als Parodie der absurden Verfolgungsjagd, die der MI6 gegen mich veranstaltete, die Titelmelodie von *Monty Python's Flying Circus*. Weiter hinten hatte ich dann Kopien der Dokumente platziert, mit denen mir die australischen, amerikanischen und französischen Behörden auf Ersuchen des MI 6 die Einreise verweigerten. Prompt erhielt ich am Montagmorgen eine E-Mail von Bruce Zanca, dem für Sicherheitsfragen zuständigen Vorstandsmitglied von Geocities. Zanca teilte mir mit, es habe von »dritter Seite« eine Beschwerde gegen meine Website gegeben, und deshalb werde diese geschlossen. Am späten Morgen waren meine Seiten bereits verschwunden. Ich fand eine Lücke auf dem Geocities-Server und stellte sie wieder ins Netz, ergänzt durch Zancas E-Mail. Wenige Stunden später erhielt ich eine weitere, deutlich ungehaltenere E-Mail, in der Zanca mir mitteilte, dass auch meine neuen Seiten entfernt worden seien. Außerdem forderte er mich auf, nichts mehr auf diesem Server abzulegen. Ich kopierte auch diese E-Mail in meine Seiten hinein und schickte das Ganze wieder zurück. Auch diese Sendung hatte nur wenige Stunden Bestand. Zanca war höchst erzürnt und drohte mir mit rechtlichen Schritten. Glücklicherweise hatte sich inzwischen im Internet herumgesprochen, dass mich der MI 6 und Geocities auf lächerliche Art und Weise zu zensieren versuchten. Daraufhin tauchte eine Vielzahl von Kopien meiner Site im Netz auf.

Am 13. Mai erschien eine weitere Site zum Thema MI 6 auf Lyndon Larouches Website. Sie enthielt eine Liste von 115 Namen, angeblich die Namen von noch aktiven und von ehemaligen Angehörigen des MI 6. Diese Nachricht war eine Weltsensation und erschien auf den Titelseiten der Zeitungen rund um den Globus. Wegen des Publicityrummels um meine erste Site ging alle Welt sofort davon aus, dass ich der Urheber dieser Sache sei.

Bis zum heutigen Tag weiß ich nicht, wer diese berühmte Liste veröffentlichte. Ich war es nicht. Aber ich vermute, dass es der MI 6 selbst war. Diese Leute hatten ein Motiv: mich zu belasten und einem schweren Verdacht auszusetzen. Sie hatten die Mittel zur Erstellung dieser Liste und das Fachwissen, wie man sie ins Internet stellte, ohne eine Spur zu hinterlassen. Trotz gegenteiliger Beteuerungen des MI 6 richtete die Liste auch keinen besonderen Schaden an. Später hatte ich die Gelegenheit, sie in Ruhe zu studieren. Die meisten Namen kannte ich nicht einmal, deshalb kann ich auch gar nicht sagen, ob die genannten Personen beim MI 6 oder beim Außenministerium arbeiteten. Die mir bekannten Namen gehörten entweder Pensionären oder sie waren bereits allgemein bekannt. Merkwürdig war außerdem die Art und Weise, in der die Existenz dieser Liste der Weltpresse mitgeteilt wurde. Die erste, indirekte Information kam von Konteradmiral David Pulvertaft, dem offiziellen Zensor der britischen Regierung. Er gab eine so genannte D-Notiz heraus, um die britischen Zeitungen daran zu hindern, die Webadresse der Liste oder einzelne Namen daraus zu veröffentlichen. Es gab keinen besseren Weg zu einem Maximum an Publicity in dieser Angelegenheit, denn natürlich wollte jeder britische Journalist sofort wissen, gegen welches Thema sich dieser Zensurversuch richtete. Ausländische Zeitungen aus aller Welt, die sich um die D-Notiz nicht zu kümmern brauchten, veröffentlichten die Webadresse und sogar die vollständige Namensliste. Die nächste Merkwürdigkeit war der Stil, in dem das Außenministerium den Vorfall ankündigte. Wäre der MI 6 wirklich an Schadensbegrenzung interessiert gewesen, dann hätte man einen stellvertretenden Pressesprecher an die Mikrofone geschickt, um die Liste einfach als Falschmeldung abzutun. Stattdessen erklärte der britische Außenminister Robin Cook bei einer überfüllten Pressekonferenz die Liste für authentisch und nannte gleichzeitig mich als den Täter, ohne dafür auch nur den geringsten Beweis zu haben. Beide Vorgehensweisen sind nur durch einen Plan erklärbar, mich zu belasten und in aller Öffentlichkeit zu diskreditieren.

Wenn das die Strategie des MI 6 war, dann hatte er damit Erfolg. Bis zur Veröffentlichung der Liste zeigte die Presse einige Sympathie für meine Sache, aber nach Cooks öffentlicher Anklage überschütteten mich die Medien mit Gift und Galle. In Großbritannien führte der *Sunday Telegraph* die Hetzkampagne an. Das Blatt beschuldigte mich als Verräter, der das Leben von MI 6-Beamten rücksichtslos aufs Spiel setze, um in selbstsüchtiger Weise seinen Arbeitsgerichtsprozess voranzutreiben. Außerdem druckten sie MI 6-Propagandamaterial, aus dem hervorging, der Geheimdienst habe mich wegen »Unzuverlässigkeit« und »Übermut« gefeuert. Andrew Roberts, der Kolumnist des *Sunday Telegraph*, hatte zur gleichen Zeit wie ich in Cambridge studiert. In der Zwischenzeit hatte er sich zu einem Schmeichler des Establishments und Freund des MI6 weiterentwickelt und verfasste eine schäbige persönliche Attacke gegen mich. Darin stellte er absurde Behauptungen auf, etwa die, ich hätte mir durch Betrug ein Stipendium am MIT verschafft.

Die Regenbogenpresse war ähnlich feindselig. Die *Sun* trieb Tosh auf, jetzt nicht mehr bei der 602-Truppe, sondern in der Londoner City tätig, und zahlte ihm fünfhundert Pfund. Als Gegenleistung behauptete dieser, ich hätte die ganze Truppe an Toshs Geburtstag in Split in ein Bordell geführt. Später schickte er mir eine E-Mail und entschuldigte sich. Außerdem hatte er den Mut, sich von der Zeitung namentlich zitieren zu lassen, im Gegensatz zu einigen dieser anonymen Feiglinge aus meinem ehemaligen Regiment in der Territorial Army, die die *Sun* auch noch aufstöberte. Namentliche Zeitung veröffentlichte auch meine E-Mail-Adresse und ermunterte ihre Leser, mir Hassbotschaften zu schicken. In der darauf folgenden Woche erhielt ich über zehntausend E-Mails, darunter auch einige Morddrohungen. Interessanterweise waren aber längst nicht alle E-Mails feindselig. Vielleicht war das ein Indikator für das mangelnde Gespür des Chefredakteurs der *Sun* für die öffentliche Meinung und die Sympathien, die der MI6 genoss. Die Mehrzahl der Leser, die mir schrieben, vertrat sogar die Ansicht, es sei eine gute Sache, die Namen von MI6-Beamten zu veröffentlichen. Einer schrieb mir, man sollte mir den Officer of the Order of the British Empire (OBE) verleihen, einen der höchsten Orden, die in Großbritannien vergeben werden. Ein anderer Briefeschreiber vertrat die Ansicht, das Geld des MI6 sei bei einem Bordellbesuch mit Tosh gut angelegt worden.

Die Veröffentlichung der Liste trug alle Merkmale einer klassischen Operation der Propagandaabteilung I/OPS, mit dem Ziel, mich aus meiner Schweizer Festung herauszuholen. Drei Wochen später hatte sie Erfolg. Am Montag, dem 7. Juni 1999, bestellte mich Inspektor Brandt telefonisch zu einem

Gespräch ins Genfer Polizeipräsidium am Chemin de la Gravière. Pünktlich um 14 Uhr war ich dort und Kommandant Jourdain empfing mich mit versteinertem Gesichtsausdruck. Er war nicht in der Stimmung für einen freundlichen Smalltalk: »Sie müssen die Schweiz sofort verlassen. Bis zum 7. Juni 2004 dürfen Sie keinen Schweizer Boden mehr betreten und Sie müssen das Land bis um 18 Uhr heute Abend verlassen haben.« Meine Proteste, diese Frist sei unangemessen knapp, stießen auf taube Ohren. In dieser kurzen Zeit konnte ich kaum meinen Koffer packen. »Und kein Wort an die Presse«, fuhr Jourdain fort. »Wenn Sie den Zeitungen von dieser Sache erzählen, dann verlängern wir das Einreiseverbot auf zehn Jahre.«

»Wohin wollen Sie gehen?«, fragte Brandt. »Wir buchen das Ticket für Sie.«

»Ich weiß es wirklich nicht«, antwortete ich wütend. Nahezu jede vernünftige Lösung war mir verwehrt. Kein englischsprachiges Land kam mehr in Frage, und fast überall in Europa fürchtete ich Ärger mit den Behörden. »O. k.«, antwortete ich nach kurzem Überlegen, »besorgen Sie mir ein Ticket nach Moskau.« Ich wollte eigentlich gar nicht dorthin, wusste aber, dass es Jourdain unangenehm sein würde, wenn ich in Moskau Zuflucht suchte, nachdem er mich auf Antrag der Briten aus der Schweiz hinausgeworfen hatte.

Jourdain starrte mich einen Augenblick lang an, während ihm dieser Zusammenhang durch den Kopf ging. »Sie wollen gar nicht dorthin«, antwortete er. »In Moskau ist es kalt und Sie sprechen kein Russisch.«

»O. k., dann gehe ich nach Havanna. Dort ist es warm und ich spreche Spanisch.«

Aus Jourdains Sicht war das keineswegs besser und jetzt brauchte er Anweisungen von seinen Vorgesetzten. »Warten Sie hier, solange ich mit Bern telefoniere«, befahl er mir. Wenige Minuten später war er wieder zurück. »Bern hat Ihre Frist bis morgen Abend 18 Uhr verlängert. Das gibt Ihnen mehr Zeit für ein neues Reiseziel«, teilte er mir mit einem dünnen Lächeln mit. »Rufen Sie morgen vor zwölf Uhr Inspektor Brandt an und teilen Sie ihm Ihre Entscheidung mit.«

Das Verhalten der Schweizer Behörden enttäuschte mich sehr. Sie genossen einen guten Ruf als neutrales Land, das bereit war, Menschen Schutz zu gewähren, die von anderen Regierungen verfolgt wurden. Abgesehen davon hatte ich ihnen in den vergangenen sechs Monaten viele wichtige Informationen gegeben. Nun paktierten sie ganz offen mit dem MI6 und warfen mich wegen der Veröffentlichung der Agentenliste aus dem Land, ohne den geringsten Beweis zu haben, dass ich wirklich der Schuldige war. Vermutlich befürchteten sie, der MI6 könne Beweise für meine angebliche Urheberschaft an der Liste vorlegen und draufhin meine Auslieferung betreiben. Eine im Hinblick auf ihre politische Neutralität derart peinliche Situation wollten sie gar nicht erst entstehen lassen. Selbst nach der Fristverlängerung blieb mir nicht viel Zeit für gründliche Überlegungen. Ich hatte mich in der Schweiz inzwischen recht gut eingelebt, trotz der nach wie vor fehlenden Aufenthaltsgenehmigung. Mittlerweile sprach ich fließend Französisch, hatte gute Freunde gefunden, einige ernsthafte Vorstellungsgespräche geführt und nach meinem Gefühl auch alle Chancen, bald eine feste Arbeit zu finden. Jetzt zwangen mich die Schweizer, wieder ganz von vorn anzufangen, und damit hatten sie einen echten Tiefschlag gelandet. Erst später sollte ich das ganze Ausmaß ihrer Doppelzüngigkeit erkennen: Jedes Mal, wenn ich ein Bewerbungsgespräch hatte, rief Jourdain hinterher bei der betreffenden Firma an und sorgte dafür, dass ich nicht eingestellt wurde. Meine Drohung, nach Havanna oder Moskau zu gehen, hatte mir etwas mehr Zeit verschafft, aber wirklich hinziehen tat es mich in keine dieser Städte. Dort würde ich keine Arbeit finden und spätestens nach ein paar Monaten wäre das Leben äußerst langweilig. Außerdem hatte ich keine Lust auf eine weite Reise. Also rief ich den Genfer Bahnhof an und fragte nach einer Fahrkarte für das nächste Reiseziel, das weder in Frankreich noch in der Schweiz lag. Diese Anfrage führte zur Buchung für einen Zug, der am nächsten Tag um 17.35 Uhr die Stadt verließ, 25 Minuten vor Ablauf meiner Frist. Um 22.35 Uhr kam ich in Konstanz am Bodensee an.

»Herr Tomlinson?« Die Stimme in meinem Rücken war freundlich, aber meine Empörung wirkte immer noch nach. Es war spät am Abend, ich war eben in einer fremden Stadt angekommen, in einem Land, das ich kaum kannte und dessen Sprache ich kaum beherrschte. Draußen regnete es, ich hatte keine Unterkunft, auf dem Bahnsteig war ich mit meinen beiden schweren Koffern nur wenige Meter weit gekommen, und schon sprach mich jemand an – vermutlich eine Amtsperson. Ich wirbelte herum und knurrte mit finsterer Miene: »Nein, ich bin nicht Herr Tomlinson.« Damit bewegte ich mich bereits am Limit meiner Deutschkenntnisse.

Vor mir standen ein uniformierter Polizist mit ausdruckslosem Gesicht und zwei Zivilisten, ein Mann Mitte vierzig und eine blonde Frau. »Ausweis bitte«, befahl der Uniformierte auf Deutsch.

»What?«, fragte ich grob unhöflich zurück.

»Ihre Papiere bitte«, übersetzte der Zivilist.

»Oh fuck off«, antwortete ich und nahm meine Koffer. Ich konnte mich nicht anders ausdrücken. Die Schweizer mussten die Deutschen informiert haben, und jetzt, so nahm ich an, stand mir die nächste Verhaftung bevor. Wenn sie mich verhaften wollten, würde ich es ihnen nicht leicht machen.

Jetzt sprach man Englisch mit mir: »Nein, nein, warten Sie, Sie stehen nicht unter Arrest, Herr Tomlinson.« Der Zivilist fasste mich an der Schulter, eher, um meine Aufmerksamkeit zu gewinnen, als um mich zurückzuhalten. »Wir wollen uns nur mit Ihnen unterhalten, Richard«, sagte die Frau, die ein freundliches Lächeln aufgesetzt hatte.

Ich war immer noch misstrauisch und sah mir meine Gesprächspartner jetzt genauer an. »Ich bin Herr Kugel vom Bundesamt für Verfassungsschutz und dies ist Frau Gajabski, meine Kollegin.«

»Sie müssen müde sein nach dieser weiten Reise, und da es schon so spät ist, haben wir ein Hotelzimmer für Sie gebucht«, sagte Gajabski in tadellosem Englisch.

»Wir helfen Ihnen mit dem Gepäck«, fügte Kugel hinzu. Er entließ den uniformierten Polizisten mit einem knappen Befehl und pfiff einen Gepäckträger mit seinem Wagen herbei.

»Machen Sie sich keine Sorgen, Sie sind nicht in Schwierigkeiten«, versicherte mir Gajabski. »Wir werden jetzt nur schnell etwas trinken, und wenn es Ihnen recht ist, essen wir morgen gemeinsam zu Mittag.«

Kugel und Gajabski begleiteten mich durch den Nieselregen zum direkt gegenüber dem Bahnhof gelegenen Hotel Halm und der Gepäckträger mühte sich mit meinen schweren Koffern ab. Kugel übernahm die Anmeldung für mich und bezahlte die Rechnung im Voraus, während Gajabski den Gepäckträger mit einem Trinkgeld entließ. »Sie wollen sicher erst ein bisschen ausruhen. Wir warten um 23 Uhr in der Bar auf Sie«, sagte Kugel. Das klang eher nach einer entschlossen vorgetragenen Bitte als nach einem direkten Befehl. Auf jeden Fall war ich auch neugierig, was die beiden wollten. Und außerdem brauchte ich jetzt ein Bier.

»Frau Gajabski und ich sind vom Bundesamt für Verfassungsschutz«, erklärte mir Kugel, nachdem uns drei Flaschen Becks samt Gläsern serviert worden waren. »Unsere Aufgabe ist es, die deutsche Verfassung zu schützen, und zwar vor allem gegen die Aktivitäten ausländischer Geheimdienste. Wir haben Ihren Fall in den Zeitungen verfolgt und glauben, dass Sie uns bei unseren Ermittlungen zu britischen und amerikanischen Operationen gegen Deutschland helfen können.«

Die Schweizer Bundespolizei musste die Deutschen über meine Fahrt nach Konstanz informiert haben. Jourdain hatte mich unter anderem auch zu ORCADA befragt, dem Spion im deutschen Finanzministerium, den Markham in Bonn geführt hatte. Für den Namen dieses Mannes hatte er mir sogar Geld angeboten. Die Schweizer Bundespolizei arbeitet besonders im Banken- und Finanzbereich eng mit ihren deutschen Kollegen zusammen. Deshalb war völlig klar, dass Jourdain die Deutschen über mich informieren würde. Die beiden BfV-Beamten bedrängten mich beim ersten Treffen nicht allzu sehr, aber sie baten mich, ihre Anfrage zu überschlafen, und bestanden auf einem gemeinsamen Mittagessen am folgenden Tag.

»Nun, haben Sie sich entschieden, ob Sie uns helfen werden?«, fragte Kugel hoffnungsvoll. Wir näherten uns dem

Ende eines langen Mittagessens im Seerestaurant des Steigenberger Inselhotels. Von dort hatte man eine wunderschöne Aussicht auf den Bodensee. Kugel und Gajabski setzten all die Tricks zur Bearbeitung ein, die ich im Einführungslehrgang gelernt hatte. Sie verstanden meine Lage, machten mir Komplimente ob meiner sehr begrenzten Deutschkenntnisse und versicherten mir, dass sämtliche Informationen, die ich ihnen geben würde, mit äußerster Vertraulichkeit behandelt würden. Sie boten mir auch Hilfe an, falls ich mich in Deutschland niederlassen wollte. Jetzt, gegen Ende dieses feinen Mittagessens, setzten sie zum entscheidenden Schachzug an. Ich wusste, wie begierig sie auf meine Antwort warteten – und wie sie in Gedanken schon ihren Bericht über dieses Treffen formulierten.

»Nein, es tut mir Leid, ich kann Ihnen überhaupt nicht helfen«, antwortete ich. Ich sah die Enttäuschung in ihren Augen. Sie würden ihrem Abteilungsleiter einen negativen Bericht schicken müssen und es würde für diesen Einsatz auch kein wohlwollendes Schulterklopfen geben. »In Großbritannien könnten sie mir für so etwas nach dem Official Secrets Act bis zu vierzig Jahre Gefängnis aufbrummen. Das ist es mir nicht wert.« Das Geheimhaltungsgesetz von 1911, das die Höchststrafe von vierzig Jahren vorsieht, verbietet es nämlich britischen Staatsbürgern, »mit einem potenziellen Feind zusammenzuarbeiten«. Kurz vor dem Ersten Weltkrieg sollte das Gesetz zunächst den britischen Schiffbauingenieuren die Beteiligung am deutschen Flottenrüstungsprogramm untersagen. Ich sah schon vor meinem inneren Auge, wie »sachverständige Zeugen«, zum Beispiel Redd, in den Zeugenstand treten würden, um die Ansicht zu vertreten, Deutschland sei nach wie vor ein potenzieller Feind.

»Aber wir können Ihnen versichern, Richard, dass niemand außer uns beiden hier am Tisch etwas über Ihre Identität erfahren wird«, sagte Gajabski.

Das war genau die Argumentation, die man uns für den Umgang mit möglichen Informanten beigebracht hatte, und ich wusste: Sie sagten nicht die Wahrheit. »Wenn ich Ihnen helfen würde«, hielt ich dagegen, »wer gäbe mir die Garantie, dass Sie auch mir helfen würden? Ich habe alle Fragen der Schweizer beantwortet und was hat es mir gebracht?« Kugel und Gajabski blieben mir die Antwort schuldig.

Ursprünglich wollte ich von Konstanz aus sofort weiterreisen, aber nach dem Treffen mit dem Bundesamt für Verfassungsschutz änderte ich meine Pläne: Es war besser für mich, wenn ich in Deutschland blieb und mich nicht von der Stelle rührte. Kaum anzunehmen, dass mir die Deutschen auf Verlangen des MI6 Ärger bereiten würden, wenn sie kurz zuvor noch versucht hatten, mich anzuwerben. Außerdem gab es in Konstanz eine Sprachschule, die ich besuchen wollte, bis mein Deutsch gut genug war, um mich nach einer Arbeit umzusehen. Ich mietete ein Zimmer und begann einen Deutsch-Intensivkurs mit vier Unterrichtsstunden pro Tag. Das Leben in einem Mitgliedsland der Europäischen Union bot mir weitere Vorteile. Im Gegensatz zur Schweiz brauchte ich hier weder Arbeits- noch Aufenthaltserlaubnis, mein britischer Pass genügte. Ich meldete meinen Wohnsitz an, eröffnete ein Bankkonto, hatte einen Telefonanschluss unter meinem eigenen Namen und kaufte sogar ein Auto, das mir die gewünschte Mobilität verlieh. Wenn der nächste schnelle Ortswechsel anstand, würde ich nicht die Mehrzahl meiner Sachen hinter mir lassen müssen, so wie beim überstürzten Aufbruch in der Schweiz.

In den folgenden Monaten gab es noch mehrere Treffen mit Kugel und Gajabski, während der die beiden immer wieder versuchten, mich zum Reden zu bringen. Wie ich vermutet hatte, sollte ich ihnen über ORCADA berichten, auch über andere Aspekte britischer und amerikanischer Operationen gegen Deutschland. Schließlich begriffen sie aber, dass ich nicht mit ihnen zusammenarbeiten würde. Ich war erleichtert, als sie mir versicherten, dass ich in Deutschland bleiben könne und sie mich nicht mehr behelligen würden.

Im Oktober sprach ich schon recht manierlich Deutsch und fand einen Job als Mathematik-Privatlehrer bei einer wohlhabenden deutschen Familie in einer südbayerischen Stadt. Ich zog ins nahe gelegene Oberstdorf am Fuße der Alpen. Da ich nur abends unterrichten musste, kaufte ich mir, sobald es

zu schneien begann, ein neues Snowboard und arbeitete tags-
über als Snowboardlehrer am Fellhorn. So langsam ging es für
mich bergauf: Ich verdiente genug Geld, um meinen Lebensunterhalt zu bestreiten, fand neue Freunde in Oberstdorf, und
der MI6 schien mich jetzt endlich in Ruhe zu lassen. Aber im
letzten Punkt sollte ich mich gewaltig täuschen.

Seit meiner Ankunft in Deutschland hatte ich Kontakte zu
Journalisten vermieden und in der britischen Presse erschienen kaum noch Artikel über mich. Warren Templeton arbeitete
in der Zwischenzeit mit großer Energie an der Wiederauf-
nahme des Dialogs mit dem MI6. Aber trotz unseres einseitig
erklärten Waffenstillstandes und unserer ernsthaften Bemühungen um Versöhnung war der MI6 entschlossen, mir so
viele Unannehmlichkeiten und Unkosten und so viel Stress
wie nur irgend möglich zu bereiten.

Patrick, ein Freund aus Genf, lud mich im Februar 2000 zu
einem zweiwöchigen Ski- und Snowboardurlaub in sein Chalet in Chamonix am Fuß des Mont Blanc ein. Natürlich durfte
ich nicht nach Frankreich einreisen, aber ich pokerte einfach
und hoffte, die DST würde nicht bemerken, dass ich mich in
ihrem Jagdrevier herumtrieb. Ich war noch nicht lange in
Chamonix, als mich mein Vermieter aus Oberstdorf anrief.
»Was haben Sie angestellt?«, fragte er vorwurfsvoll. »Die
Polizei ist hier.« Er berichtete mir, er sei um sechs Uhr morgens durch heftiges Türklopfen geweckt worden. Als er die
Tür geöffnet habe, sei er von vier uniformierten Polizisten
und zwei Zivilisten über den Haufen gerannt worden. Die beiden Letzteren stellten sich als Herr Kugel und Frau Gajabski
heraus, meine beiden Freunde vom Bundesamt für Verfassungsschutz. Sie hatten einen Durchsuchungsbefehl dabei
und während unseres Telefonats filzten sie die Wohnung auf
der Suche nach meinem Computer.

Vermutlich hatte das BfV, als es endgültig nicht mehr mit
meiner Kooperation rechnen konnte, dem Drängen des MI6
nachgegeben und sich jetzt mit den britischen Kollegen ver-
bündet. Ob mich Kugel nun verhaften wollte oder nicht: Ich
konnte unmöglich nach Deutschland zurückkehren. Der MI6
hatte wieder einmal zugeschlagen und mir eine weitere Mög-

lichkeit genommen, die ganze Angelegenheit endlich hinter mir zu lassen. Zum Glück hatte ich den Computer und einige andere Wertsachen mitgenommen. Ich hielt mich illegal in Frankreich auf und konnte nicht lange im Land bleiben. Deshalb musste ich eine neue BIeibe finden und so langsam fehlte es mir an Auswahlmöglichkeiten. Die einzig vernünftige Lösung war Italien. Eine entsprechende Suche im Internet führte mich zu einer Sprachschule in Rimini, einem Seebad an der Adria. Am 2. März packte ich wieder einmal mein Auto voll, verabschiedete mich von Patrick und verließ Chamonix.

* * *

In Rimini fand ich mühelos ein kleines Ferienapartment in der Nähe des Strandes. Zu dieser Jahreszeit gab es eine Menge leer stehender Touristenunterkünfte. Da ich bereits Französisch und Spanisch sprach, hatte ich mit dem Italienischen wenig Mühe und kam im Unterricht rasch voran. Auch die italienische Lebensart gefiel mir, und ich spielte mit dem Gedanken, mich hier niederzulassen und mir ein neues Leben aufzubauen. Aber bevor ich einen langfristigen Arbeits- oder Mietvertrag abschließen konnte, musste ich erst meinen Konflikt mit dem MI6 beilegen. Trotz allem, was sie mir angetan hatte, verspürte ich immer noch ein letztes Fünkchen Loyalität zu dieser Institution und strebte eine freundschaftliche Lösung an. Die Hoffnung auf einen Arbeitsgerichtsprozess – die einzig faire Regelung – hatte ich mehr oder weniger aufgegeben. Ich hätte mich mit der Zusicherung begnügt, dass sie die Dauerüberwachung einstellen, mich ungehindert reisen lassen und mir erlauben würden, ein normales Leben zu führen. Aber sie ignorierten alle meine Briefe in dieser Angelegenheit und sämtliche Vermittlungsversuche von Warren Templeton wurden abgeschmettert. Sie schienen unwiderruflich entschlossen, mich finanziell und psychisch zu ruinieren, und wieder einmal war meine einzige Option, sie durch die Drohung, mich an die Medien zu wenden, zu Verhandlungen zu bewegen. Nach ein paar Monaten in Rimini teilte ich dem

MI6 schriftlich mit, dass ein Schweizer Literaturagent in meinem Auftrag mit einem Verleger verhandele, der an der Veröffentlichung meiner Geschichte interessiert sei. Ich fragte sie, wo ich mein Manuskript zur Genehmigung einreichen könnte, und hoffte insgeheim, sie würden nun endlich einlenken. In diesem Fall wollte ich das Buchprojekt fallen lassen. Aber nach einer Woche reagierte der MI6 mit der üblichen stumpfsinnigen Rachsucht.

»Ein Notfall, ein Notfall!«, schrie die übergewichtige, schwitzende Gestalt auf den obersten Sprossen einer Leiter, die direkt unter meinem Balkon hin und her schwankte. »Ein Leck in der Gasleitung!«, rief er mir auf Italienisch zu. »Ein Gasleck, verlassen Sie sofort Ihre Wohnung!«

Schon seit zwei Stunden hatte die Polizei immer wieder an die Tür meiner Wohnung im dritten Stock geklopft. Sie mussten mich beobachtet haben, als ich kurz nach 13 Uhr mit dem Fahrrad vom Italienischunterricht nach Hause gekommen war. Ich hatte kaum den Wasserkessel aufgesetzt, als das Klopfen auch schon begann. Ich erwartete keinen Besuch, und ein Blick durch den Türspion zeigte mir, dass es Polizisten in Zivil waren. Sie sahen aus wie in den »Ausbildungsvideos« in Belmarsh: große Schnauzbärte und nachlässig geschnittene Haare. Die Tür war sehr solide, also sollten sie ihren Fingerknöcheln etwas Durchblutung verschaffen. Ich begriff, dass mein Brief mit der Erwähnung eines Buchmanuskripts dem MI6 erneut den Vorwand für die Durchsuchung meiner Wohnung samt Beschlagnahme meiner Computer geliefert hatte. Schnell verschlüsselte ich eine wichtige Datei auf meinem Laptop und defragmentierte sicherheitshalber die Festplatte. Dann versteckte ich die winzige, aber äußerst wichtige Speicherdiskette meines neuen Psion-Organizers im Fernsehgerät. Als alles erledigt war, ging ich auf den Balkon, weil mir das immer ungeduldigere Klopfen zu viel wurde. Ich machte es mir im Liegestuhl bequem und schlug ein Buch auf. Schließlich kapitulierten sie vor dem fünf Zentimeter dicken, fest verschlossenen Eichenholz und holten die Feuerwehr.

Jetzt schaute der Polizeichef von seiner wackligen Leiter zu mir herauf. In der heißen Mittagssonne schwitzte er aus allen

Poren und behauptete, es gebe im Haus ein Gasleck. Das sollte mich natürlich dazu bringen, meine Wohnungstür zu öffnen.

»Sie sind hier am falschen Haus«, erwiderte ich spöttisch aus meinem Liegestuhl heraus. »Wir haben hier nur elektrischen Strom, kein Gas. Versuchen Sie es mal da drüben.« Dabei zeigte ich zum benachbarten Wohnblock hinüber. »Ja, ich rieche das Gas von dort drüben!«, sagte ich und übertrieb dabei das Gestikulieren.

»Öffnen Sie Ihre Tür«, befahl der Mann auf der Leiter ungehalten, zog seine üppig mit Chrom verzierte Dienstmarke aus der Brusttasche und hielt sie mir hin. Diese Bewegung ließ die Leiter Besorgnis erregend schwanken. »Polizei, öffnen Sie Ihre Tür.«

»O.k.«, sagte ich lächelnd, »aber warum kommen Sie nicht einfach die Treppe herauf und klopfen an die Tür? Das ist viel einfacher, als eine Leiter hinaufzuklettern.« Ich verschwand in meiner Wohnung, bevor ich seine Reaktion auf diese Bemerkung sah. Das spielte sich am Mittwoch, dem 17. Mai 2000, ab, am selben Tag, an dem Mrs. Stella Rimington, die ehemalige Chefin des MI5, die Veröffentlichung ihrer Erinnerungen an den MI5 ankündigte und mit einem britischen Verleger über einen riesigen Vorschuss verhandelte. Im Gegensatz zu mir war sie nicht verhaftet und ihr Computer nicht beschlagnahmt worden und die britischen Behörden ließen sie ungehindert ihre Geschichte veröffentlichen. Wie schon im Fall von Chris Patten galt zweierlei Recht, eines für Spitzenbeamte, das andere für einen kleinen Mann wie mich. *Sky News,* der britische 24-Stunden-Nachrichtensender, hatte mit mir für 15.30 Uhr ein Live-Telefoninterview über diese atemberaubende Heuchelei vereinbart. Das Telefon fing eben zu klingeln an, als die italienische Polizei in meine Wohnung stürmte.

»An die Wand«, brüllten die zwei Schwergewichtler, die die Attacke anführten. Ihre Pistolenläufe zeigten auf meine Brust.

»In Ordnung, beruhigt euch«, gab ich zurück. Das war die zehnte polizeiliche Durchsuchung, die ich über mich ergehen lassen musste. Noch bevor die Angreifer wieder richtig durchgeatmet hatten, stand ich schon vorschriftsmäßig da, die Hände an der Wand, die Beine gespreizt. Fünf weitere Polizisten kamen zur Tür herein, einer von ihnen machte das Licht an. »He, schalten Sie das Licht wieder aus«, maulte ich in Erinnerung an einen Tipp, den mir Zwiebelkopf in Belmarsh gegeben hatte. »Sie haben vielleicht einen Durchsuchungsbefehl für meine Wohnung, aber Sie haben nicht das Recht, mir meinen Strom zu stehlen.« Der irritierte Polizist knipste das Licht wieder aus und ging zum Fenster, um die Jalousien hochzulassen. Wenige Minuten später traf auch der schwitzende Polizeichef ein und stellte sich als Inspektor Verrando von der DIGOS in Rimini vor, der italienischen Antiterroreinheit Divisione Investigazioni Generali e Operazioni Speciali. In seiner Begleitung waren zwei britische Beamte vom Special Branch, die aus diesem Anlass zu einem Tagesausflug ans Meer gekommen waren. Im Gegensatz zu Ratcliffe und vor allem Peters, die menschlichen Anstand und Intelligenz bewiesen hatten, waren diese beiden echte Paragraphenreiter, die für den Job ausgewählt worden waren, weil sie alle Anweisungen des MI 6 kritiklos ausführten.

Die Durchsuchung meiner Wohnung dauerte ungefähr zwei Stunden. Die beiden Bürokraten hielten mir einen in dürren Worten formulierten Durchsuchungsbefehl unter die Nase, der sie nach dem Gesetz zur gegenseitigen Amtshilfe berechtigte, alles zu beschlagnahmen, was ihnen der Beschlagnahme wert schien. Mein Computer und der Organizer waren als Erstes verstaut, dann folgte meine gesamte CD-Sammlung, Musik und Software. »Ich kann sie nicht auf versteckte Dateien überprüfen«, verkündete Bürokrat Nummer eins.

»Können Sie überhaupt irgendetwas?«, war meine hilfreiche Antwort.

Dann packten sie den ganzen juristischen Schriftwechsel ein. Dann mein Handy. »Auf diese Weise können wir feststellen, wen Sie angerufen haben«, sagte Bürokrat Nummer zwei.

Dann kam die Fernbedienung des Fernsehgerätes dran. »Können Sie auf diese Weise feststellen, welche Sendungen ich mir angesehen habe?«, fragte ich.

Schließlich nahmen sie sich einen meiner Koffer, stopften alles hinein und verkündeten, sie seien jetzt bereit für das Verhör auf dem Polizeirevier. Als sie mich abführten, schaute ich noch einmal zurück und sah, dass sie alles aus dem Zimmer geschafft hatten, was von irgendeinem Wert war. Der einzige Gegenstand, der nicht in meinen Koffer gepasst hatte, war der Fernseher mit der darin versteckten wertvollen Diskette. Verrando verhörte mich sechs Stunden lang, bis er begriff, dass ich nichts Ungesetzliches getan hatte. Die britische Polizei hatte einfach die Bestimmungen des Amtshilfegesetzes für ihre Zwecke missbraucht. Aber es war bereits zu spät. Die beiden Paragraphenreiter waren mit meinem gesamten Eigentum bereits auf dem Rückweg nach London. Ich faxte dem Chef des Londoner Special Branch einen Bericht über ihr inkompetentes Auftreten und bekam ein paar Tage später tatsächlich meinen Koffer zurück. Aber Computer, Software, CDs, Handy und Fernbedienung sah ich nie wieder.

Wenige Tage später schrieb mir Verrando und bat mich, ins Polizeirevier zu kommen. Ich ignorierte diese Bitte, weil ich mit neuem Ärger rechnete. Eben erst hatte ich beim Einwohnermeldeamt vorgesprochen, um meine Anwesenheit in Italien zu legalisieren. Ich nahm an, dass mir Verrando mitteilen wollte, meinem Antrag könne leider nicht entsprochen werden und ich müsse das Land verlassen. Wenn sie mich dringend sprechen wollten, dachte ich, dann würden sie schon kommen und mich holen. Daraufhin hörte ich erst einmal nichts mehr, bis ich in einem Zeitungsgeschäft im Stadtzentrum auf den Privatmann Verrando stieß, der dort das Angebot durchstöberte. »Warum sind Sie neulich nicht zu uns gekommen?«, fragte er höflich und griff sich hastig ein Fotomagazin aus einem der unteren Regale. »Ihre Meldebestätigung ist fertig. Die britische Botschaft in Rom hat uns angerufen und uns gebeten, sie zu verweigern. Deshalb haben wir beschlossen, sie sofort auszustellen, damit sie die Entscheidung nicht bis ins Innenministerium tragen können.«

Aber ich unterschätzte die an Fanatismus grenzende Entschlossenheit des MI6. Sie mochten die Unterstützung der italienischen Polizei verloren haben, aber das schreckte diese Leute überhaupt nicht ab. Als ich auf der Autobahn nach Mailand fuhr, um wegen der Beschlagnahmungen mit einem italienischen Rechtsanwalt zu sprechen, bemerkte ich, dass ich beschattet wurde. Es begann ganz diskret gleich hinter der Stadtgrenze von Rimini, aber bis Bologna hatte ich die Verfolger mehrmals identifiziert und mir die Nummern von drei Autos eingeprägt – eines weißen Fiat Punto, eines silberfarbenen VW Golf und eines grauen Fiat Bravo. Der Golf kam mir mehrmals so nahe, dass ich den Fahrer ganz deutlich sehen konnte, einen dunkelhäutigen Typen, der ein rotes Unterhemd trug. Ich bat den Mailänder Rechtsanwalt telefonisch um Rat und er rief die Polizei an. Diese dirigierte mich in die Autobahnraststätte am Stadtrand von Piacenza, und in meinem Rückspiegel beobachtete ich, wie der Punto und der Golf ebenfalls die Autobahn verließen und hinter dem Raststättenkomplex parkten, teilweise verdeckt durch einige Büsche. Der Fiat Bravo fuhr zunächst weiter, sicherlich in der Absicht, am nächsten Parkplatz zu halten, um bereit zu sein, wenn ich die Raststätte wieder verließe. Die italienische Polizei war zwanzig Minuten später mit einem Streifenwagen zur Stelle und ich erklärte den Beamten die Lage. Zunächst waren sie skeptisch, und ich musste angestrengt in meinem italienischen Wortschatz kramen, um sie davon zu überzeugen, dass ich nicht völlig verrückt war. Das begriffen sie endgültig, als sie sich schließlich den beiden Autos näherten. Die vier Insassen verließen fluchtartig ihre Fahrzeuge und verschwanden im benachbarten Wald. »Schießen Sie doch, schießen Sie«, drängte ich die Polizisten und zeigte auf die Maschinenpistolen, die sie bei sich trugen, aber zu meiner Enttäuschung waren sie von diesem Vorschlag nicht allzu begeistert.

Die Polizisten suchten in den Autos nach Anhaltspunkten für die Identität der Passagiere, fanden aber nur leere Coladosen und Hamburger-Verpackungen. »Das ist keine Überwachungseinheit der Polizei«, versicherten sie mir. Auf diesen Gedanken war ich auch schon gekommen. Die Beschatter gingen viel zu amateurhaft vor und konnten unmöglich der italienischen Polizei angehören. Außerdem hätten die Autoinsassen niemals das Weite gesucht, wenn es sich um eine Polizeieinheit gehandelt hätte. Als Erklärung kam nur in Frage, dass der MI6 nach dem Ende der Zusammenarbeit mit der italienischen Polizei zu meiner Überwachung ein Team von Amateuren angeheuert hatte. Der Streifenwagen fuhr davon. Ich ging in die Raststätte, kaufte mir ein solides Messer und zerstach die Reifen der beiden Autos. Von meinem Wagen aus schickte ich dem britischen Botschafter in Rom mit dem an das neue Handy gekoppelten Ersatz-Organizer ein Fax und bat ihn, mir die Rechnung über die Autoreifen zuzuschicken. Natürlich kam niemals eine Rechnung, denn es war klar, dass ich sie umgehend an meinen Rechtsanwalt weitergereicht hätte.

Nur wenige Tage später ging meine Zeit in Rimini zu Ende. Meiner Vermieterin hatte der peinliche Polizeibesuch überhaupt nicht gefallen. Sie teilte mir mit, das Apartment sei bereits »voriges Jahr von einigen Deutschen gebucht worden«. Sie forderte mich auf, innerhalb einer Woche auszuziehen. Ich hatte keine Bleibe mehr, und da es bereits auf die Hochsaison zuging, war es unmöglich, in Rimini eine andere Wohnung zu finden. Ich zog nordwärts weiter, und nach einigen harten Wochen in verschiedenen Unterkünften wurde meine Suche belohnt, denn ich fand eine kleine Wohnung in Riva del Garda, einer im Vergleich zu Rimini sehr viel angenehmeren Stadt am nördlichen Ende des Gardasees. Riva del Garda war ein Paradies für Sportler, mit fantastischen Angeboten zum Radfahren, Windsurfen und Wandern im Sommer und attraktiven Skigebieten im Winter. Ich beschloss, mich hier eine Weile niederzulassen – falls der MI 6 das zuließ.

Aber mein Optimismus hielt nicht lange vor. Einige Tage später, auf der Fahrt zu einem Vorstellungsgespräch in Monte Carlo, ließ mich der MI 6 von einer Spezialeinheit der monegassischen Polizei erneut verhaften. Ich landete in einer Arrestzelle des Polizeireviers direkt am Hafen. Dort verbrachte ich einige Stunden auf einer harten Bank und verwünschte die Tatsache, dass ich mich mit Gefängniszellen bald besser auskennen würde als Ronnie, mein ehemaliger Mithäftling in Belmarsh. Der MI 6 bat die monegassische Polizei um die Beschlagnahme meines neuen Organizers und des Handys, aber zu meinem Glück riefen die Monegassen bei der DST an. Die gab den Rat, mich laufen zu lassen. Nach sechs Stunden Arrest ließ man mich unter der Bedingung frei, dass ich direkt nach Italien zurückkehrte.

Unmittelbar nach meiner Rückkehr nach Riva del Garda wurde mir klar, dass der MI6 in meiner Abwesenheit weiter aktiv gewesen war. Das Maklerbüro, das mir die Wohnung vermittelt hatte, rief an und bat mich unter dem Vorwand, dass eine Kopie meines Passes benötigt werde, in die Geschäftsräume zu kommen. Betty war die ältere der beiden Schwestern, denen diese Firma gehörte. Sie berichtete mir, was geschehen war. »Richard, in Ihrer Abwesenheit hatten wir Besuch von zwei Männern, die sich als Polizisten ausgaben.« In mir stieg der Zorn auf, aber das Schlimmste kam erst noch. Betty fuhr fort: »Wir bemerkten sofort, dass das keine richtigen Polizisten waren, weil sie so laienhafte Fragen stellten.«

»Zum Beispiel?«

»Sie wollten wissen, wie viel Miete Sie für die Wohnung bezahlen und ob Sie einen Telefonanschluss haben. Echte Polizisten würden nicht nach so etwas fragen.«

»Haben sie sonst noch etwas gesagt?«, fragte ich.

»Ja.« Betty zögerte kurz, bevor sie weitersprach. »Sie sagten, Sie seien pädophil, und rieten mir, meine Tochter von Ihnen fernzuhalten.«

Ich verließ Bettys Büro und hatte alle Mühe, meine Verzweiflung und meine Wut zu unterdrücken – angesichts des Niveaus, auf das sich der MI6 begab, um mir jede Chance auf ein geregeltes Leben zu nehmen. Natürlich hatte Betty sofort bemerkt, was da gespielt wurde, aber Riva del Garda ist eine kleine Stadt, und ich war mir sicher, dass sie nicht die einzige Person gewesen war, an die sich die Schergen des MI6 herangemacht hatten. Ich bemerkte schon bald Anzeichen von Feindseligkeit bei anderen Bekannten, die zuvor eher auf meiner Wellenlänge zu liegen schienen. Nach ein oder zwei Monaten bekam schließlich meine Vermieterin kalte Füße und forderte mich zum Auszug auf. Wieder einmal war ich ohne Wohnung und der MI6 war immer noch nicht fertig mit mir.

Eine weitere Fahrt nach Mailand war unumgänglich, aber sofort waren die Bewacher wieder da, diesmal mit einem weißen Polo. Am Steuer saß wieder der fette Typ mit dem roten Unterhemd, in seiner Begleitung war ein langhaariger, schmuddelig wirkender Geselle. Diesmal bemühten sie sich erst gar nicht um Diskretion, sondern klebten die ganze Zeit an meiner Stoßstange. Wenn ich an einem Autobahnparkplatz anhielt, um die Karte zu studieren, parkten sie direkt hinter mir. Wenn ich auf dem Weg nach Mailand links blinkte, aber rechts abbog, taten sie genau dasselbe.

In Mailand angekommen, fuhr ich in einen Kreisverkehr in der Nähe des Hauptbahnhofs und drehte dort eine Runde. Dabei blinkte ich an jeder Abzweigung, lenkte das Auto aber jedes Mal erst im letzten Moment in den Kreisverkehr zurück. Sie taten jedes Mal dasselbe, stets an meiner Stoßstange klebend. Ich drehte noch eine Runde, diesmal etwas schneller. Sie hielten mit und die schmalen Reifen des Polo quietschten. Ich beschleunigte rasch, mein BMW reagierte prompt, und ich gewann etwa eine Autolänge Abstand. Nach einer Runde hatte ich schon eine halbe Runde Vorsprung herausgefahren. Noch zwei Runden Kreisverkehr in finsterer Gesellschaft und ich war direkt hinter dem Polo. Der fette Typ schnitt im Rückspiegel Grimassen, wohl aus Unsicherheit, weil er nicht wusste, wie er reagieren sollte. Der Beifahrer brüllte ins Handy, offensichtlich um bei seinem Vorgesetzten Anweisungen einzuholen. Ich betätigte die Lichthupe und winkte den beiden freundlich zu. »Wann wird dies alles ein Ende haben?«, grübelte ich und war mir dabei nicht sicher, ob ich in einer Farce oder in einer Tragödie mitspielte.

EPILOG

Der MI6 hat auf Kosten der britischen Steuerzahler Unsummen ausgegeben, um zu verhindern, dass ich den Geheimdienst vor ein Arbeitsgericht bringe. Außerdem sollte die Öffentlichkeit nicht erfahren, wie schwer wiegend der MI6 in mein Privatleben eingegriffen hat. Und in meinem Fall spiegeln sich andere Fälle, in denen diese in einem rechtsfreien Raum arbeitende Institution Menschen Leid zufügt und deren Freiheitsrechte verletzt. Der MI6 bediente sich für die Anklage gegen mich wie auch für meine Inhaftierung einiger Gesetze, die am 20. Juli 2000 in einem UN-Bericht zur Situation der Menschenrechte in Großbritannien einer vernichtenden Bewertung unterzogen wurden. Der MI6 erwirkte in verschiedenen Ländern teure gerichtliche Verfügungen gegen mich, so geschehen in Großbritannien, der Schweiz, Deutschland, den USA und Neuseeland. All dies geschah ohne Rücksicht auf das Recht zur freien Meinungsäußerung und auf der Basis der durchaus zutreffenden Einschätzung, dass ich nicht die finanziellen Mittel hätte, mich jeweils durch die Instanzen zu klagen. Insgesamt wurde ich elfmal eingesperrt oder unter vorübergehenden Arrest gestellt: in Großbritannien, Frankreich, Neuseeland, in den USA, der Schweiz, in Deutschland, Monaco und Italien. Der MI6 hat diese Verhaftungen jeweils für die Beschlagnahme wertvollen Privateigentums benutzt, das nicht zurückgegeben wurde, und der Special Branch hat Tausende von Arbeitsstunden für die Untersuchung dieser Gegenstände aufgewendet. Hohe MI6-Beamte haben ihre Verbindungen zu befreundeten Geheimdiensten dazu benutzt, um mir die Einreise nach Frankreich, in die USA, die

Schweiz und nach Australien unmöglich zu machen, abermals in der zutreffenden Annahme, dass ich nicht über die finanziellen Mittel verfügen würde, um juristisch gegen diese Praxis vorzugehen. Der MI 6 hat gegenüber der Regierung niemals begründet, warum diese Ausgaben notwendig waren. Der Geheimdienst ist nicht rechenschaftspflichtig, also legt er auch keine Rechenschaft ab. Er verschanzt sich lediglich hinter der vagen Behauptung, dass meine Versuche, ein Verfahren vor dem Arbeitsgericht zu erwirken, »die nationale Sicherheit gefährden«, und andere Regierungsbehörden oder ausländische Geheimdienste unterstützen bereitwillig diese Version. Man versuchte niemals, diese Dinge in irgendeiner Form zu belegen oder zu erklären, wie denn die »nationale Sicherheit« geschädigt worden sei. (Ironischerweise drohte in zwei anderen bekannten Fällen niemals Gefahr: Ein MI 6-Beamter betrank sich in einer Bar und büßte dabei seinen Laptop ein, einer seiner Kollegen schlief im Zug ein und verlegte seine Aktentasche. Beide Male versicherte man dem britischen Volk im Brustton der Überzeugung, der Verlust geheimer Dokumente habe »in keinster Weise die nationale Sicherheit gefährdet«.)

Die Aktionen des MI 6 gegen mich erfolgten angeblich stets im Interesse der »nationalen Sicherheit«, bewirkten aber genau das Gegenteil. Der MI 6 nutzte seine Kontakte zu ausländischen Geheimdiensten, um mich gnadenlos zu verfolgen. Dazu musste er seinen Verbündeten auch meinen Aufenthaltsort mitteilen. Verschiedene ausländische Dienste haben meine Verhaftung oder auch nur meine Anwesenheit auf ihrem Staatsgebiet dazu benutzt, um mich über den MI 6 auszufragen. Durch diese Praxis hat der MI 6 aber letztlich bestätigt, dass ihm die Geheimhaltung dienstlicher Informationen weniger wichtig war. In erster Linie ging es darum, mich zu schikanieren, mich einzusperren, mir Unannehmlichkeiten zu bereiten, wann und wo auch immer das möglich war.

Der MI 6 kann all diese Ausgaben niemals mit der Wahrung der nationalen Sicherheit begründen. Während des Kalten Krieges stand genug auf dem Spiel, um im Zweifelsfall der

nationalen Sicherheit den Vorzug vor den Persönlichkeits-
rechten zu geben. Aber der Kalte Krieg ist bereits vor zwanzig
Jahren zu Ende gegangen. Der MI6 hat sich neue Betäti-
gungsfelder gesucht, heute geht es vor allem um die Weiterverbreitung nuklearer und biologischer Waffen, um organi-
siertes Verbrechen, Geldwäsche und Drogenhandel. Das sind
heute die potenziellen großen Gefahren für Großbritannien,
aber mit diesen Problemen haben sich die Polizei, der Zoll und
die offizielle Diplomatie schon seit langem erfolgreich beschäftigt. Der MI6 hat versucht, diese neuen Tätigkeitsfelder
anderen, dafür uneingeschränkt kompetenten Regierungsbehörden zu entreißen, und hat dabei stets im Stil des Kalten
Krieges agiert. Die MI6-Führungsriege hat bis heute den Ballast nicht abgelegt, den exzessive Geheimhaltung und fehlende Rechenschaftspflicht mit sich bringen: Ineffizienz,
fehlerhafte Entscheidungen, arrogantes Management. Sie ist
damit bis heute durchgekommen, weil der Geheimdienst trotz
aller Pfuschereien von einflussreichen Kreisen der britischen
Gesellschaft hochgehalten wird und in Whitehall unverhält-
nismäßig großen Einfluss hat. Der MI6 hat nicht deshalb so
viel Geld für die Verhinderung dieses Buches aufgewendet,
weil es Informationen enthält, die den nationalen Interessen
schaden. Man fürchtet vielmehr, dass es den nahezu legen-
dären Ruf des Geheimdienstes unterminieren könnte.

Über meine Rechtsanwälte Warren Templeton (in Neuseeland), Anne-Sophie Levy (in Frankreich), John Wadham und
neuerdings Madeleine Abas (beide in Großbritannien) habe
ich die ganze Zeit versucht, diese für beide Seiten schädliche
Auseinandersetzung zu beenden. Alles, was ich jemals verlangt habe, ist ein unabhängiger Richterspruch zur Rechtmäßigkeit und Angemessenheit meiner Entlassung. Zu jedem
beliebigen Zeitpunkt in den vergangenen fünf Jahren hätte
der MI6 einlenken können. Es hätte nur eines Telefonats und
der Eröffnung eines ehrlichen Dialogs zu diesem menschlichen Grundrecht bedurft. Stattdessen hat man mich gereizt
und mit mir gespielt, man hat mich zu Verhandlungen ermuntert, aber nicht in der ernsthaften Absicht, zu einer
Lösung zu kommen. Man hat diese Vorstöße, ganz einfach

und ganz zynisch, dazu benutzt, um Informationen über meine Absichten wie auch meinen jeweiligen Aufenthaltsort zu gewinnen. Dann hat man diese Informationen, die ich in gutem Glauben gegeben habe, dazu benutzt, um ausländische Polizeikräfte dazu zu bringen, Zwangsmaßnahmen gegen mich zu ergreifen oder mein Eigentum zu beschlagnahmen. Der MI6 hat mit dieser Strategie nur eines erreicht: Er hat mich in eine Ecke getrieben und dazu gezwungen, zurückzuschlagen. Er hat mich zur Flucht aus Großbritannien und zu einem Leben gezwungen, bei dem ich von einem Land ins andere springen musste und niemals länger als ein paar Monate an einem Ort leben konnte. Er hat es mir sehr schwer gemacht, eine angemessene Arbeit zu finden, und sich alle Mühe gegeben, meine beruflichen Pläne zu zerstören. Diese endlosen Schikanen haben mir ironischerweise keine andere Wahl gelassen, als dieses Buch zu veröffentlichen. Ist meine Geschichte erst einmal allgemein bekannt, wird es dem MI6 schwer fallen, mich weiterhin als große Bedrohung zu denunzieren und damit Polizei und Geheimdienste zu Aktionen gegen einen »Terroristen« zu bewegen. Ich hoffe, dass diese Veröffentlichung den Repressalien des MI6 ein Ende setzt und dass es mir dann möglich sein wird, ein normales Leben zu führen.

Ich habe mich zunächst für eine Veröffentlichung im Internet entschieden, weil dies das einzige Mittel war, den Knebelverordnungen und den anderen Druckmitteln des MI6 zu begegnen. Unmittelbar nachdem ich mein Manuskript an Fourth Estate, einen britischen Verlag, geschickt hatte, durchsuchte der Special Branch die Verlagsräume und beschlagnahmte die Computer. Fourth Estate verzichtete auf die Veröffentlichung, und andere britische Verlage wurden informiert, dass sie im Fall einer versuchten Veröffentlichung mit harten legalen und illegalen Maßnahmen zu rechnen hätten. Ein amerikanischer Verleger, zu dem ich Kontakt aufgenommen hatte, erhielt prompt einen Drohbesuch des FBI, das im Auftrag des MI6 agierte, und wurde auf diese Weise überredet, das Projekt fallen zu lassen. Das FBI warb dann einen amerikanischen Literaturagenten an, um Informationen über meine

Absichten zu sammeln, Zeit zu gewinnen und mich zu unnötigen Ausgaben zu animieren. Verleger in Australien und Neuseeland, mit denen ich gesprochen hatte, erhielten ebenfalls Drohbesuche von den zuständigen Geheimdiensten. Selbst der Schweizer Literaturagent, der als Erster einen Verlagsvertrag vermittelt hatte, erhielt eine gerichtliche Verfügung mit hoher Strafandrohung und musste sich von diesem Projekt zurückziehen. Ich habe außerdem dreimal angeboten, das Buchmanuskript zur Begutachtung einzureichen, aber der MI6 hat nur mit Briefen reagiert, die mir die Verhaftung androhten. Oder er hat die Aussage, dass ein Buchmanuskript vorliegt, als Rechtfertigung für die Beschlagnahme meiner Computer benutzt.

Diese Verschwendung von Zeit, Geld und Ressourcen wäre von vornherein zu verhindern gewesen, wenn der MI6 gegenüber der Regierung ganz normal rechenschaftspflichtig wäre. Die Ursache für dieses Debakel war der unter den Führungskräften des MI6 verbreitete Glaube, dass sie über dem Gesetz stünden. In der Behauptung des Leiters der Personalabteilung, dass »niemand dem Chef sagen kann, was er zu tun hat«, ist dies am besten zusammengefasst. Wäre der Chef rechenschaftspflichtig, dann hätte er längst sichergestellt, dass sich die Führungskräfte in der Personalabteilung mit dem Arbeitsrecht auskennen und dass moderne Methoden der Personalführung auch beim Geheimdienst Einzug halten. (Ironischerweise ist auch das *Spycatcher*-Debakel in den Achtzigerjahren durch schludrige Personalführung ausgelöst worden. Der MI5 verweigerte Peter Wright die Übernahme von Pensionsansprüchen aus einer früheren Beschäftigung im öffentlichen Dienst und löste so den Konflikt aus.)

Die beste Methode, um ähnliche Farcen in Zukunft zu verhindern, ist die Anwendung einfühlsamer und fairer Management-Methoden – und nicht die großzügige Verschwendung von Steuergeldern für die Verfolgung und Bestrafung böser Abweichler. Das wird aber erst Wirklichkeit werden, wenn der Chef und mit ihm der gesamte Geheimdienst der demokratisch gewählten Regierung in vollem Umfang rechenschaftspflichtig ist.

Ein großer Schritt in Richtung demokratischer Transparenz war die Einführung beschränkter Prüfungsvollmachten für den Geheimdienst- und Sicherheitsausschuss des Parlaments unter dem Vorsitz des Abgeordneten Tom King. Dieser Ausschuss prüft die Aktivitäten der Geheimdienste, hat aber lediglich beratende Funktion. Kings Versuche, diese Kompetenzen zu erweitern, stießen auf den Widerstand des MI6, der auf Kings Empfehlungen nur mit Lippenbekenntnissen reagierte. In seinem jährlichen Bericht an den Premierminister erwähnte King 1998 neben einigen weiteren Kritikpunkten gegen den MI6 indirekt auch mich. Er schrieb:»Jüngste Erfahrungen auf beiden Seiten des Atlantiks unterstreichen die Wichtigkeit einer Reihe von wirksamen Maßnahmen für den Umgang mit Personalproblemen schon im Augenblick ihrer Entstehung.« King bezog sich damit auch auf den Fall von Edward Lee Howard, eines CIA-Beamten, der fristlos entlassen wurde und schließlich in Moskau Zuflucht nehmen musste, nachdem sein ehemaliger Arbeitgeber seine Proteste gegen diese Behandlung kompromisslos unterdrückt hatte. Aber der MI6 schenkte Kings Empfehlung keinerlei Beachtung, lernte nichts aus den Fehlern der CIA und praktizierte 1999 über das ganze Jahr hinweg unbeirrt dieselbe kontraproduktive Taktik gegen mich. In seinem Bericht für das Jahr 1999 wiederholte King seine Empfehlung in deutlicherer Form, bezog sich direkt auf mich und schrieb unverblümt:»Wir unterstützen nachdrücklich das Recht auf ein Verfahren vor dem Arbeitsgericht.« Auch diese Kritik fand beim MI6 keinerlei Beachtung, so wie viele andere Empfehlungen Kings. Nach wie vor verweigerte man mir ein ordentliches Gerichtsverfahren. Der MI6 wird Kings Empfehlungen so lange ignorieren, bis es zu einer grundlegenden Reform des Official Secrets Acts wie auch der Arbeitsweise der Geheimdienste kommt.

Der Official Secrets Act sollte umgehend abgeschafft und durch ein Gesetz über den freien Zugang zu Informationen (Freedom of Information Act) ersetzt werden, das den bereits in Australien und Neuseeland gültigen Gesetzen entspricht. Der Begriff »Nationale Sicherheit« sollte in diesem Gesetz eindeutig definiert werden. Die Leiter von MI 5 und MI 6 sollten durch einen einzigen Geheimdienst-Chef ersetzt werden, der von außerhalb kommt und nicht durch die bestehende Vertuschungs- und Geheimhaltungspraxis indoktriniert ist. Außerdem sollte er einem Sonderausschuss des Parlaments in vollem Umfang verantwortlich sein. Dann erst wird es eine vollständige demokratische Kontrolle der Geheimdienste geben. Der neue Chef sollte des Weiteren die Verschmelzung der beiden Dienste zu einer Behörde bewerkstelligen, deren neuer Name etwa »United Kingdom Security and Intelligence Service« lauten könnte. Die Unterhaltung teurer getrennter Apparate für einen Auslands- und einen Inlandsgeheimdienst ist nicht sinnvoller als die Unterhaltung getrennter Gesundheitsdienste für Männer und Frauen.

Durch die Verschmelzung beider Dienste zu einer einzigen, rechenschaftspflichtigen Einheit wird die nationale Sicherheit in gar keiner Weise gefährdet. Ähnliche Strukturen funktionieren in den USA, Kanada und Neuseeland ausgezeichnet. Die nationale Sicherheit wird im Gegenteil deutlich verbessert werden, denn ein demokratisch verantwortlicher Dienst wird seine Managementstrukturen einer radikalen Revision unterziehen. Es wird keine Wiederholung der zahlreichen Geheimdienst-Fiaskos geben, unter denen Großbritannien in den vergangenen fünf Jahren gelitten hat.

Ich bin mir nicht sicher, wie der MI 6 auf die Veröffentlichung dieses Buches reagieren wird. Aber ich gebe die Hoffnung nicht auf, dass er positiv reagieren wird und die offensichtlichen Unzulänglichkeiten abstellt, damit nicht weitere Mitarbeiter gezwungen werden, so zu handeln wie ich. Leider legen die Erfahrungen der Vergangenheit nahe, dass man beim MI 6 nicht so weise sein wird. In Wirklichkeit gelten seine Racheakte, die mich daran hindern sollen, diese Geschichte zu erzählen, ja nicht dem Schutz irgendwelcher immer noch wichtigen Staatsgeheimnisse. Ich verließ den MI 6 vor sechs Jahren und selbst damals kannte ich keine großen Geheimnisse. Es geht nur um die Vertuschung der groben Managementfehler bei meiner Entlassung und im Verlauf der inkompetenten Versuche, mich um ein faires Verfahren zu bringen. Nach jeder einzelnen Strafaktion gegen mich waren sie gleichzeitig auch gezwungen, jeden neuen Nachweis dieser sinnlosen Rachsucht zu vertuschen.

Der MI 6 könnte sich aber all diese Mühen sparen, auch die Schlachten vor Gericht und die erheblichen Kosten zu Lasten der britischen Steuerzahler, wenn er dieses einfache Angebot annehmen würde: Ich werde freiwillig nach Großbritannien zurückkehren, alle Einkünfte aus dieser Buchveröffentlichung für einen wohltätigen Zweck spenden, jede Forderung des MI 6 gegen mich akzeptieren, notfalls auch wieder ins Gefängnis gehen, unter einer Bedingung: dass ich zuvor ein Verfahren vor dem Arbeitsgericht bekomme. Wäre der MI 6 eine großmütige und faire Organisation, wäre er ernsthaft an der Wahrung der nationalen Sicherheit interessiert und für die sinnvolle Verwendung der ausgegebenen Steuergelder rechenschaftspflichtig, dann würde er bereitwillig auf dieses Angebot eingehen. Aber nachdem ich den MI 6 jetzt fast zehn Jahre kenne, zuerst als Mitarbeiter, dann als Zielobjekt, bezweifle ich, dass er das tun wird.

REGISTER